KATE T. PARKER

WILDE MÄDCHEN

AM SCHÖNSTEN SIND WIR, WENN WIR NIEMANDEM GEFALLEN WOLLEN

mvgverlag

Bibliografische Information der Deutschen Nationalbibliothek
Die Deutsche Nationalbibliothek verzeichnet diese Publikation in der Deutschen Nationalbibliografie. Detaillierte bibliografische Daten sind im Internet über http://dnb.d-nb.de abrufbar.

Für Fragen und Anregungen:
info@mvg-verlag.de

3. Auflage 2018

Nymphenburger Straße 86
D-80636 München
Tel.: 089 651285-0
Fax: 089 652096

Die englische Originalausgabe erschien 2017 bei Workman Publishing Co., Inc. unter dem Titel *Strong Is the New Pretty. A Celebration of Girls Being Themselves.*

Übersetzung: Martin Bauer
Redaktion: Caroline Kazianka
Umschlaggestaltung: Pamela Machleidt, in Anlehnung an das Original
Umschlagabbildung: Kate T. Parker Photography, Inc.
Foto auf Seite 7: Kathleen Taylor
Satz: Carsten Klein, in Anlehnung an das Original (Design by Lisa Hollander)
Druck: Firmengruppe APPL, aprinta Druck, Wemding
Printed in Germany

ISBN Print 978-3-86882-896-2
ISBN E-Book (PDF) 978-3-96121-151-7
ISBN E-Book (EPUB, Mobi) 978-3-96121-152-4

Weitere Informationen zum Verlag finden Sie unter
www.mvg-verlag.de
Beachten Sie auch unsere weiteren Verlage unter www.m-vg.de

All den furchtlosen, starken und tollen Mädchen gewidmet, die mich zu diesem Buch inspiriert haben. Ein besonderer Dank geht an meine zwei schönen, starken Mädchen Ella und Alice, die mich jeden Tag zum Lachen bringen. Ich liebe euch.

INHALT

EINLEITUNG

Als ich sieben Jahre alt war, hatte ich eine hüftlange Mähne, die ich an den meisten Tagen in einem wilden Pferdeschwanz bändigte (daran hat sich bis heute nicht viel geändert). Damals verfolgte ich zwei Ziele im Leben. Erstens: genau so zu sein wie meine zwei älteren Brüder. Und zweitens: genau wie sie über das Fußballfeld zu toben.

Mir war natürlich bewusst, dass die meisten Jungen keine Zeit darauf verschwendeten, sich Knoten aus den Haaren bürsten zu lassen oder Pferdeschwänze zu binden. Außerdem flog ihnen das Haar beim Sport nicht ins Gesicht. Also beschloss ich eines Tages, dass meine Haare wegmussten. Sie kosteten mich zu viel Zeit und hielten mich vor allem davon ab, Fußball zu spielen und Tore zu schießen.

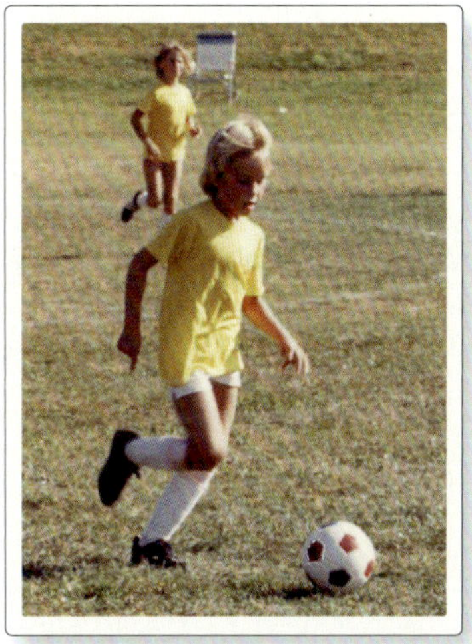

Die Autorin, 8 Jahre

Aber ich wollte sie nicht nur ein bisschen kürzen lassen. Nein, mein Motto lautete: ganz oder gar nicht. Meine Frisur sollte so aussehen wie die meiner Brüder. Also bitte alles absäbeln! Nicht gerade der gängigste Mädchen-Haarschnitt im vorstädtischen New Jersey des Jahres 1983. Doch meine Eltern unterstützten mich bei meiner Entscheidung. Das Ergebnis sah genau aus wie gewünscht, und es kümmerte mich nicht, was andere Leute darüber dachten. Ich fand meine neue Frisur toll!

Am Tag nach dem Friseurbesuch ging ich ganz stolz in meine Klasse. Mein neuer Look kam super an. Gedanken wie „Das steht mir vielleicht nicht“, „Mädchen sollten ihr Haar lang tragen“ oder „Das ist nicht feminin“ lagen mir völlig fern.

Und wissen Sie, warum? Weil ich nie darüber nachgedacht habe, dass Mädchen so oder so sein, dies oder jenes machen, so oder so aussehen müssten. Niemand hatte jemals zu mir gesagt, dass Mädchen nicht Sport treiben, laut herumtoben, alles hinterfragen oder sich Bubenhaarschnitte verpassen lassen sollten. Zum Glück ließen mir meine Eltern die Freiheit, genau die zu sein, die ich war. Dafür liebe ich sie bis heute.

Und jetzt versuche ich, meinen eigenen zwei Töchtern den gleichen Dienst zu erweisen. Mein Mann und ich ermuntern sie dazu, laut, albern, furchtlos, selbstbewusst, stark und eigenständig zu sein. Wir lassen sie ihr Haar tragen, wie sie wollen. (Das Ziel ist, dass sie wenigstens gekämmt sind.) Wir lieben unsere Mädchen so, wie sie sind, und für das, was sie sind.

Diese Fotoserie hat als privates Projekt begonnen. Ich arbeite zwar als professionelle Fotografin, bin aber auch Mutter (die bei allen Veranstaltungen eine Kamera samt riesiger Kameratasche dabeihat). Natürlich fotografiere ich meine Töchter und ihre Freundinnen ständig, wenn sie herumradeln, Fußball spielen oder im Urlaub am Meer die Gezeiten erkunden. Je mehr Aufnahmen ich im Laufe der Zeit gemacht habe, desto klarer habe ich erkannt, dass die stärksten und bewegendsten Bilder jene waren, auf denen die Mädchen zu 100 Prozent sie selbst waren: dreckig, lustig, stur, fröhlich und völlig unverstellt. Also hielt ich einfach drauf, bat sie nicht, zu lächeln oder ein hübsches Kleidchen anzuziehen. Ich wollte diese Mädchen so abbilden, wie sie waren – und sie waren toll. Genau so wollte ich sie festhalten, nicht nur meinetwegen, sondern auch ihretwegen.

Als sich allmählich ein zusammenhängendes Werk abzeichnete, begann ich, die Sache ernsthafter zu verfolgen. Ich wollte meinen Mädchen zeigen, dass Schönheit nicht bedeutet, gewisse Maße, eine hübsche Frisur (bzw. in unserem Fall überhaupt nur gekämmte Haare) oder ein schickes Kleidchen zu haben. Der Botschaft, die die Medien Frauen unablässig einzutrichtern versuchen, wollte ich etwas entgegensetzen. Ich wollte meinen Mädchen zeigen, dass sie schön sind, wenn sie ganz sie selbst sind, und dass Schönheit und Stärke zusammengehören.

Der Startschuss für WILDE MÄDCHEN

Die enorme Resonanz, die mein kleines Projekt erzeugte, inspirierte mich dazu, es auszuweiten und die verschiedenen Facetten von Stärke einzufangen. Also reiste ich kreuz und quer durchs Land, von Florida bis Colorado, von New York über Texas bis nach Hawaii, um junge Frauen zu fotografieren. Hinter den Fotos der fast 200 Mädchen in diesem Buch stehen unzählige Geschichten von kleinen Erfolgen und zähen Kämpfen. Geschichten darüber, wie man sich wieder aufrappelt, wie man Menschen hilft oder in den Arm nimmt. In meiner Jugend spürte ich meine eigene Stärke hauptsächlich im Sport, doch Stärke lässt sich auch in anderen Bereichen zeigen, etwa in ruhigen Momenten, in Form von Klugheit oder Kreativität. Stärke kann auch bedeuten, kluge Fragen zu stellen, seiner Neugier nachzugehen, andere freundlich zu behandeln oder aber der Welt seine Wut, seine Freude, seine Entschlossenheit entgegenzubrüllen.

Alle Mädchen, die ich im Rahmen dieses Projekts getroffen habe, waren toll. Ich fühle mich geehrt, hier ihre Geschichten, Bilder und ihre Stärke präsentieren zu dürfen: den Stolz in Alices Gesicht, nachdem sie mit ihrem Fahrrad den steilen Berg bezwungen hatte, die klugen Dinge, die Grace über ihren Kampf gegen den Krebs zu sagen hatte, das stolze Lächeln von Aris, als sie sich ihren Traum erfüllte und schon im Alter von 16 Jahren Pilotin wurde, Carlies Hartnäckigkeit auf dem Fußballfeld. Mit diesen Bildern möchte ich Mädchen und Frauen ermuntern, ihr Potenzial voll auszuschöpfen, ihre Grenzen auszuloten und zu überwinden. Die Gesellschaft bombardiert uns unablässig mit Botschaften, wie Frauen und Mädchen aussehen, sein, sich benehmen sollen. Selbst mir fällt es mitunter schwer, mich diesen Ansprüchen zu entziehen, obwohl ich es als 40-jährige Mutter zweier Töchter wirklich besser wissen müsste. Mich beunruhigt, was meine Mädchen und ihre Freundinnen im Fernsehen und im Internet sehen. Ich frage mich, was das mit ihrer Selbstwahrnehmung und ihrem Körperbild macht. Mit meinen Bildern möchte ich das mediale Geschrei übertönen, wir seien nicht gut oder dünn oder was auch immer genug. Denn wir sind alle mehr als genug! Ich möchte, dass Mädchen durch all den Lärm der Medien hindurch ihre eigenen Stimmen hören, und ich will sie ermutigen, diese Stimme zu erheben. Und zwar *laut*!

Als ich sieben war, war ich ganz ich selbst, wenn ich mit meinen Brüdern raufte, meine Schwester nervte (natürlich war ich das jüngste Geschwister), mit Topfschnitt und Fußballtrikot herumlief oder Blondie-Platten anhörte. Meine Mädchen sind ganz bei sich, wenn sie singen, tanzen, Trampolin springen, Fußball spielen oder skaten. Die Wahrheit lautet: Stärke äußert sich auf vielerlei Weise. Und genau das hoffe ich, mit diesem Buch zu zeigen. Die hier abgebildeten jungen Frauen sind der Inbegriff von Stärke und Schönheit in all ihren Facetten.

„Lass den Wind durch dein Haar streichen und flüstere dir zu: ‚Ich kann alles schaffen.'"

SHONDA RHIMES

(DREHBUCHAUTORIN UND PRODUZENTIN)

SELBSTBEWUSST IST STARK

KAPITEL 1

Auf dem Arbeitsmarkt sieht es so aus, dass Frauen für die gleiche Tätigkeit immer noch um einiges weniger verdienen als ihre männlichen Kollegen – in Deutschland sind es 6 Prozent. Ganze 5 Prozent aller Sportübertragungen sind dem Frauensport gewidmet. Im Fernsehen und im Kino spielen Frauen nur 12 Prozent aller Hauptrollen. Versuchen Sie, das mal Kekai mit ihrem entschlossenen Blick (Seite 33) zu erklären oder Caroline mit ihrer kraftvollen Haltung selbst auf Spitzenschuhen (Seite 21). Diese Mädchen sind intelligent und klug, talentiert und stark – und sie sind sich dessen auch bewusst. Sie sind selbstsicher. Sie geben mir Hoffnung – die Hoffnung, dass die Ungleichheit verschwinden wird, wenn diese Generation Mädchen heranwächst.

Das Selbstbewusstsein, das aus diesen Bildern spricht, wird den Mädchen helfen, Augenblicke der Unsicherheit, der Nervosität, des Zweifels zu überstehen. Ihr Selbstbewusstsein wird ihnen immer helfen. Die Schwierigkeit besteht darin, sich diese Kraft, diese Selbstsicherheit zu bewahren, um die Welt mit zu verändern. Denn sie hat es dringend nötig.

Tun Sie Mädchen den Gefallen, sie an ihre Stärke zu erinnern. Machen Sie sich gegenseitig Ihre Stärken bewusst. Immer wieder. Halten Sie ruhig schriftlich fest, woran sich Ihre Klugheit zeigt, worin Ihre Qualifikationen und Ihre Stärken liegen. Hängen Sie dieses Blatt an eine Wand und lesen Sie immer wieder laut vor, was darauf steht – verinnerlichen Sie die Aussagen. Glauben Sie daran. Lassen Sie nicht zu, dass Ihre Tochter, Nichte, Schwester, Cousine wertvolle Zeit mit dem Versuch verschwendet, sich in jemand anderen zu verwandeln – jede Frau sieht aus, wie sie eben aussieht, und sie singt, redet, arbeitet und spielt wie *sie selbst*.

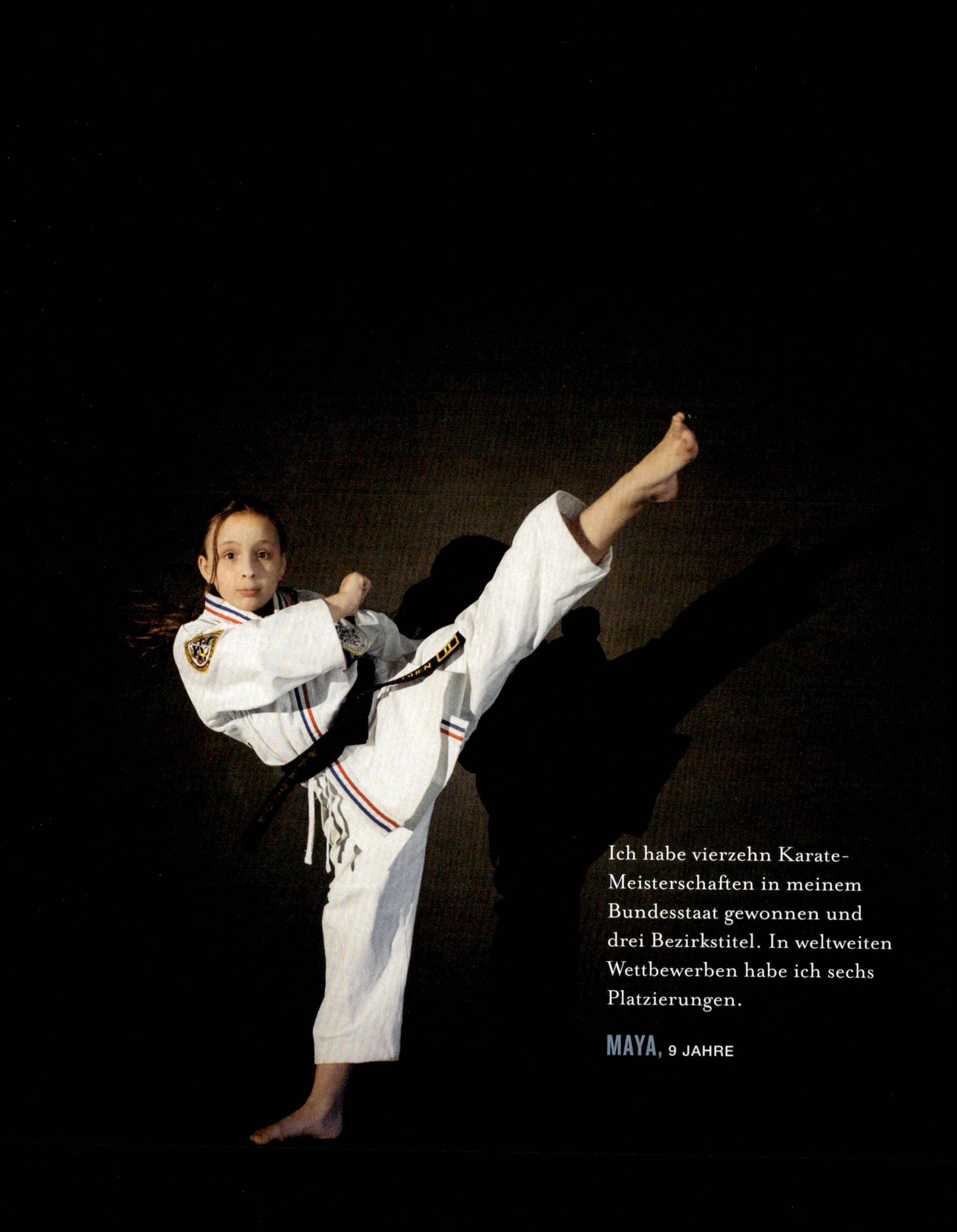

Ich habe vierzehn Karate-Meisterschaften in meinem Bundesstaat gewonnen und drei Bezirkstitel. In weltweiten Wettbewerben habe ich sechs Platzierungen.

MAYA, 9 JAHRE

Lass dir von niemandem einreden, du wärst unerwünscht oder würdest nicht dazugehören. Du kannst alles erreichen.

VALERIA, 11 JAHRE

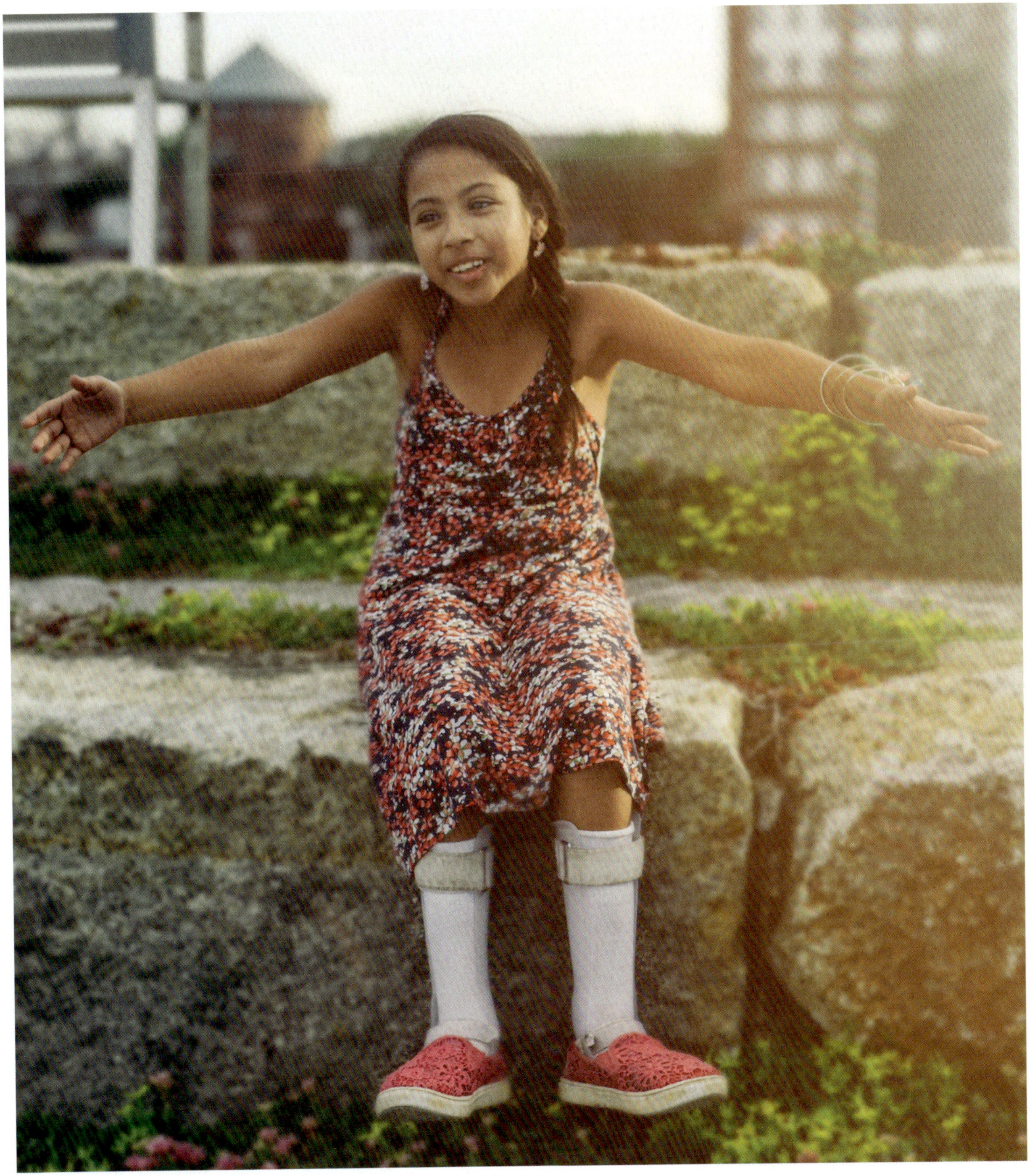

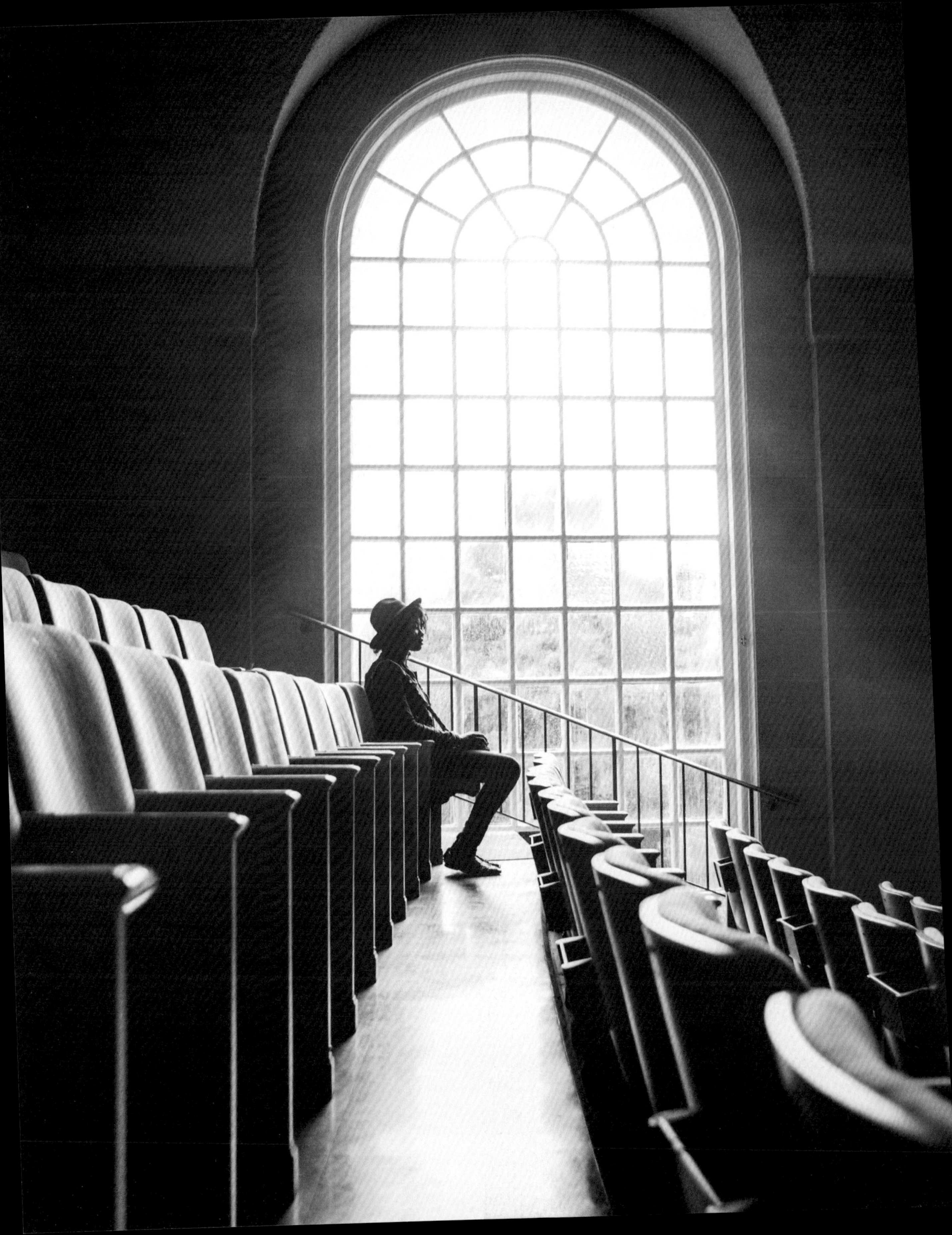

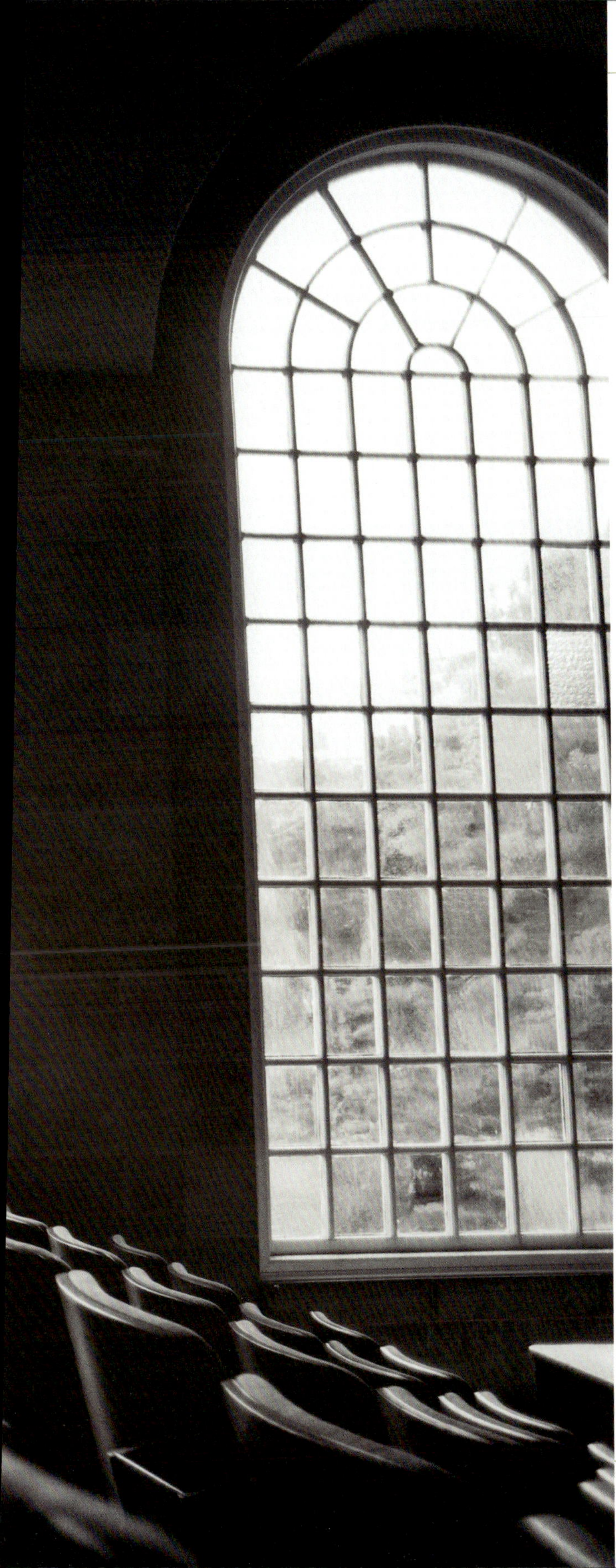

Stark ist, wer die Hindernisse überwindet, die das Leben ihm in den Weg stellt, und nie aufgibt. Nachdem meine Eltern innerhalb weniger Monate beide an Krebs gestorben waren, habe ich meine Zeit nicht damit verschwendet, niedergeschlagen zu sein, sondern mich in der Schule besonders angestrengt, damit sie stolz auf mich sein können.

FAITH, 18 JAHRE

Wahre Schönheit erwächst aus der Hartnäckigkeit, der Widerstandskraft und dem Selbstbewusstsein, die daher kommen, dass man eine starke Frau ist.

SOPHIE, 17 JAHRE

Ich habe mir
das Backen
und Verzieren
selbst beigebracht.

LINDSEY E., 11 JAHRE

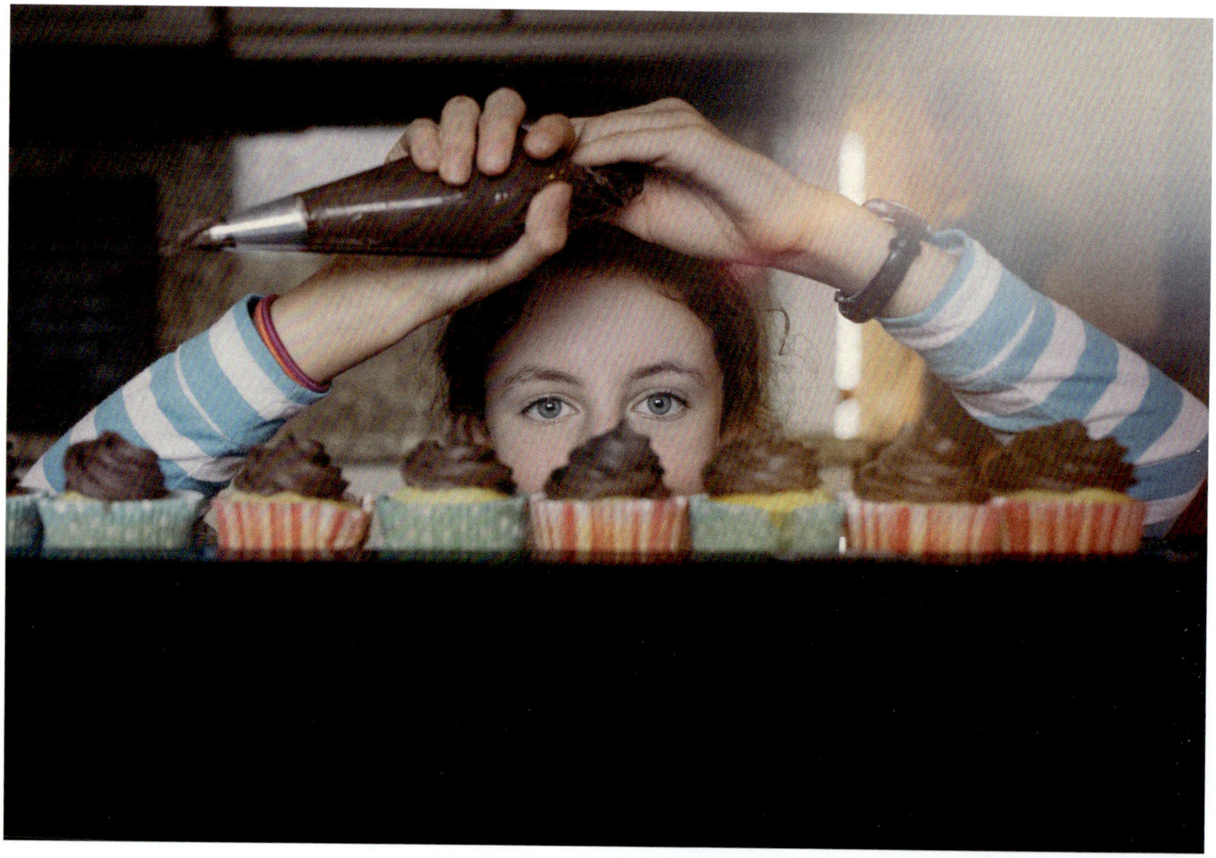

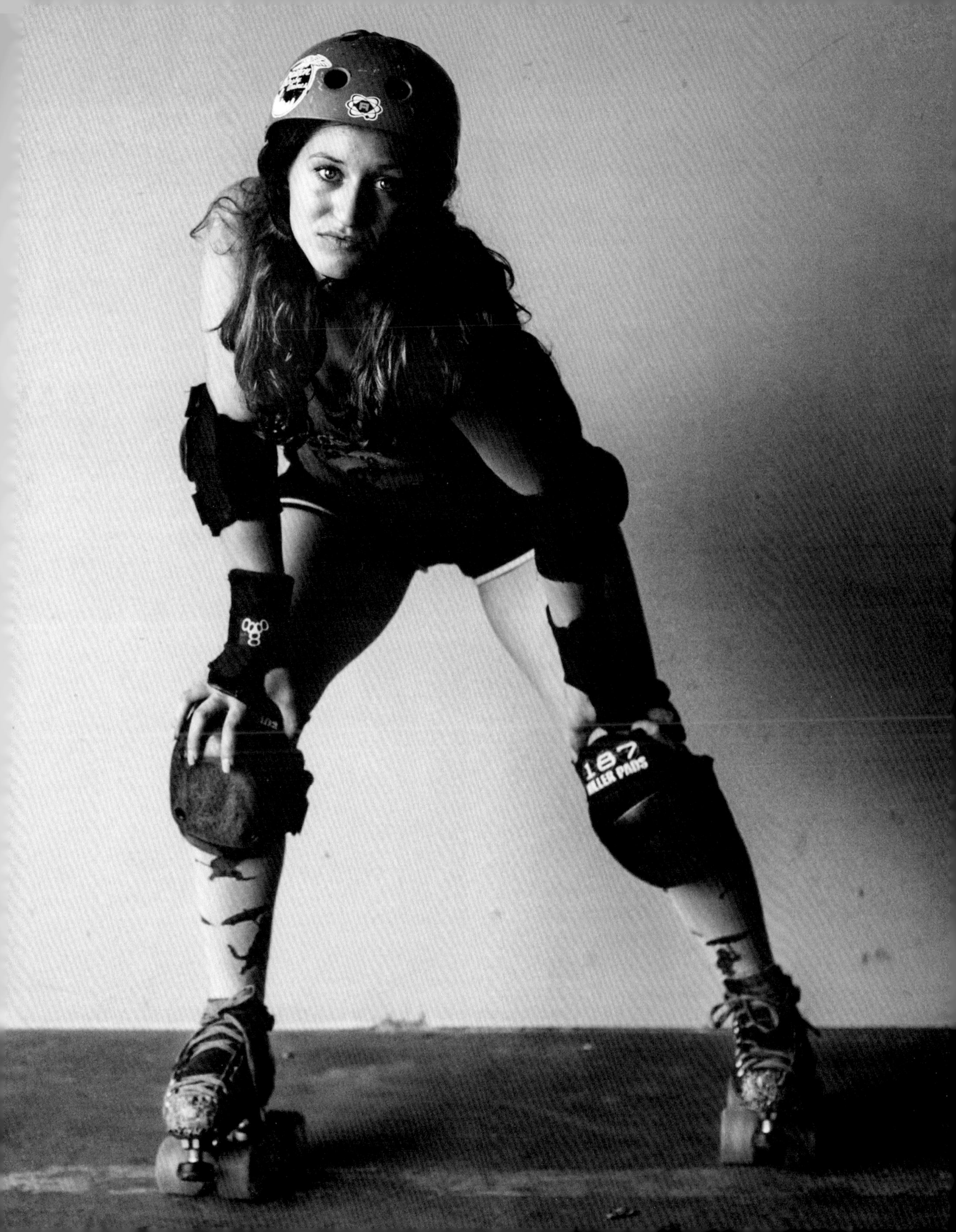
187
ILLER PADS

Als ich mit dem Surfen angefangen habe, machten sich alle über mich lustig. Jahrelang war ich das einzige Mädchen. Wenn ich irgendetwas anders machte, lachten die Jungen. Aber bald war ich besser als sie. Da machten sie sich nicht mehr über mich lustig. Ich habe vor, die Meisterschaft in zwei Sportarten zu gewinnen, die sonst immer nur von Jungen ausgeübt werden: Surfen und Skaten.

JORDYN, 17 JAHRE

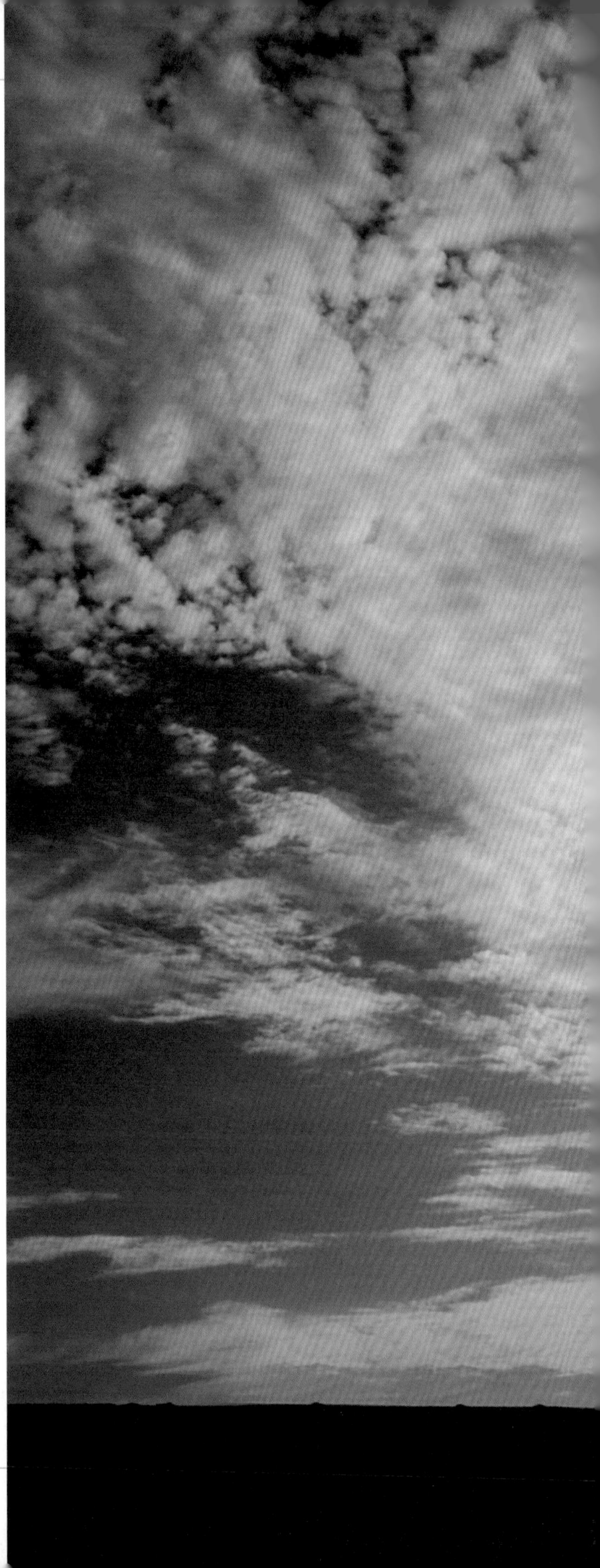

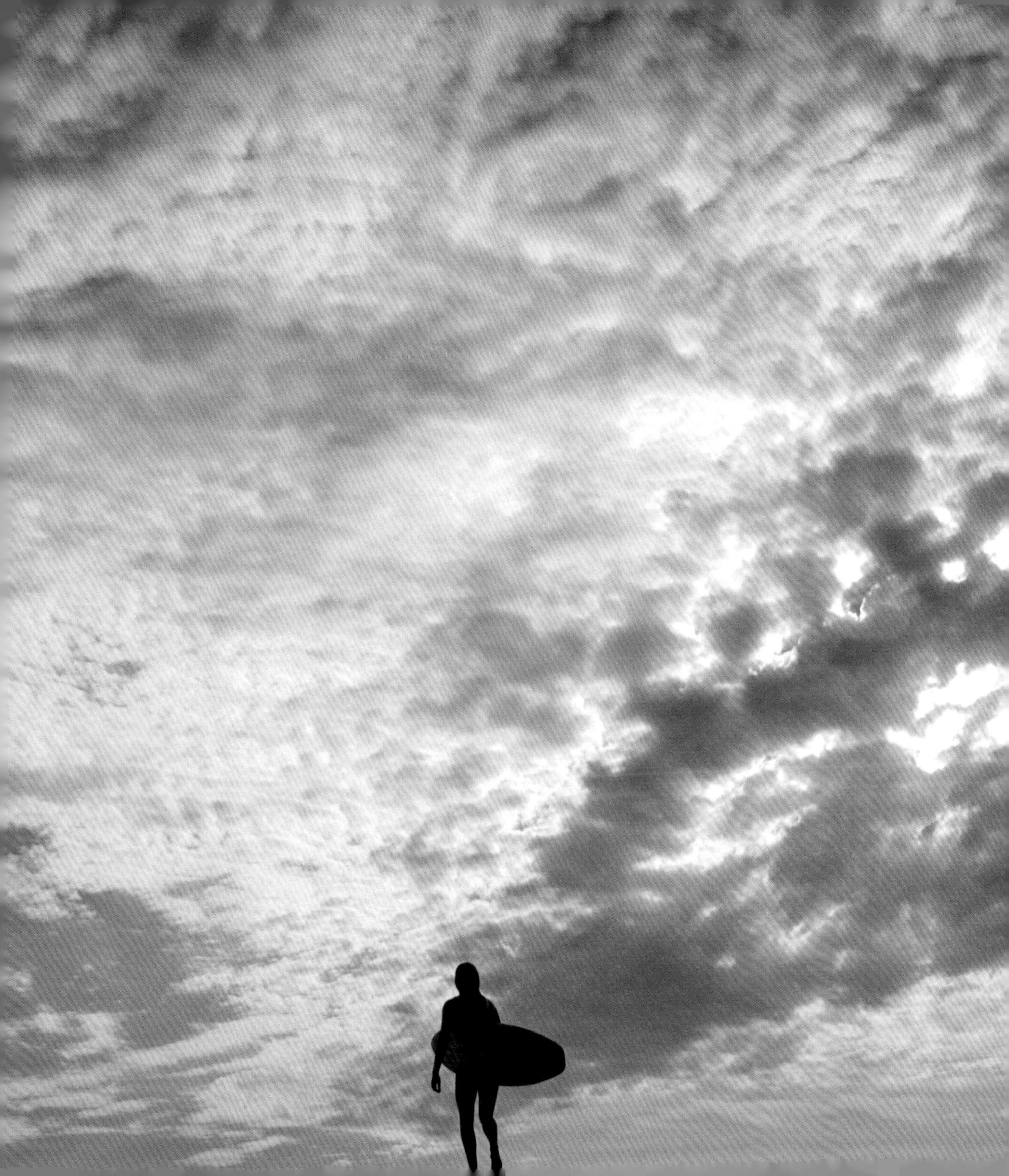

Ich glaube an mich,
selbst wenn sich mir
alles vor Augen dreht.

LINDSEY B., 16 JAHRE

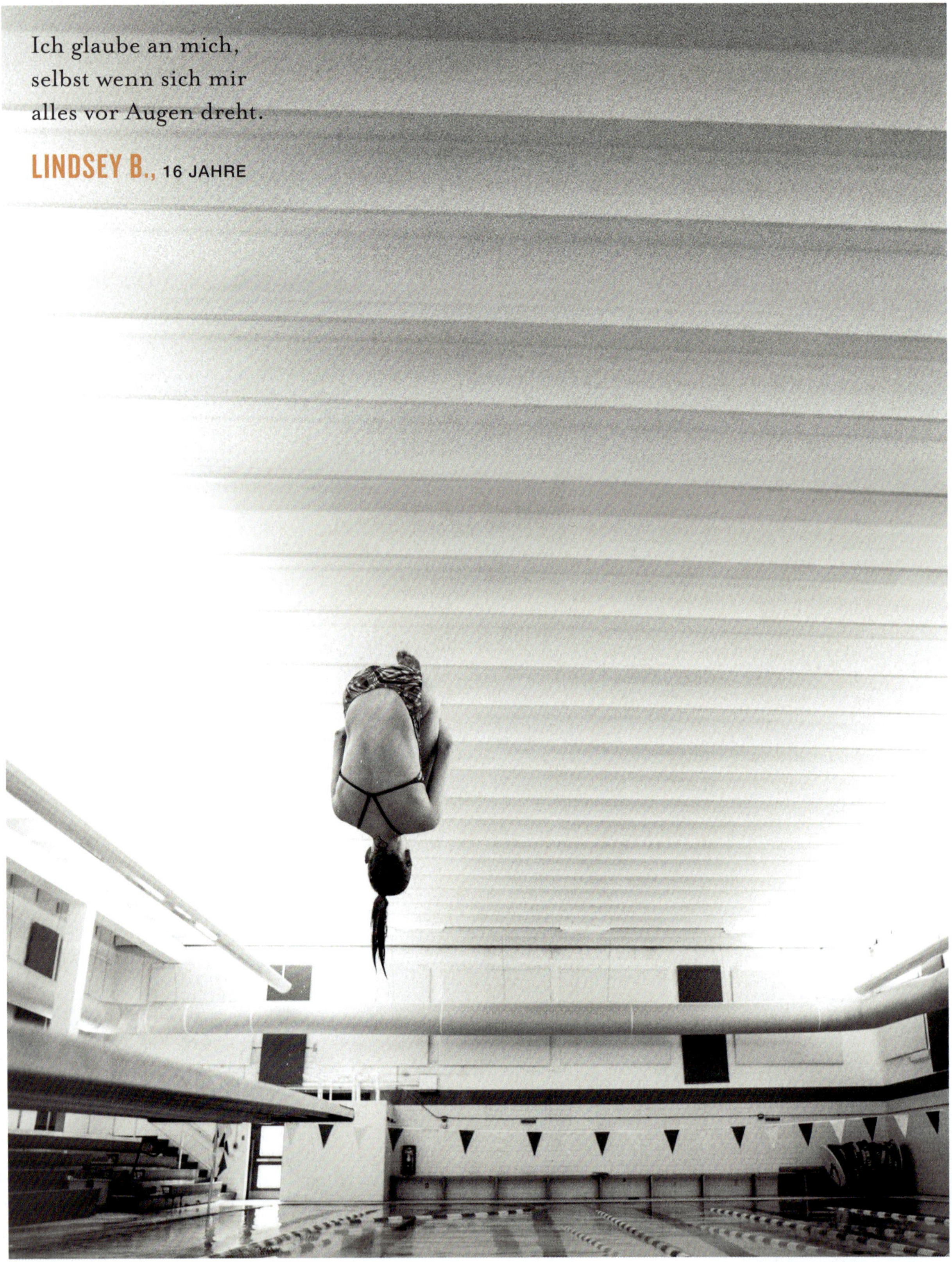

Das Beste am Tanzen ist,
dass man über Bewegungen
Gefühle und Stärke ausdrücken kann.

CAROLINE L., 15 JAHRE

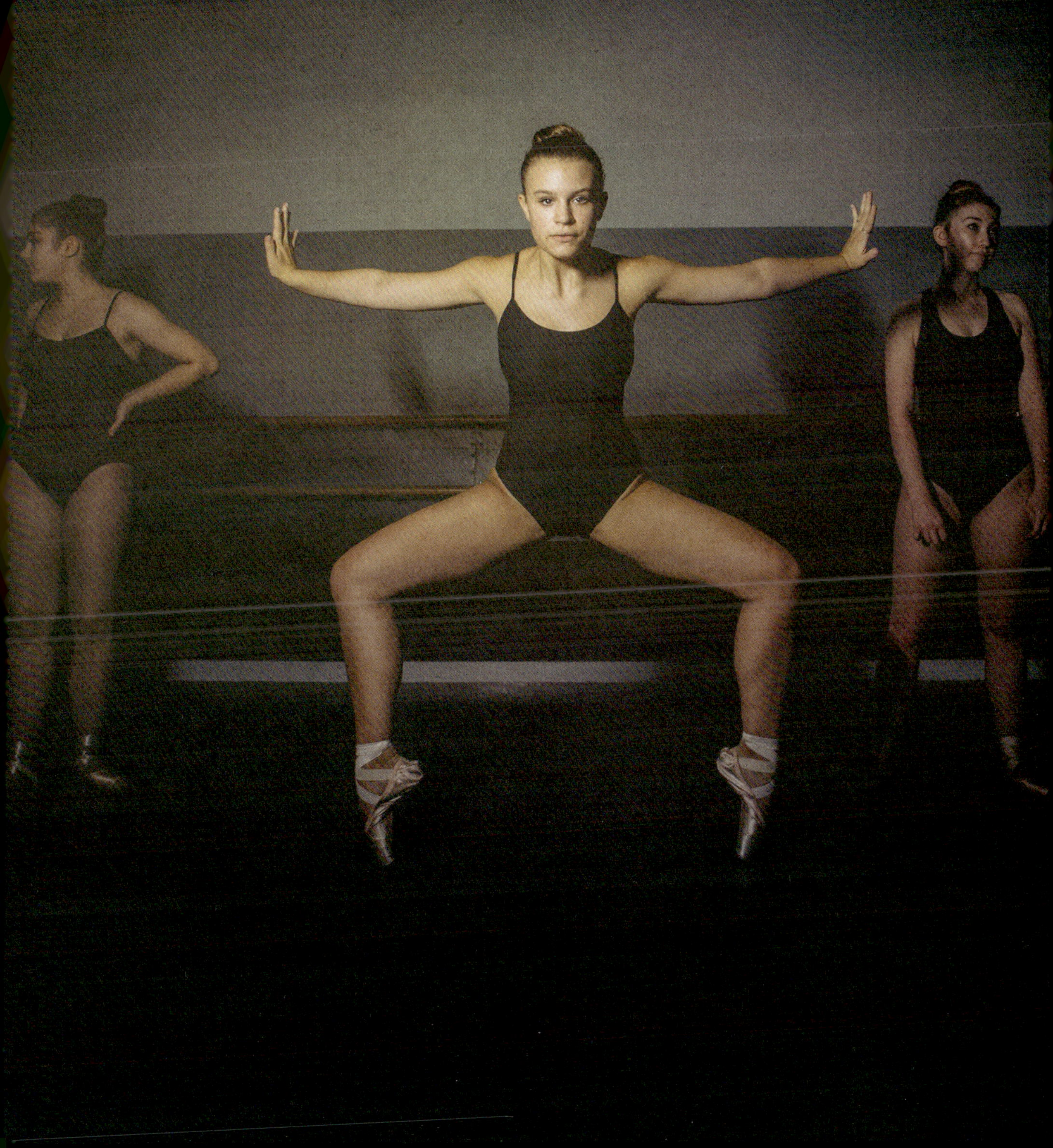

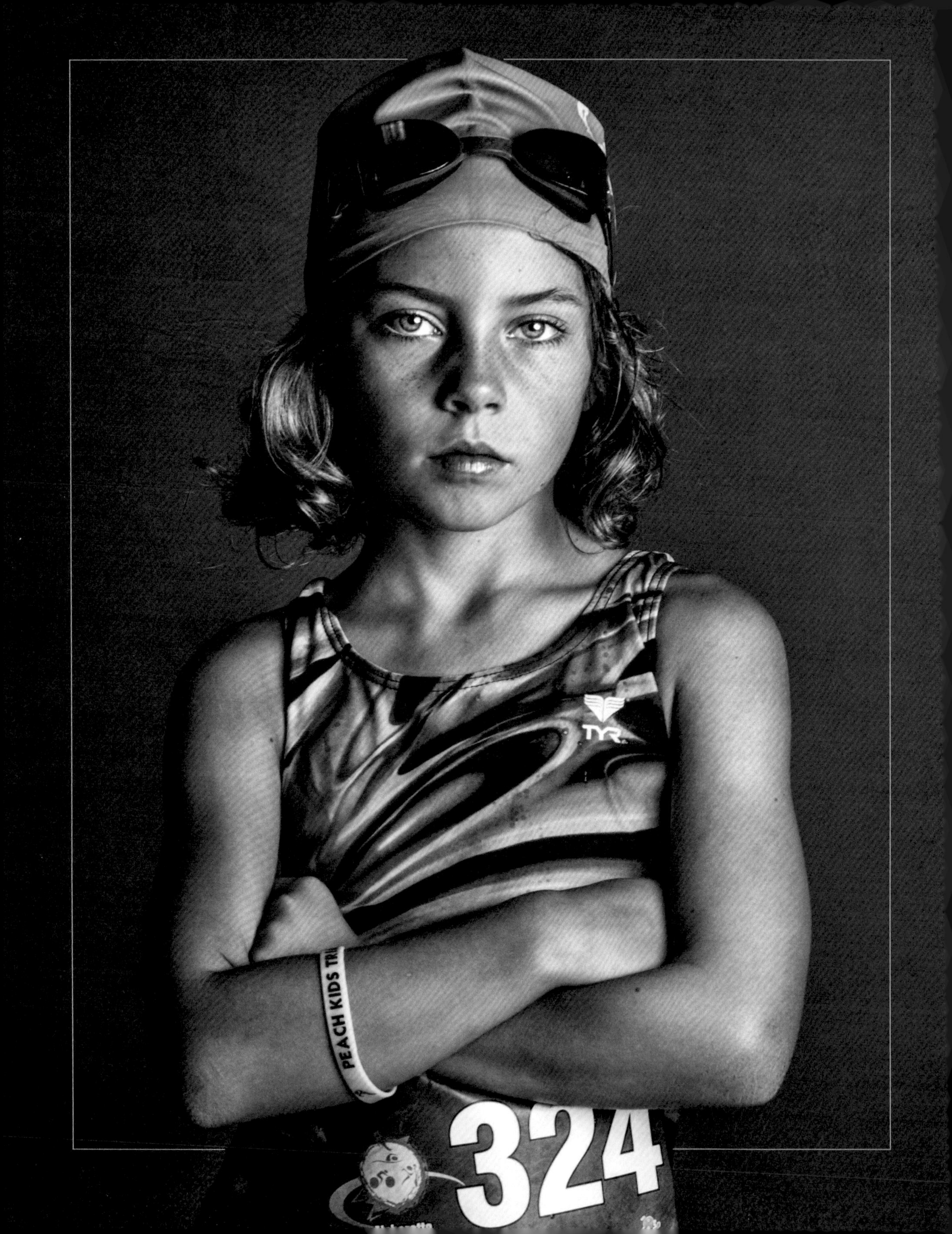
TYR
PEACH KIDS TRI
324

Vor meinem ersten Triathlon hatte ich echt Angst. Meine Mama schoss dieses Foto am Abend vor dem Wettbewerb und meinte, ich solle stark und furchtlos schauen, obwohl ich Angst hatte. Als ich dann das Bild sah, war ich überzeugt, so stark sein zu können, wie ich darauf aussah.

ELLA, 9 JAHRE

Ich finde, Mädchen sollte es viel wichtiger sein, wie sie sind, und nicht, wie sie aussehen. Meine Stärke beruht darauf, dass ich mich einfach nicht um das Urteil anderer kümmere. Pitschnasse Haare? Mir egal.

HALEY H., 10 JAHRE

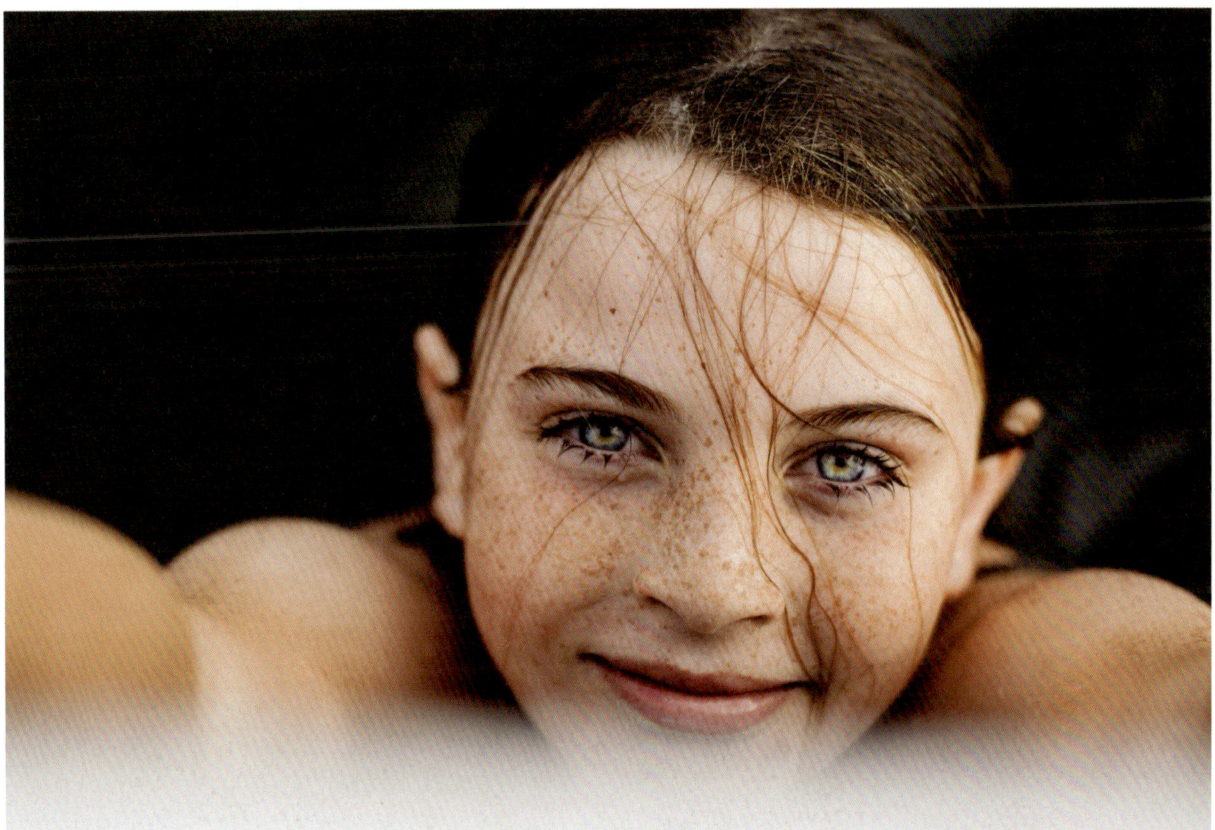

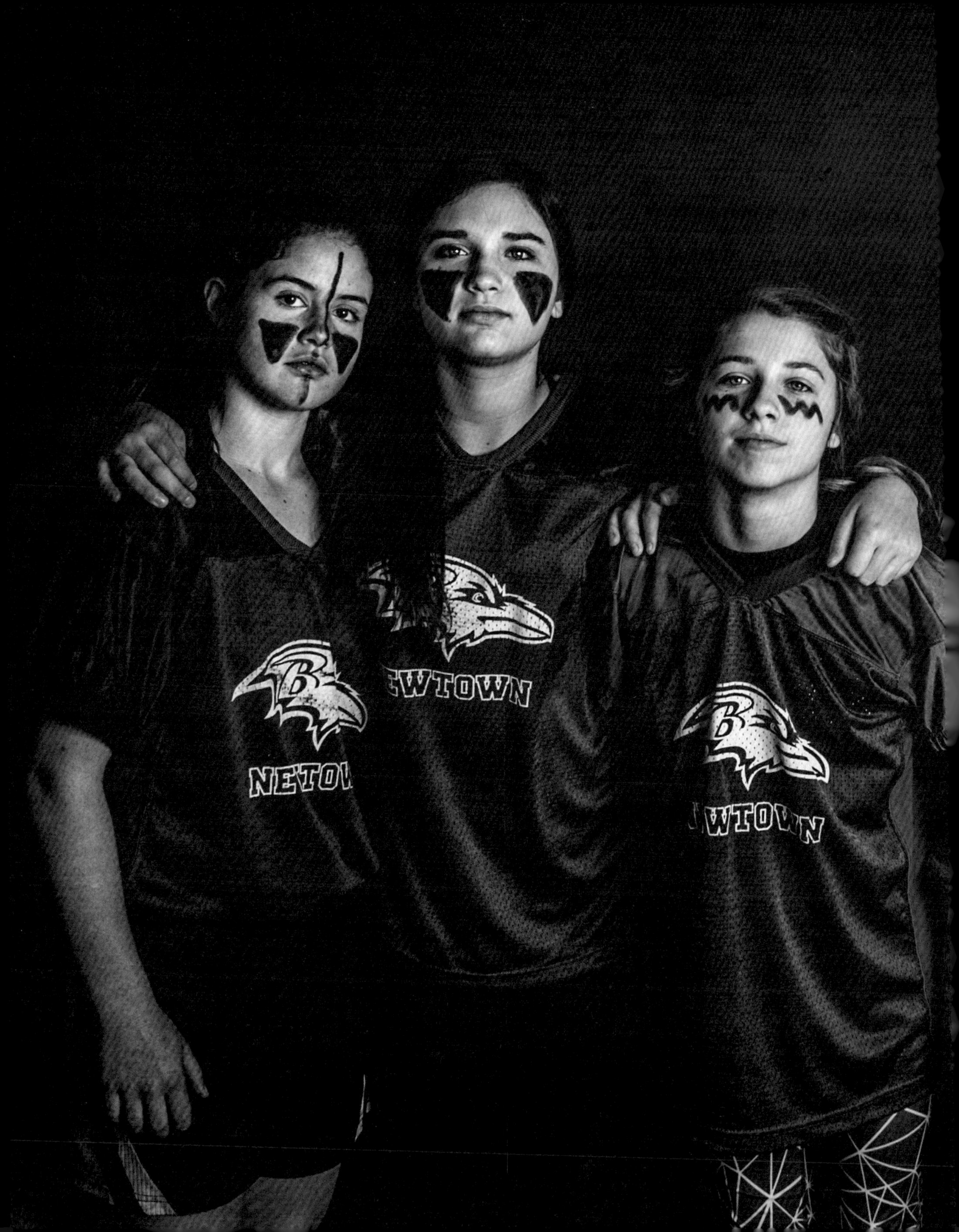
NETOW
EWTOWN
WTOWN

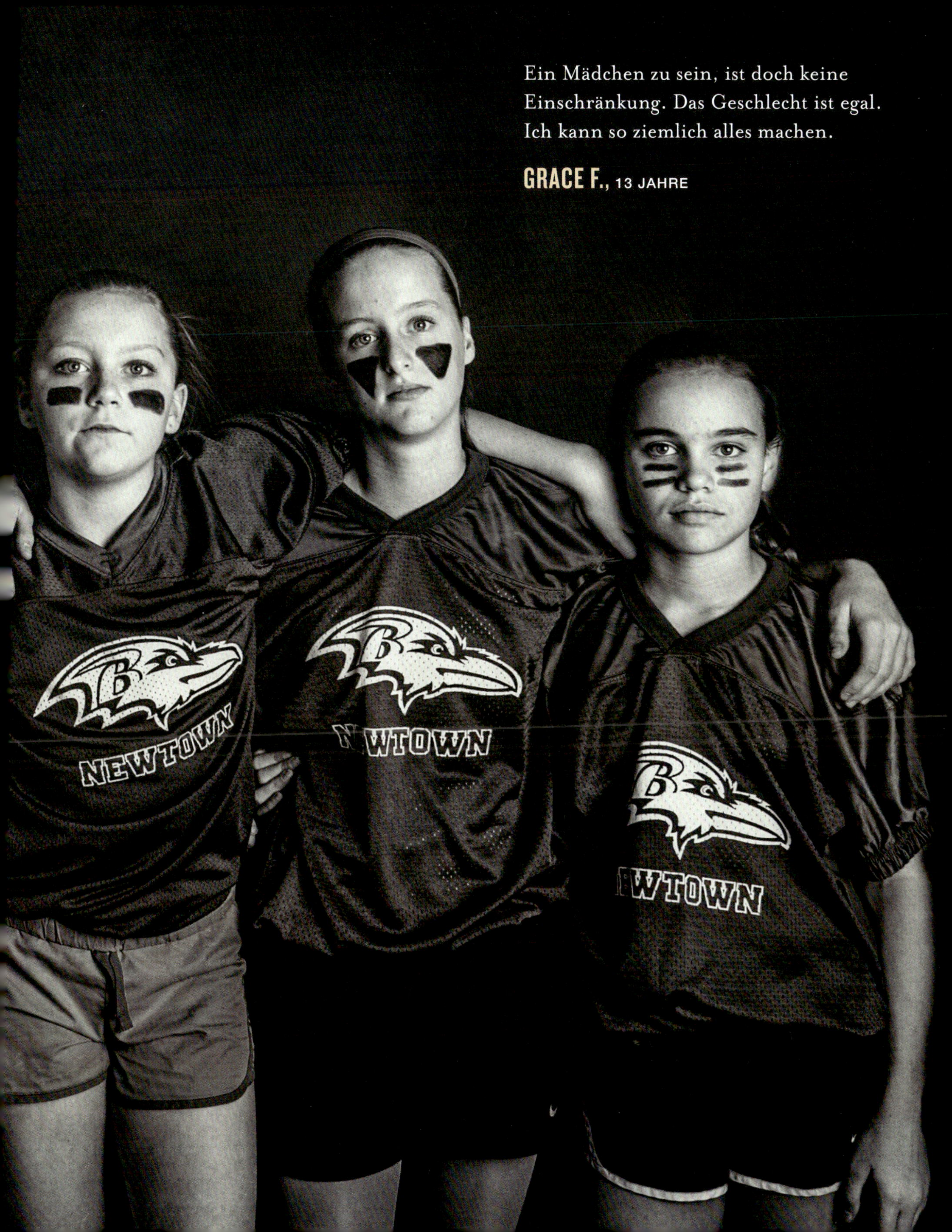

Ein Mädchen zu sein, ist doch keine Einschränkung. Das Geschlecht ist egal. Ich kann so ziemlich alles machen.

GRACE F., 13 JAHRE

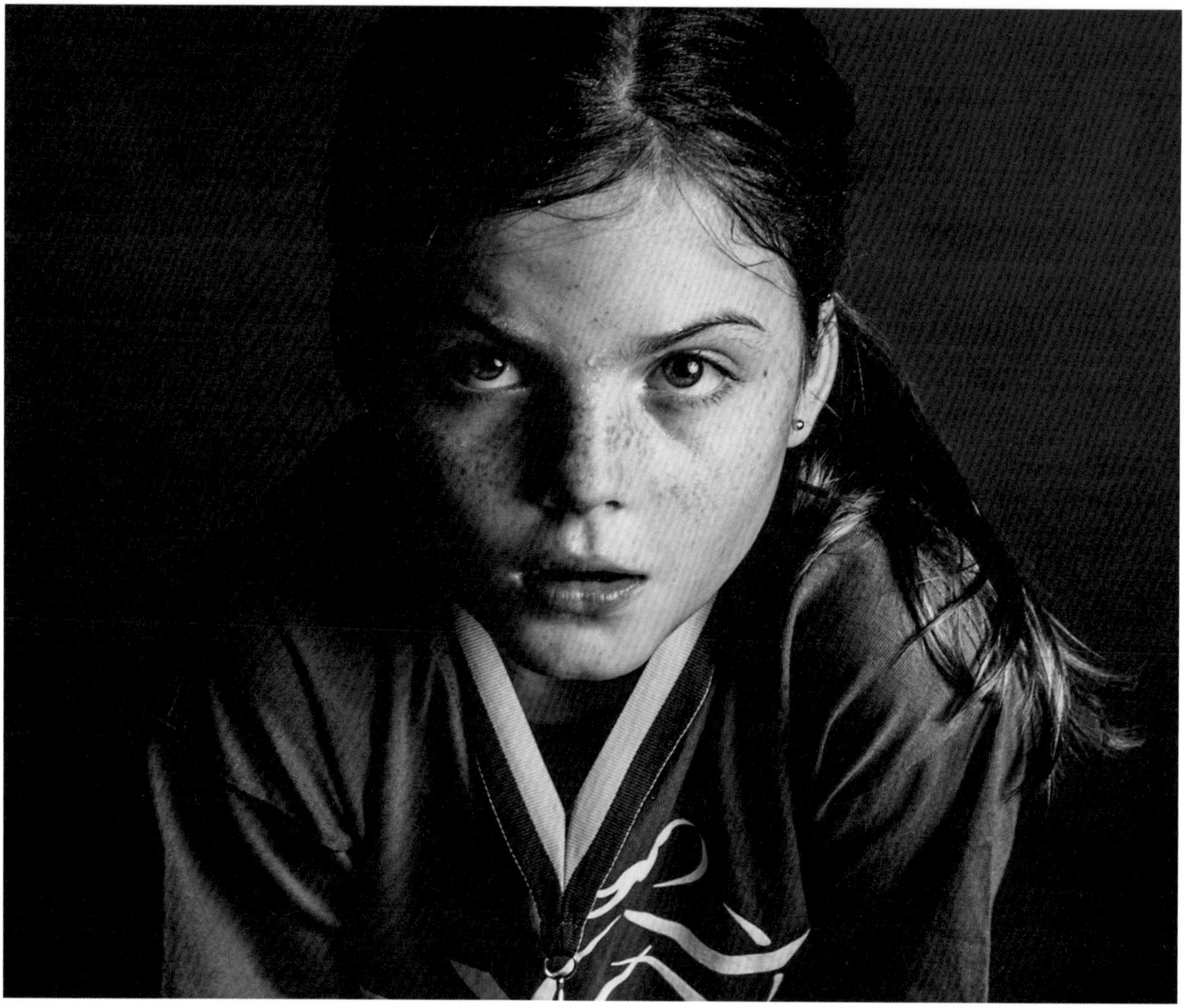

Beim Fußballspielen bin ich nicht aufzuhalten. Wenn du den Ball hast, willst du ihn nur behalten und ein Tor schießen. Aber manchmal ist es besser, abzuspielen, auch wenn es dir widerstrebt.

CAROLINE C., 10 JAHRE

Ich bin mit Begabung und Talent gesegnet und kann es kaum erwarten, der Welt das zu zeigen.

ZARI, 11 JAHRE

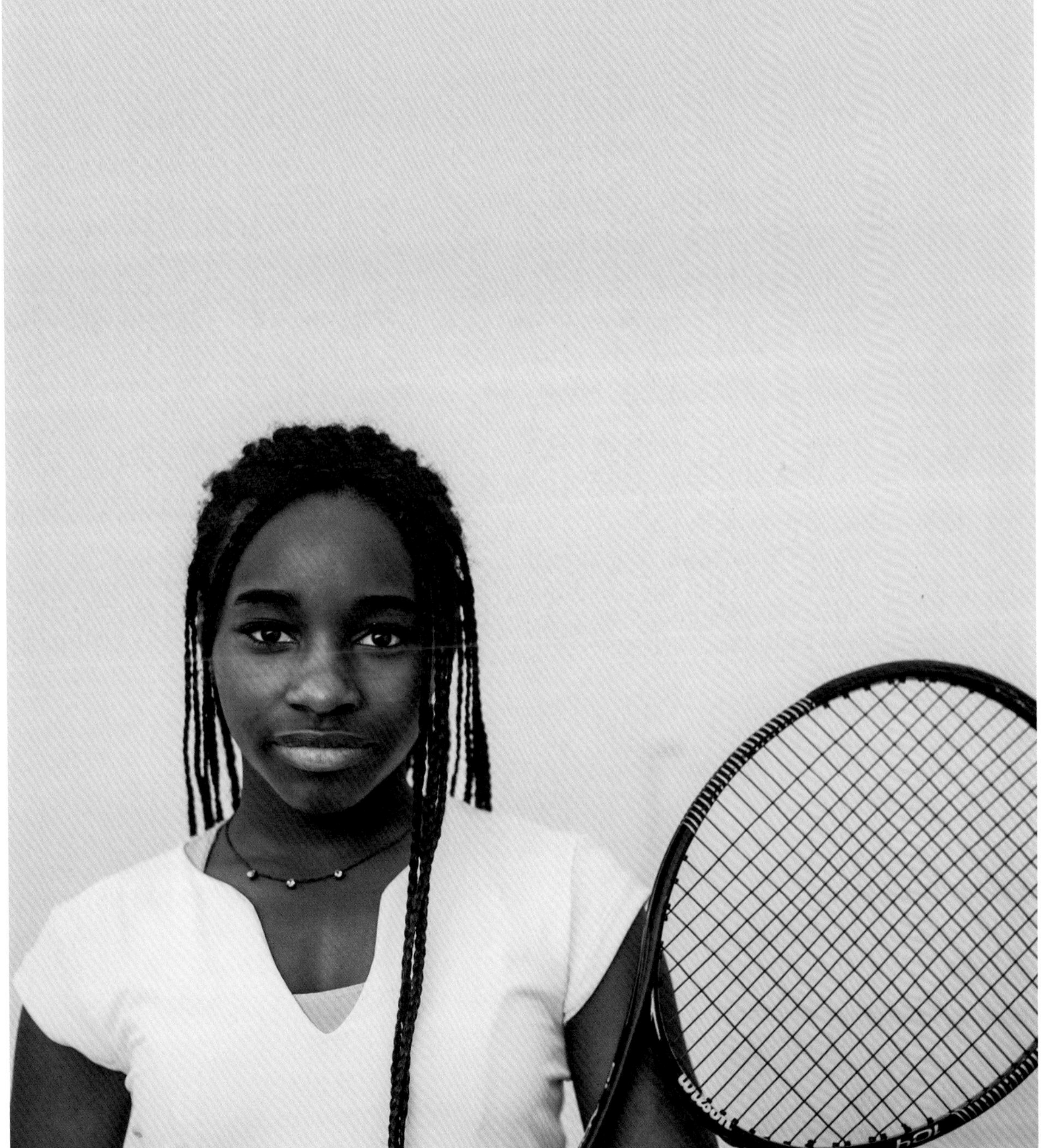

STÄRKE BEDEUTET, ANDERE MENSCHEN AUFZUBAUEN, UND NICHT, SICH GEGENSEITIG FERTIGZUMACHEN.

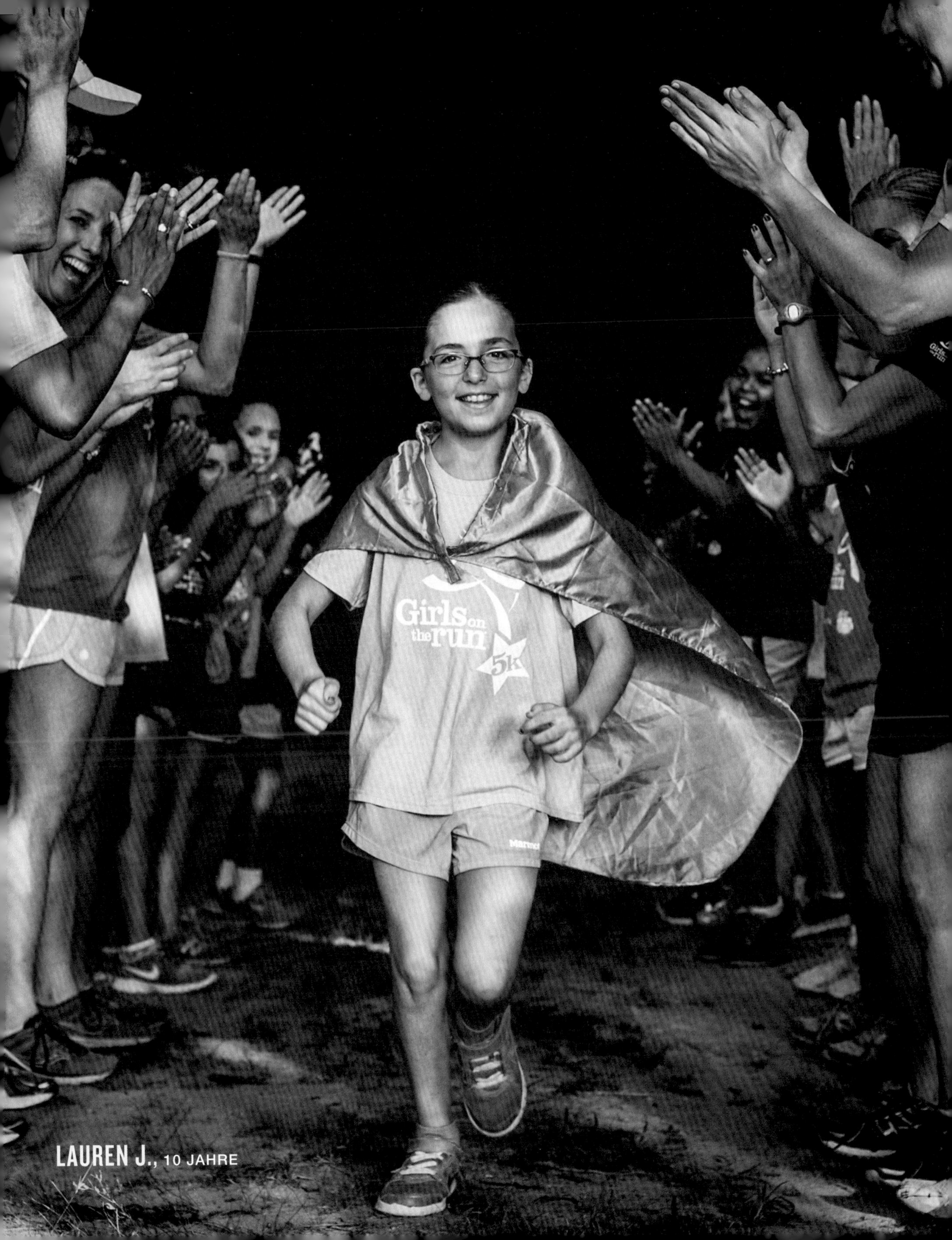

LAUREN J., 10 JAHRE

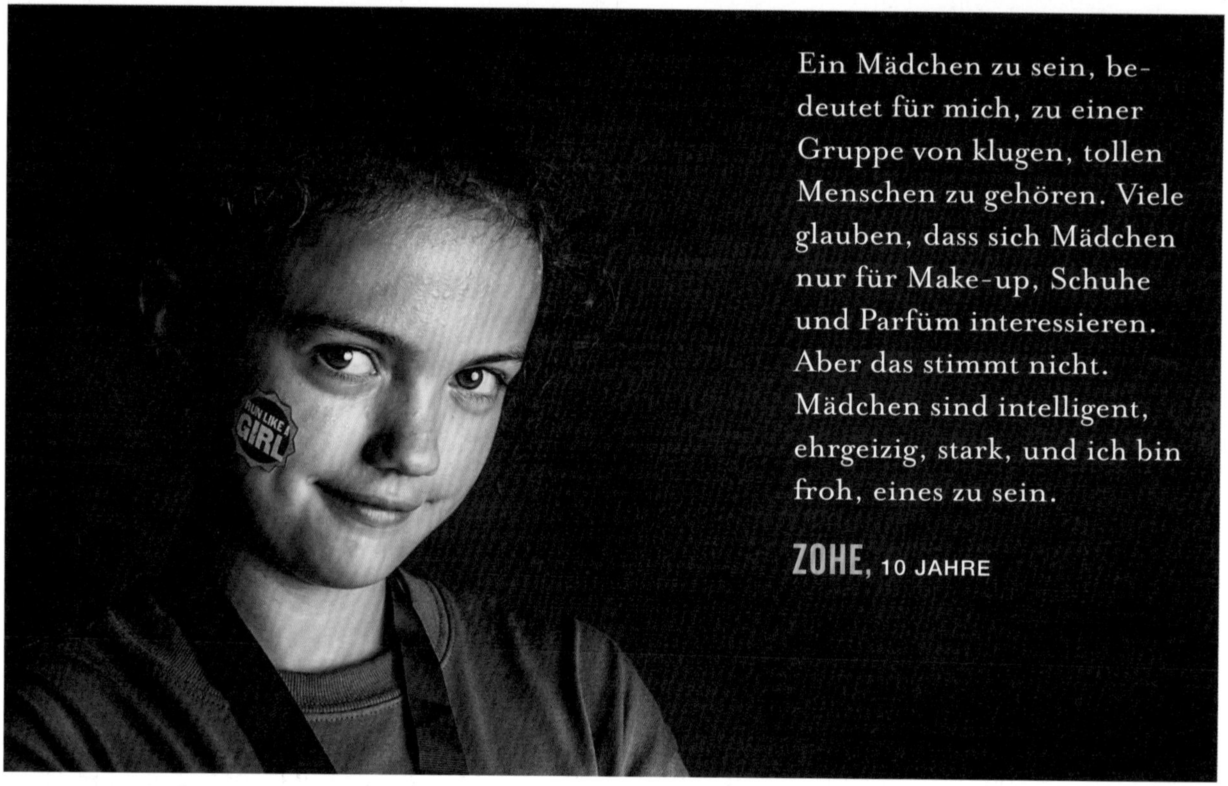

Ein Mädchen zu sein, bedeutet für mich, zu einer Gruppe von klugen, tollen Menschen zu gehören. Viele glauben, dass sich Mädchen nur für Make-up, Schuhe und Parfüm interessieren. Aber das stimmt nicht. Mädchen sind intelligent, ehrgeizig, stark, und ich bin froh, eines zu sein.

ZOHE, 10 JAHRE

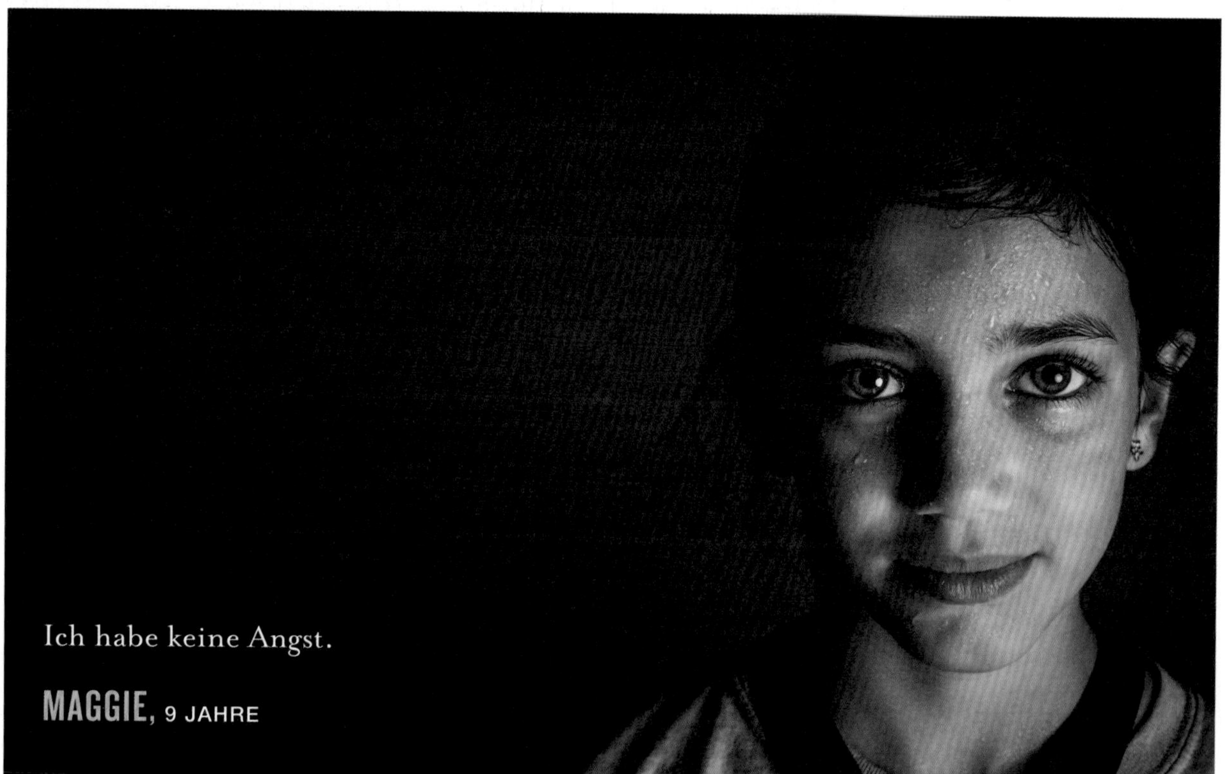

Ich habe keine Angst.

MAGGIE, 9 JAHRE

Mädchen müssen einfach stark sein. Viele Menschen wissen nicht – oder übersehen es absichtlich –, wie viele Kämpfe Mädchen jeden Tag ausfechten müssen, um zu bekommen, was ihnen zusteht: eine Ausbildung, einen Job oder schlicht Respekt.

SARAH A., 18 JAHRE

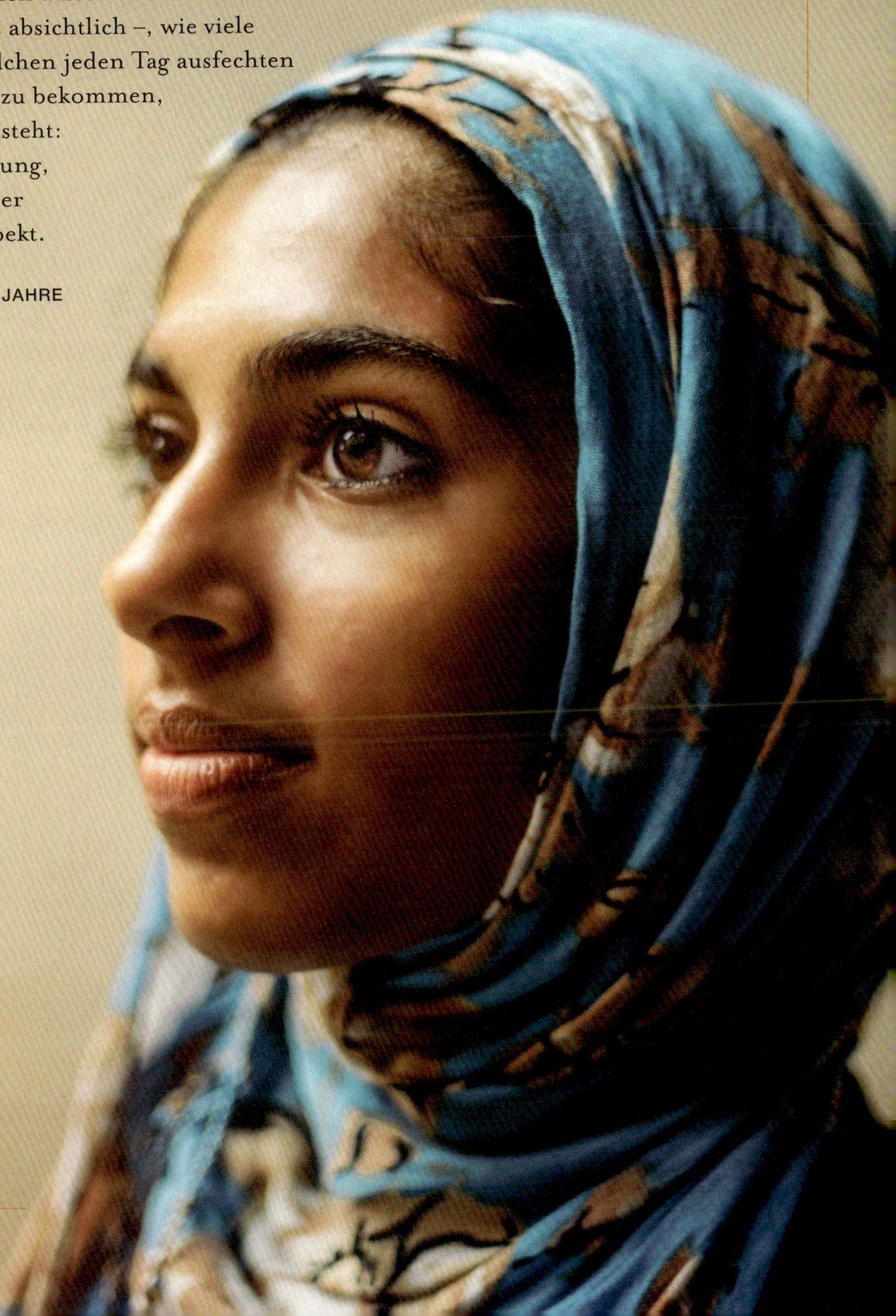

Ich würde gern gewinnen, aber allein die Tatsache, dass ich kandidiere, ist für mich schon ein Sieg.

LENÉE, 13 JAHRE

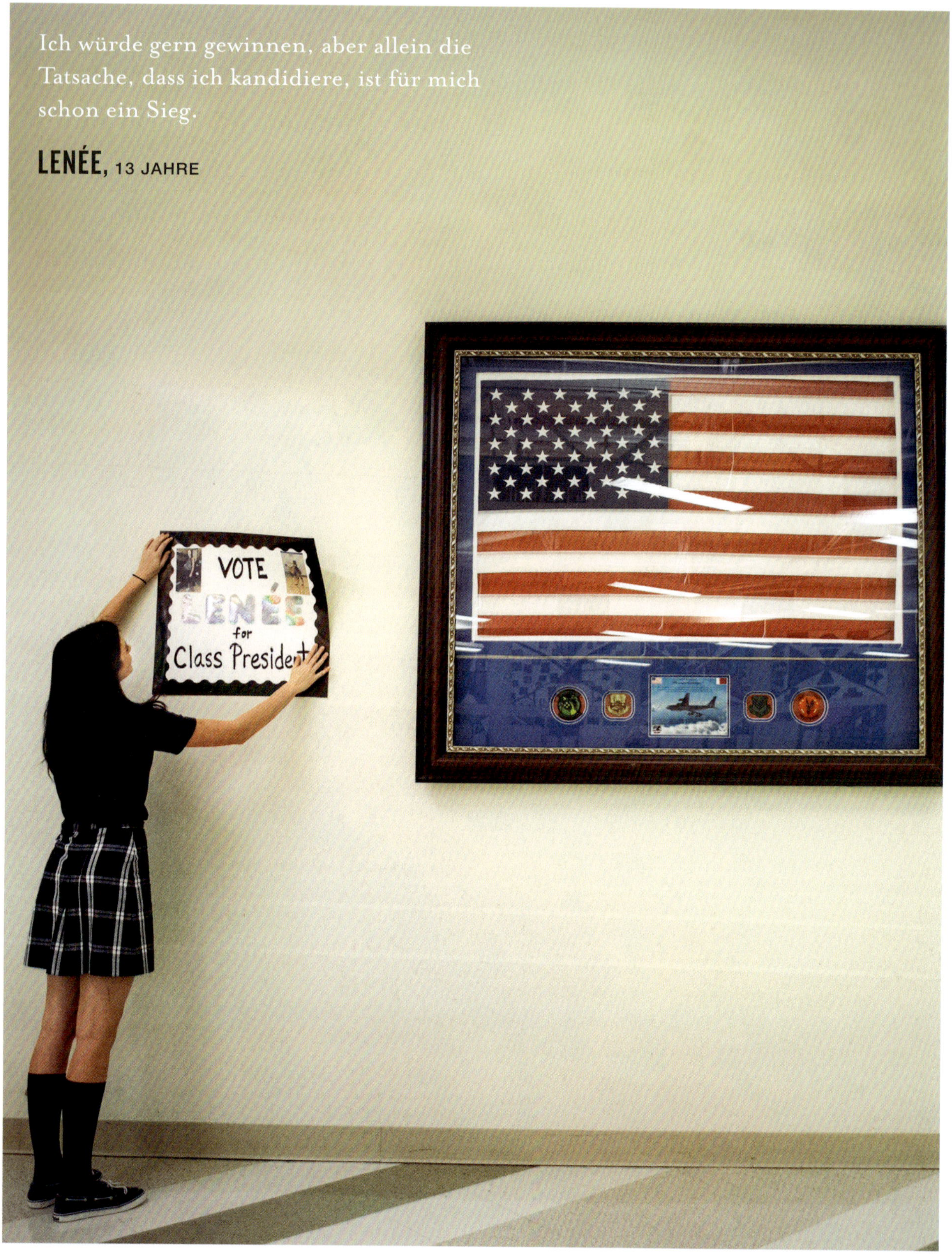

Ich liebe am Skaten die Geschwindigkeit. Dann fühle ich mich so lebendig und wach. Es macht Spaß, sich geschmeidig und schnell zu bewegen.

KEKAI, 12 JAHRE

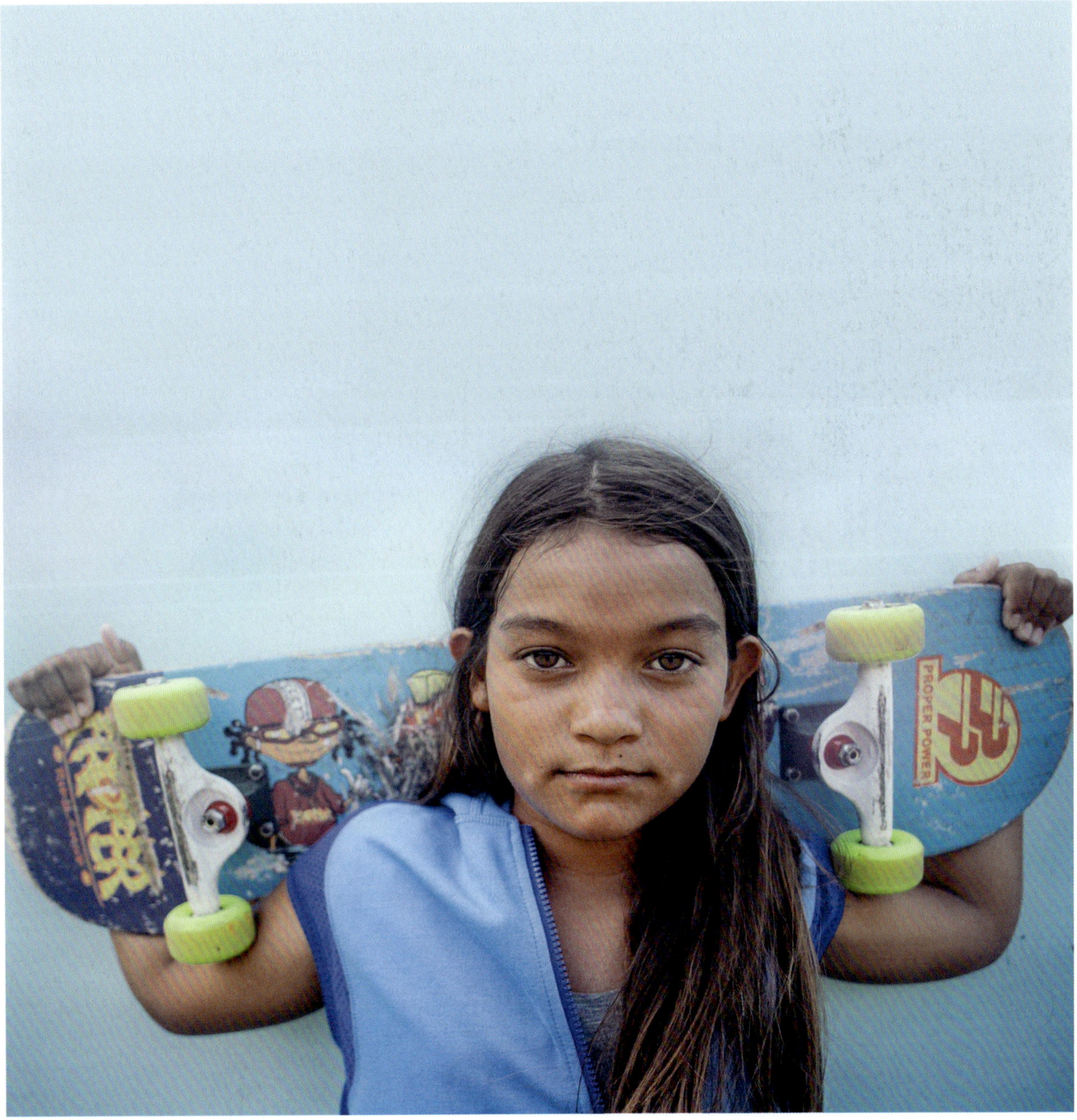

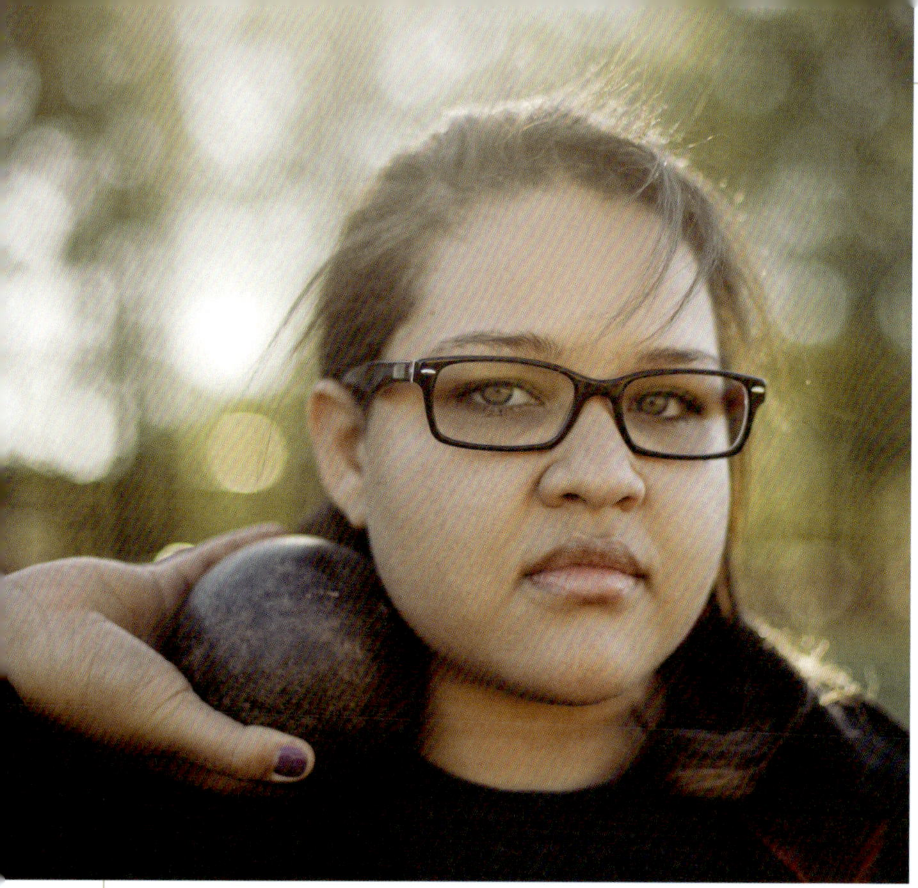

Wenn ich bereit bin für meinen Wurf, blende ich meine Konkurrentinnen total aus. Ich konzentriere mich ganz darauf, was ich zu tun habe.

ISABELLA, 19 JAHRE

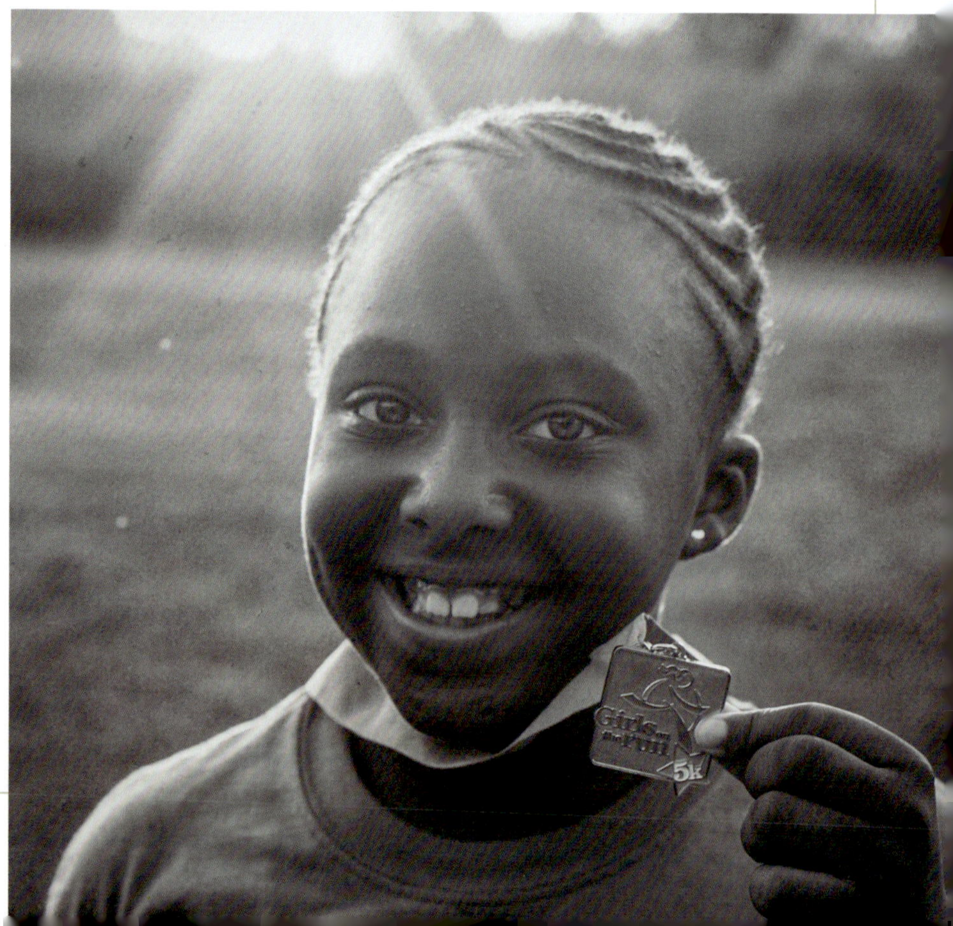

Ich habe an mich geglaubt und war überzeugt, dass ich es schaffe!

MICHELLE, 9 JAHRE

Golf spielt sich im Kopf ab. Jede Partie fordert mich. Bei jedem Schwung und jedem Putt muss ich an mich selbst glauben.

SARAH L., 16 JAHRE

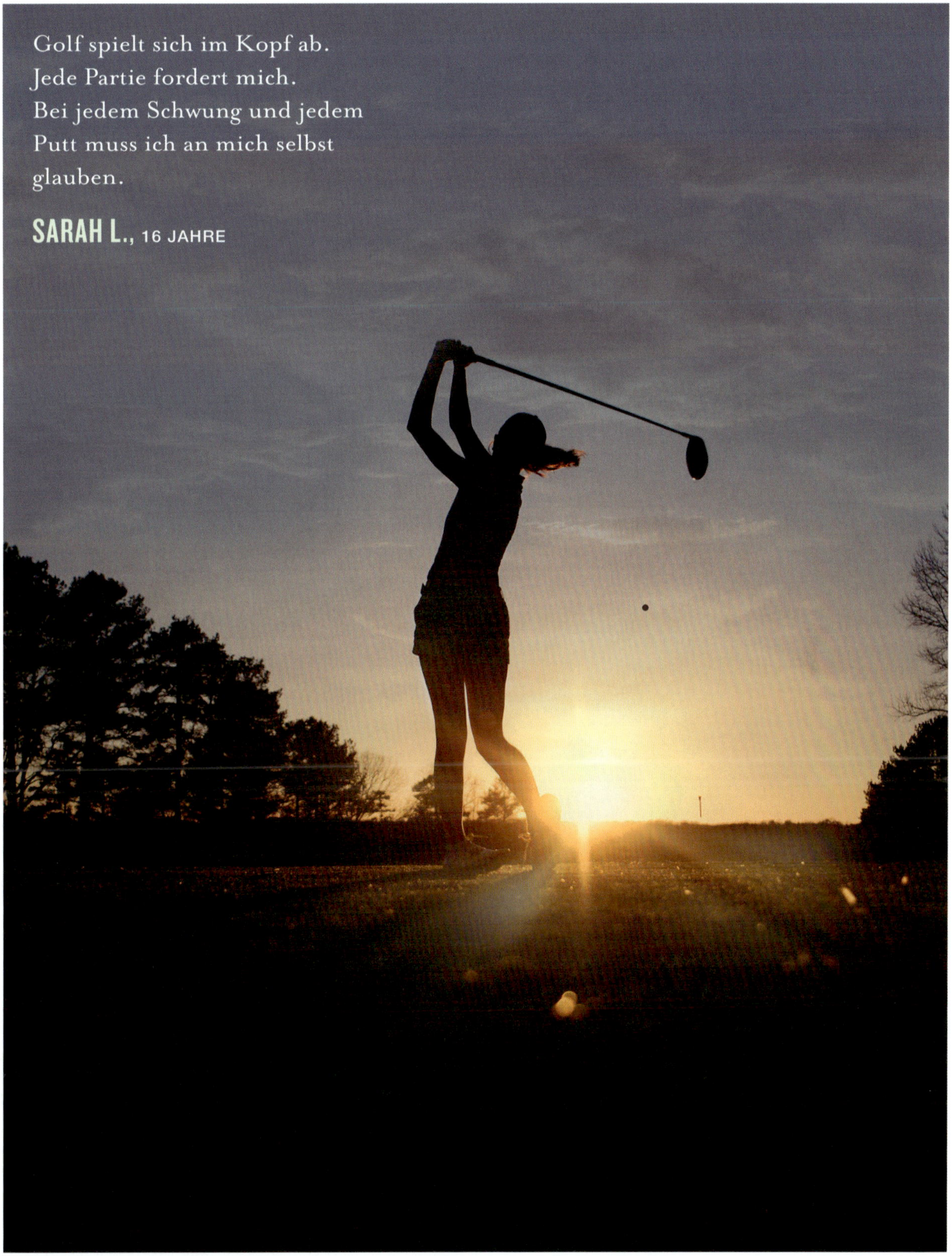

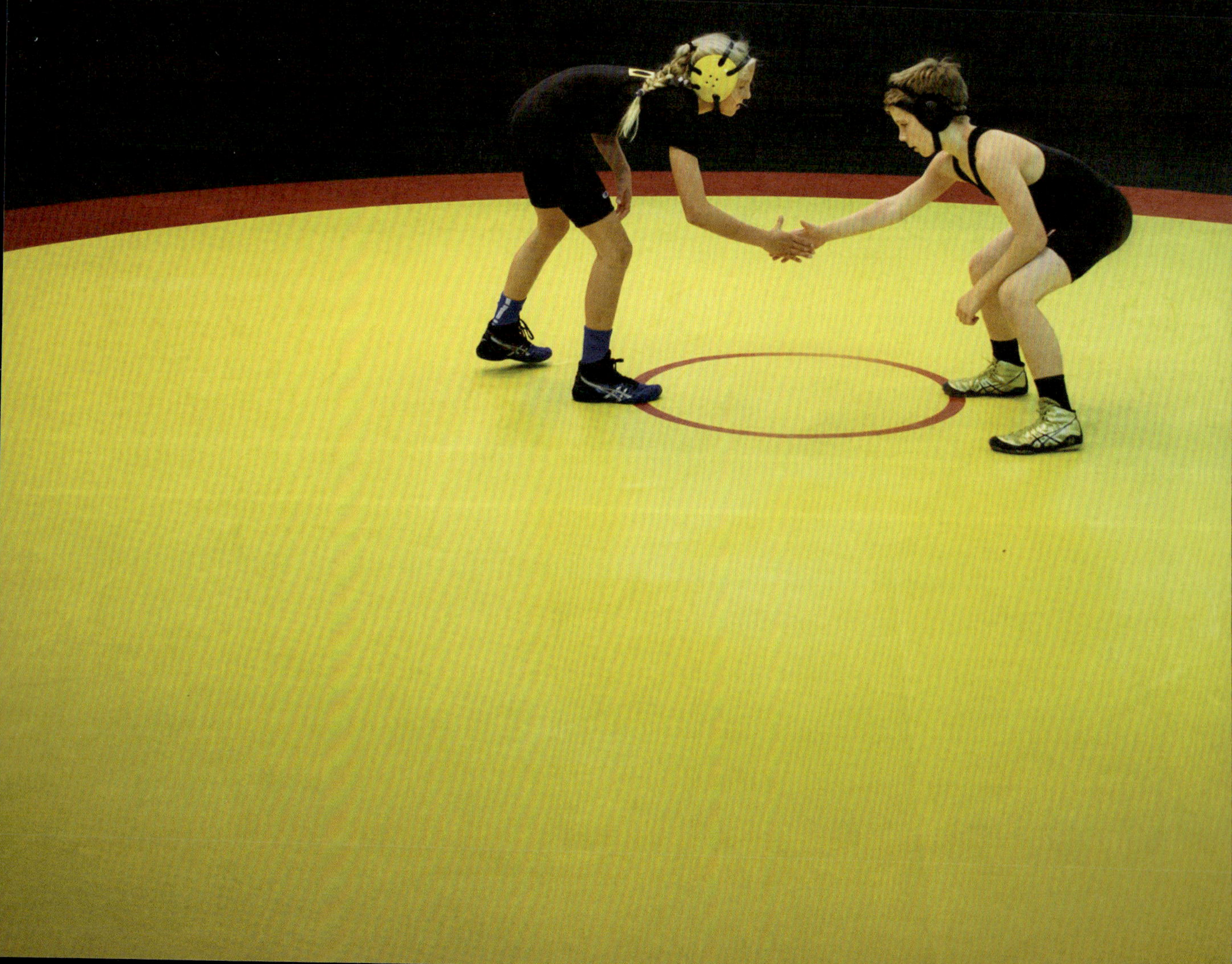

Beim Ringen sind Mädchen im Vorteil. Jungen unterschätzen dich, bis sie dir Auge in Auge gegenüberstehen!

RACHEL, 11 JAHRE

ICH BIN KLEIN, ABER ICH HABE EINE KRÄFTIGE STIMME UND ICH WEISS, WIE ICH SIE BENUTZEN KANN.

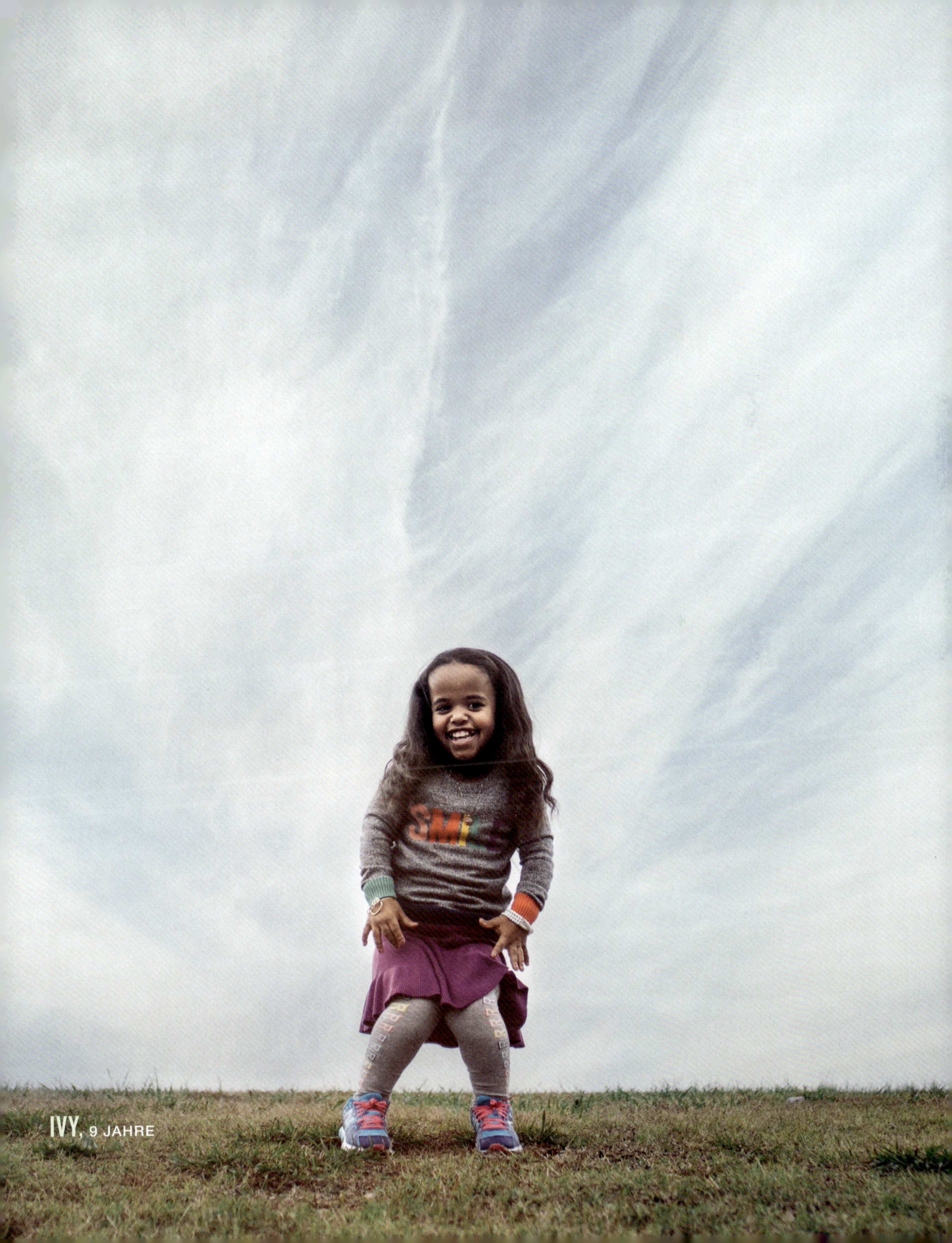

IVY, 9 JAHRE

Ich bin fantastisch, weil ich ein Mädchen bin.

NAKIA, 11 JAHRE

Ich gebe niemals auf.

CHASE, 9 JAHRE

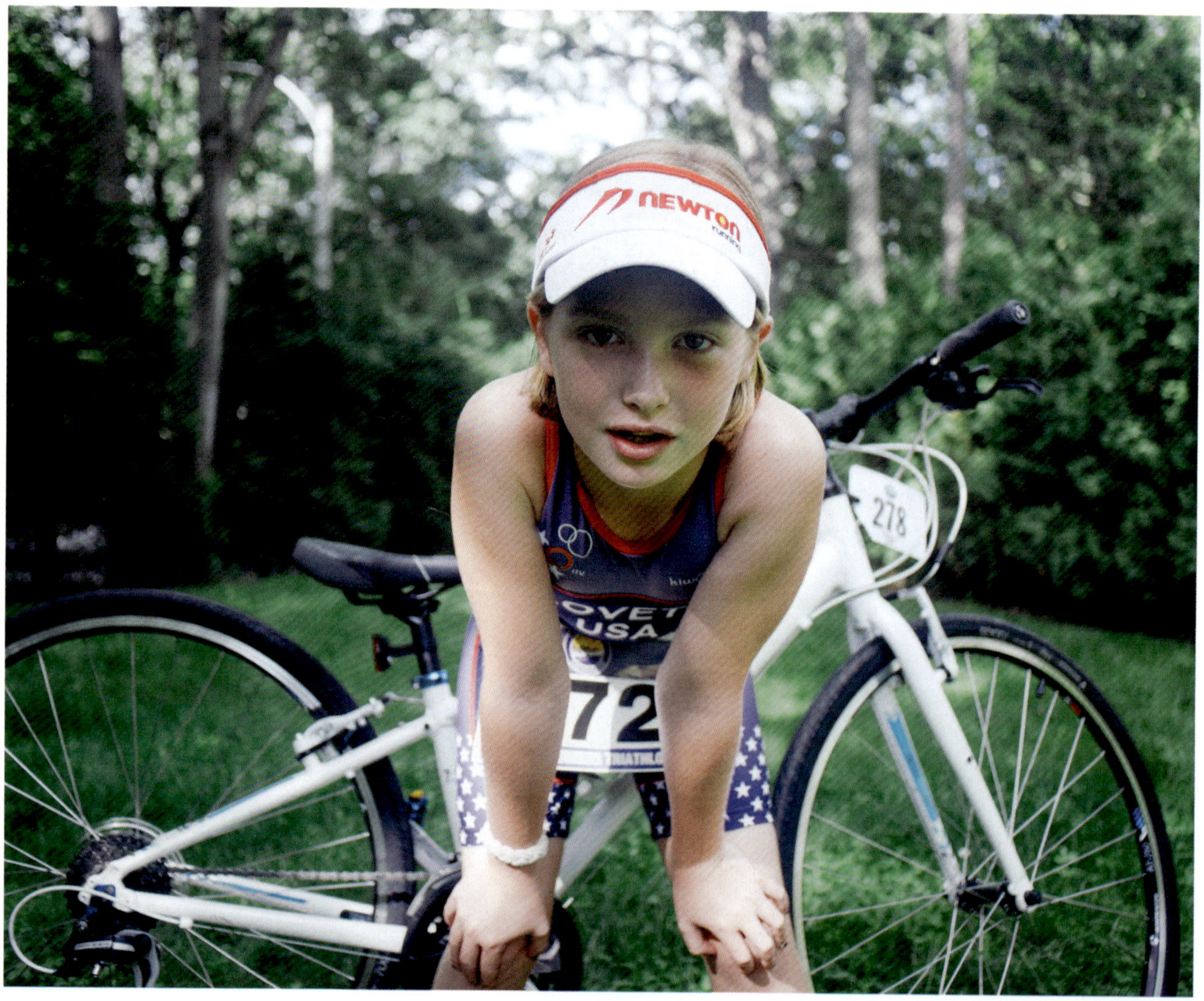

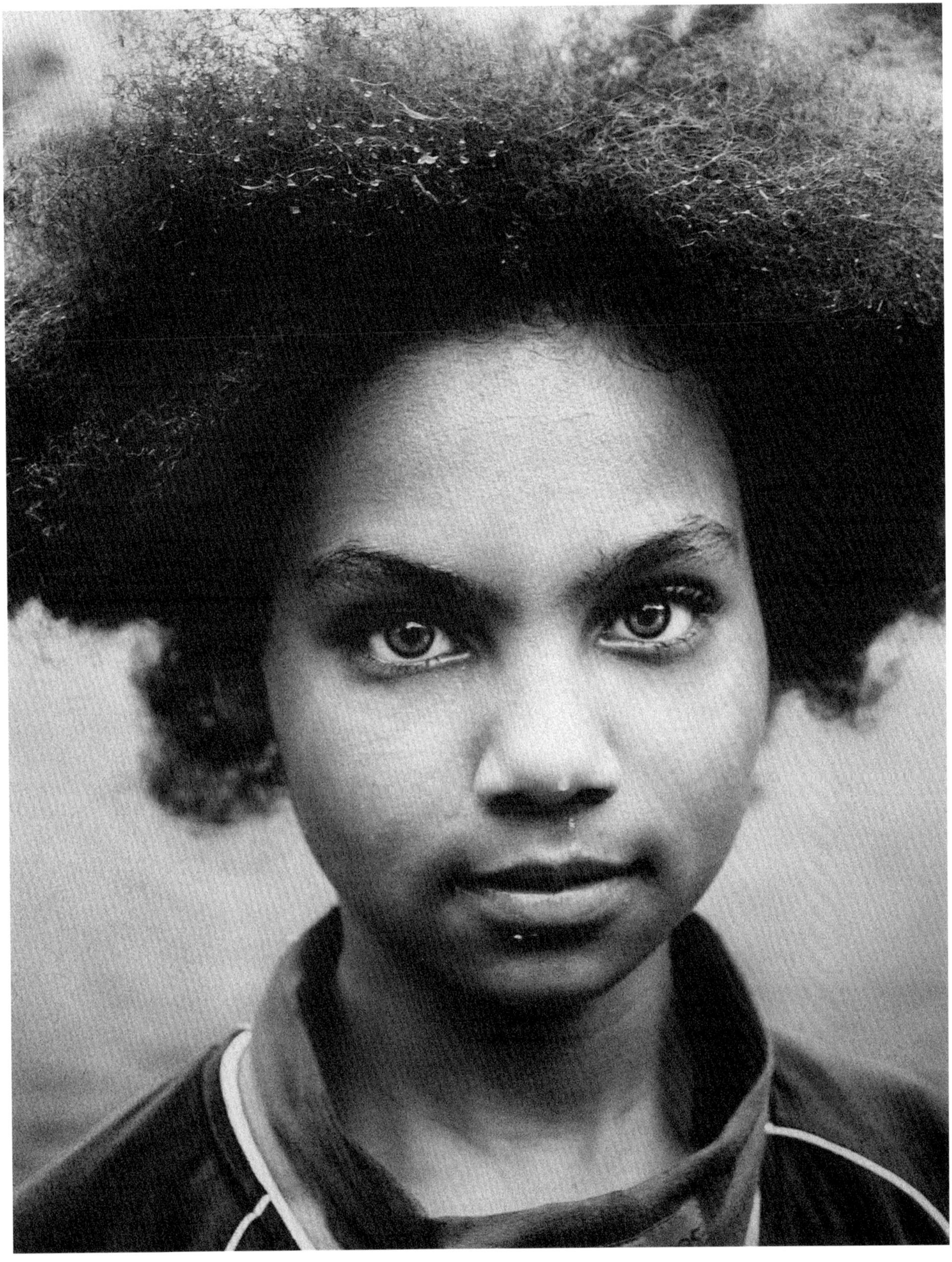

Ich liebe Wasserball. Und ich kann nur eine Augenbraue hochziehen. Und ich spreche Farsi. Und ich spiele Tennis. Und ich bringe Leute mit meinen Grimassen zum Lachen. Und ich habe meiner Schwester Penny das Lesen beigebracht, als sie drei Jahre alt war.

SABRINA, 6 JAHRE

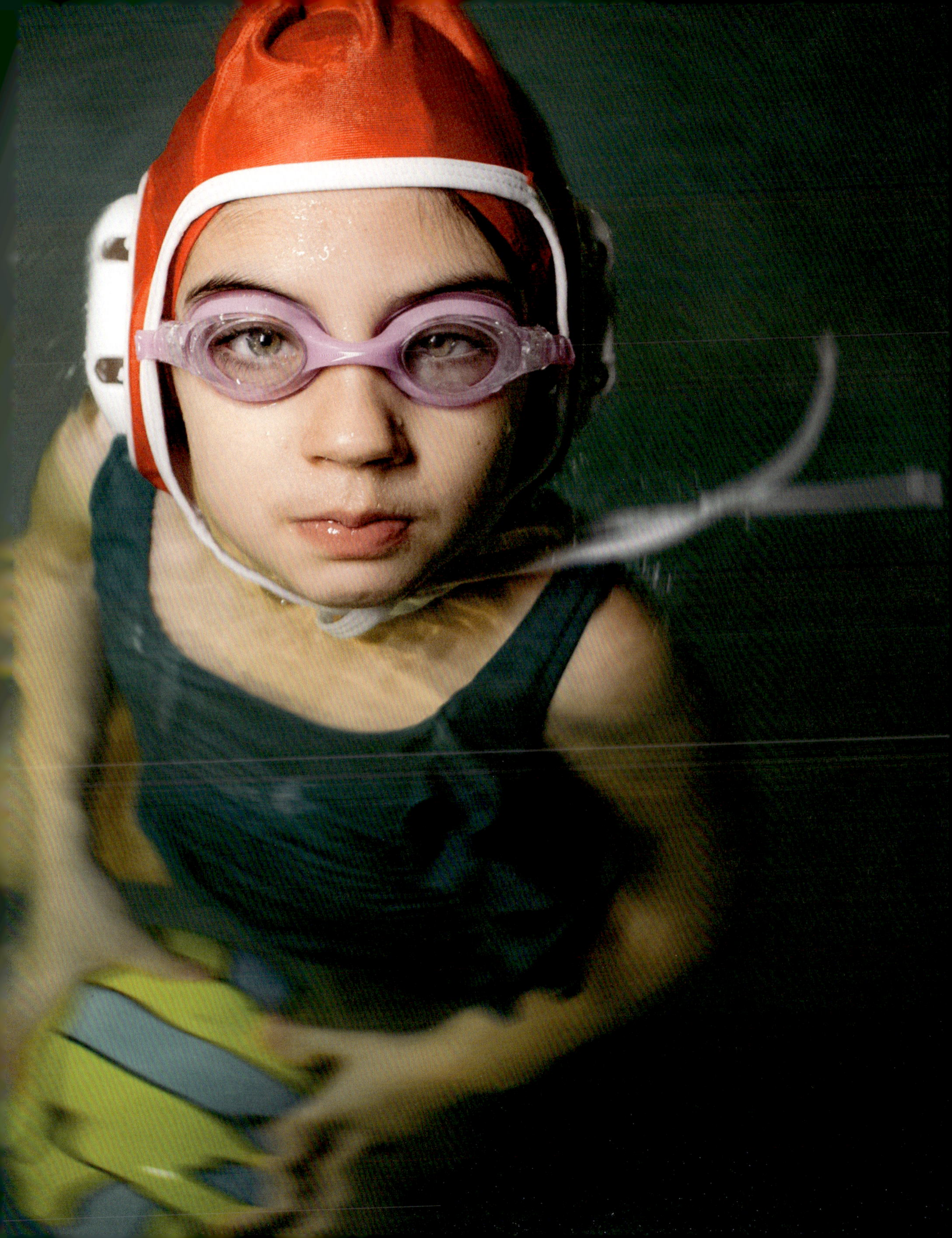

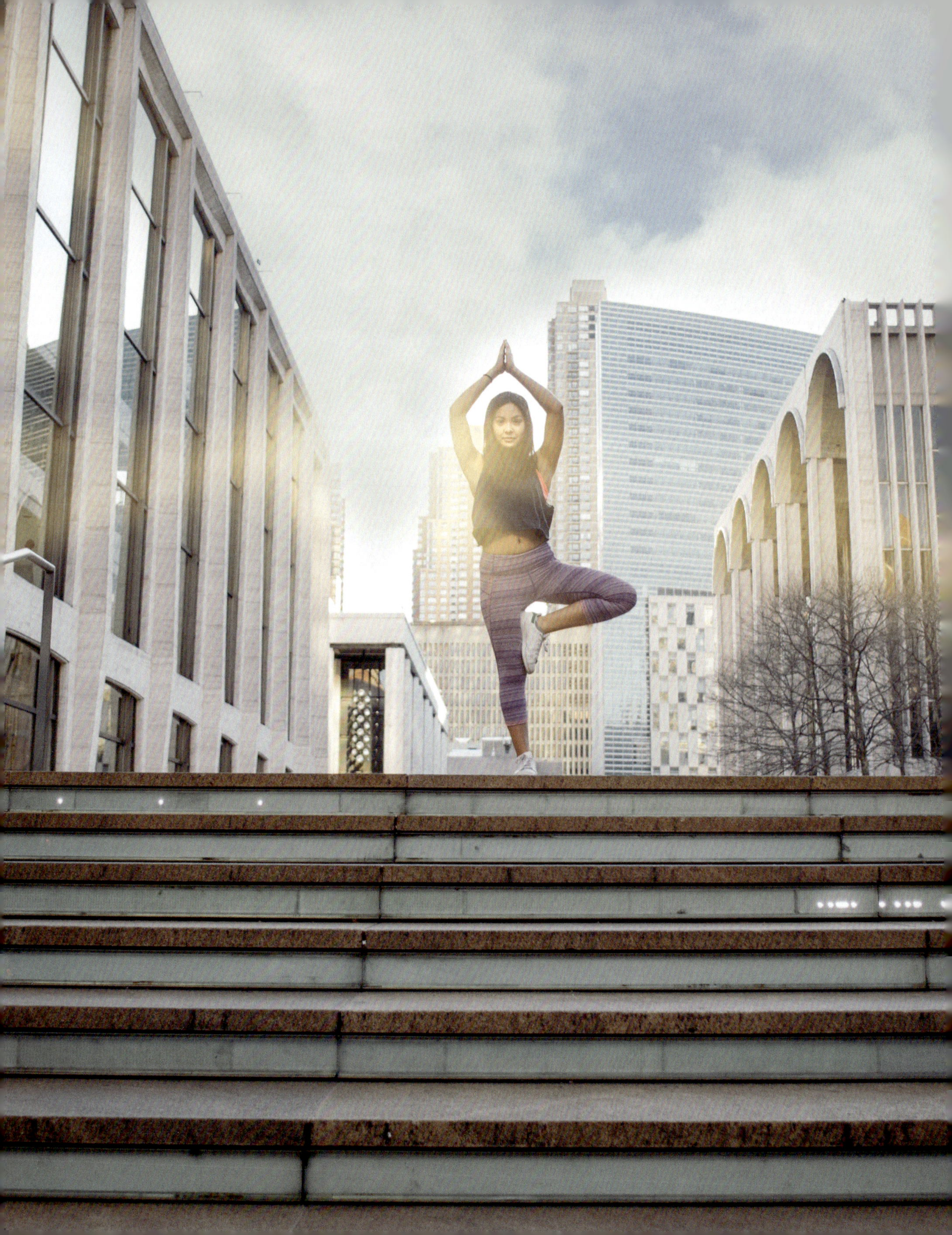

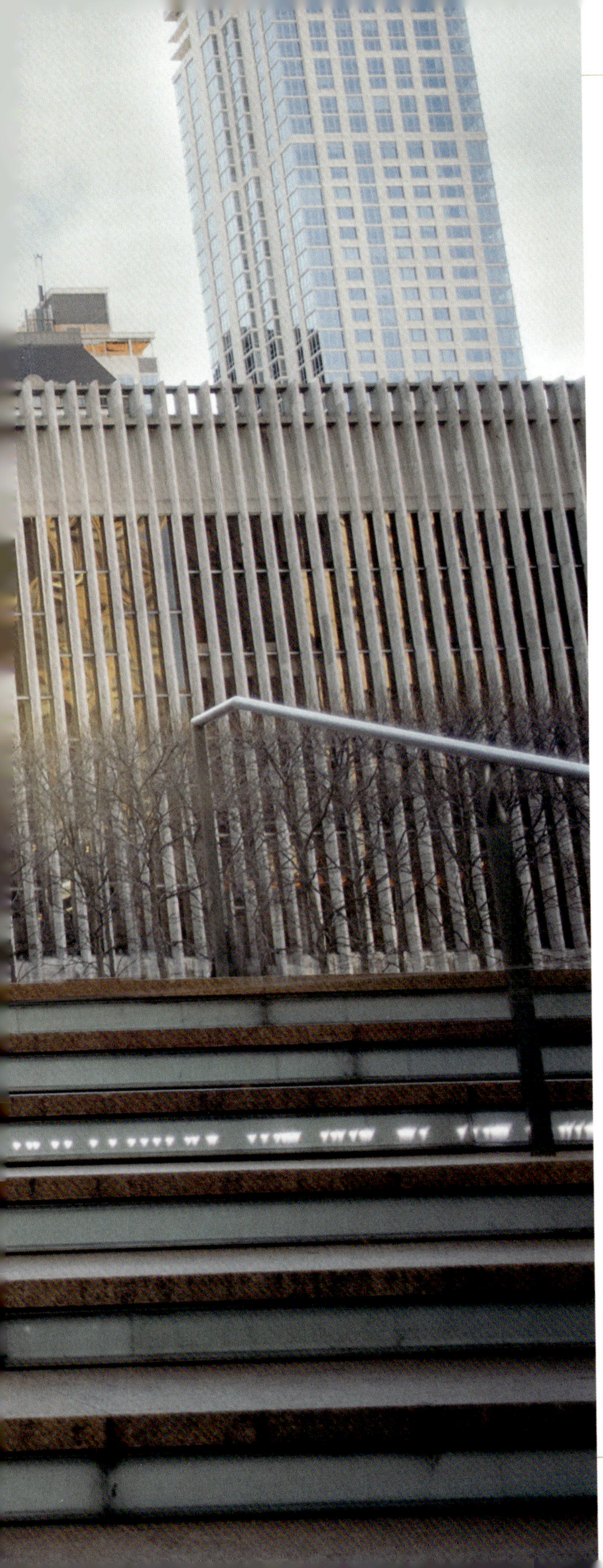

Ich probiere ständig neue Dinge aus. Wenn mir etwas nicht gefällt, dann weiß ich wenigstens, wie es war oder wie es sich angefühlt hat.

LAILANI, 15 JAHRE

„Mach Dinge,
vor denen du **Angst** hast,
aber nur, wenn du dafür
bereit bist.“

DEBBY RYAN
(SCHAUSPIELERIN)

WILD IST STARK

Es lassen sich ganz leicht tausend Gründe finden, warum jemand nicht sein sollte, wie er ist oder wo er ist. Und diese Gründe führen nur dazu, seine Einzigartigkeit zu unterdrücken. Wenn jemand spontan handelt, zeigt sich ganz schnell sein wahres Ich. Dieses Ich ist die Summe all seiner Träume, Freuden, Triumphe, Fehler und Erfahrungen.

Wild zu sein, bedeutet, voller Leben und Ideen zu sein und die Fähigkeit zu besitzen, vor Begeisterung ganz außer sich zu geraten. Es heißt, laut und frech zu sein, ohne sich dafür zu schämen. Den Mut aufzubringen, sich hundertprozentig auf seine Gefühle einzulassen.

Wild und frei zu sein, bedeutet, zu spielen, herumzualbern, Sachen zu machen, die man sich vielleicht gar nicht zugetraut hätte. Und auch wenn es befreiend ist, diesen Mut zu haben, erfordert es natürlich Stärke. Die Kraft wilder Mädchen rührt daher, dass sie sich nicht von den Erwartungen anderer Menschen gängeln lassen. Sie sind sich dieser Erwartungen durchaus bewusst – lassen sich von ihnen aber nicht aufhalten. Haben sie die Angst vor dem Stirnrunzeln der Umwelt einmal überwunden, können sie alles erreichen oder werden. Denn letztlich bedeutet wild sein Freiheit: die Freiheit, neue Dinge auszuprobieren, ohne sich selbst zu bremsen, und laut, albern, ungekämmt und frech zu sein. Es bedeutet, alles Komische und Verrückte in sich freudig anzunehmen.

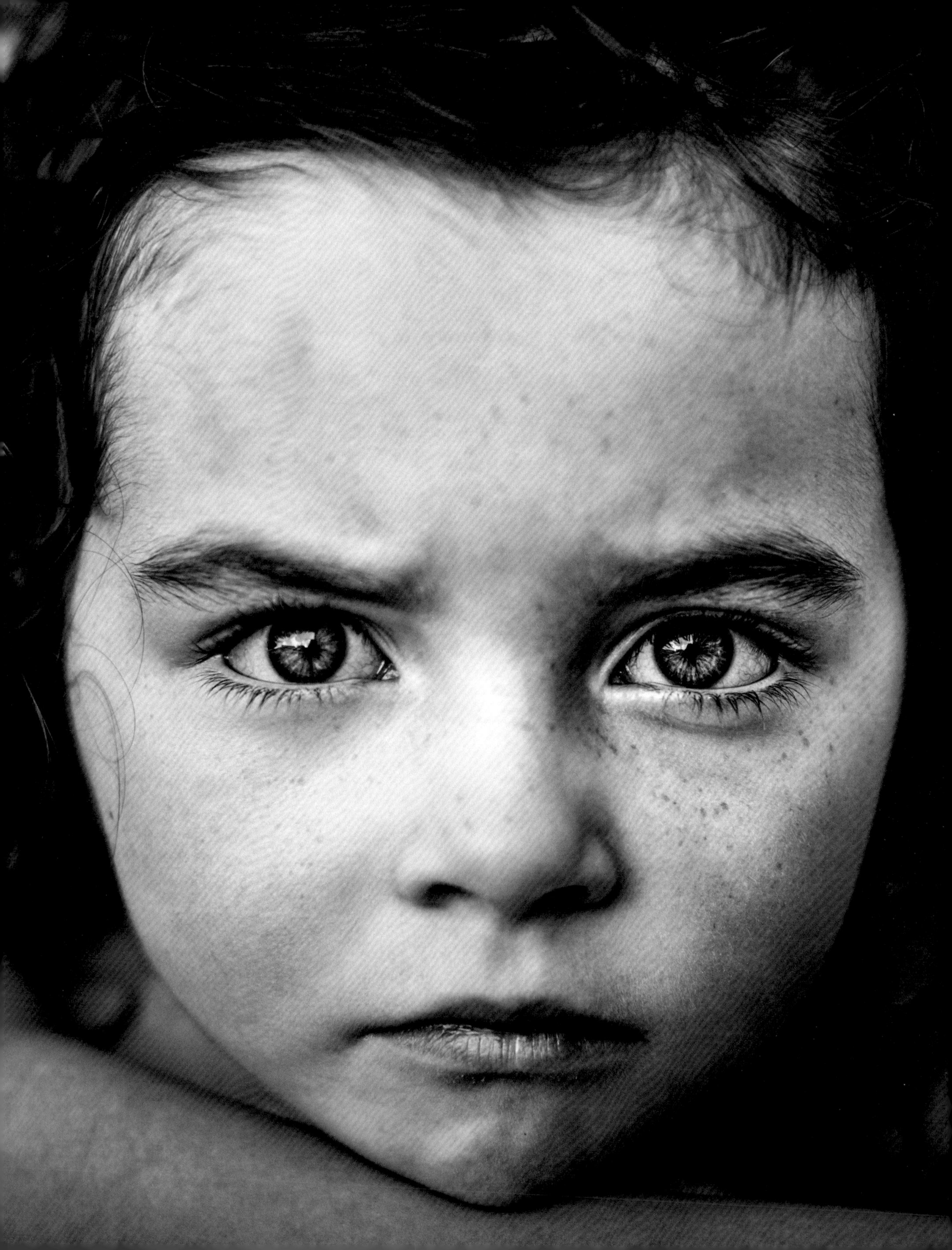

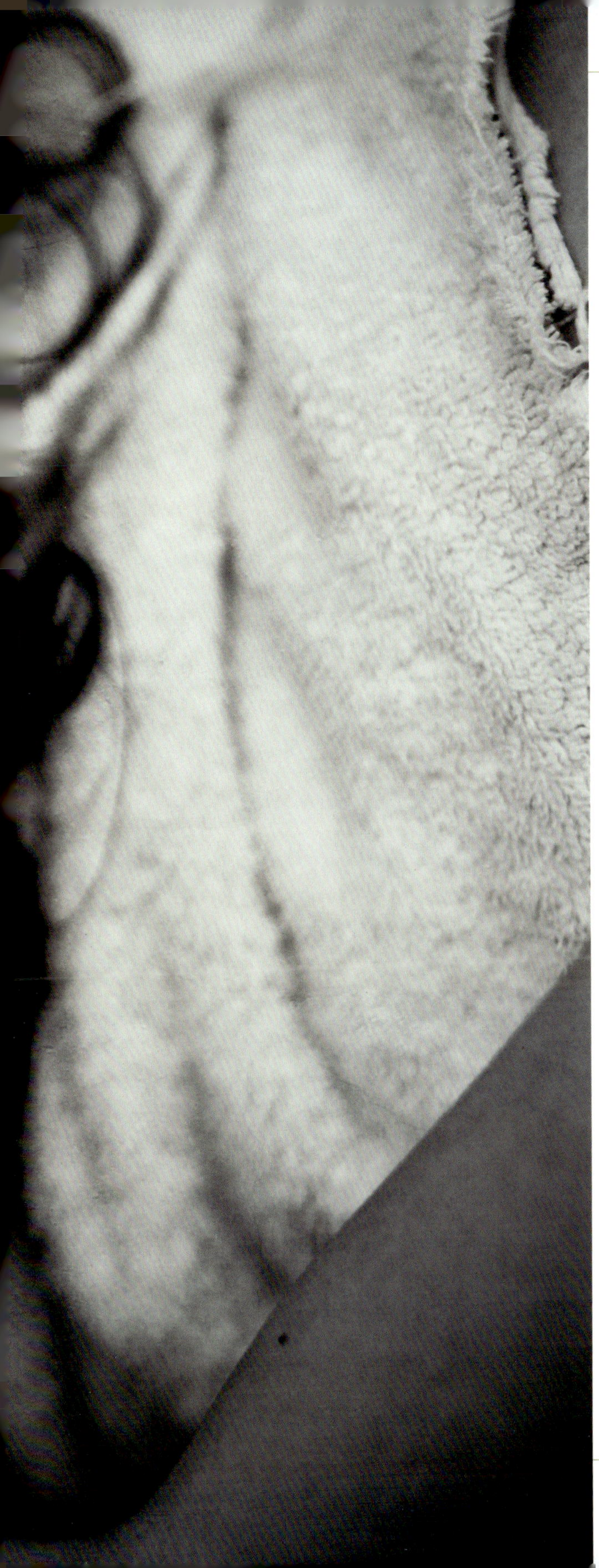

Manchmal kann ich ziemlich temperamentvoll sein.

ALICE, 7 JAHRE

Mein Vater nennt mich „Wildkatze". Wahrscheinlich, weil ich beim Spielen so rumtobe. Dann ist es mir egal, ob ich zerzaust oder schmutzig bin. Mir gefällt's.

TAYLA, 7 JAHRE

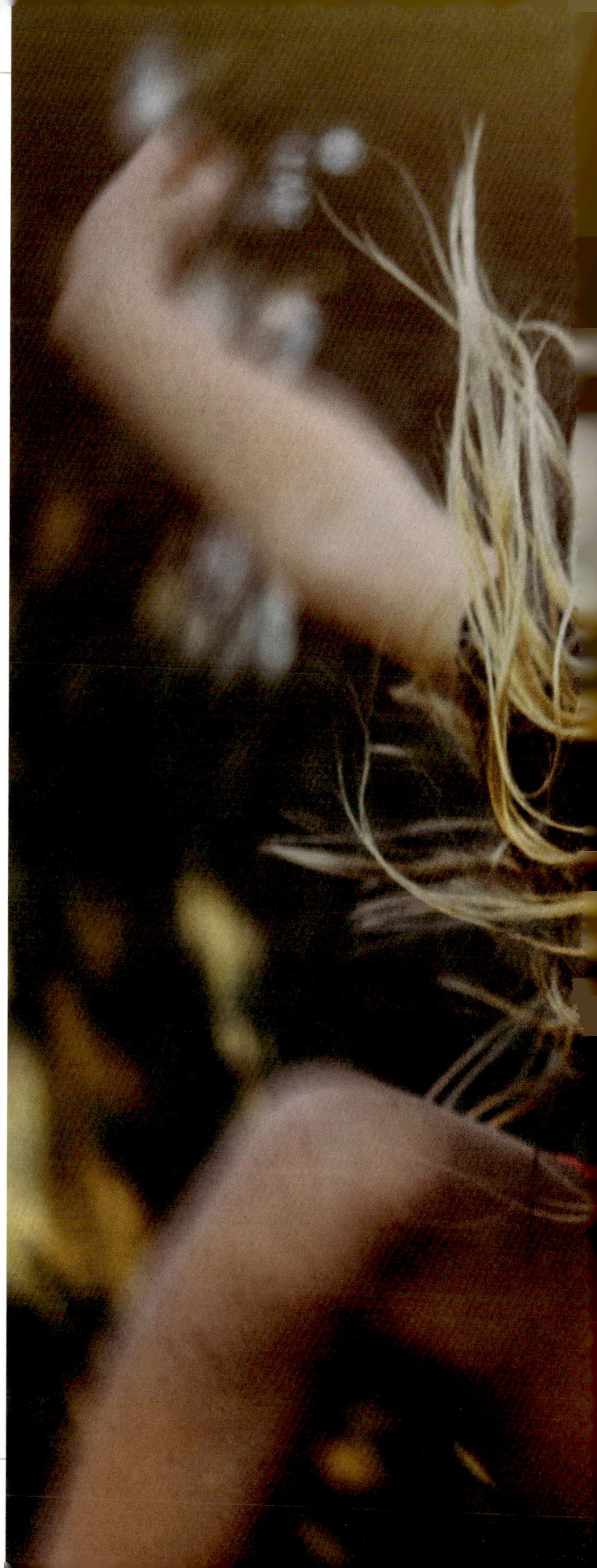

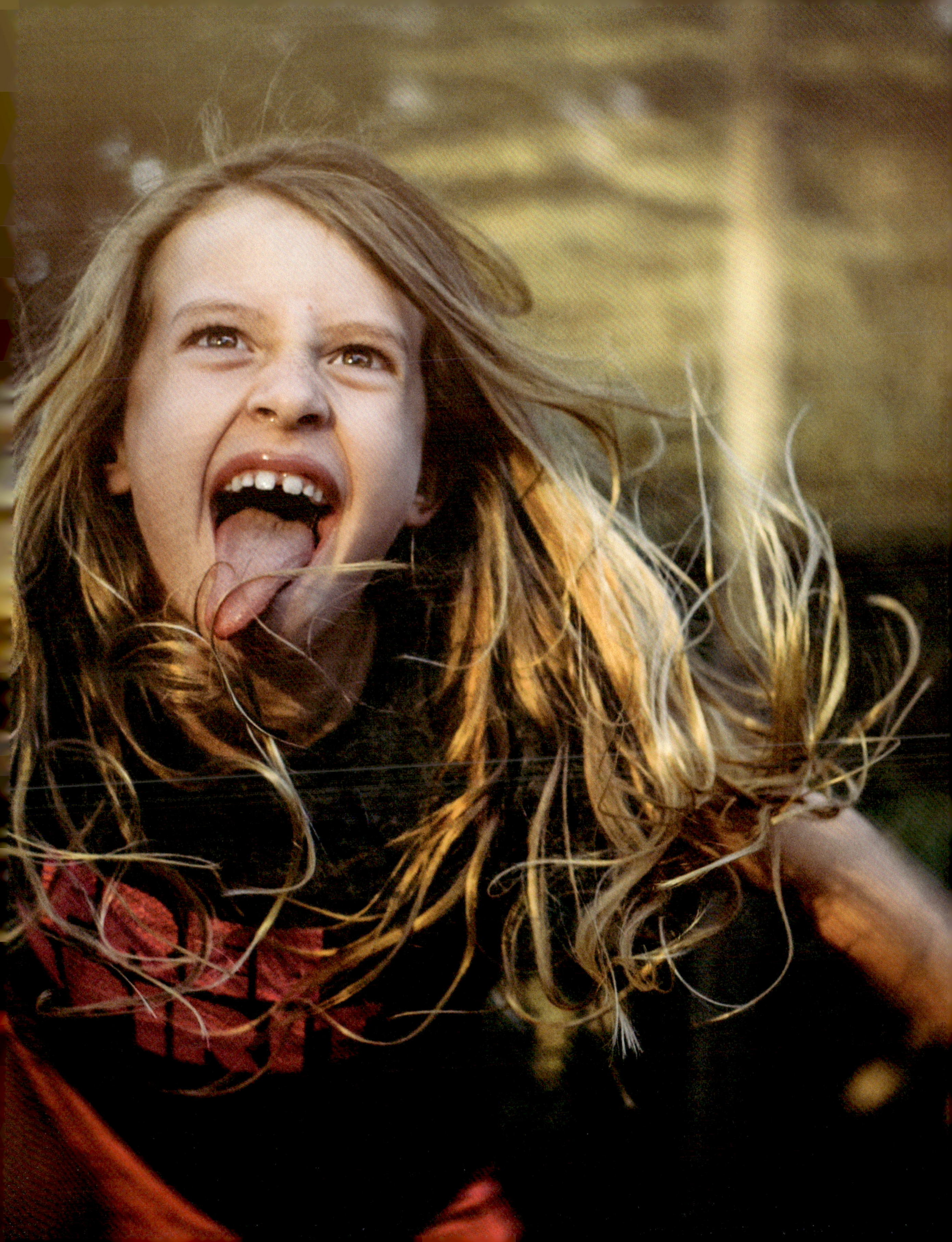

Als meine Mama gestorben ist, habe ich mich aufgerappelt und diesem Umstand gestellt.

EMMA, 6 JAHRE

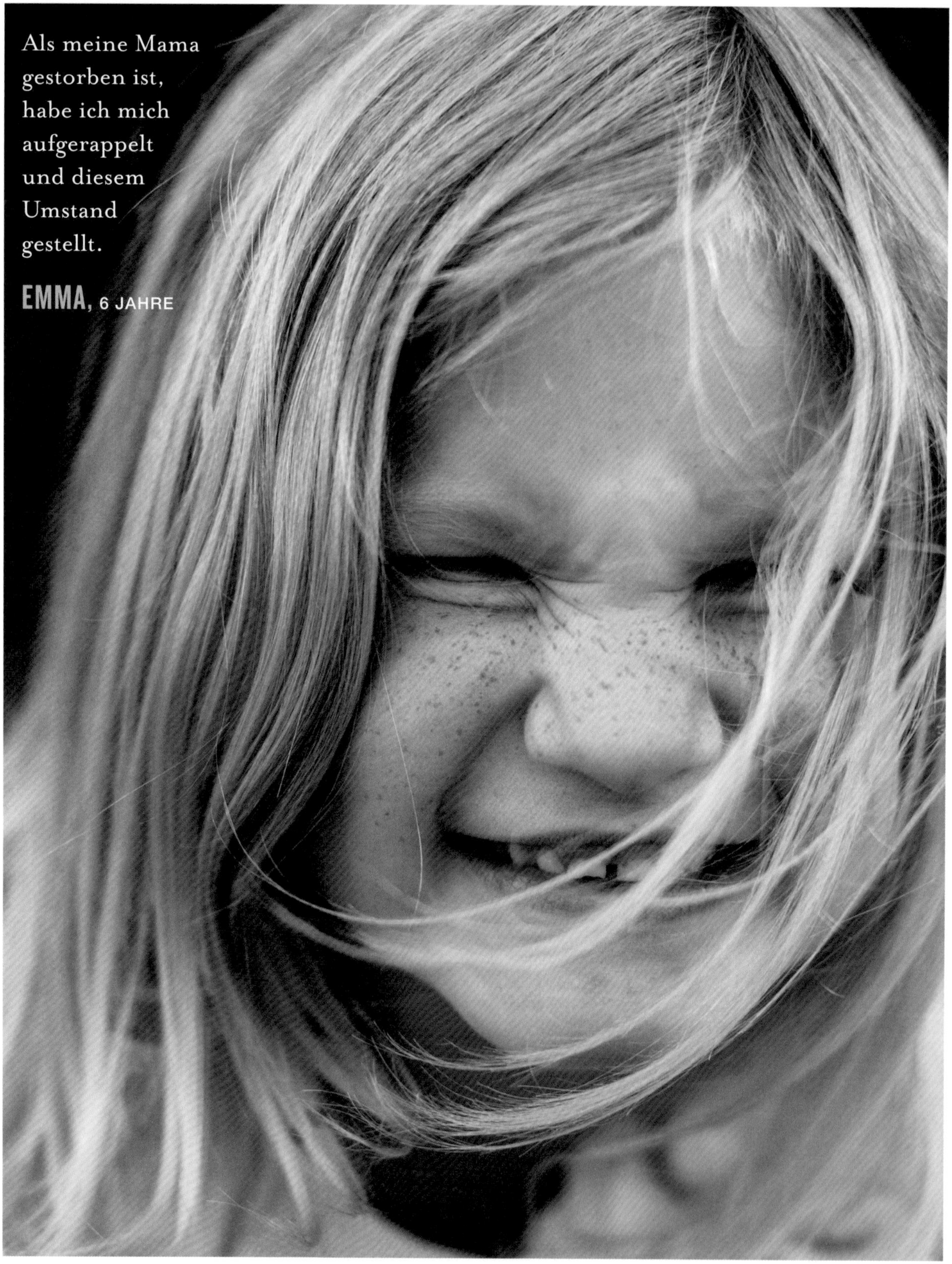

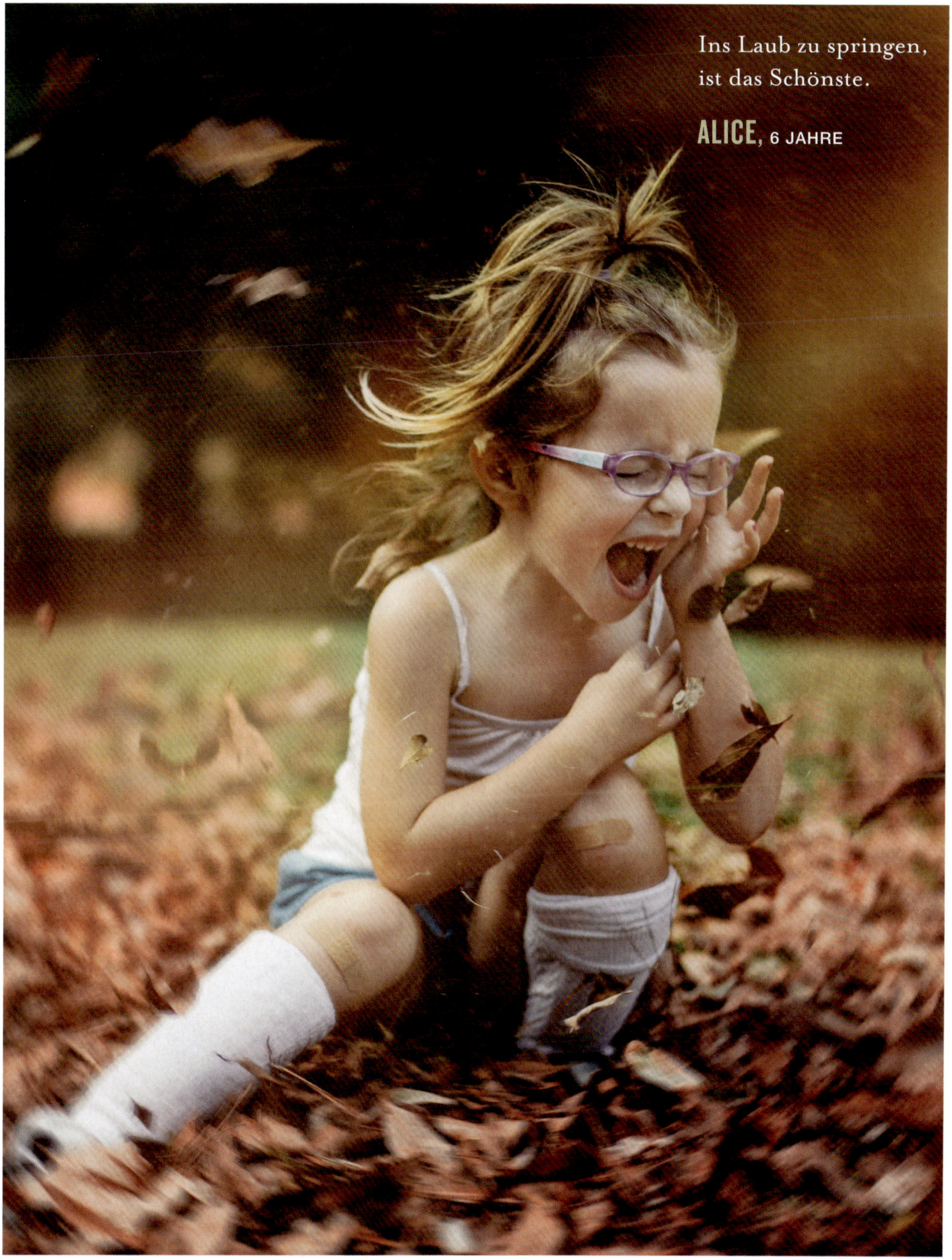
Ins Laub zu springen,
ist das Schönste.
ALICE, 6 JAHRE

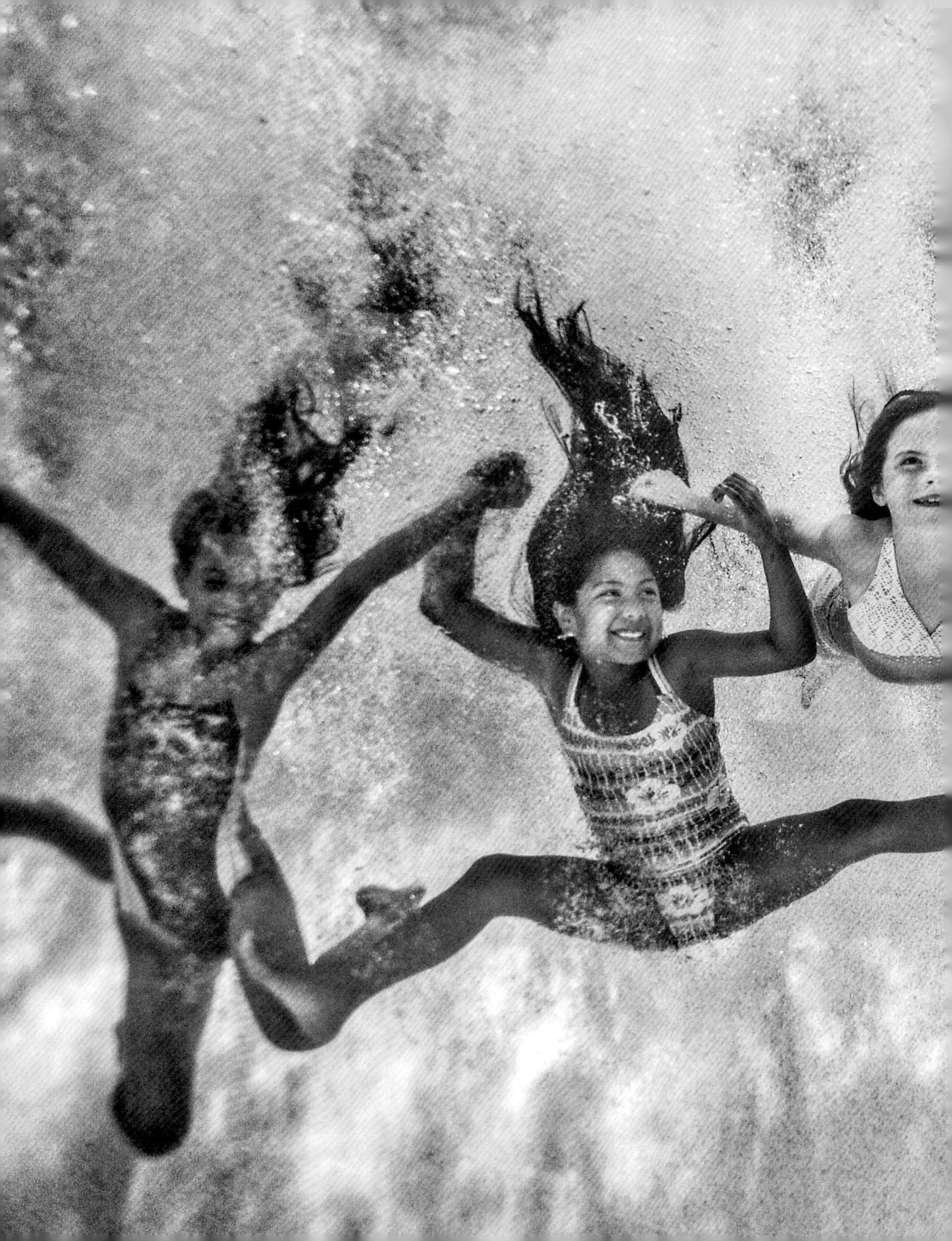

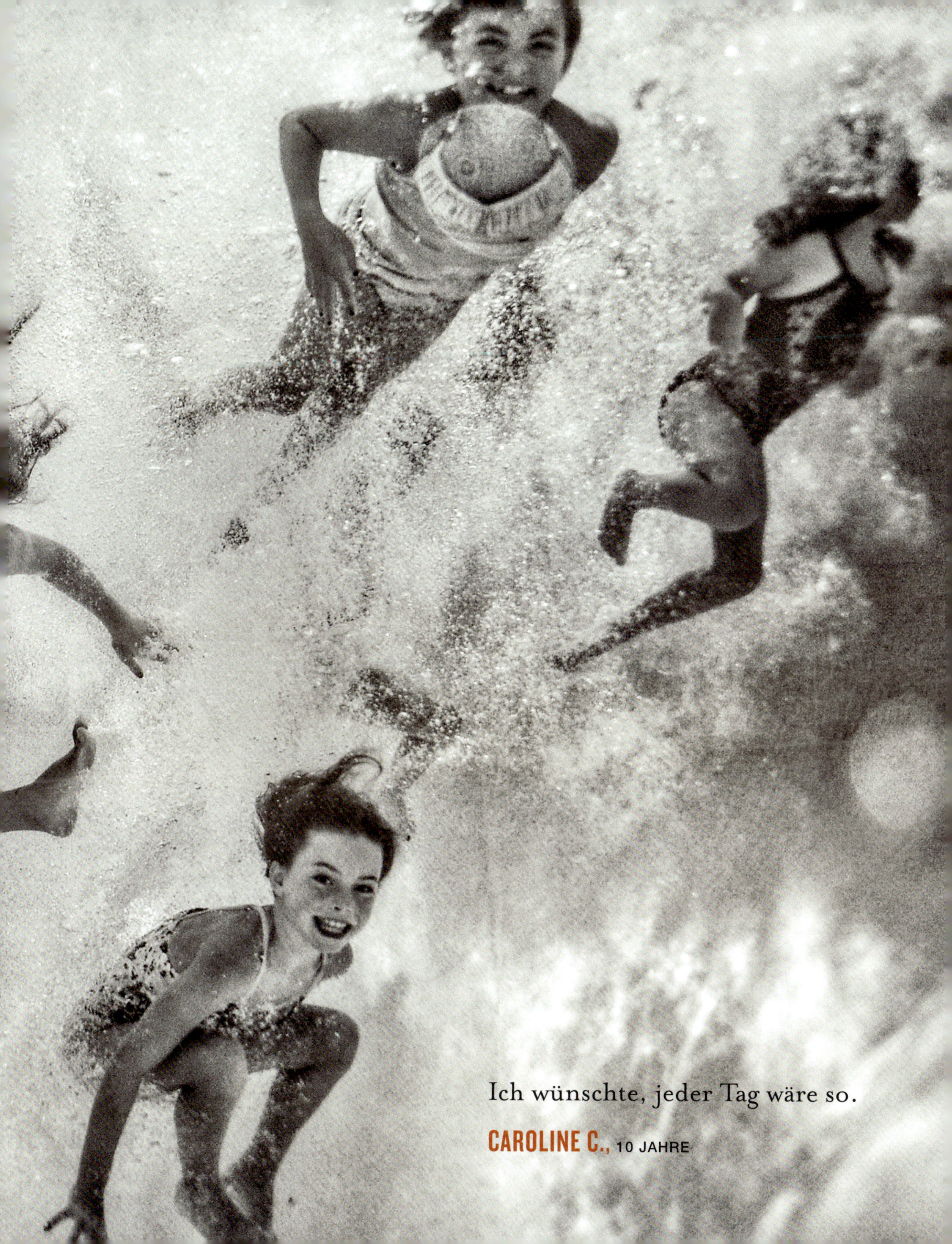

Ich wünschte, jeder Tag wäre so.

CAROLINE C., 10 JAHRE

Es war echt kalt,
aber es hat sich gelohnt!

AVA, 7 JAHRE

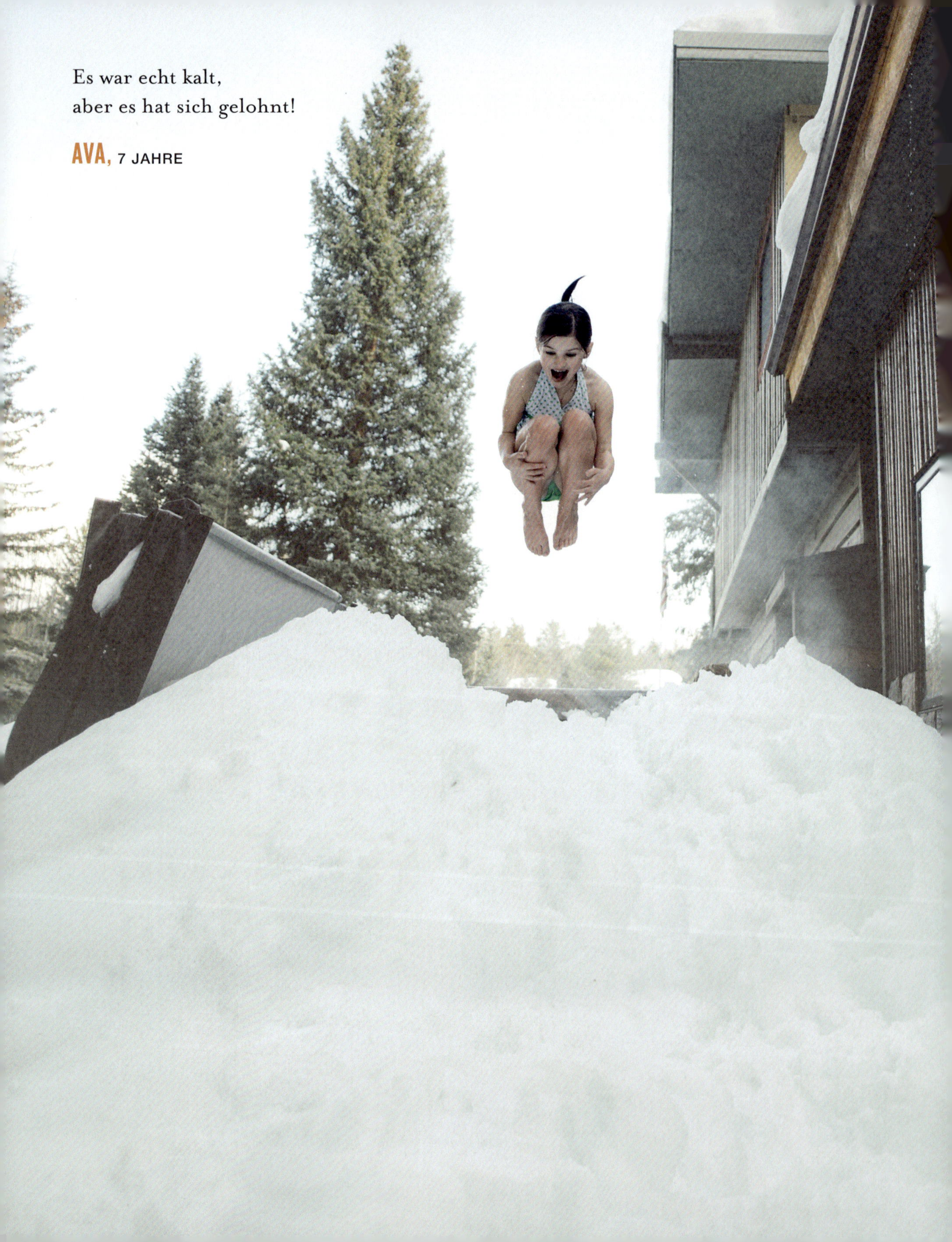

Schlangen machen mir keine Angst.
Warum auch?

SADI, 8 JAHRE

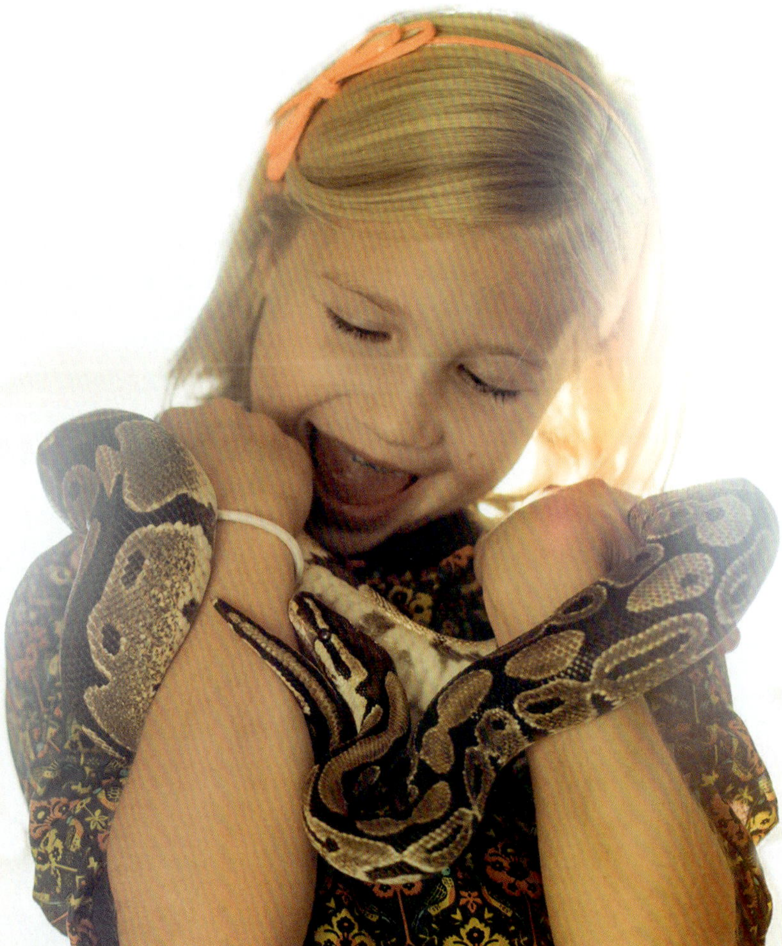

Der Boden war nass und wir haben vergessen, uns die Haare zu waschen.

ALICE, 7 JAHRE

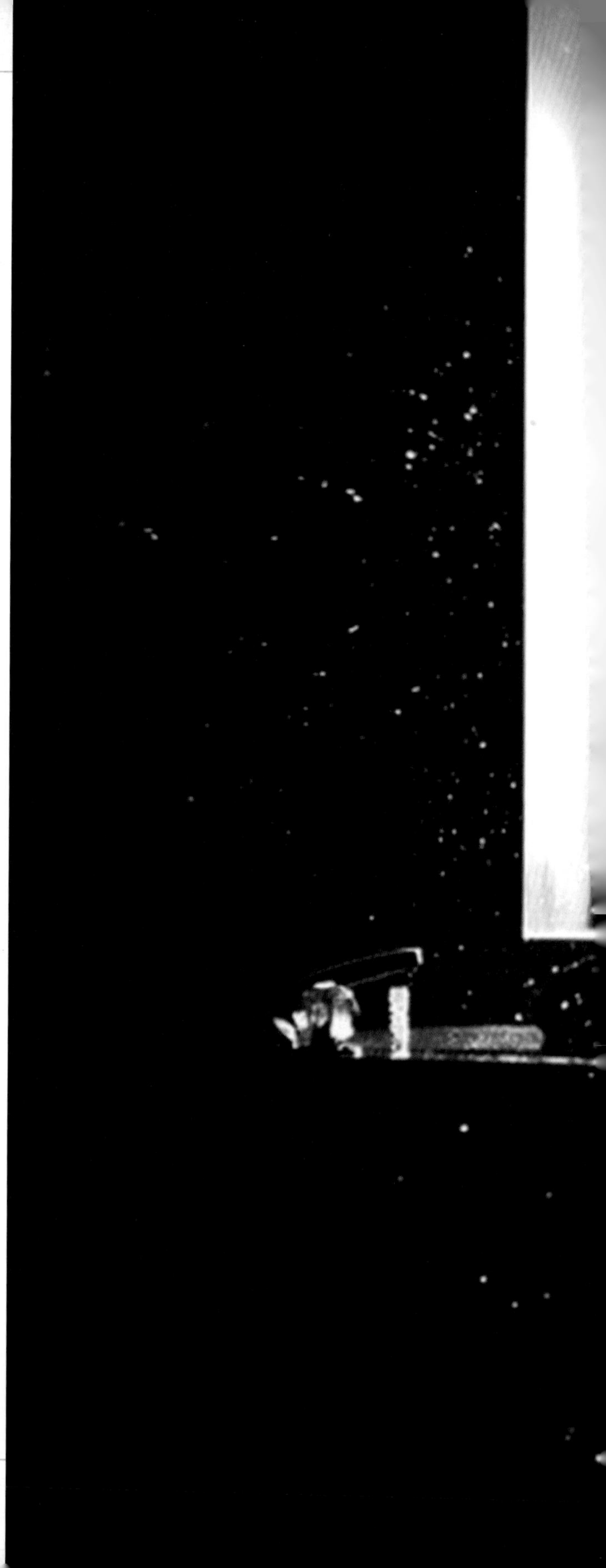

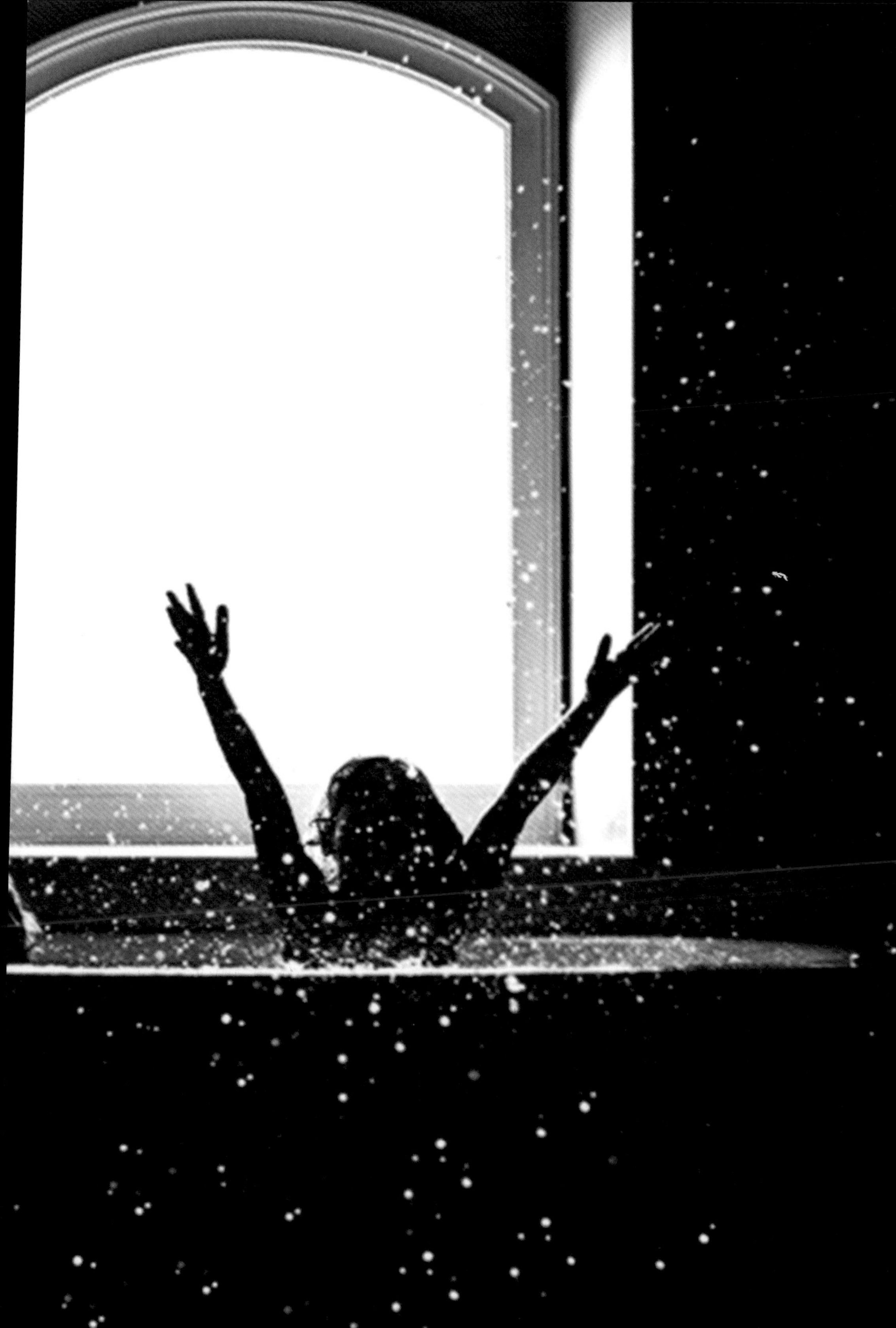

MÄDCHEN UND JUNGEN KÖNNEN ALLES TUN. MÄDCHEN KÖNNEN JUNGS-DINGE TUN UND JUNGS KÖNNEN MÄDCHEN-DINGE TUN.

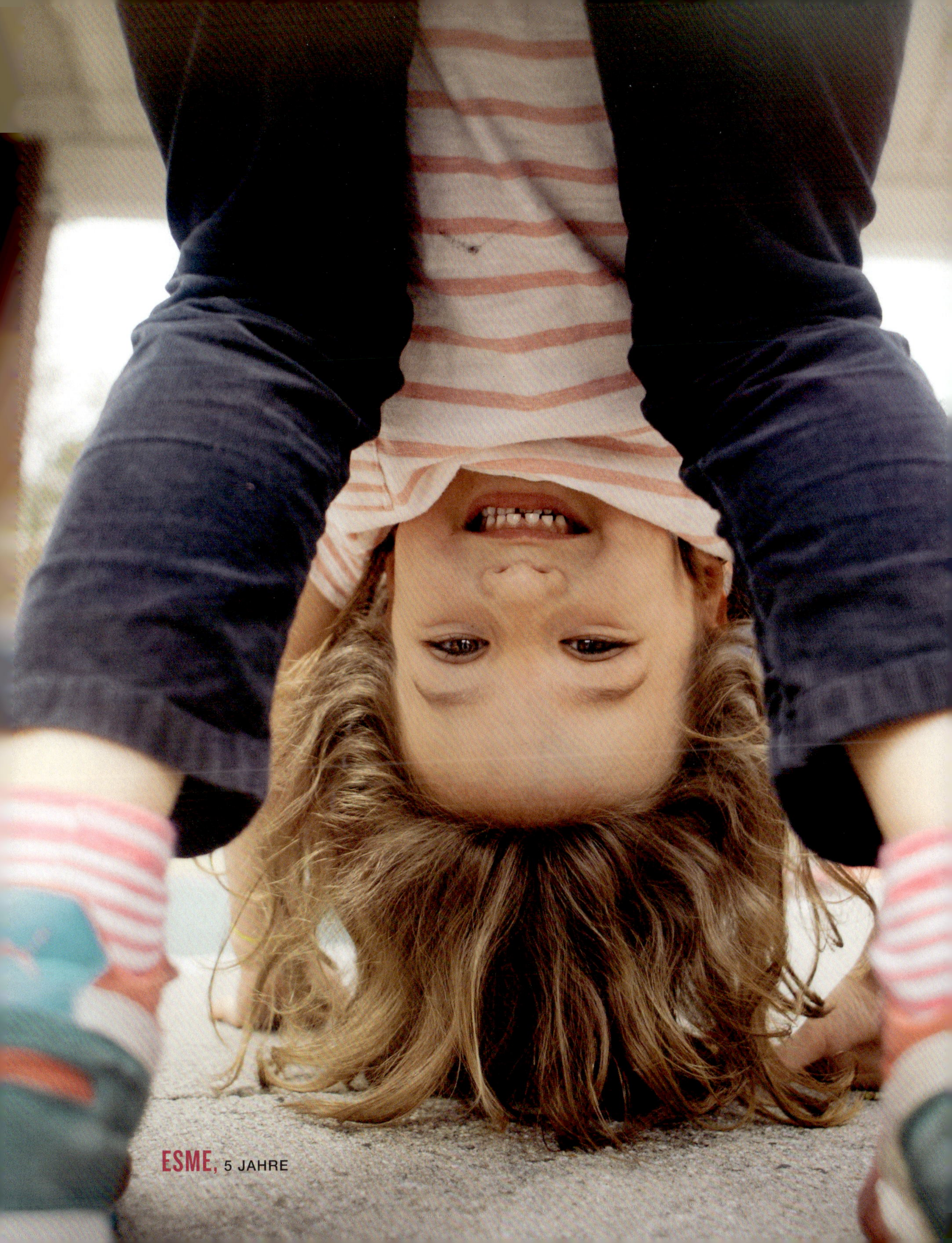

ESME, 5 JAHRE

Ich wollte meinen kleinen Bruder platt walzen, aber Mama hat es verboten.

SYD, 8 JAHRE

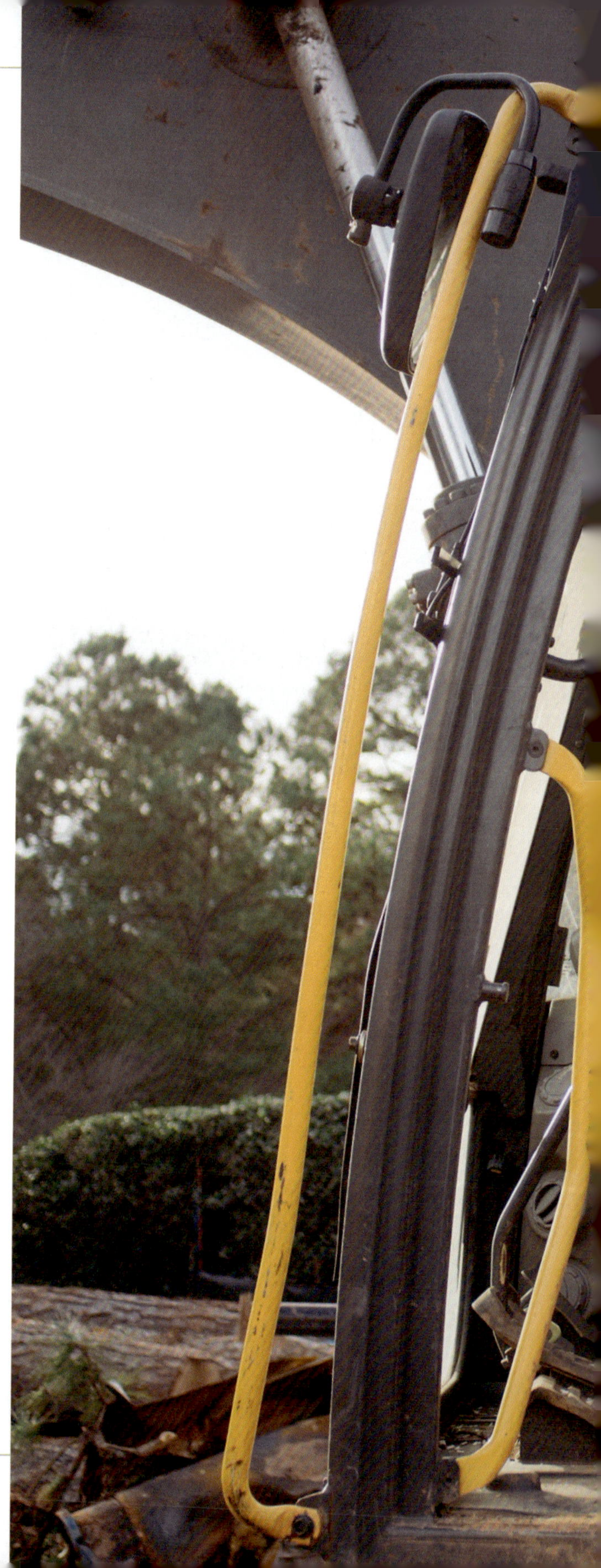

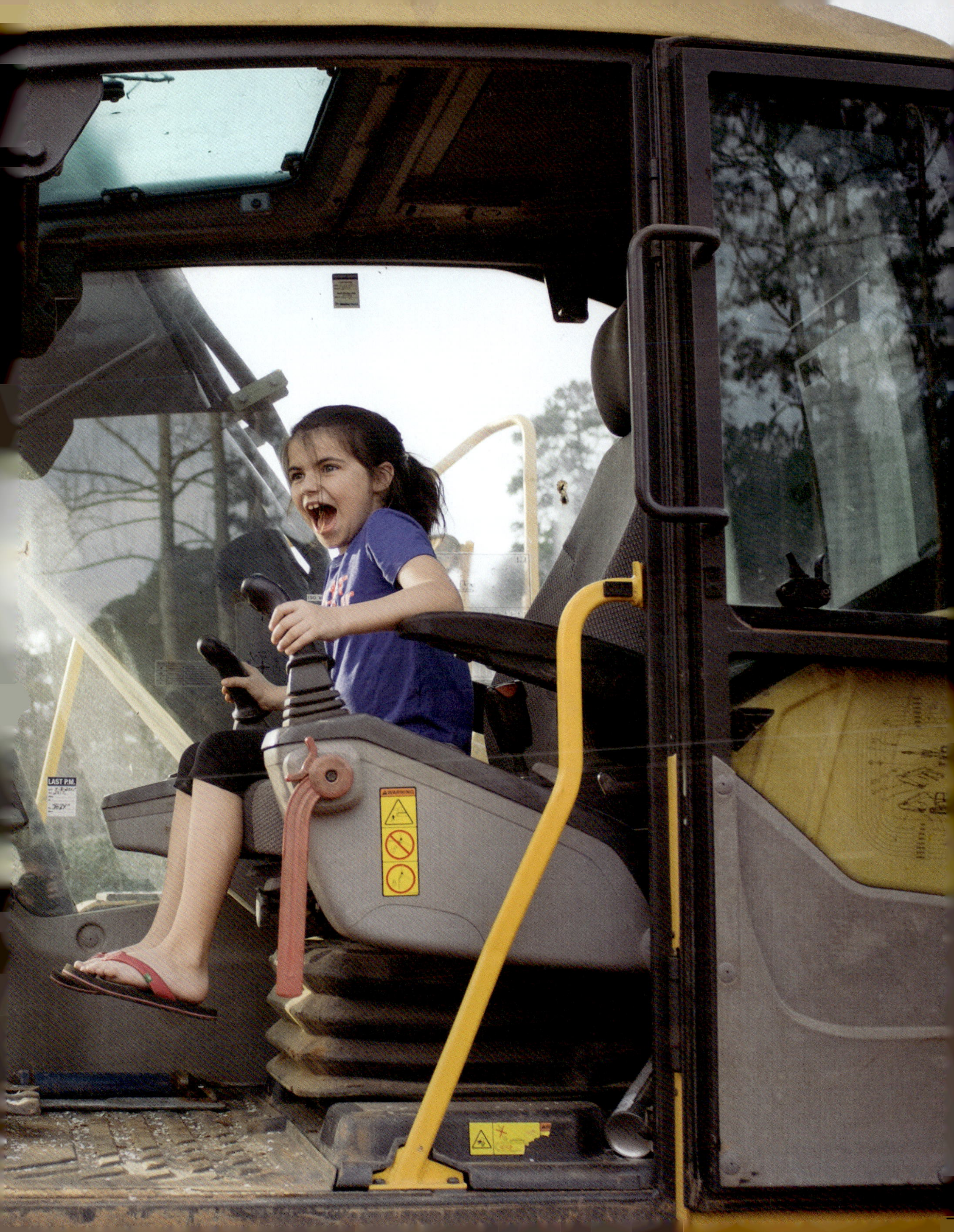
LAST P.M.

Wenn wir zusammen sind,
kommt immer etwas Verrücktes dabei raus.

JULIANA, 8 JAHRE

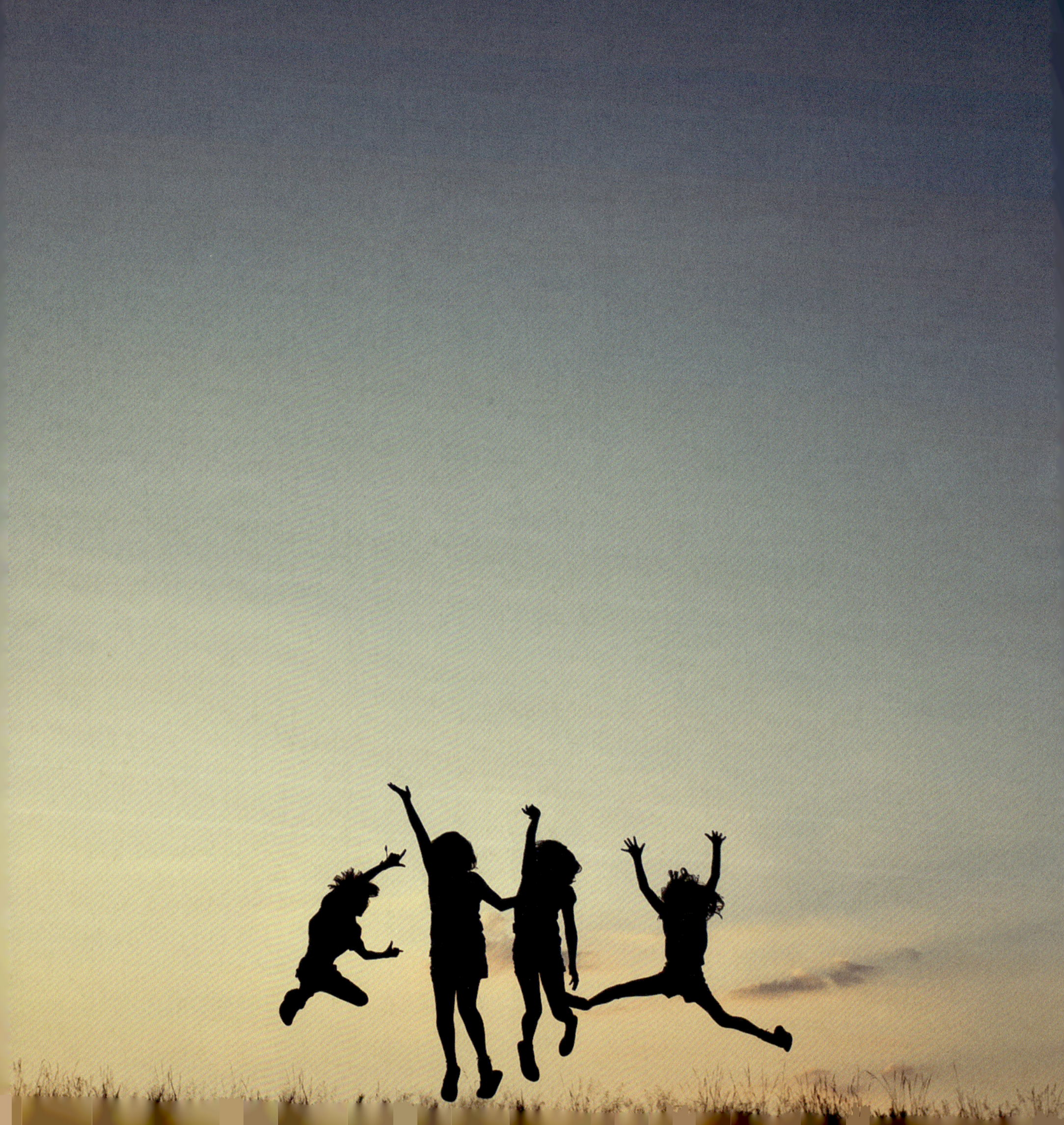

Starke Mädchen verteidigen sich selbst,
sie sind mutig und haben die gleichen Rechte
wie Jungen.

MAE, 8 JAHRE

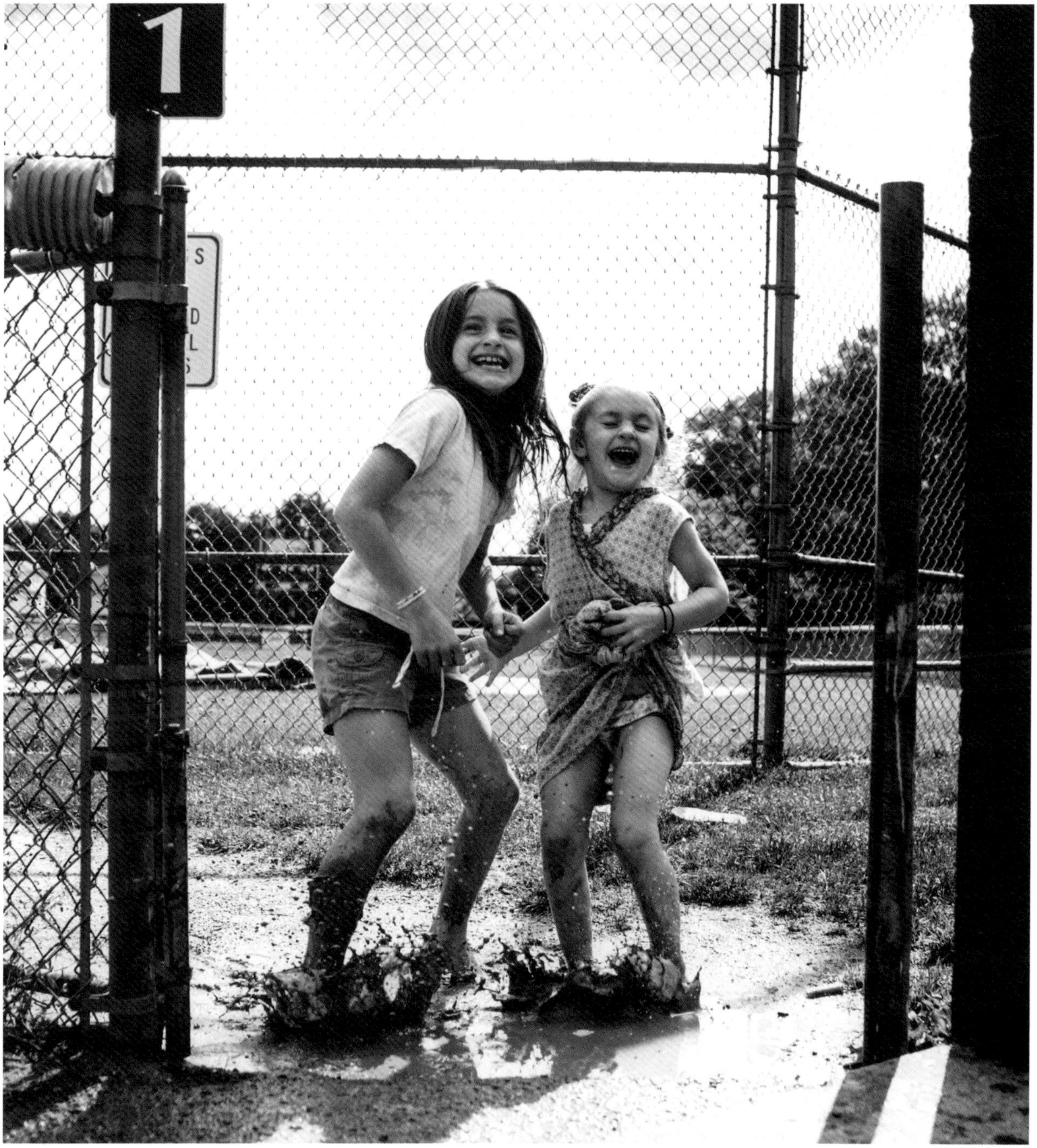

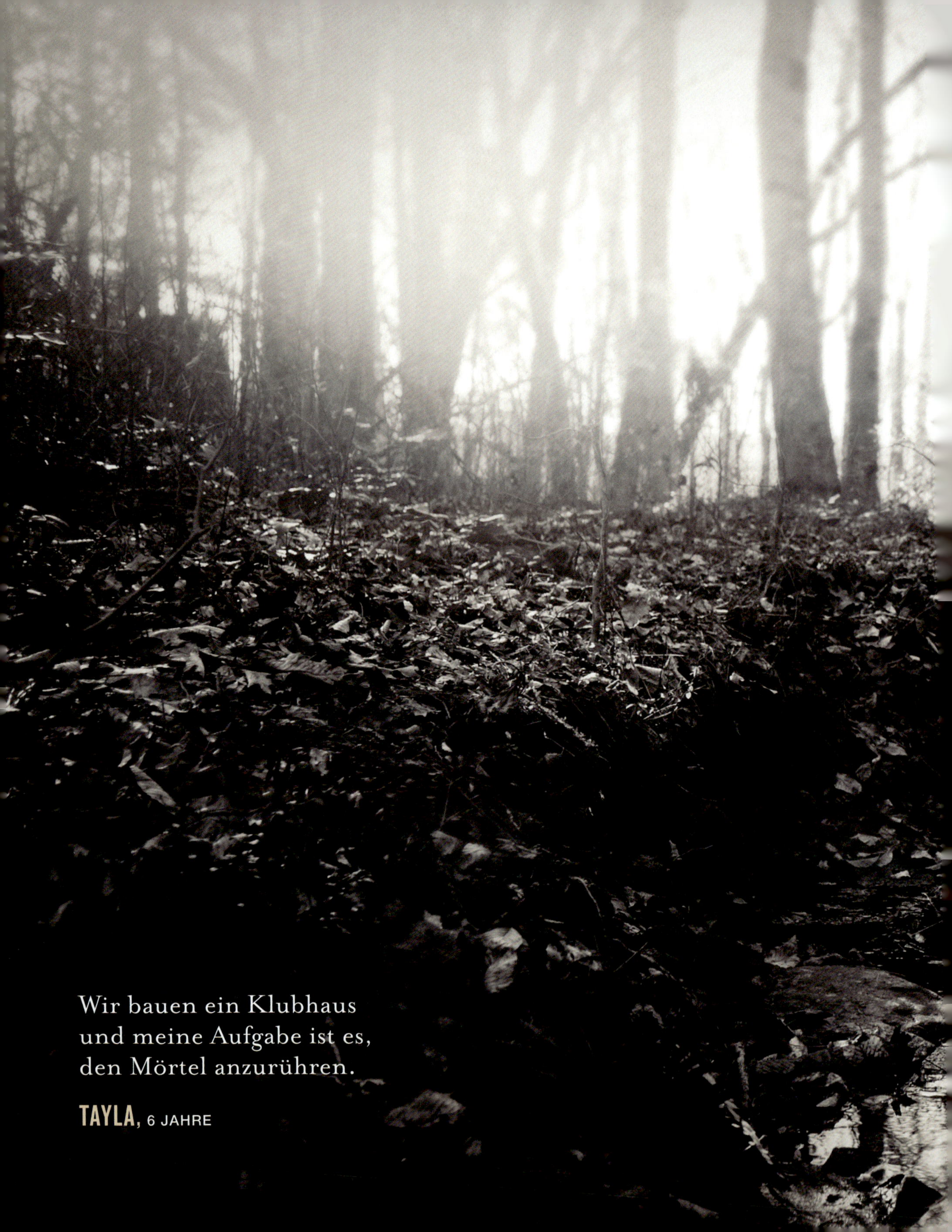

Wir bauen ein Klubhaus
und meine Aufgabe ist es,
den Mörtel anzurühren.

TAYLA, 6 JAHRE

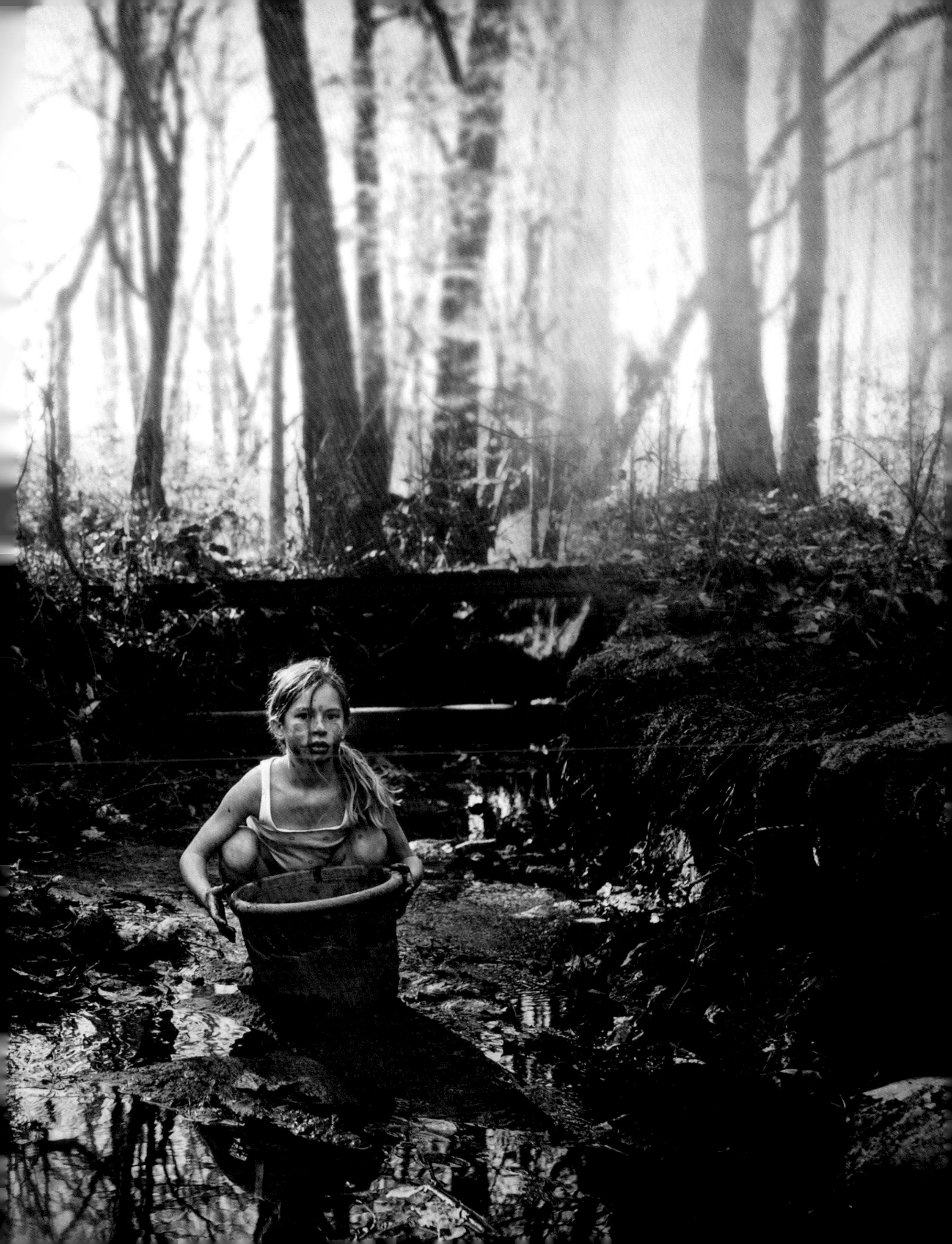

WUSSTEST DU, DASS DIESER DINO-SAURIER NUR PFLANZEN GEFRESSEN HAT?

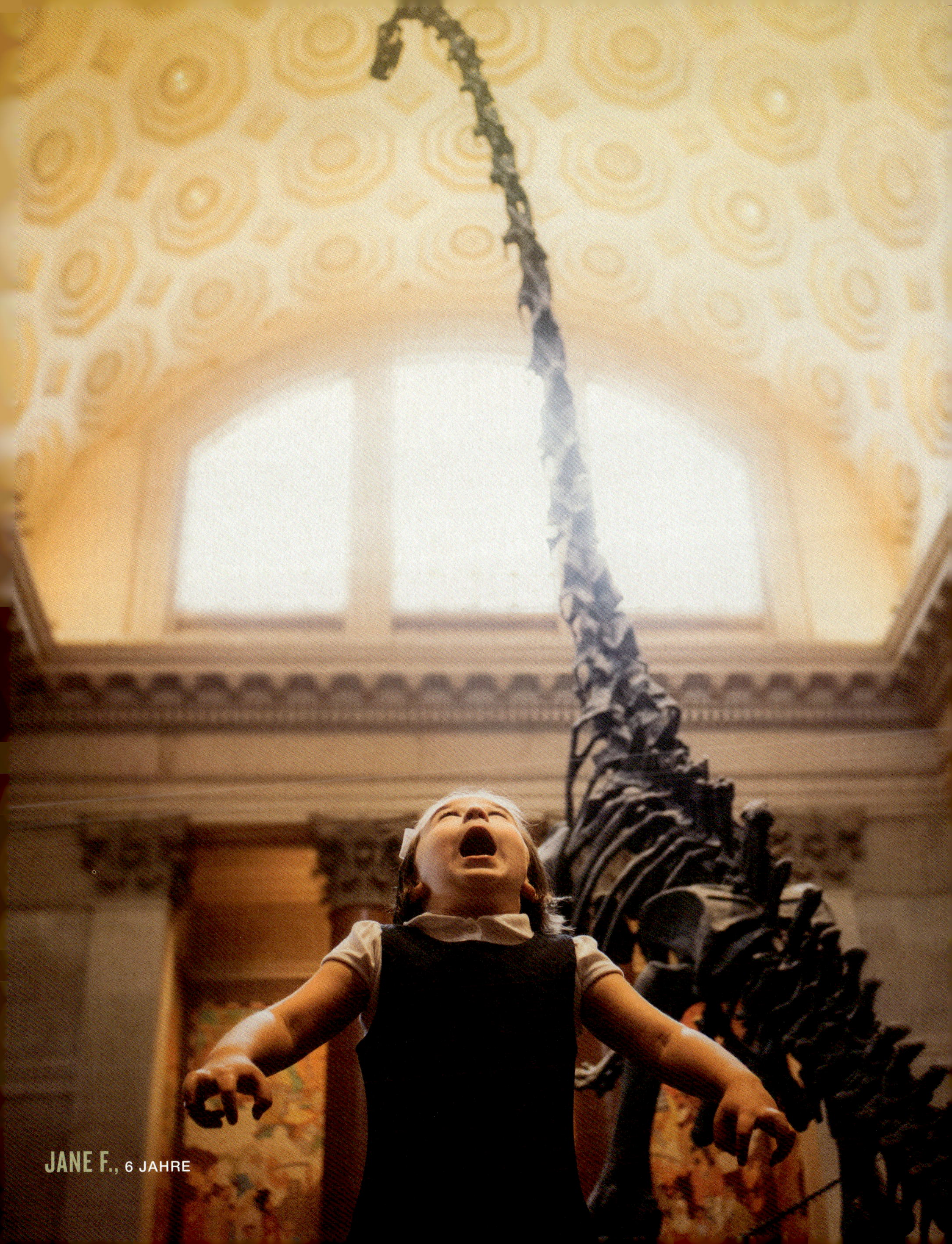

JANE F., 6 JAHRE

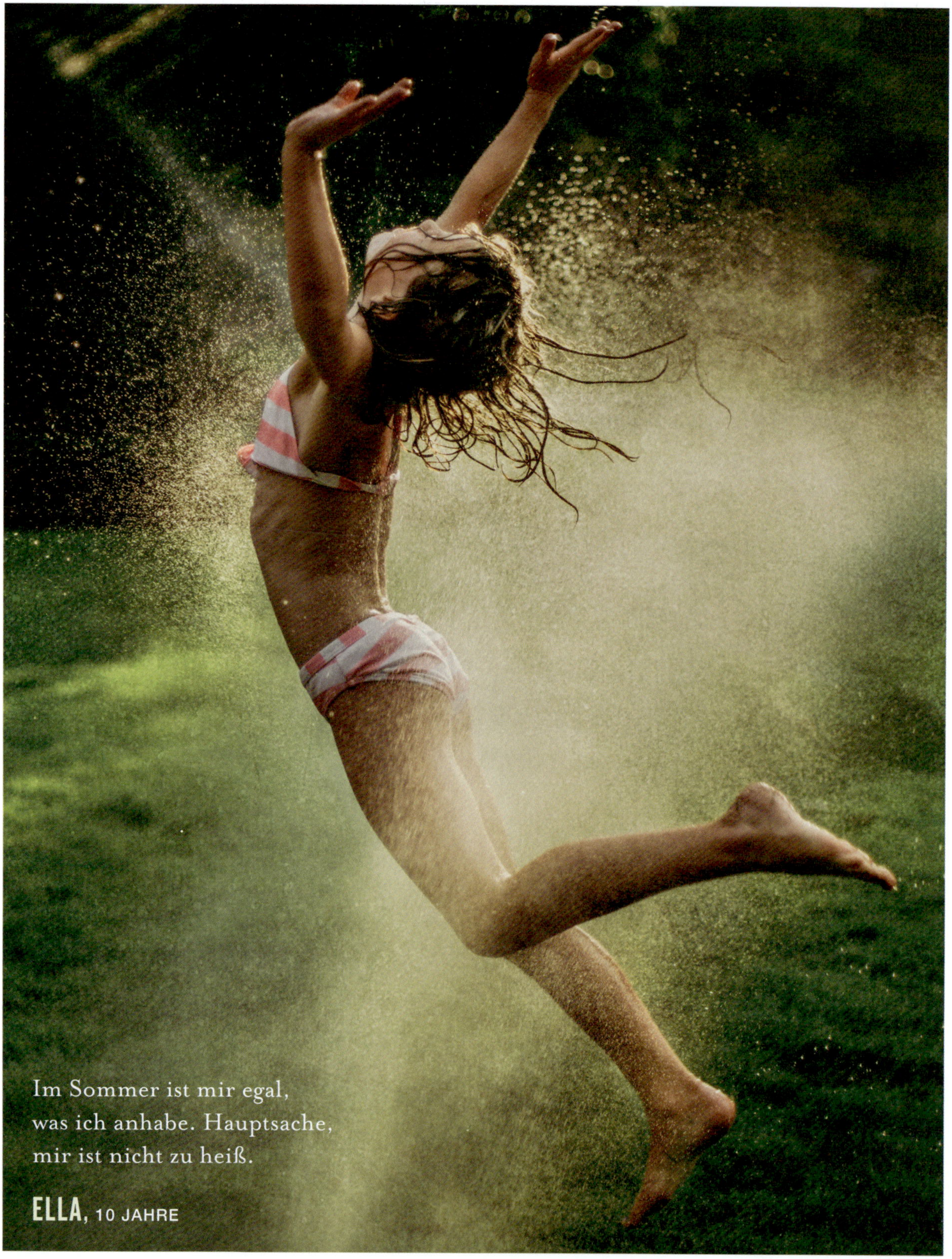

Im Sommer ist mir egal,
was ich anhabe. Hauptsache,
mir ist nicht zu heiß.

ELLA, 10 JAHRE

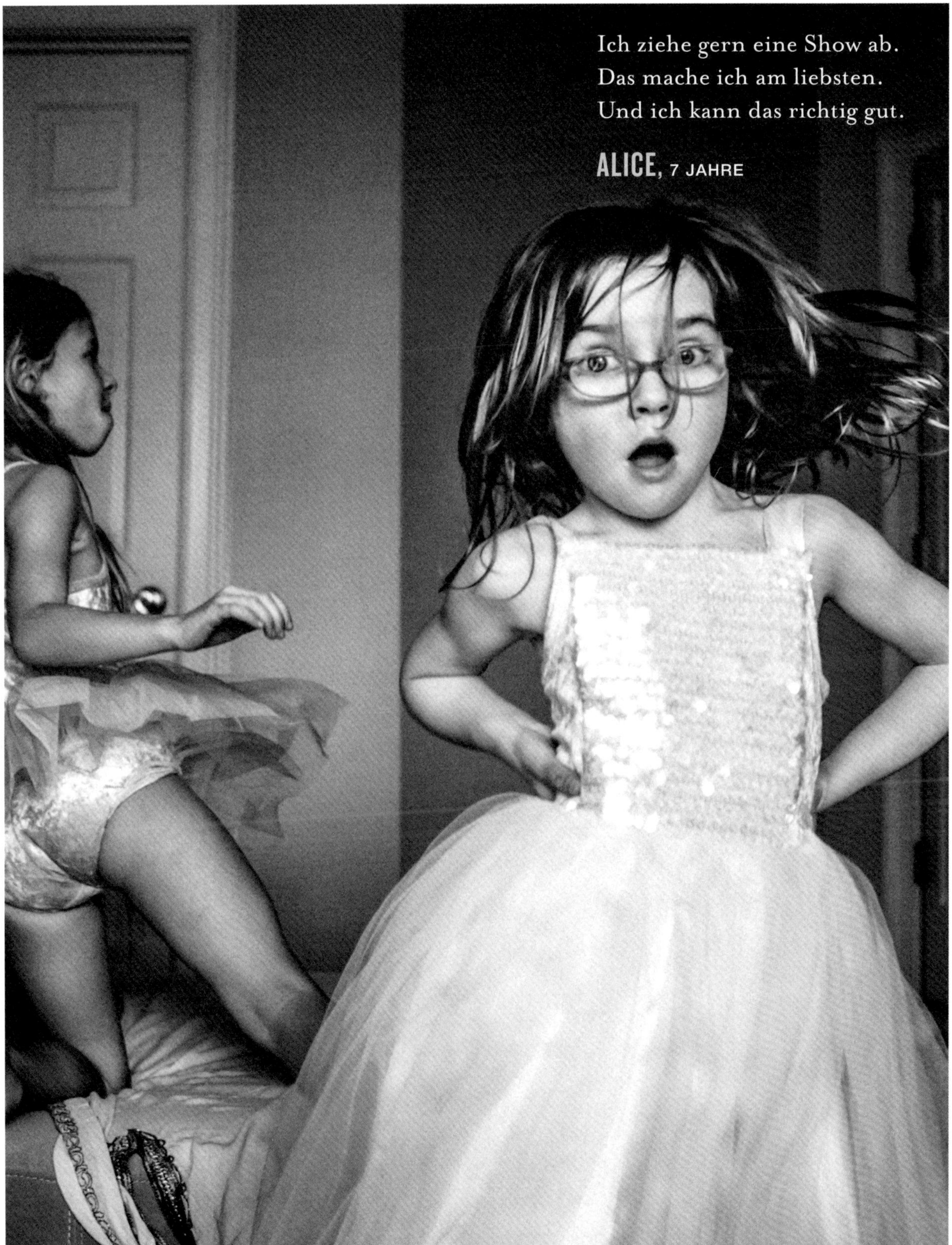

Ich ziehe gern eine Show ab.
Das mache ich am liebsten.
Und ich kann das richtig gut.

ALICE, 7 JAHRE

„Ich sage es, wenn ich **schön** bin.
Ich sage es, wenn ich **stark** bin …
Ich stehe hier und bin
fantastisch,
für euch.
Nicht wegen euch.“

AMY SCHUMER

(COMEDIAN, SCHAUSPIELERIN, DREHBUCHAUTORIN)

WIDERSTANDSFÄHIG IST STARK

Wir alle müssen gelegentlich Schläge einstecken. Wir fallen hin. Wir erleben Misserfolge. Im Beruf, beim Sport, in der Schule. Manchmal fühlen wir uns ungerecht behandelt (*Warum wurde ich als Letzte ausgewählt?*), manchmal geben wir uns selbst die Schuld (*Wie konnte ich nur vergessen, dass heute Abgabetermin war?*).

Wie auch immer, Tatsache ist: Es gibt Momente, da ist das Leben hart. Keinem Menschen auf dieser Erde bleiben Fehlschläge und schwierige Zeiten erspart. Die Mädchen in diesem Abschnitt haben Extremes erlebt: Krebs, Knochenbrüche, emotionale Traumata, Hurrikan Kathrina, juvenile Arthritis. Ihre Stärke zeigt sich daran, wie sie auf diese Prüfungen des Lebens reagiert haben, auf Krankheiten, Verletzungen und Pech.

Eine schlechte Entscheidung ist nur eine schlechte Entscheidung. Nach einer versäumten Gelegenheit werden sich wieder neue Gelegenheiten ergeben. Das Leben hat diesen Mädchen einen Tiefschlag verpasst, aber sie sind wieder aufgestanden – und sie werden immer wieder aufstehen. Schön, wenn Familie und Freunde einem beistehen, doch Widerstandskraft rührt von innerer Stärke her, von der wilden Entschlossenheit, Widrigkeiten zu überstehen. Mögen wir alle aus ihren Geschichten und von ihrer Weisheit lernen und uns von ihrem Durchhaltewillen eine Scheibe abschneiden!

Meine Oma hat mir das auf
meinen Gips geschrieben,
damit ich mich daran erinnere,
mutig und stark zu sein.
Aber das bin ich sowieso.

MADDIE, 7 JAHRE

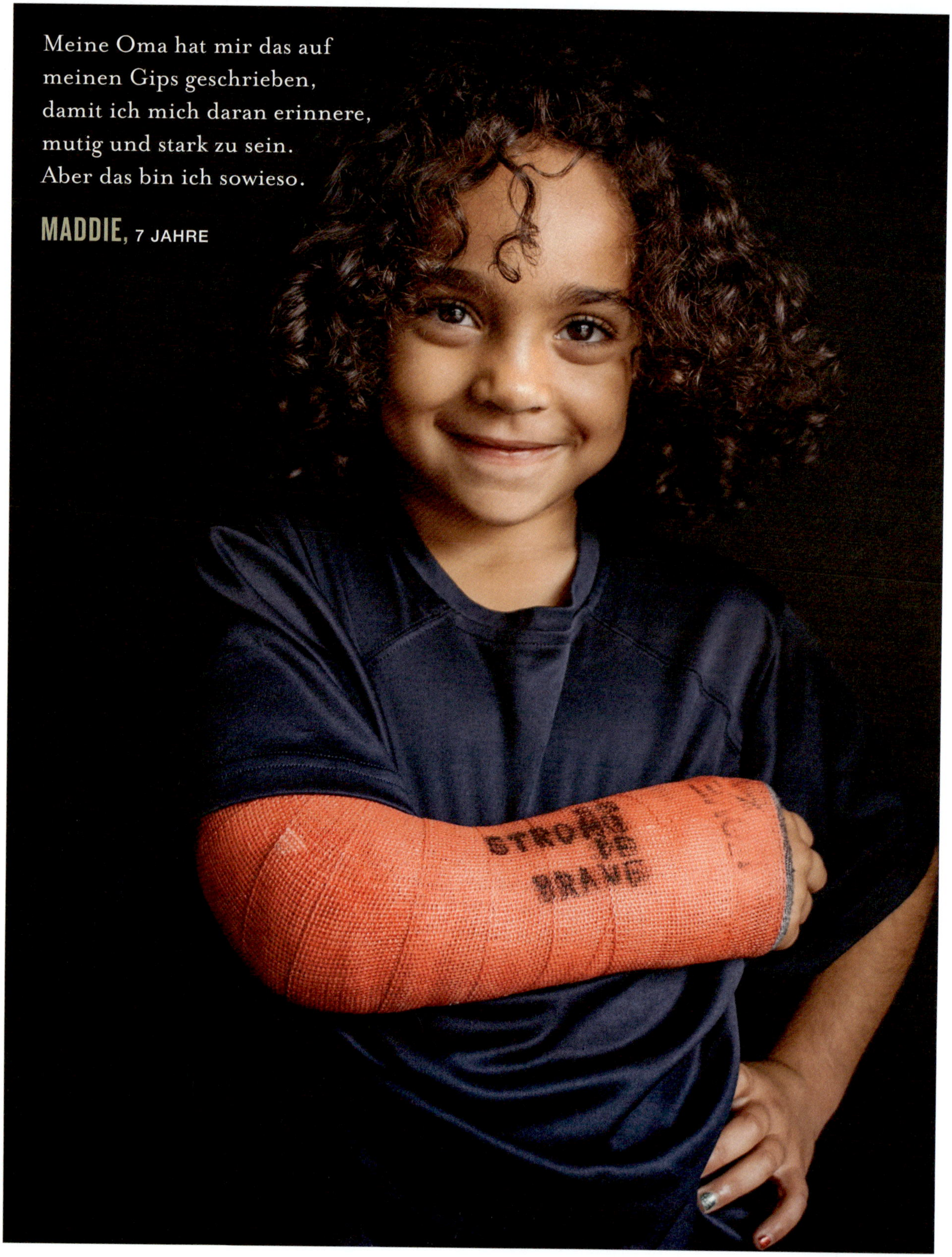

Narben haben die Leute, die gekämpft haben, um Schwierigkeiten im Leben zu meistern, und gewonnen haben.

PAIGE, 18 JAHRE

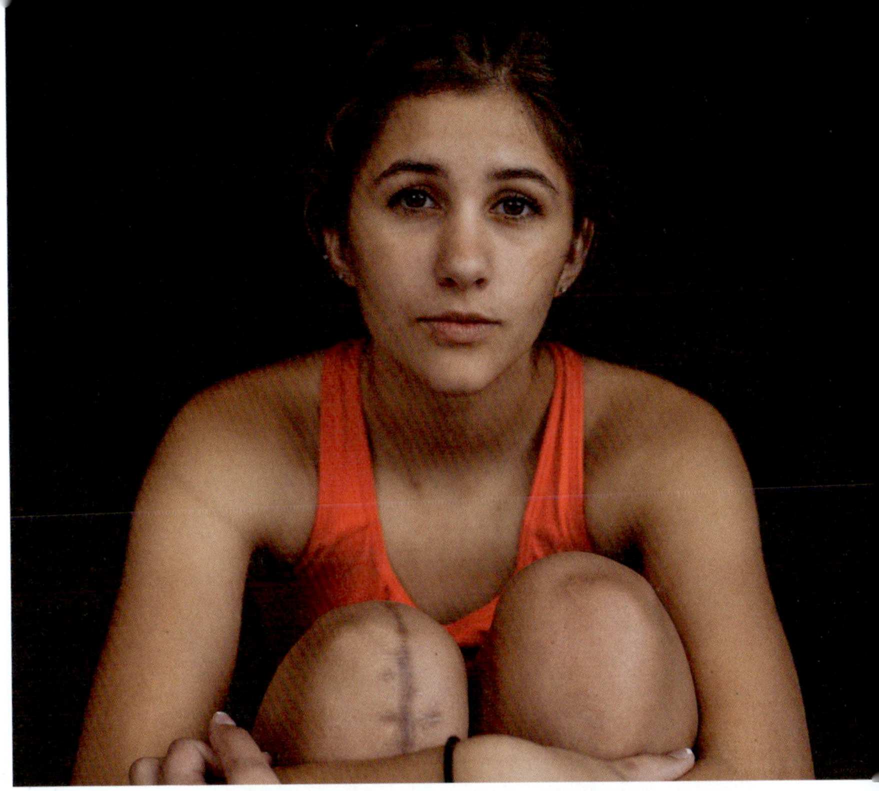

Wir haben uns echt angestrengt.

LULU, 9 JAHRE

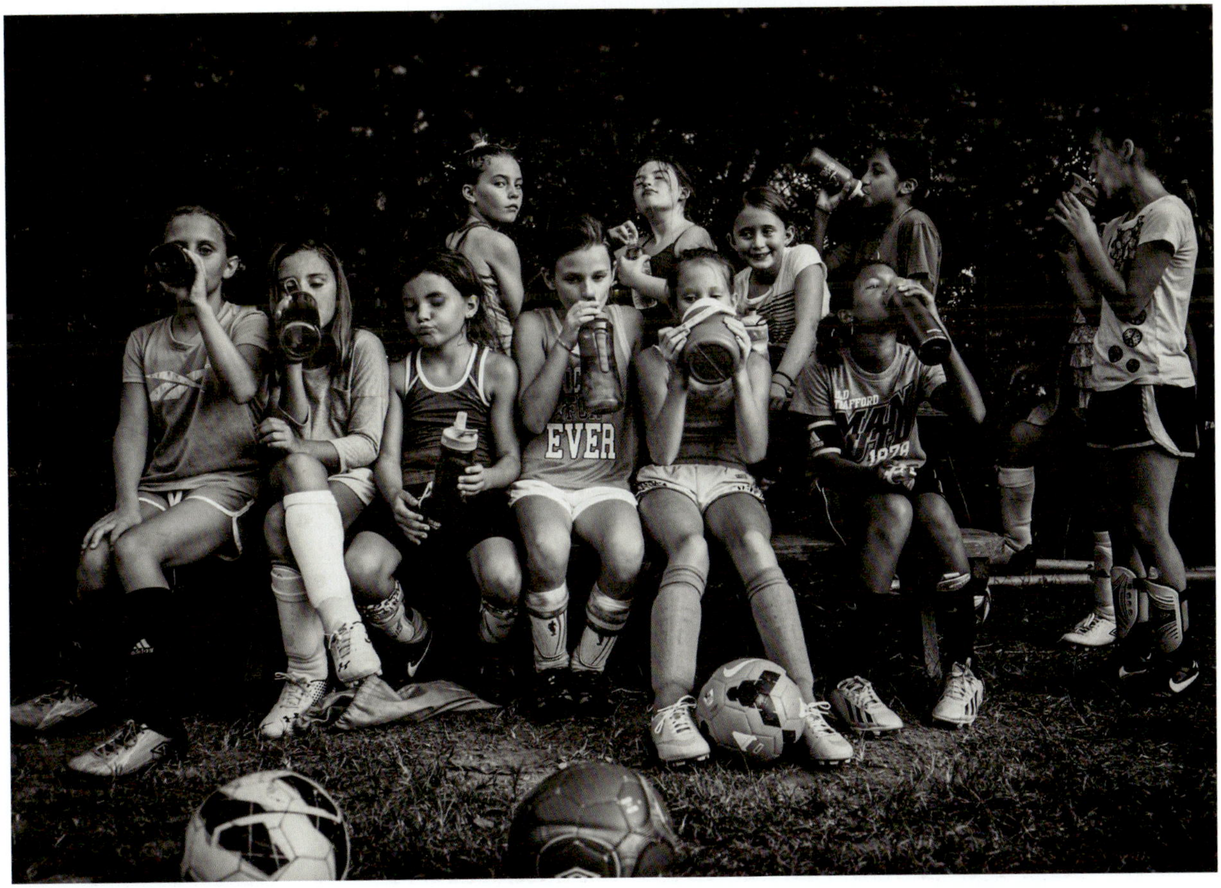

Das Auto hat mich erwischt und mir die Knochen gebrochen. Doch mein Überlebenswille treibt mich an, mein Bestes zu geben, egal, was kommt.

SHELCEY, 14 JAHRE

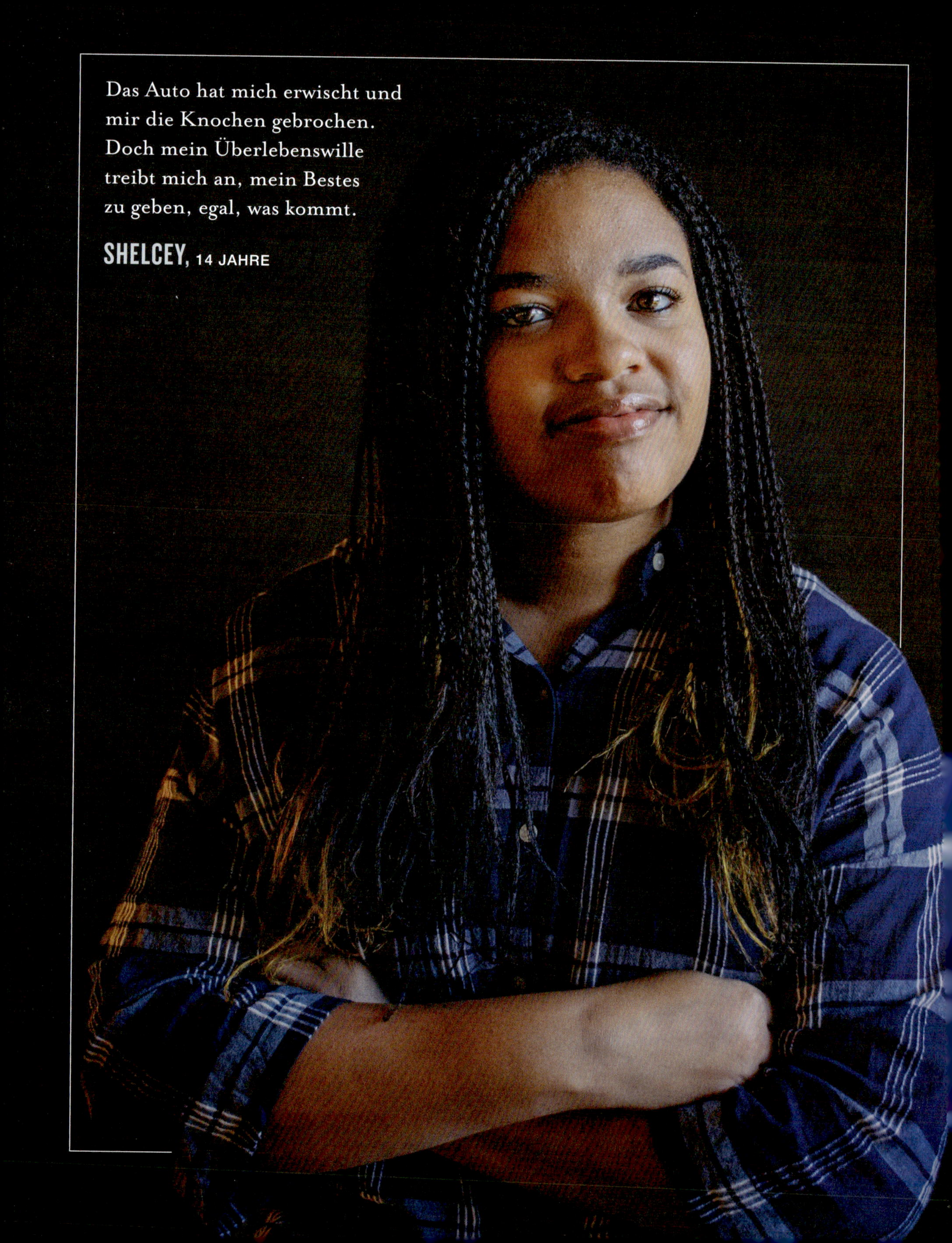

Starke Mädchen verlieren nie. Sie lernen nur dazu und werden noch stärker.

KYLIE, 12 JAHRE

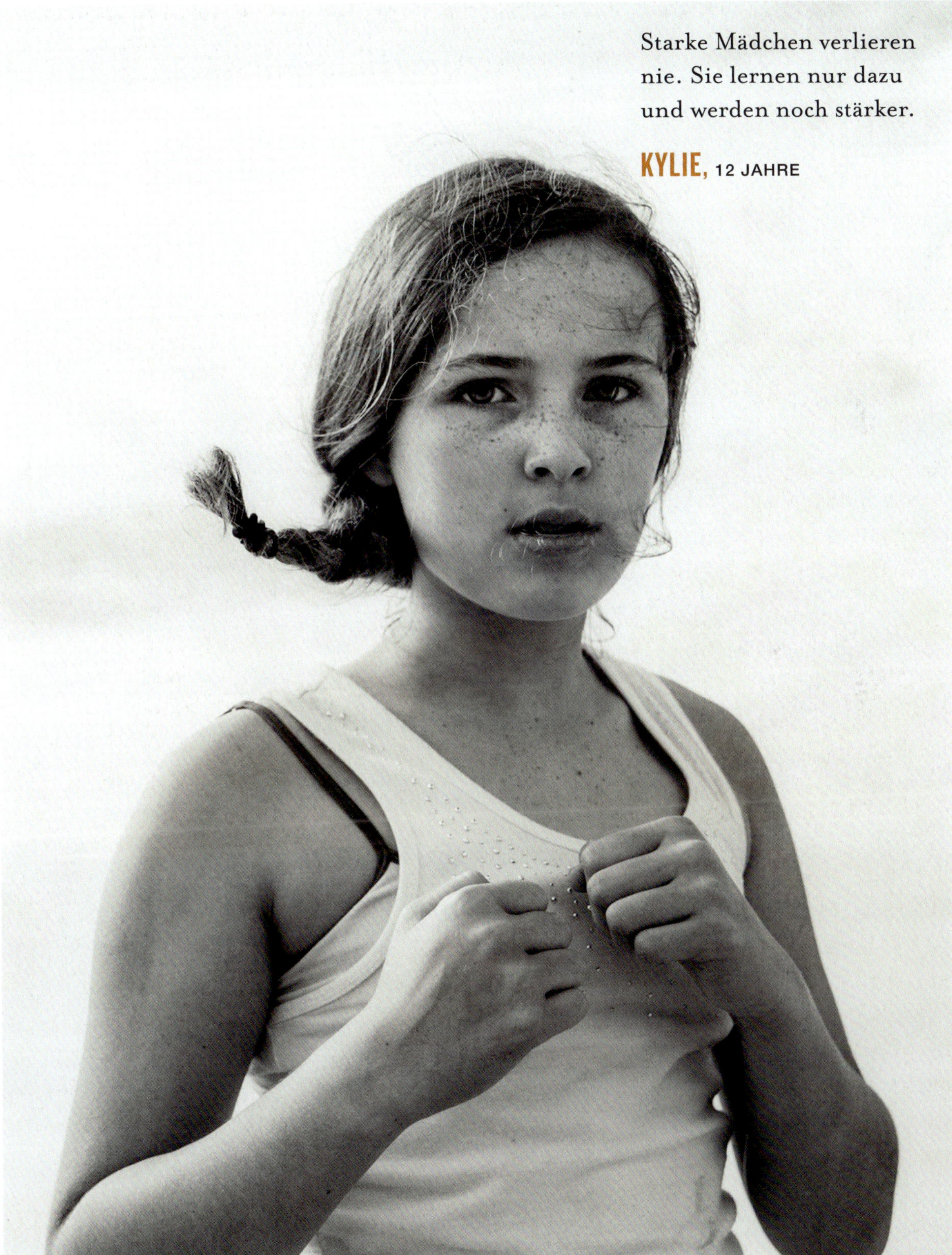

Wenn du innerlich stark bist,
kann dich niemand umhauen

CARLIE, 12 JAHRE

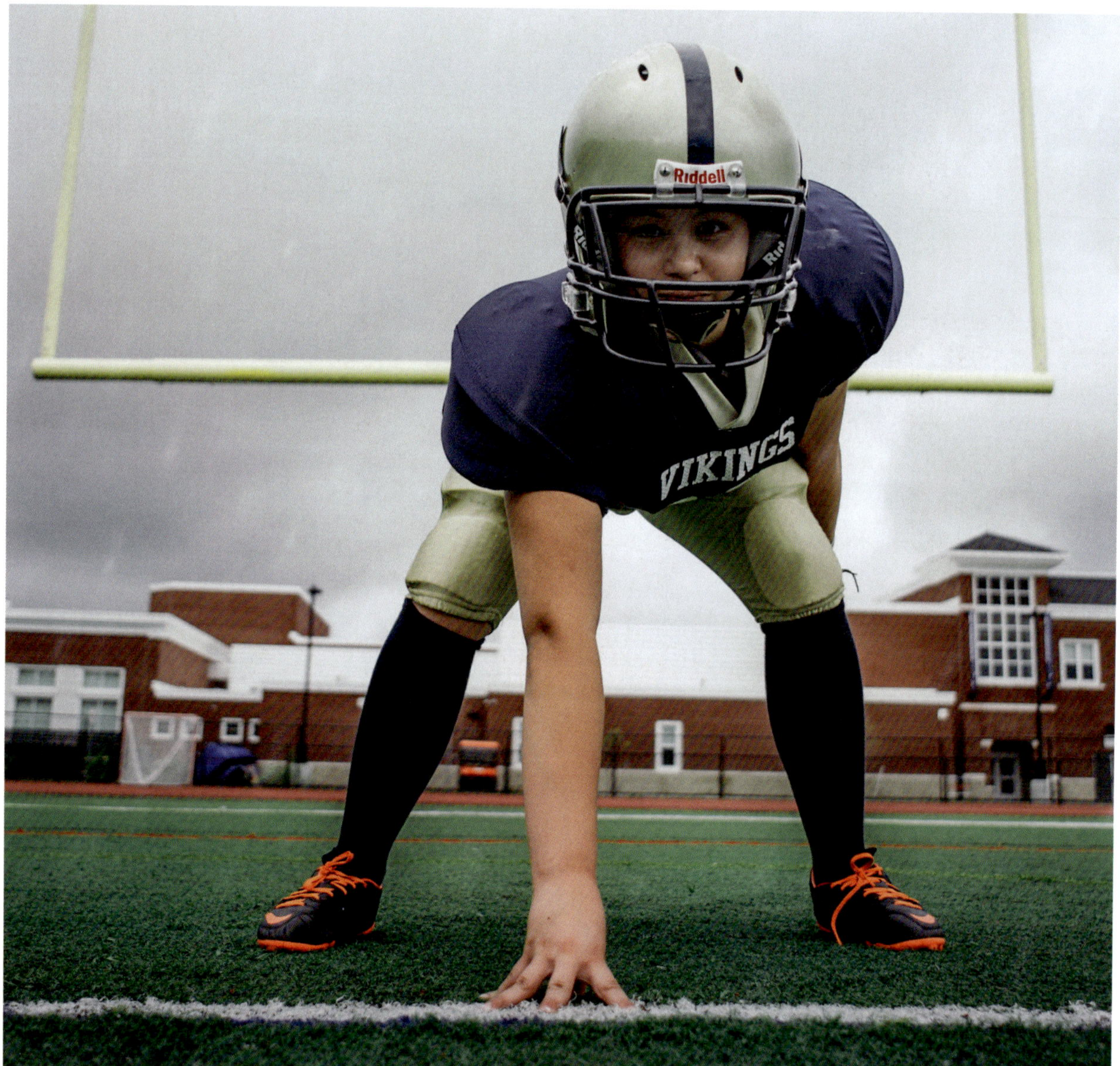

Das Radfahren hat mich gelehrt, dass ich mehr aushalten, mich mehr anstrengen und mehr aus mir herausholen kann, als ich für möglich gehalten hätte.

MEGAN H., 16 JAHRE

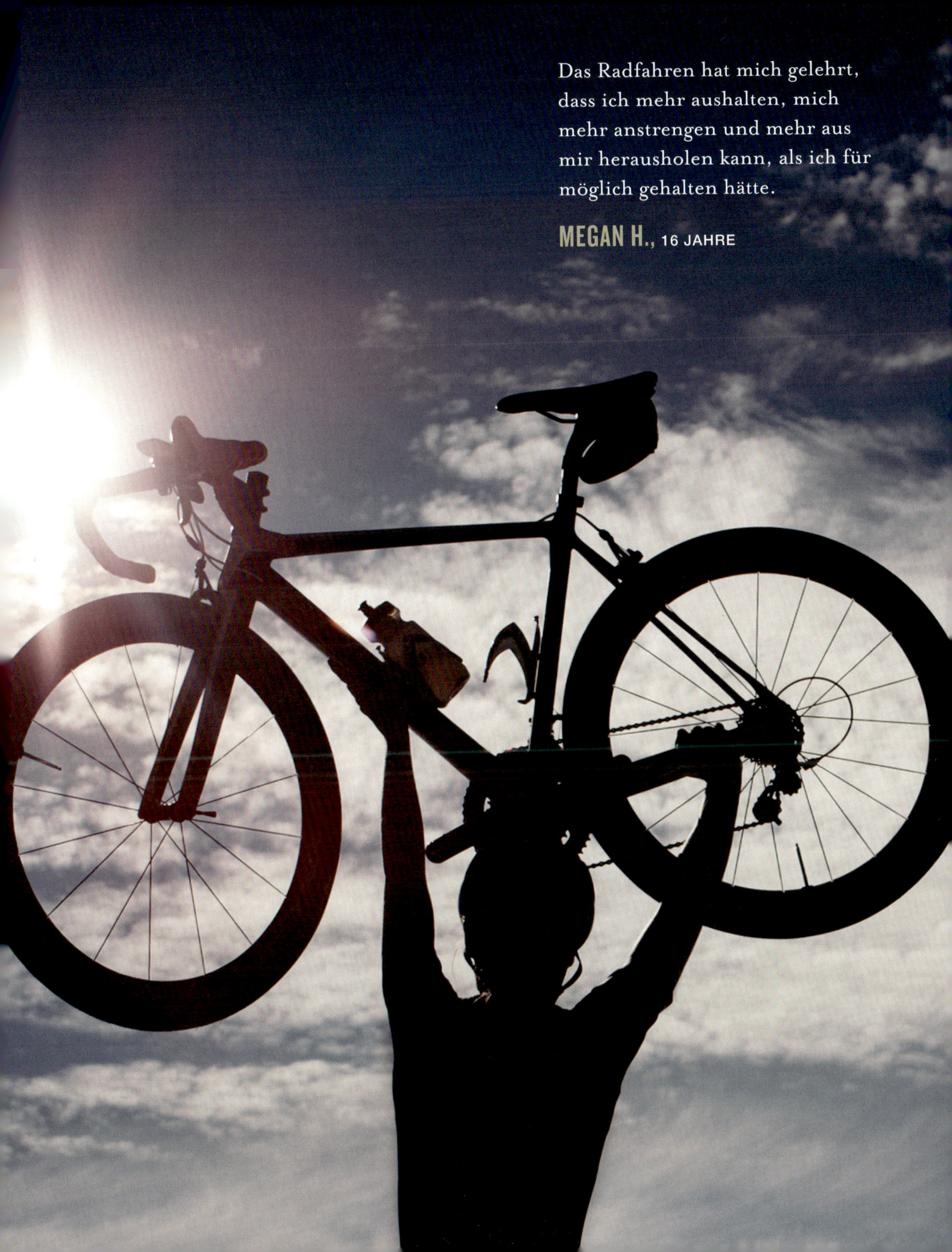

Beim Fußball ist es nicht wichtig, schön auszusehen. Man muss seine Tränen und das Blut wegwischen, wird von den anderen im Team getröstet und kehrt so schnell wie möglich aufs Spielfeld zurück.

JULES, 9 JAHRE

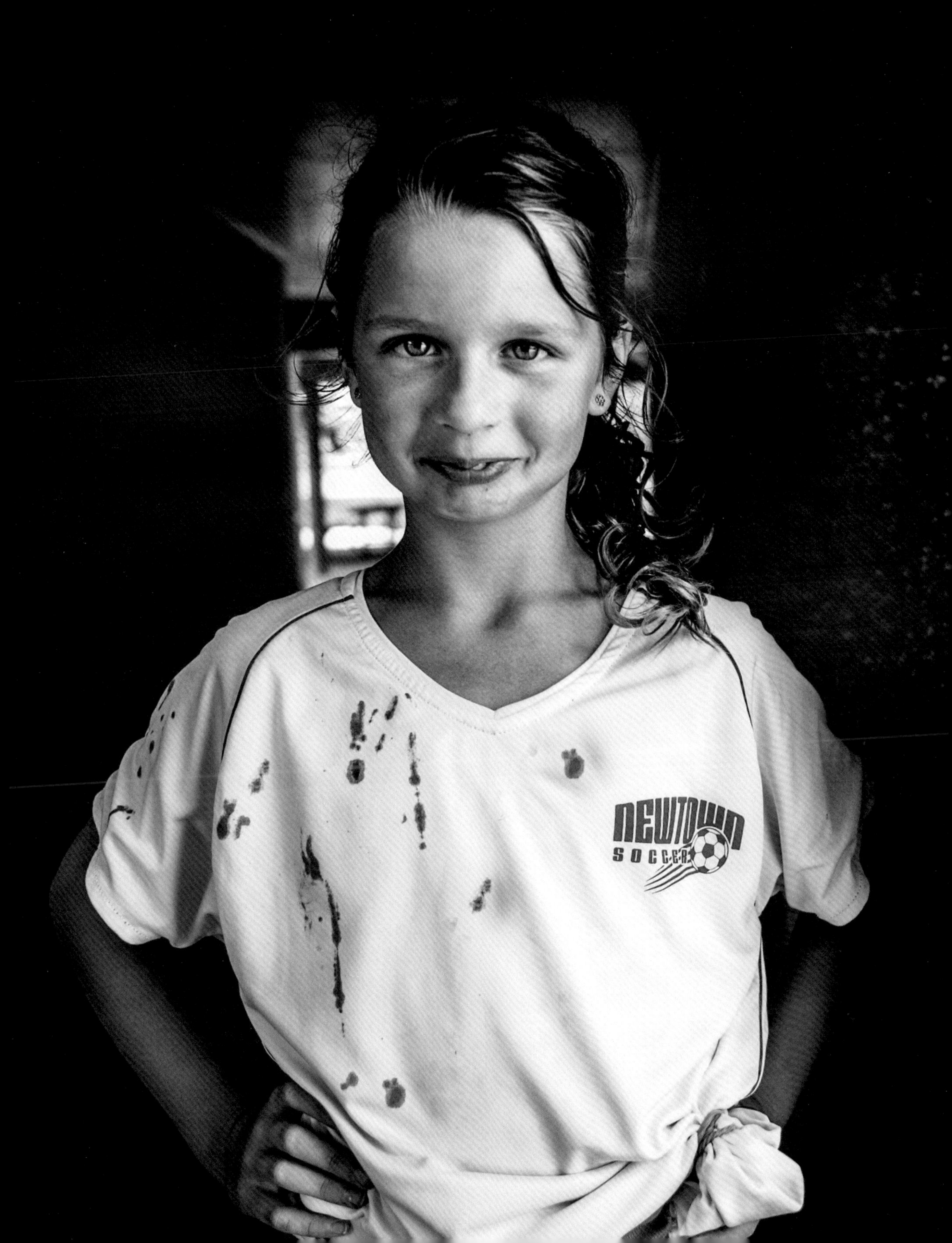
NEWTOWN
SOCCER

Stärke bedeutet, seine Leidenschaft, seinen Verstand und all seine Kraft für das einzusetzen, woran man glaubt. Daher kommt Schönheit.

JORDAN, 15 JAHRE

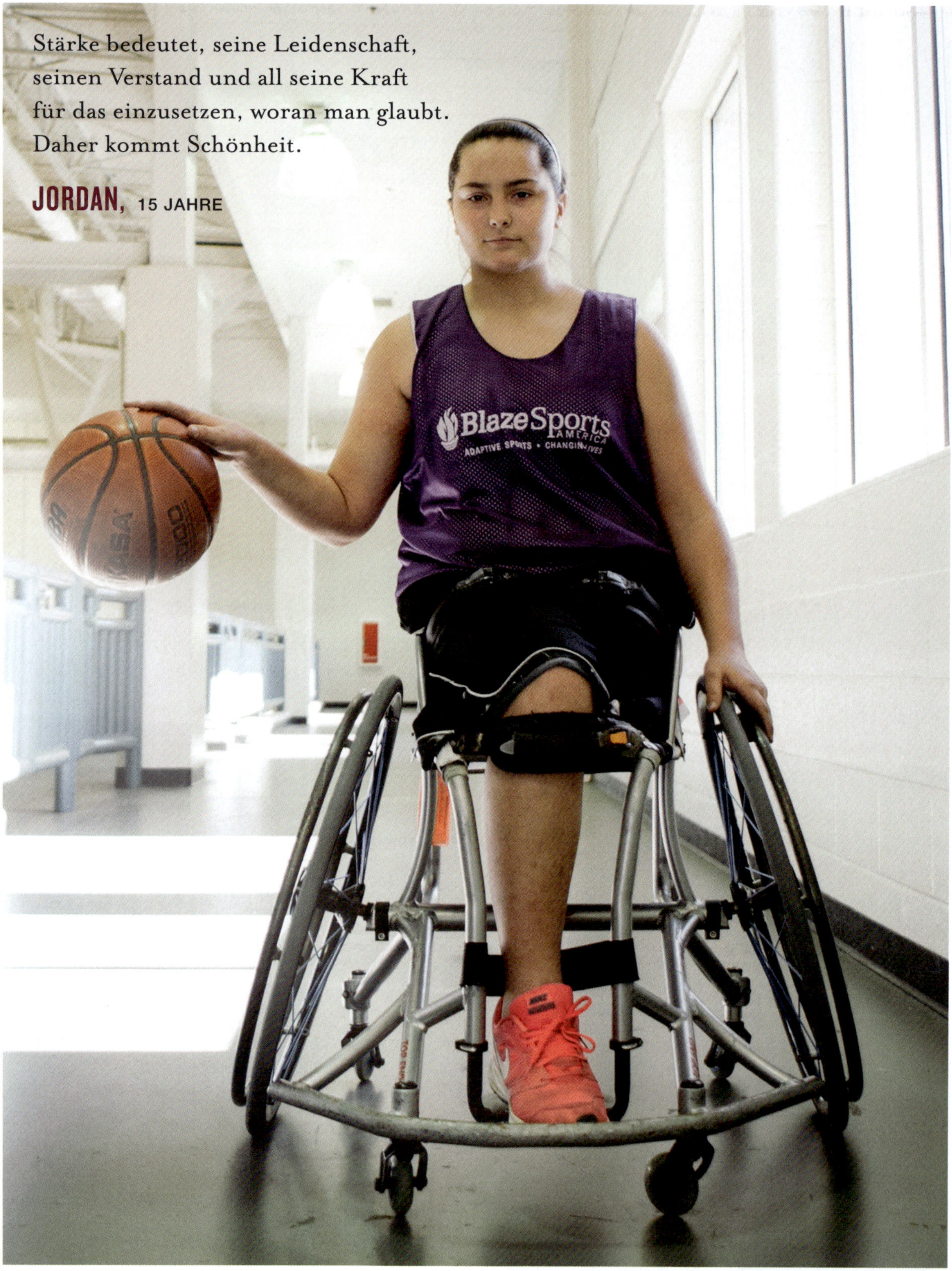

Auf einer Bühne zu tanzen
beflügelt mich wie sonst nichts.

EMILY T., 15 JAHRE

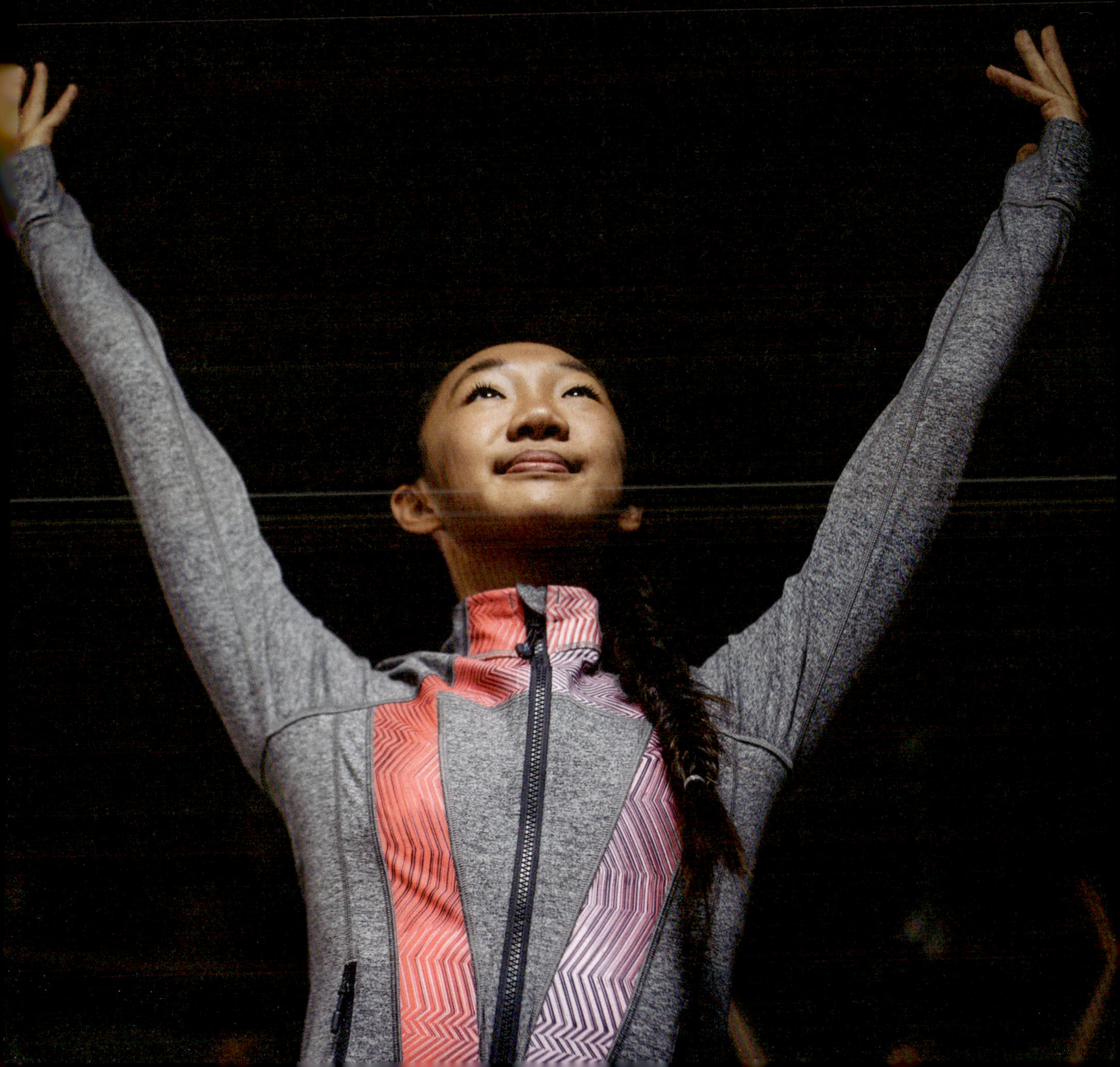

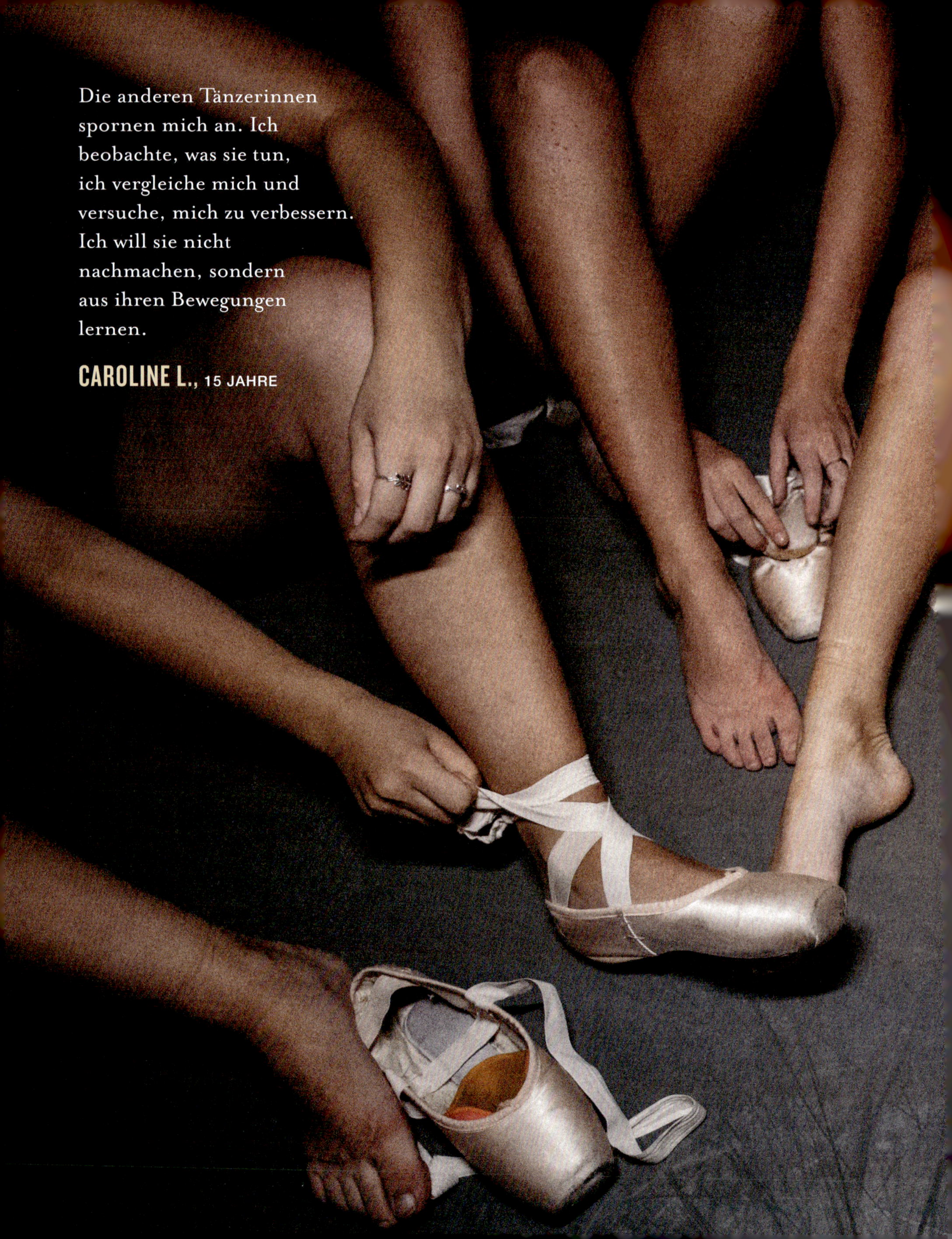

Die anderen Tänzerinnen spornen mich an. Ich beobachte, was sie tun, ich vergleiche mich und versuche, mich zu verbessern. Ich will sie nicht nachmachen, sondern aus ihren Bewegungen lernen.

CAROLINE L., 15 JAHRE

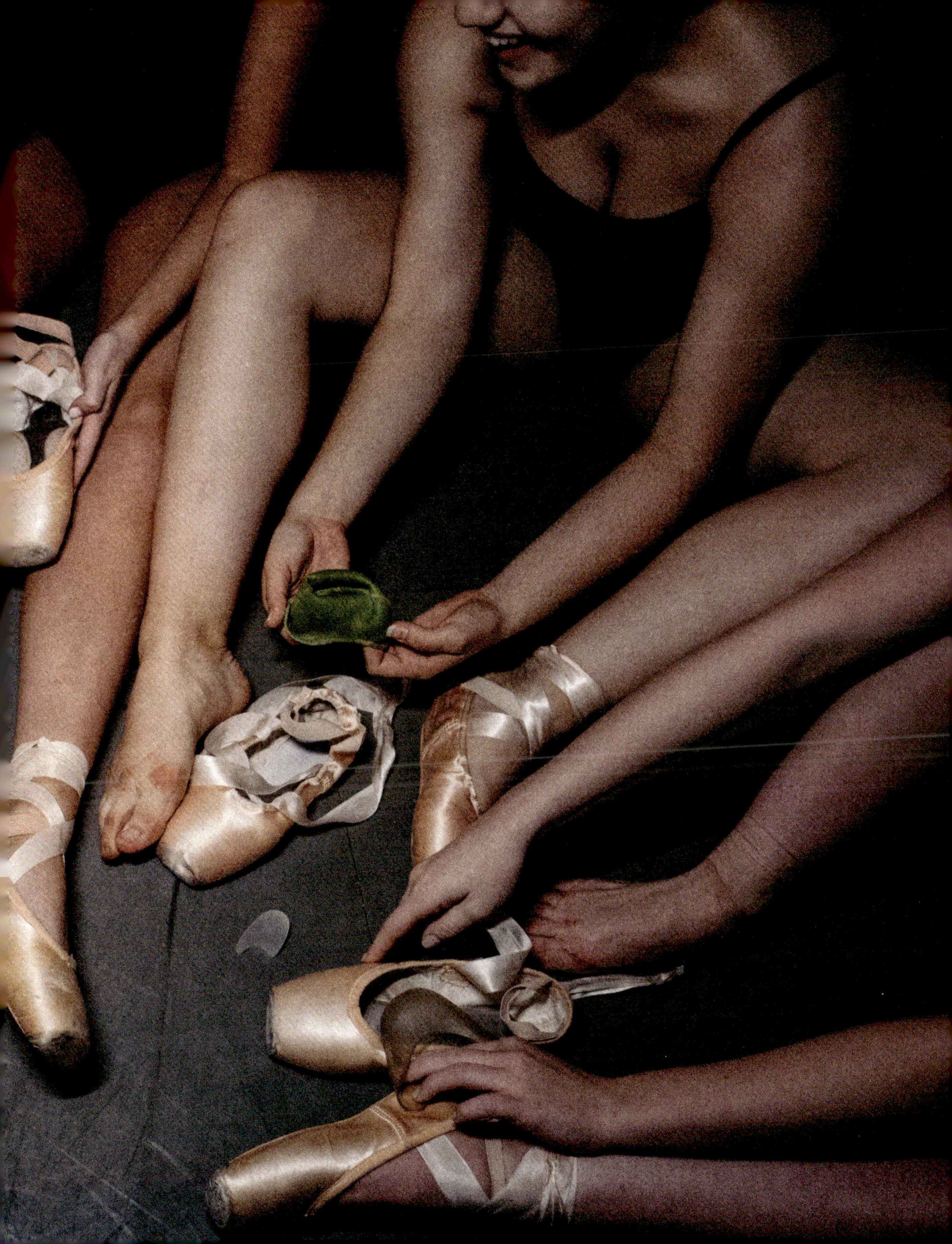

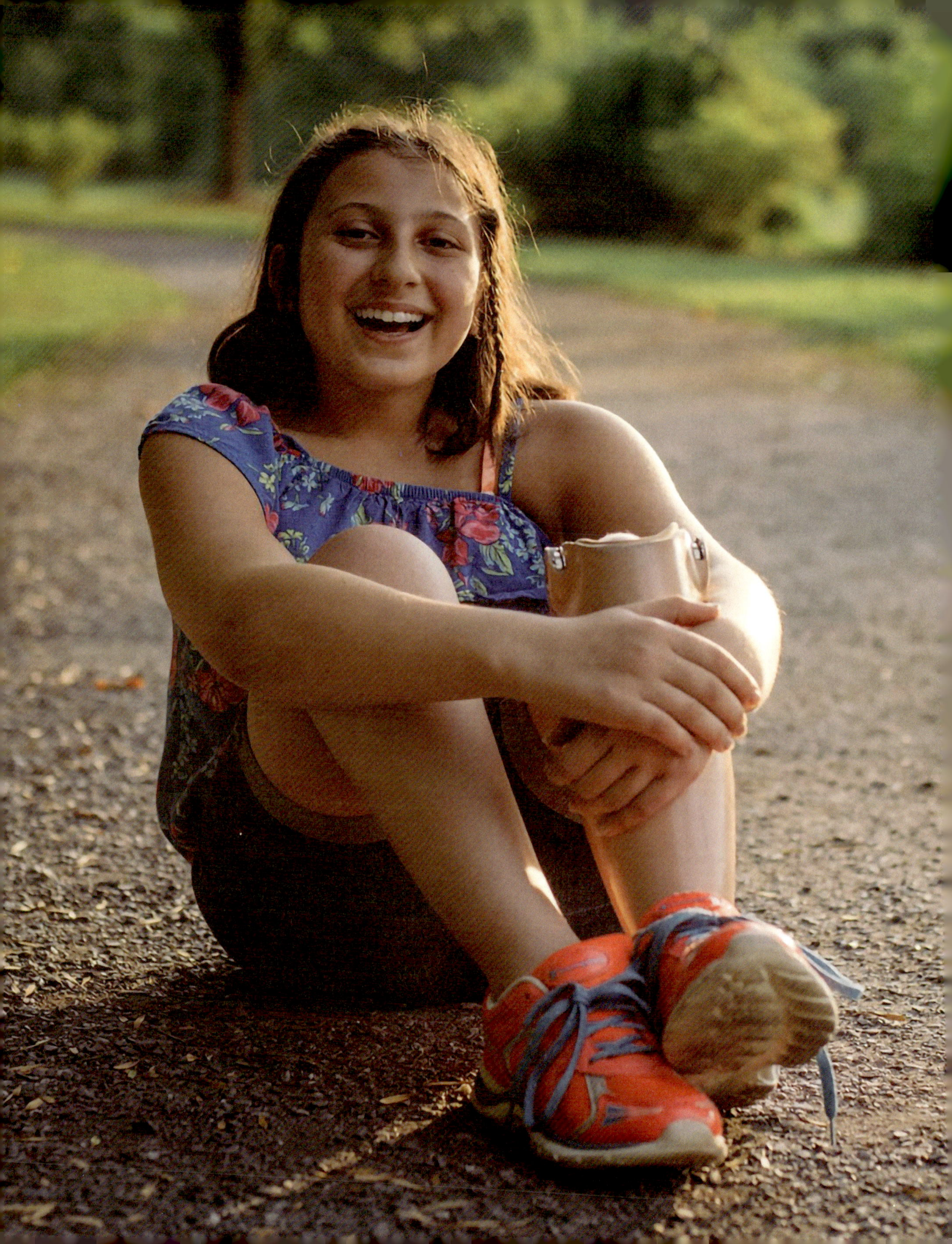

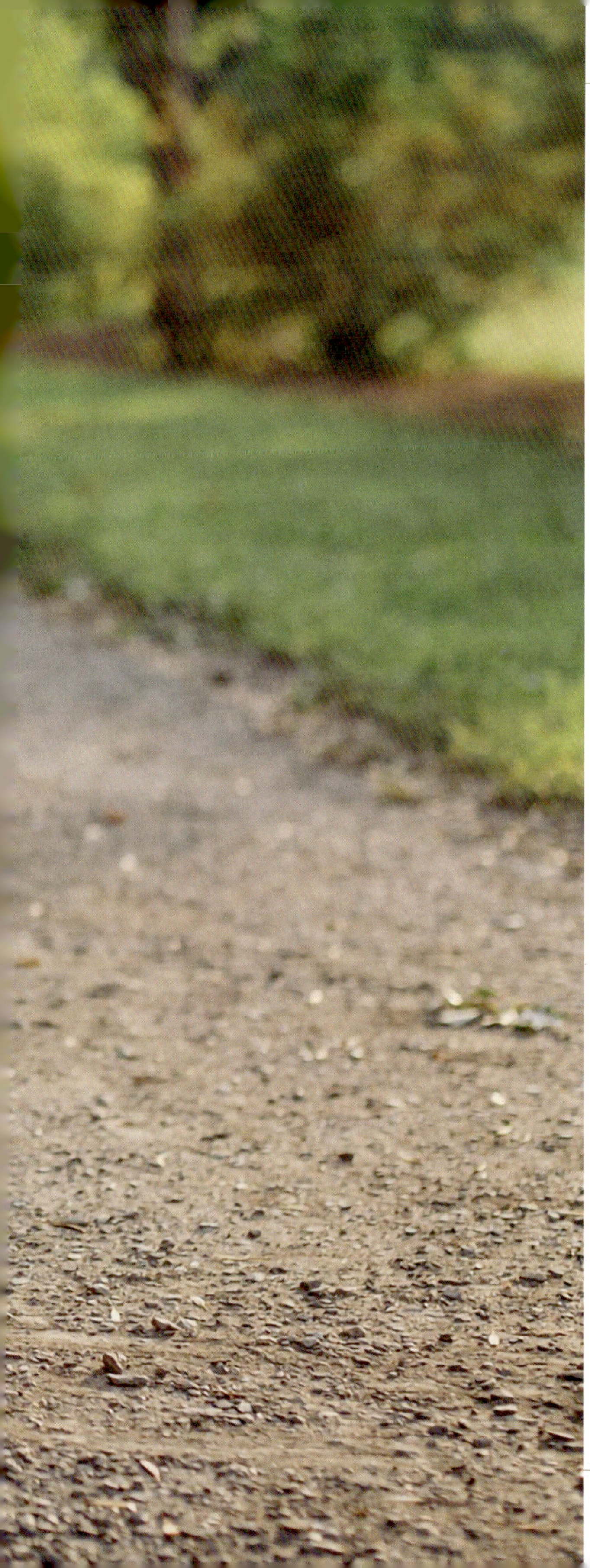

Wer mag schon etwas Perfektes?
Perfektion ist langweilig.

NOUR, 11 JAHRE

Auch Prinzessinnen
können kämpfen.
Mein Krebs hatte
keine Chance.

LAUREN M., 12 JAHRE

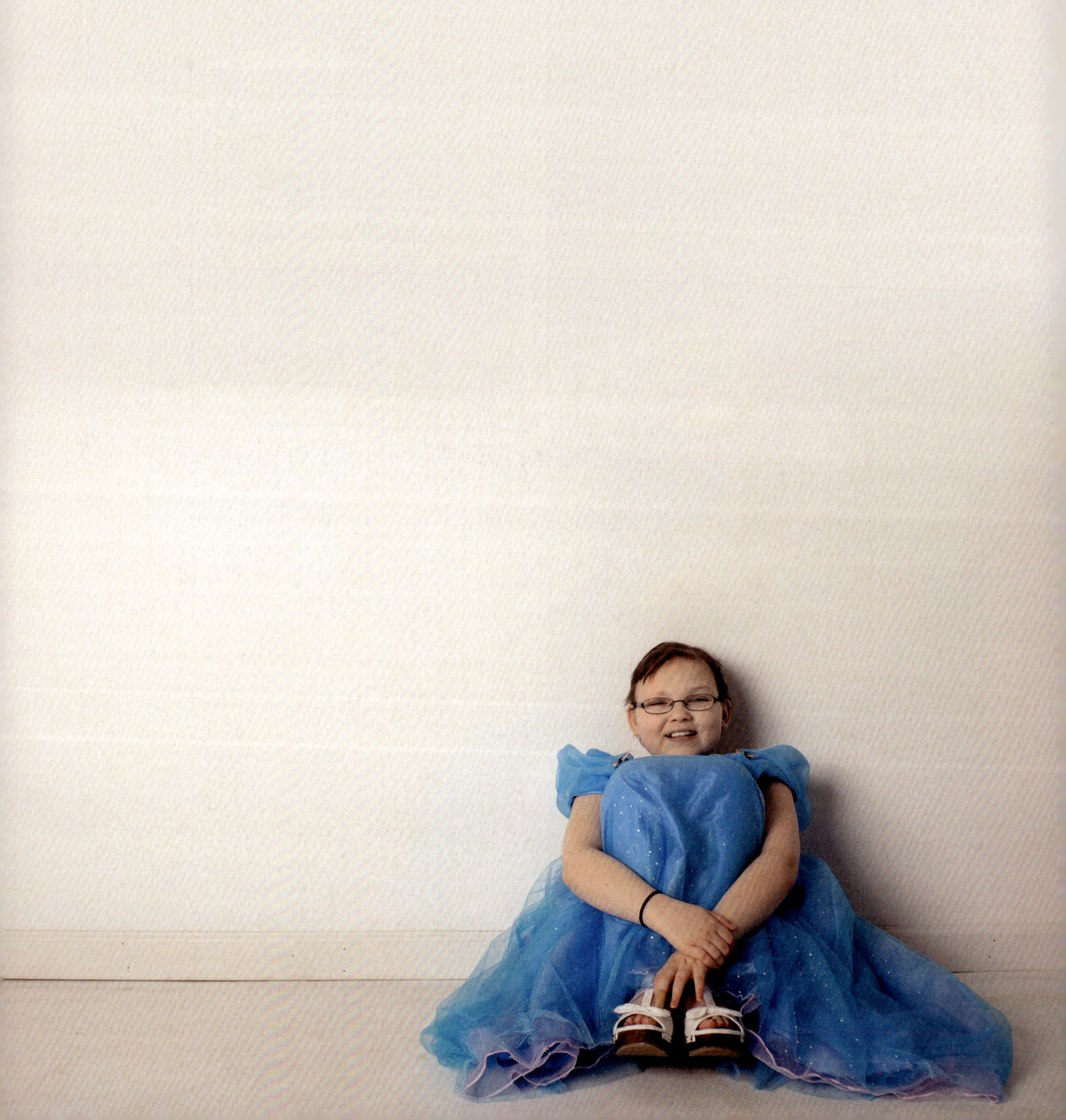

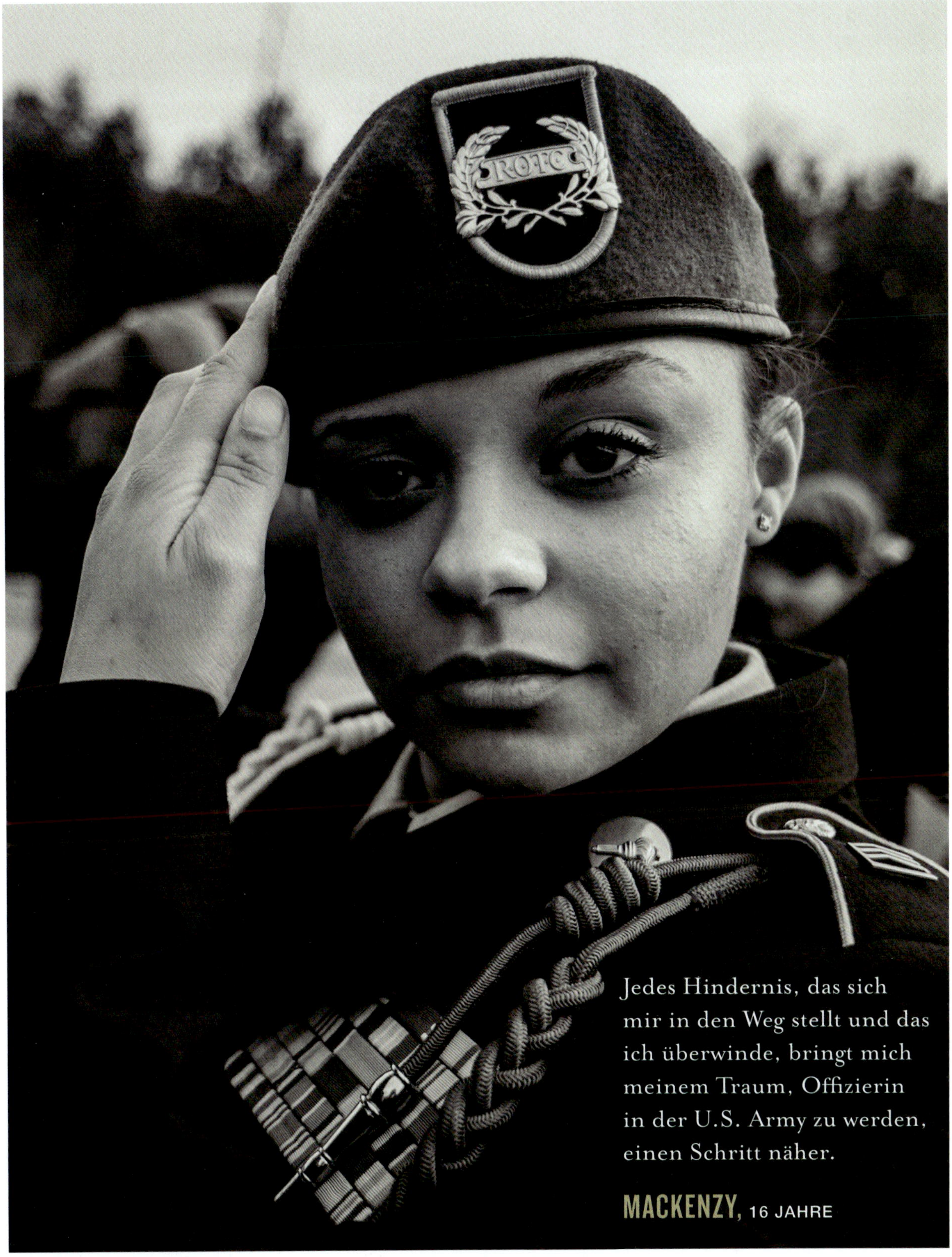

Jedes Hindernis, das sich mir in den Weg stellt und das ich überwinde, bringt mich meinem Traum, Offizierin in der U.S. Army zu werden, einen Schritt näher.

MACKENZY, 16 JAHRE

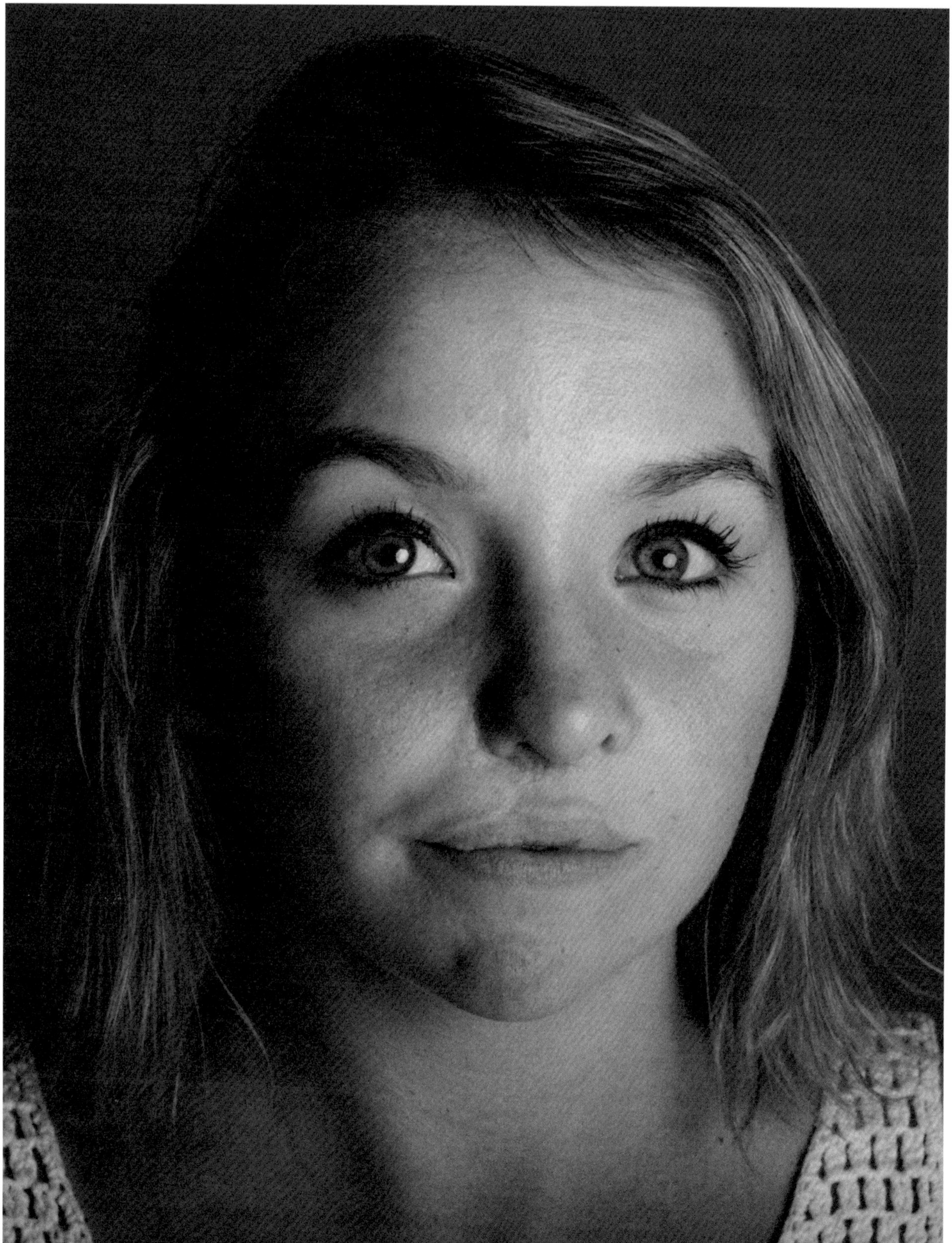

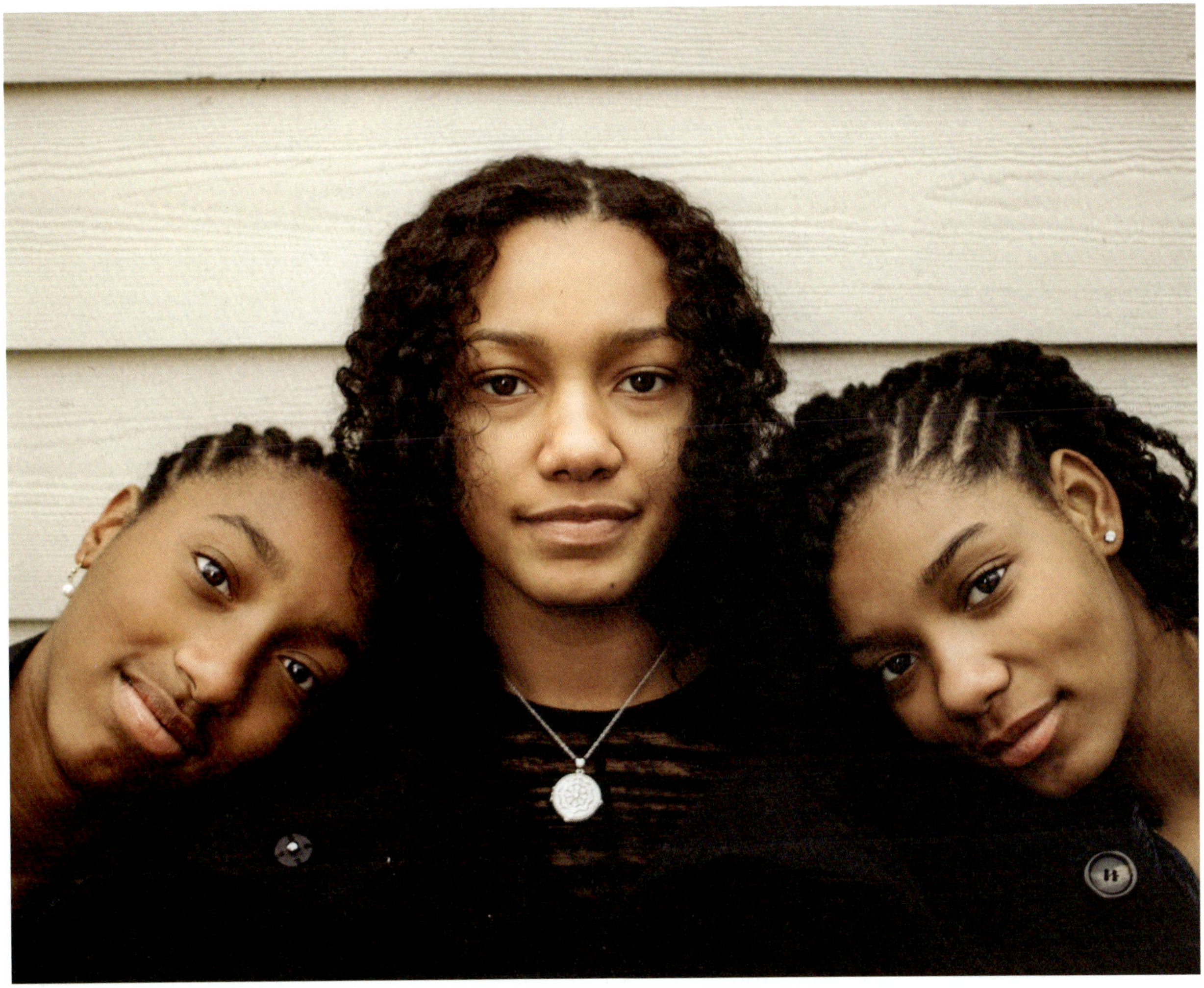

Hurrikan Kathrina war fürchterlich, doch ich hatte keine Angst, Stärke zu zeigen und für die Menschen da zu sein, die ich liebe.

DIARRA, 16 JAHRE

Stärke bedeutet, eine Herausforderung annehmen zu können und dabei die positiven Folgen zu erkennen, die sich daraus ergeben.

GRACE P., 18 JAHRE

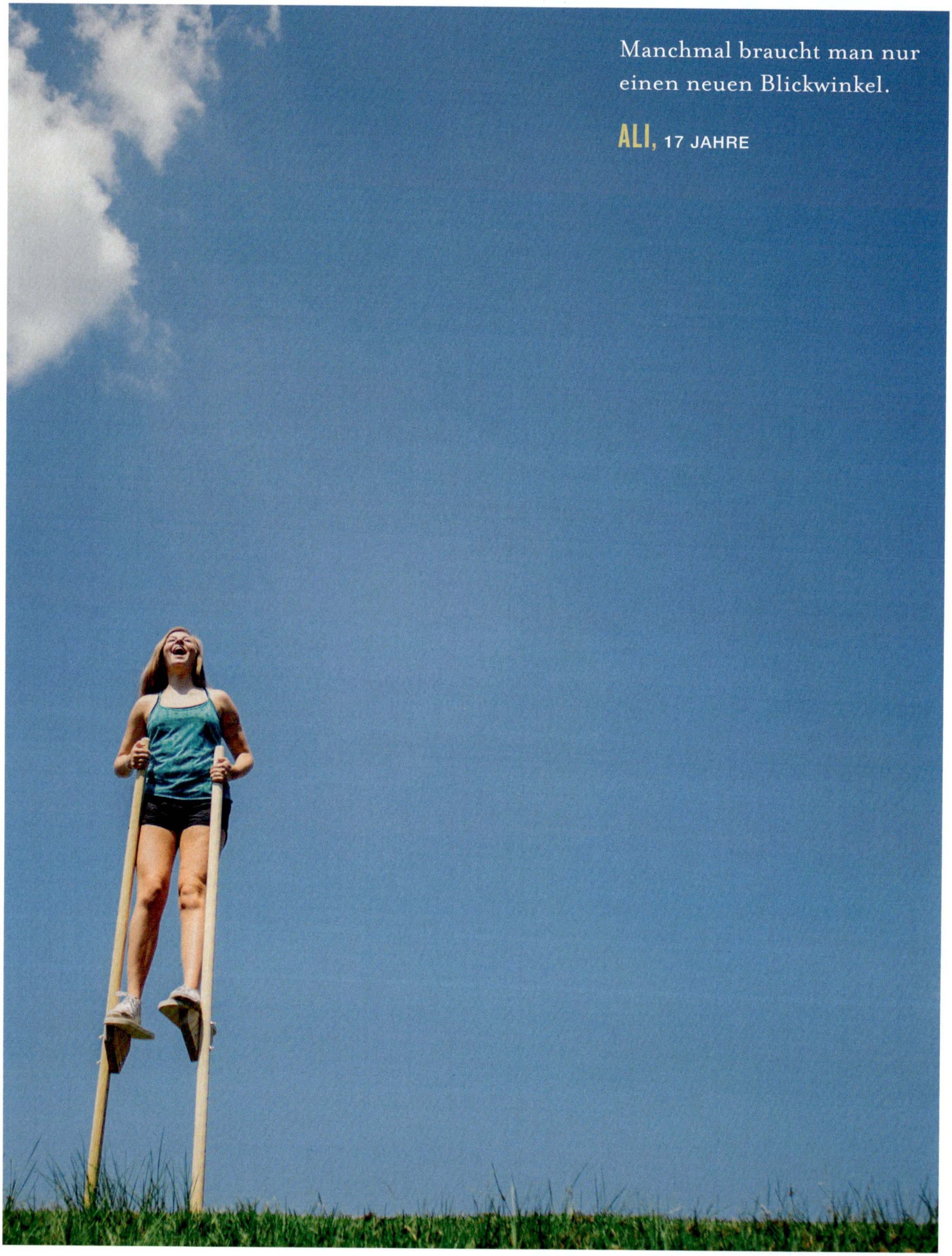
Manchmal braucht man nur einen neuen Blickwinkel.
ALI, 17 JAHRE

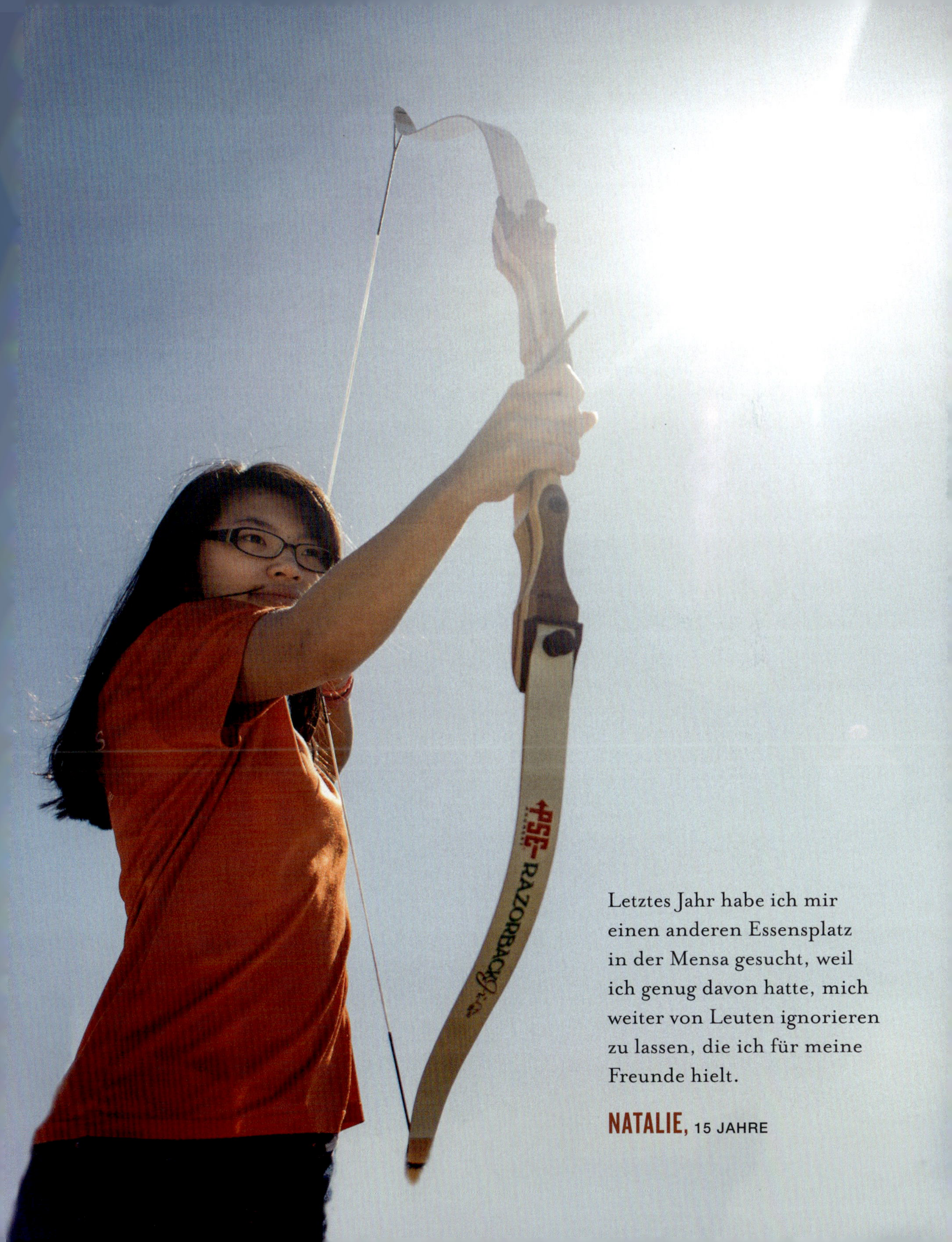

Letztes Jahr habe ich mir einen anderen Essensplatz in der Mensa gesucht, weil ich genug davon hatte, mich weiter von Leuten ignorieren zu lassen, die ich für meine Freunde hielt.

NATALIE, 15 JAHRE

„Eine Frau mit einer Stimme

ist definitionsgemäß

eine starke Frau.“

MELINDA GATES

(GESCHÄFTSFRAU UND PHILANTHROPIN)

KREATIV IST STARK

Wovon träumen Sie, wenn langweilige Sitzungen sich endlos hinziehen? Von einem Projekt, das Sie endlich anpacken wollen, einem Abenteuer oder einem Vorhaben, das Sie mit Ihrer besten Freundin besprechen wollen? Das sind die unbezähmbaren Träume, die so lange auf Sie einflüstern, bis Sie endlich hinhören. *Hinhören*.

Kreativität ist Magie, lodernde Neugierde, aber auch harte Arbeit. Und sie erfordert es manchmal, seine Verletzlichkeit zu offenbaren. Doch es ist auch ein Ausdruck von Stärke, seine Fantasie zu nutzen, um Probleme zu lösen oder etwas auszudrücken. *Jeder* verfügt über Fantasie, doch lebendig bleibt sie nur, wenn wir sie beim Heranwachsen und Reifen auch bewahren: Je öfter wir sie nutzen, desto mehr wird sie uns zur zweiten Natur.

Nicht nur die zukünftigen Frida Kahlos und Beyoncés unter uns brauchen Fantasie; alle, die den Mut haben, Gedanken und Tagträume zu verwirklichen, brauchen sie. Die Mädchen in diesem Kapitel inspirieren uns mit ihrem Elan und der Unermüdlichkeit, mit der sie ihre Ziele verfolgen, egal ob es darum geht, Jahrgangsbeste zu werden, Pirouetten zu perfektionieren, Fantasiewelten aus Karton zu erschaffen oder einfach Lösungen auszutüfteln, auf die vorher noch niemand gekommen ist. Und wenn dann der Augenblick kommt, um ein Bild zu malen, ein Stück zu schreiben, eine Frage zu stellen, einen Stein umzudrehen und zu sehen, was darunter liegt, ein Tor zu schießen, eine Tür zu öffnen, das Unbekannte zu erforschen oder Erwartungen auf den Kopf zu stellen, dann sind diese kreativen Mädchen gut vorbereitet, weil sie den Augenblick bereits eine Million Mal im Geist durchgegangen sind.

Ich liebe es zu dekorieren.

ALICE, 7 JAHRE

Wir spielen „Spion" und stellen uns vor, dass wir die Bösen beschatten und die Guten beschützen.

MIA, 9 JAHRE

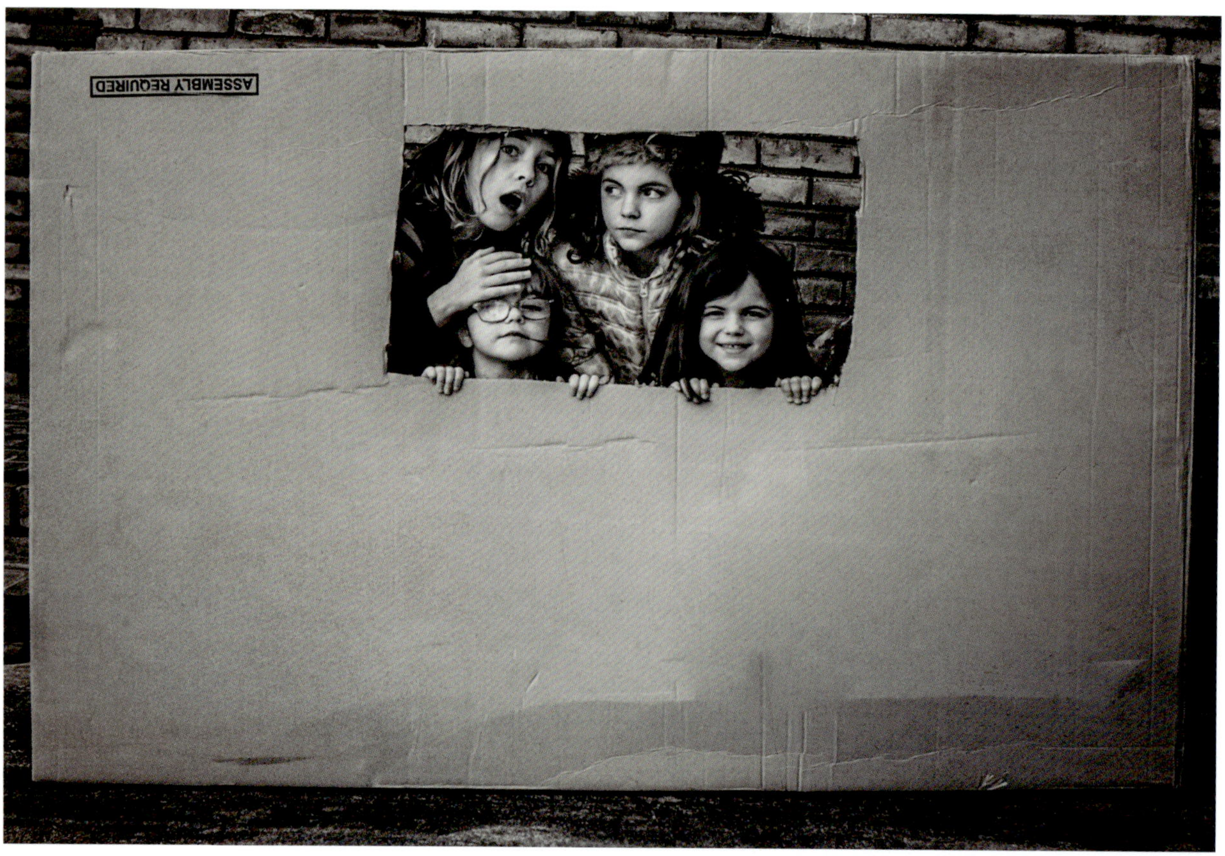

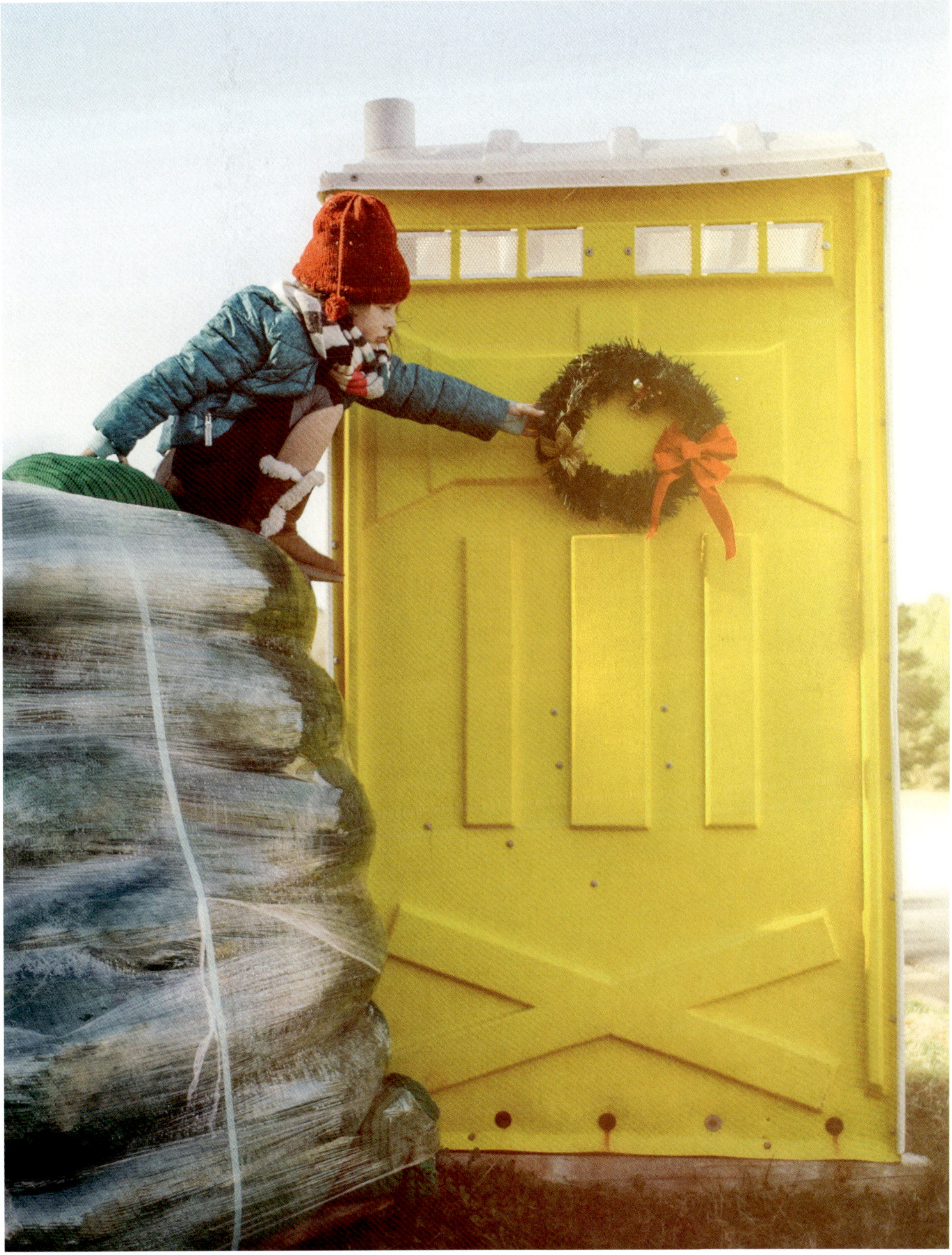

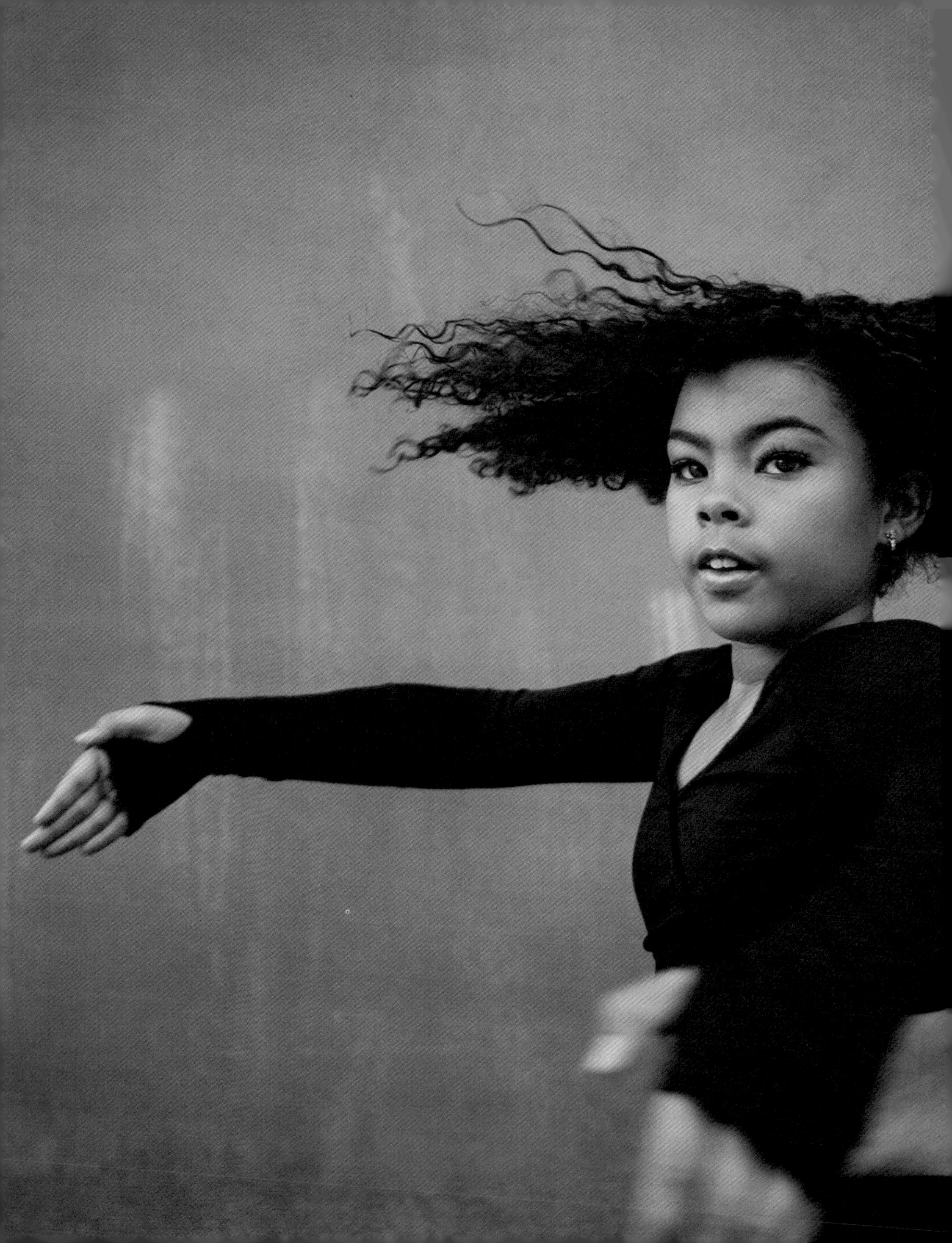

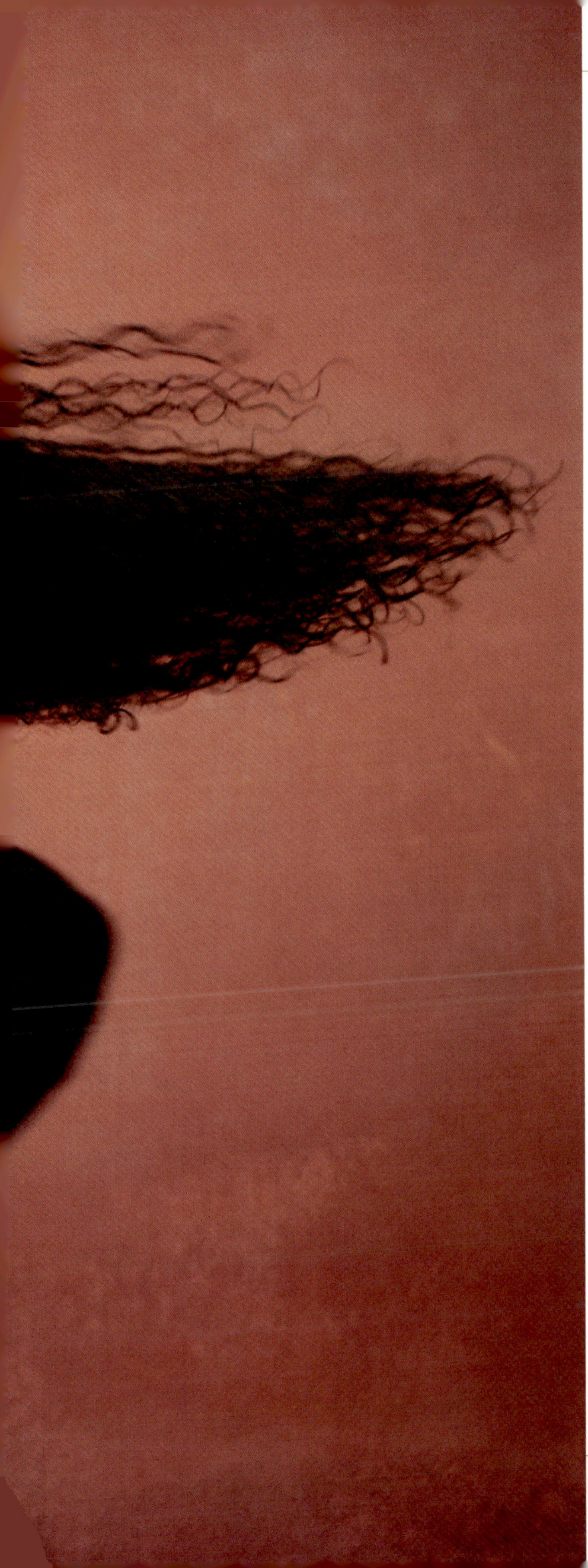

Manche Menschen halten Tanzen nicht wirklich für Sport, aber es braucht viel Kraft, um die Technik zu beherrschen, viel Geduld, um sich zu verbessern, und Leidenschaft sowie Hingabe, um sein Ziel zu erreichen.

KAMI, 11 JAHRE

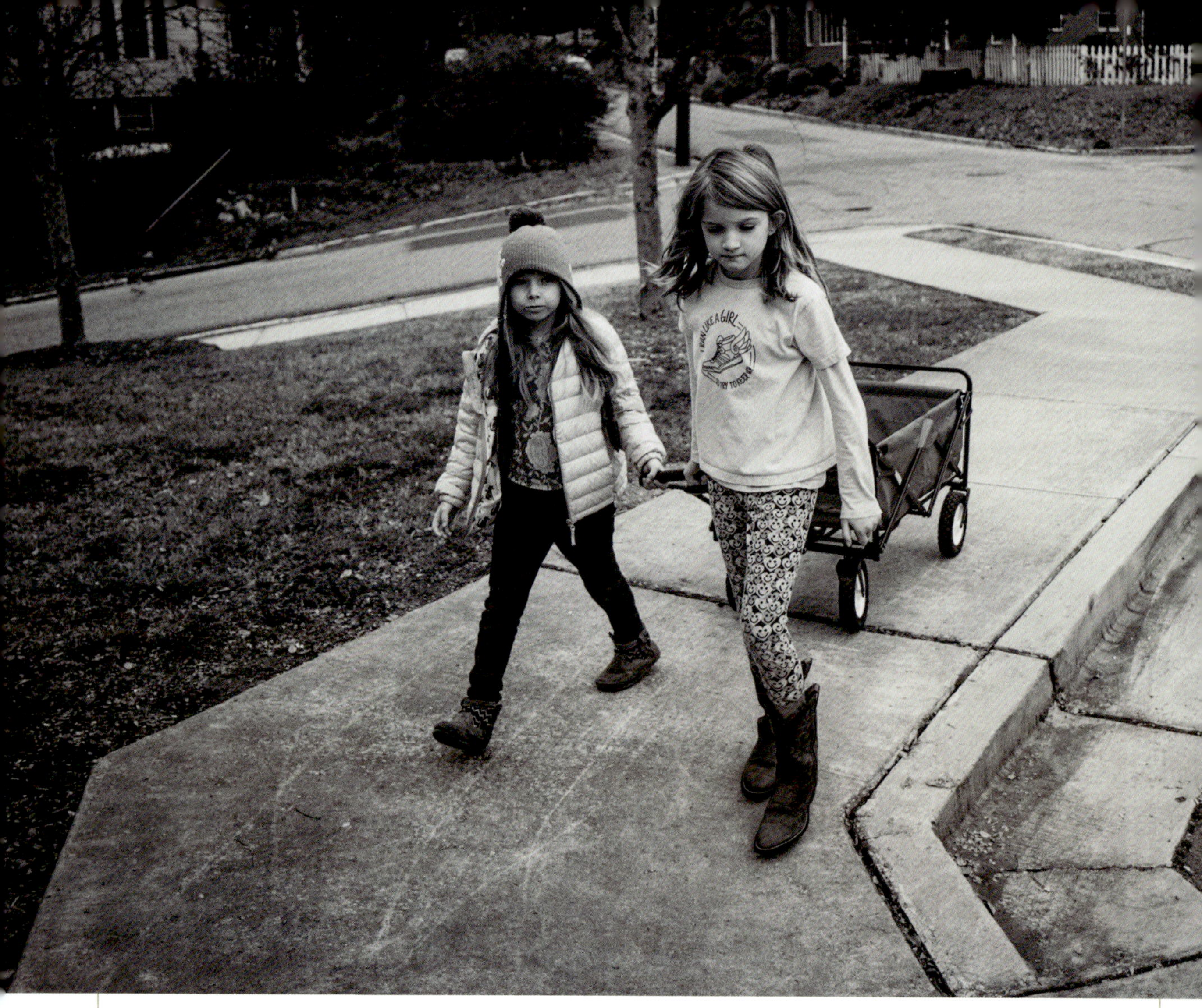

Wenn ich mit meinen Freunden zusammen bin,
ist nichts unmöglich.

SLOANE, 8 JAHRE

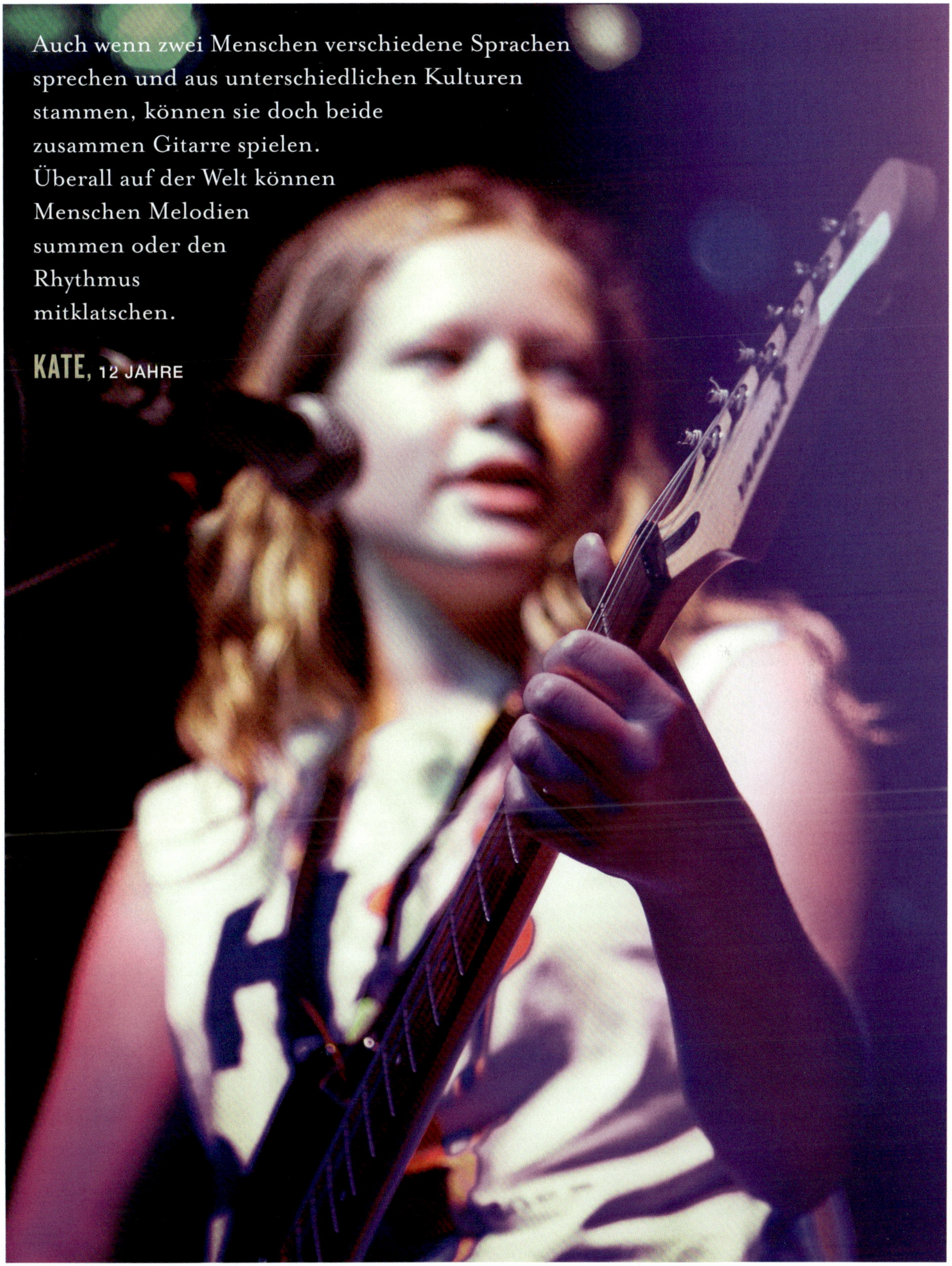

Auch wenn zwei Menschen verschiedene Sprachen sprechen und aus unterschiedlichen Kulturen stammen, können sie doch beide zusammen Gitarre spielen. Überall auf der Welt können Menschen Melodien summen oder den Rhythmus mitklatschen.

KATE, 12 JAHRE

Wenn man kreativ ist, bringt das etwas Neues und kulturelle Vielfalt in die Welt.

HERMELLA, 13 JAHRE

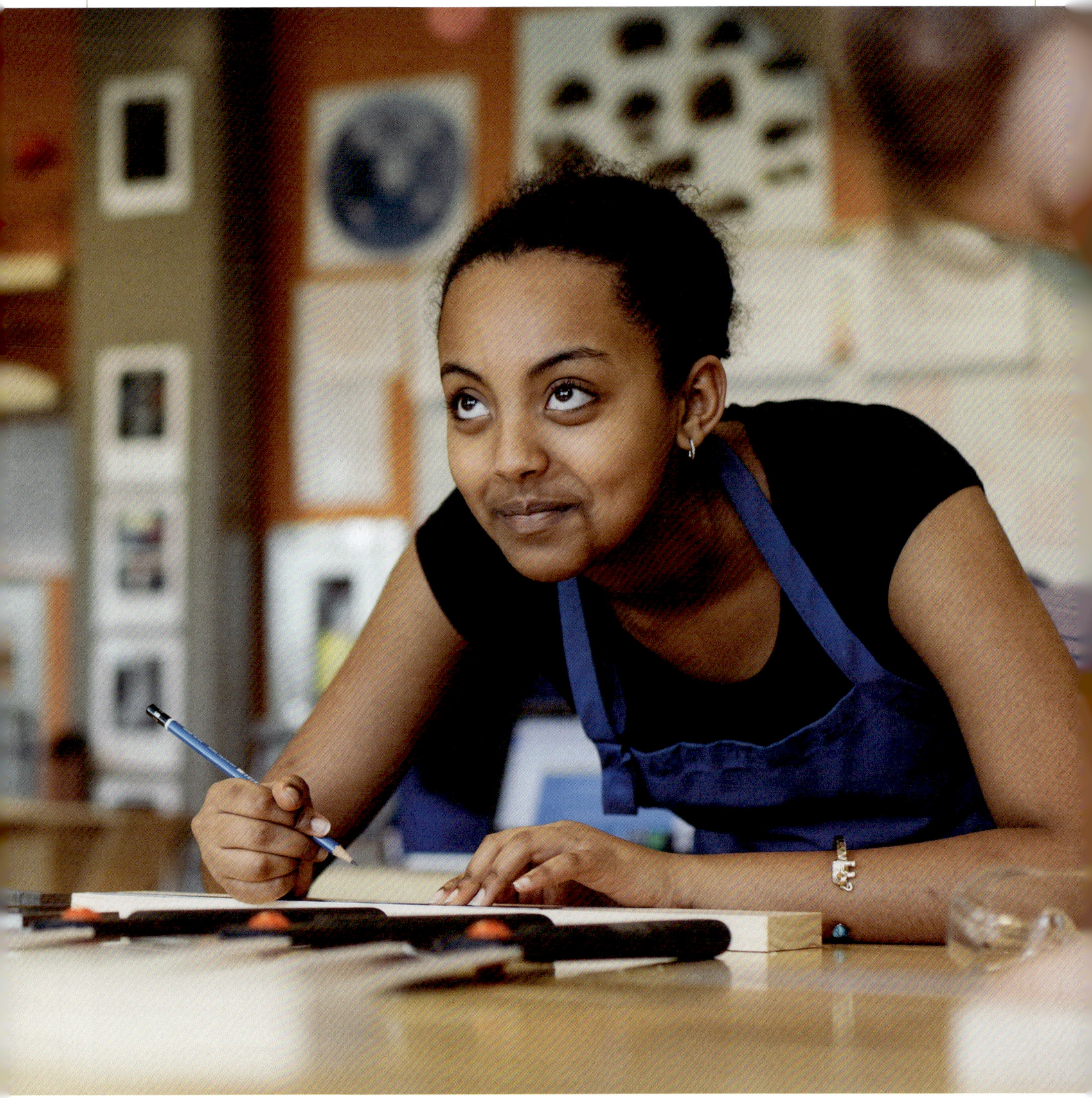

Wir fangen die Krebse, lassen sie dann aber wieder laufen. Sonst sterben sie.

TAYLA, 6 JAHRE

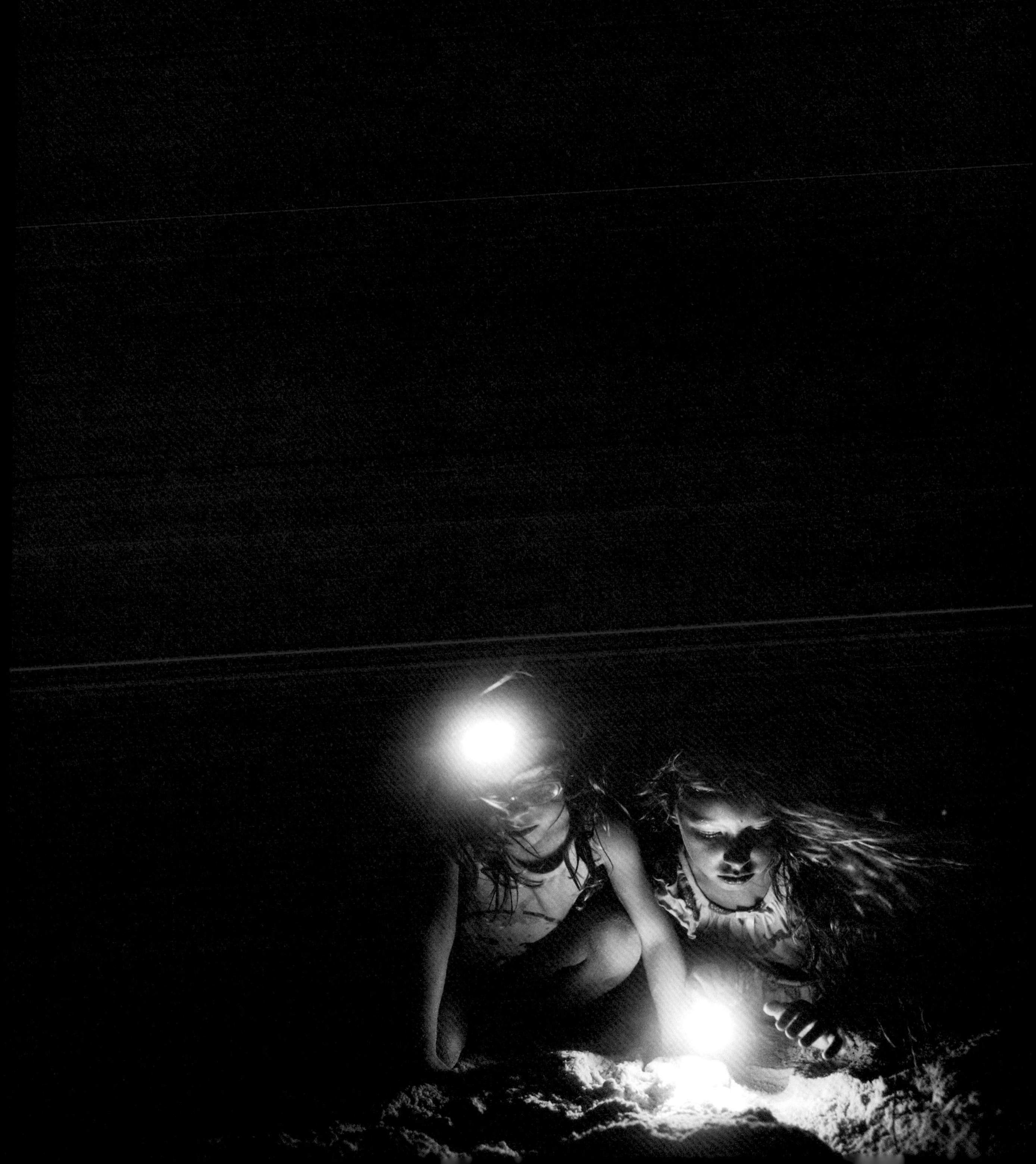

Mein Lieblingsplatz ist der Strand in der Nacht. Dann ist er menschenleer und still, und all die Tiere kommen heraus und sagen Hallo.

ELLA, 10 JAHRE

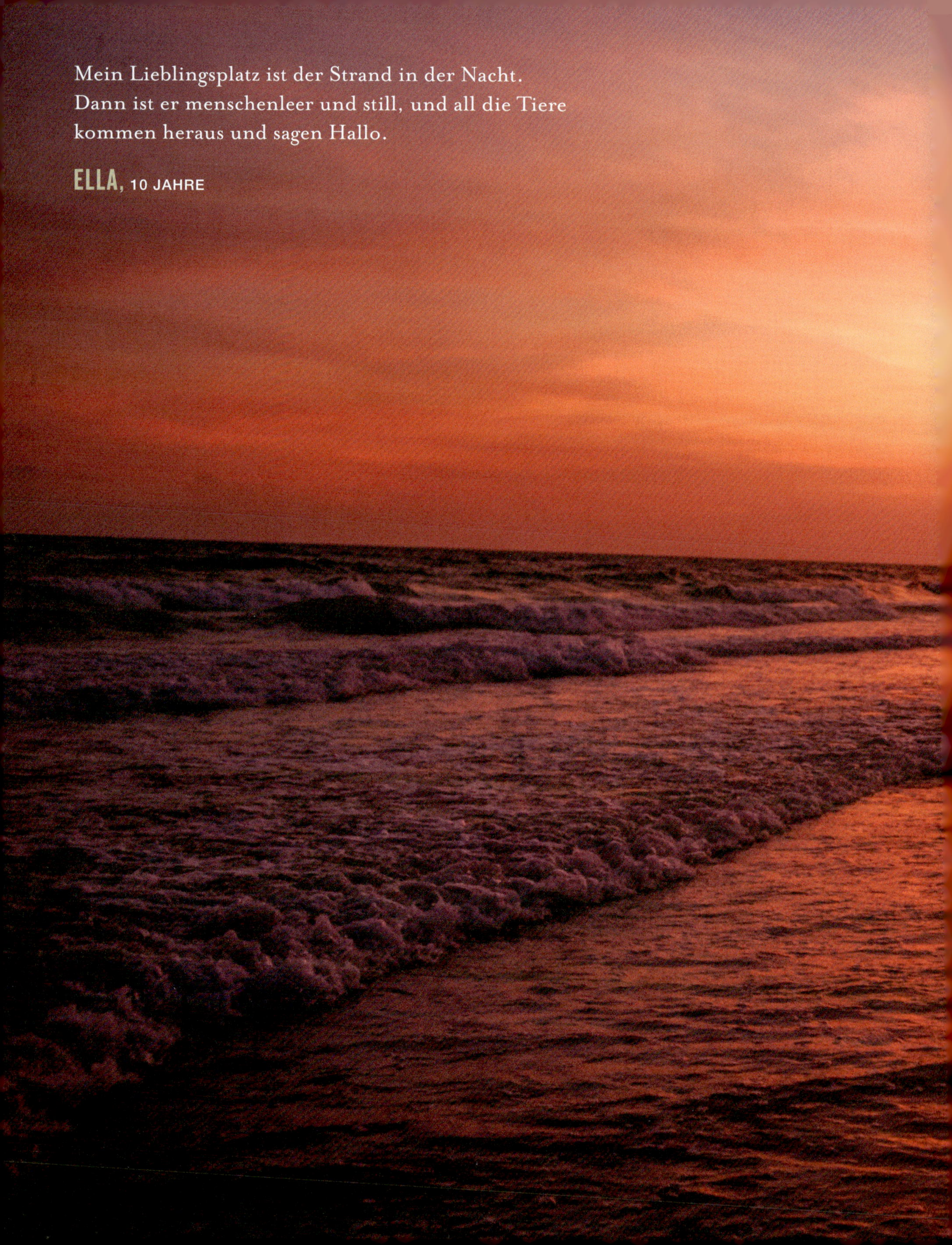

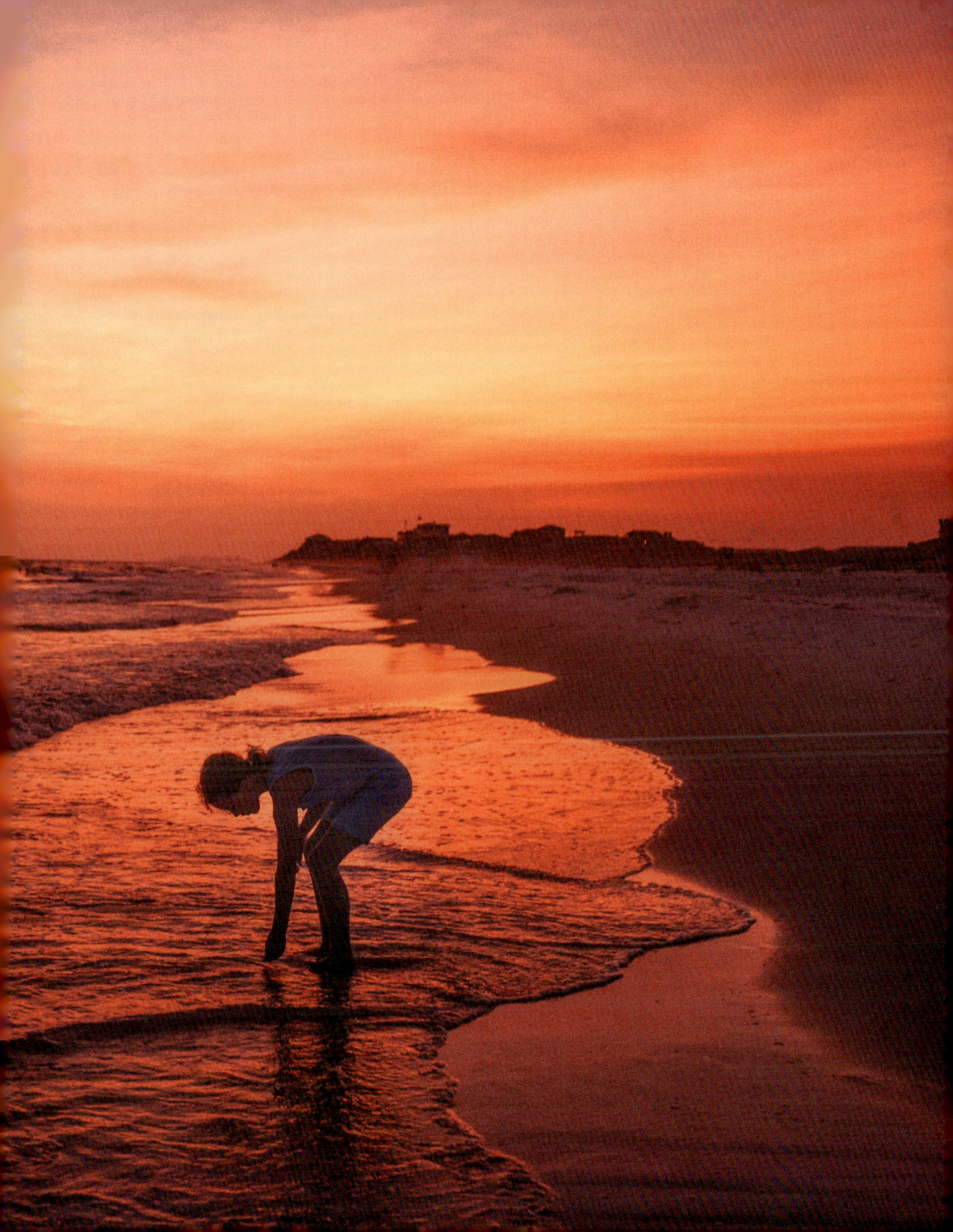

ICH LIEBE MEINE SOMMER-SPROSSEN, SIE GEHÖREN ZU MIR.

ELLA D., 9 JAHRE

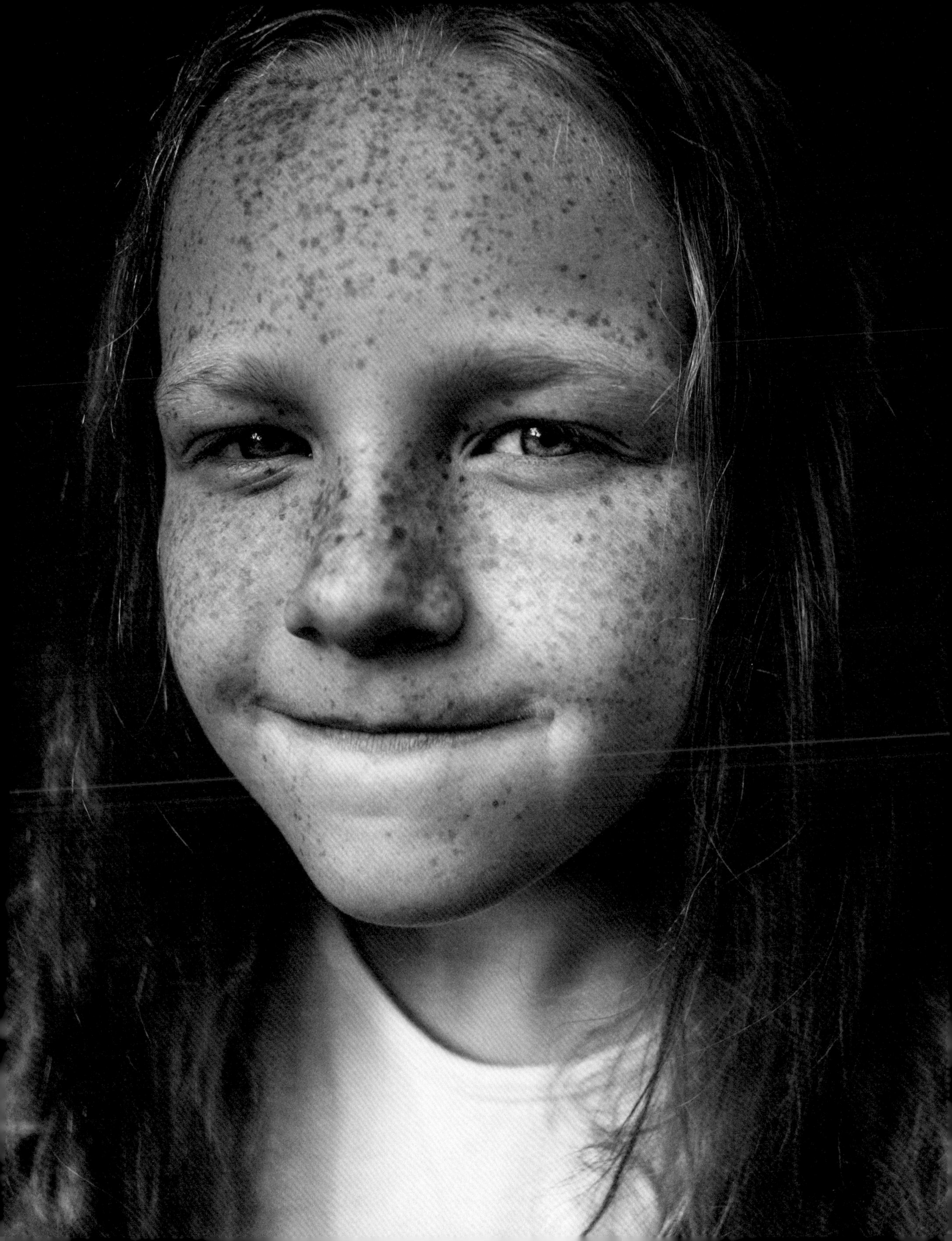

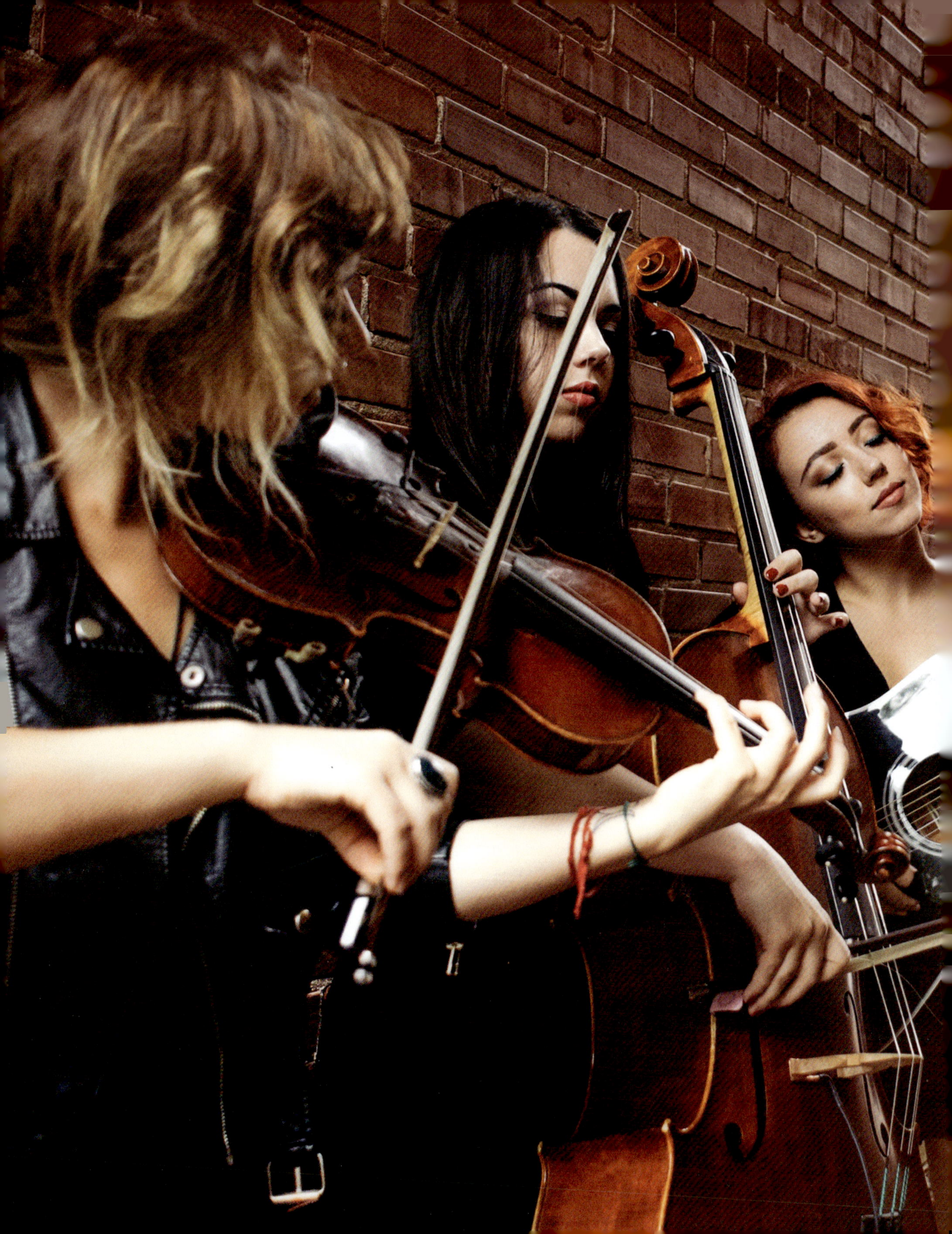

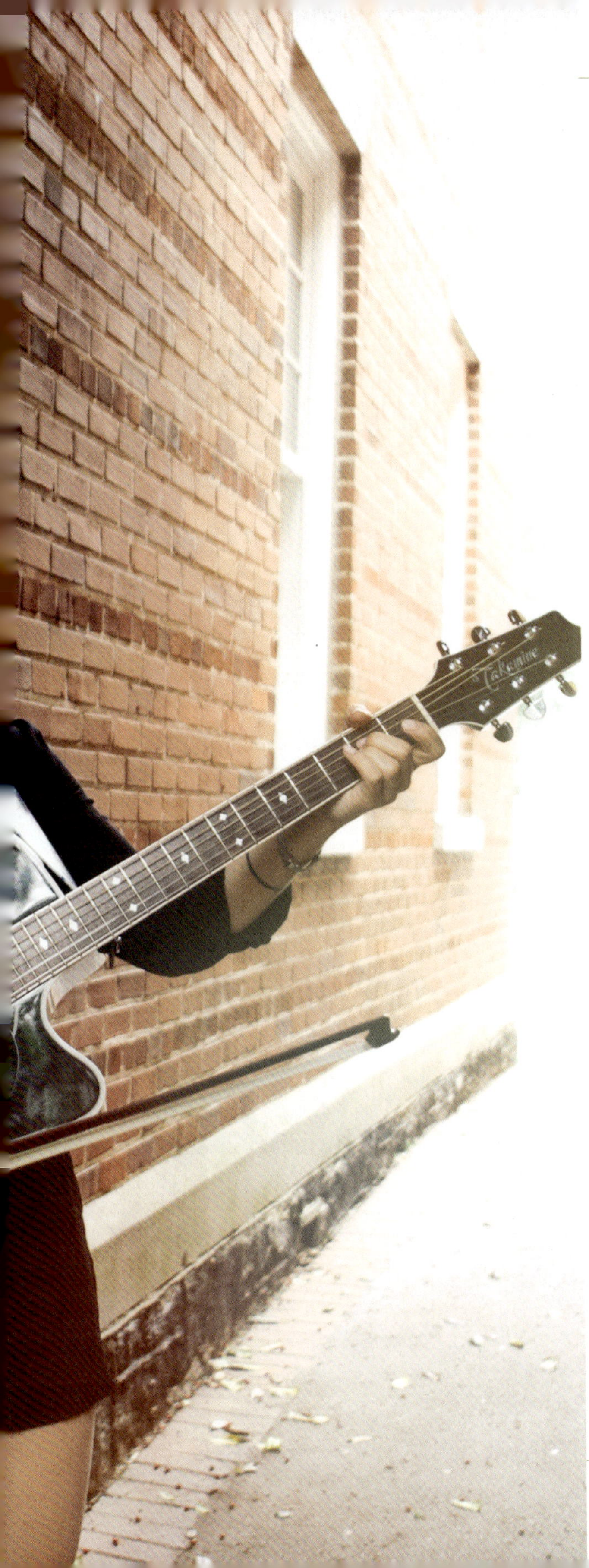

Wir sind eine Band von Schwestern. Unsere Stärke liegt darin, dass wir unsere eigene Stimme gefunden haben und den Mut aufbringen, sie zu benutzen.

FIONA, 18 JAHRE

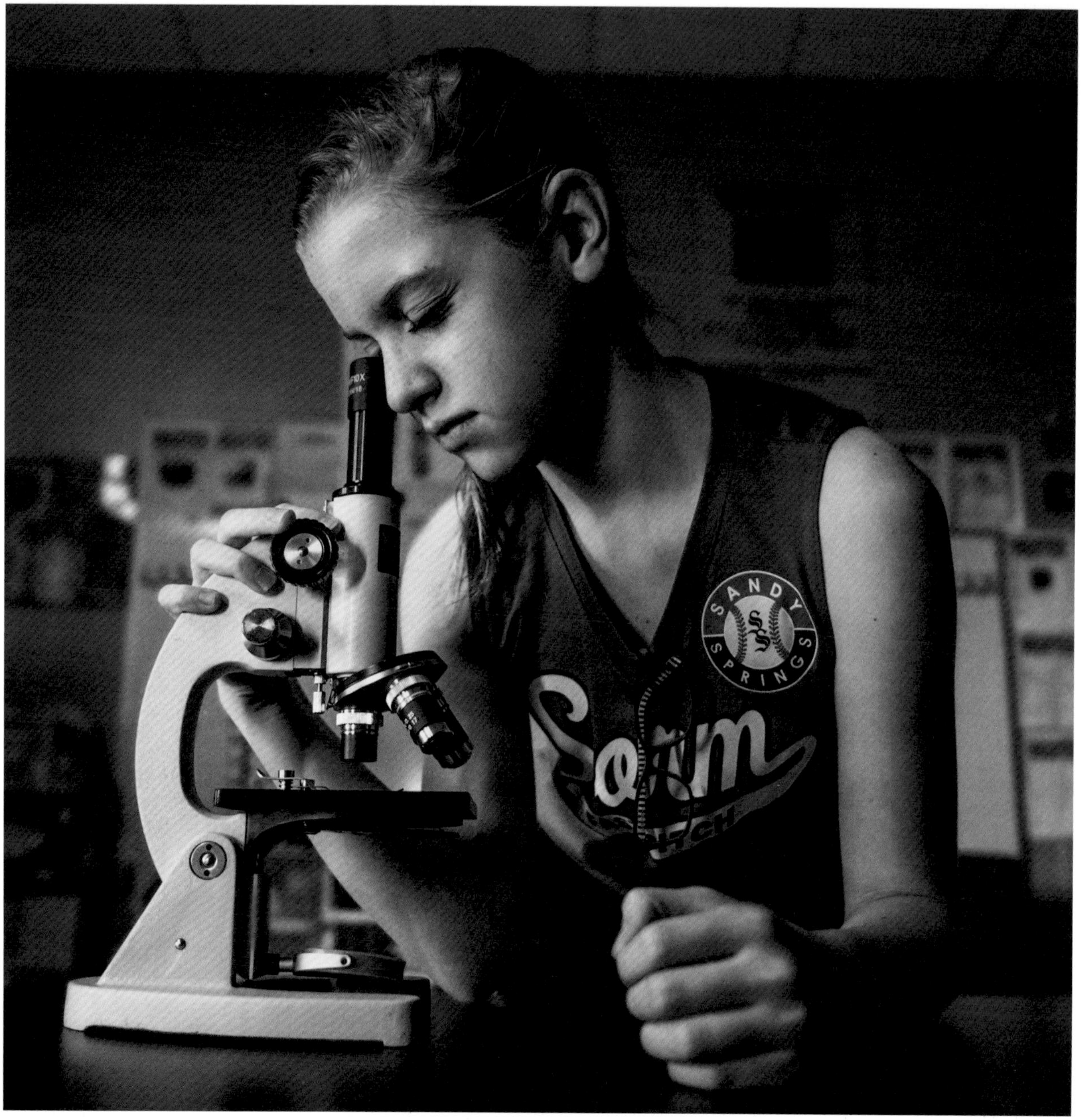

Naturwissenschaften sind toll.
Ich habe darin eine Eins mit Sternchen.

WHITNEY, 10 JAHRE

Ich tanze gern. Sehr gern.

ALICE, 7 JAHRE

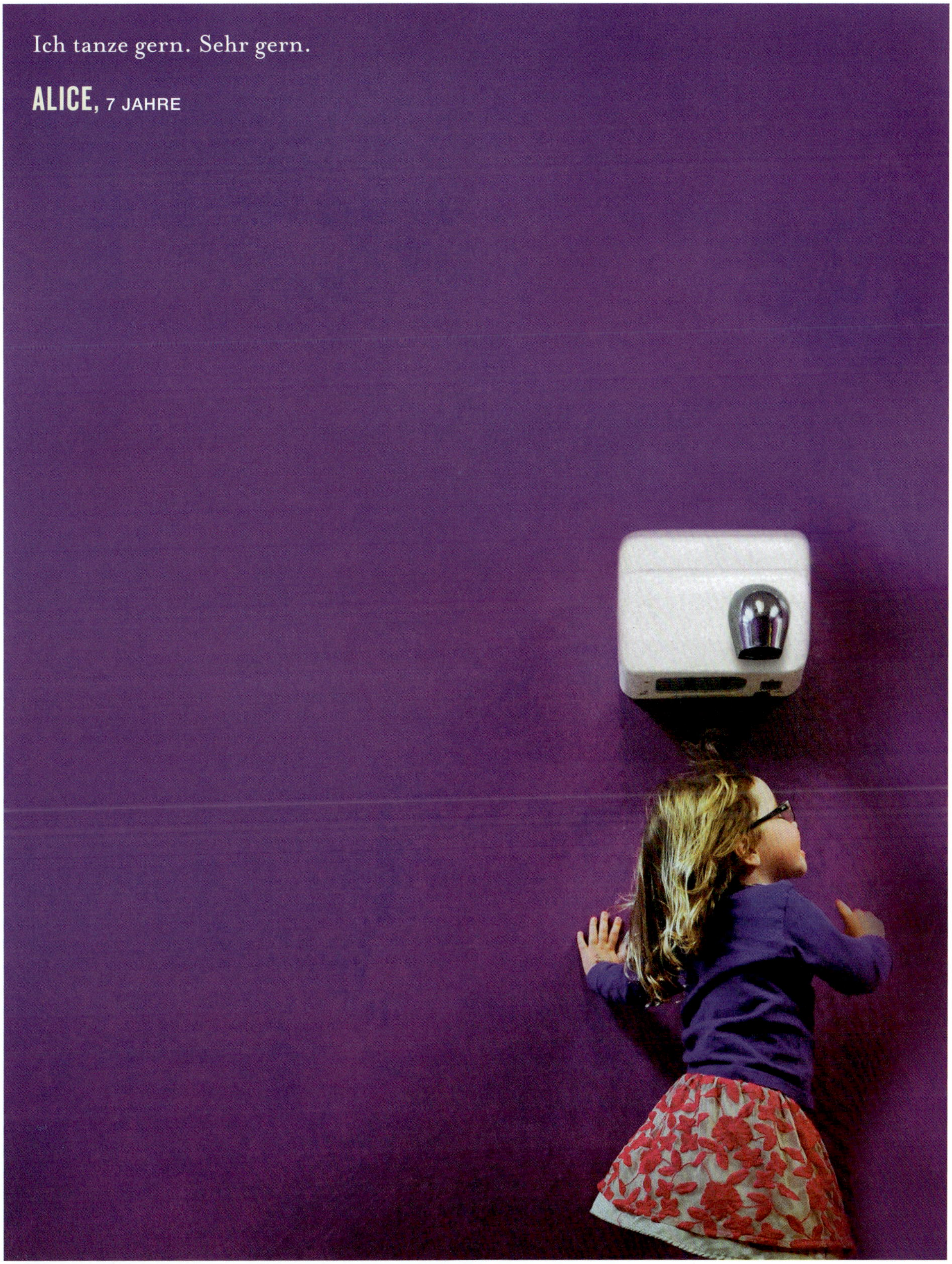

Ich liebe alle Tiere außer Spinnen.
Später möchte ich Tierpflegerin
oder Paläontologin werden.
Das Dritte fällt mir gerade nicht ein.

BRIEL, 7 JAHRE

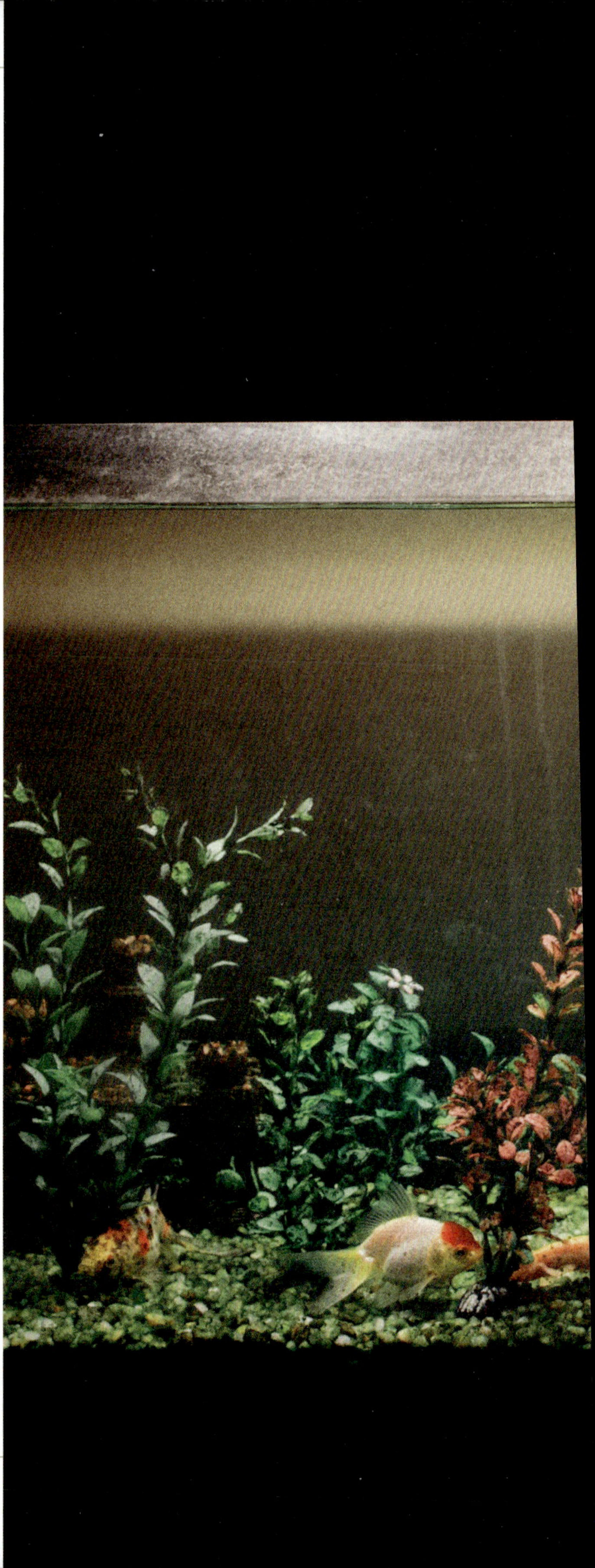

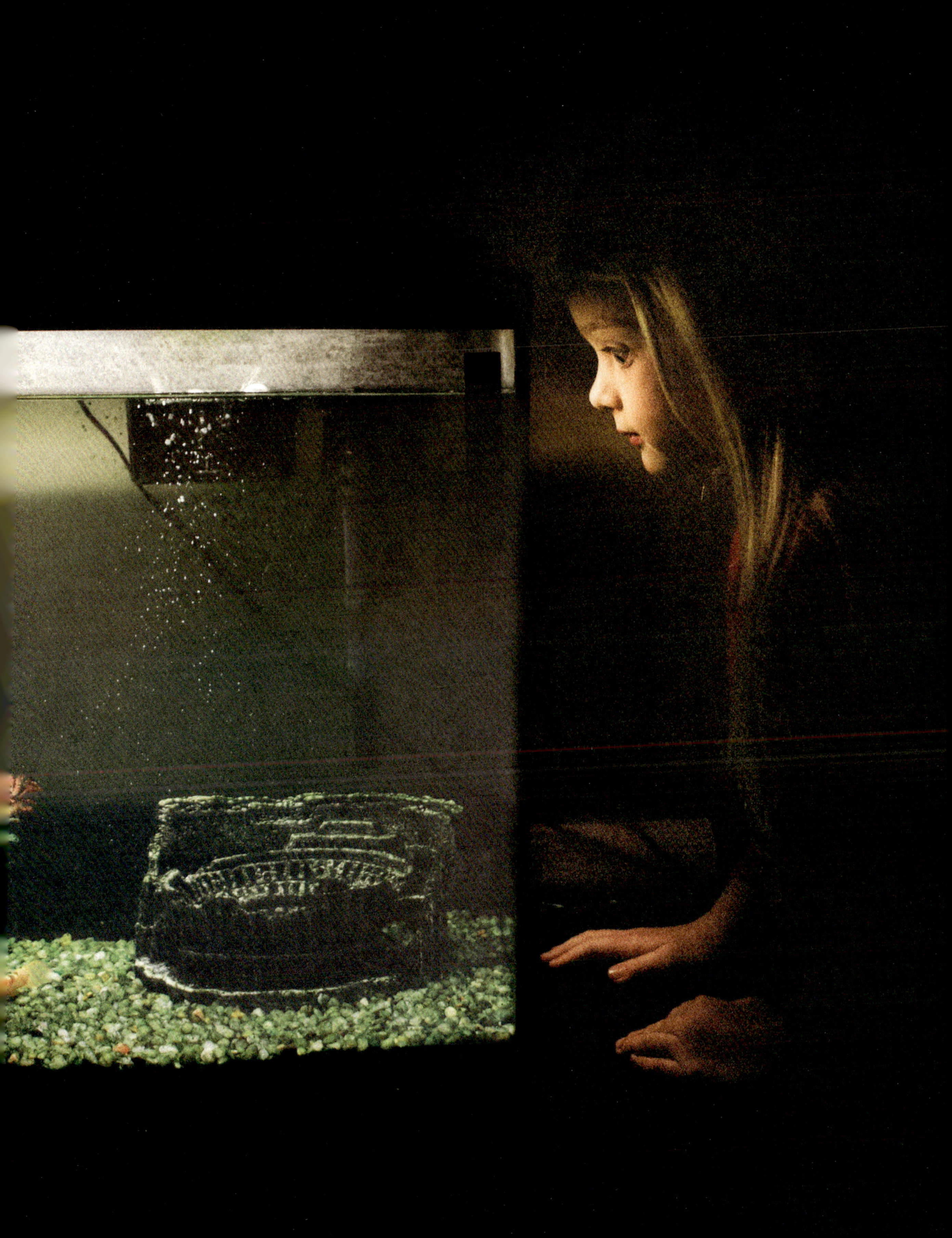

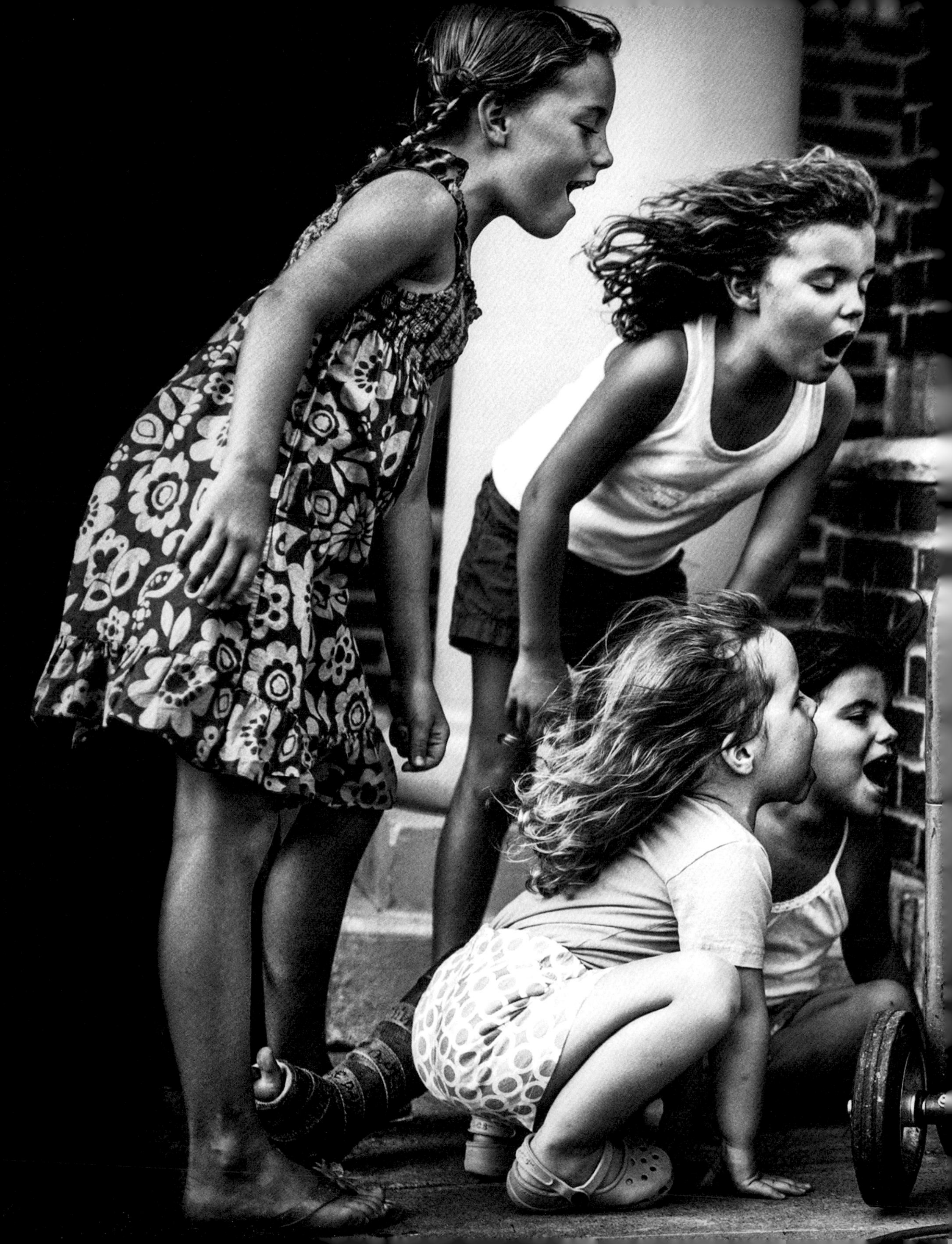

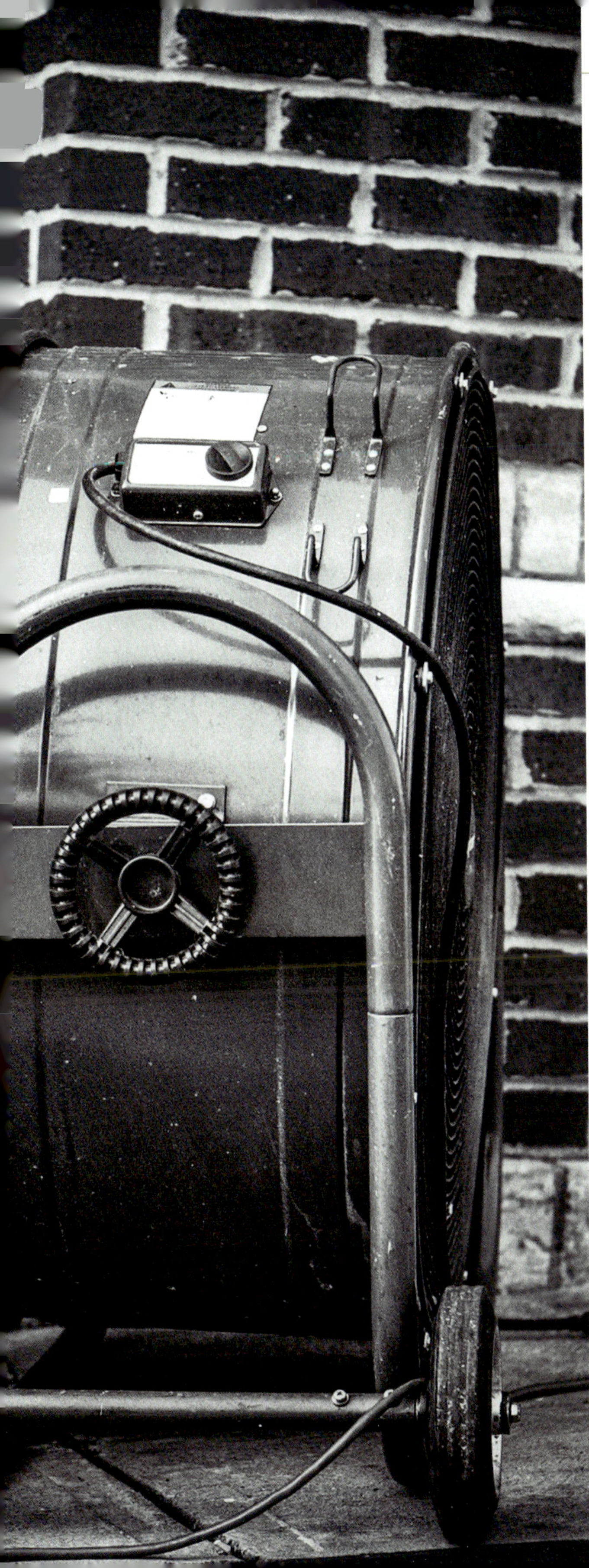

Weißt du, wie es klingt, wenn man in einen Ventilator brüllt? Solltest du mal ausprobieren.

MIA, 8 JAHRE

Eidechsen sind schwer zu fangen,
aber es ist toll, wenn man sie erwischt.

ALICE, 7 JAHRE

Wenn ich die Antwort weiß,
strecke ich den Arm immer
hoch in die Luft.

LILY B., 11 JAHRE

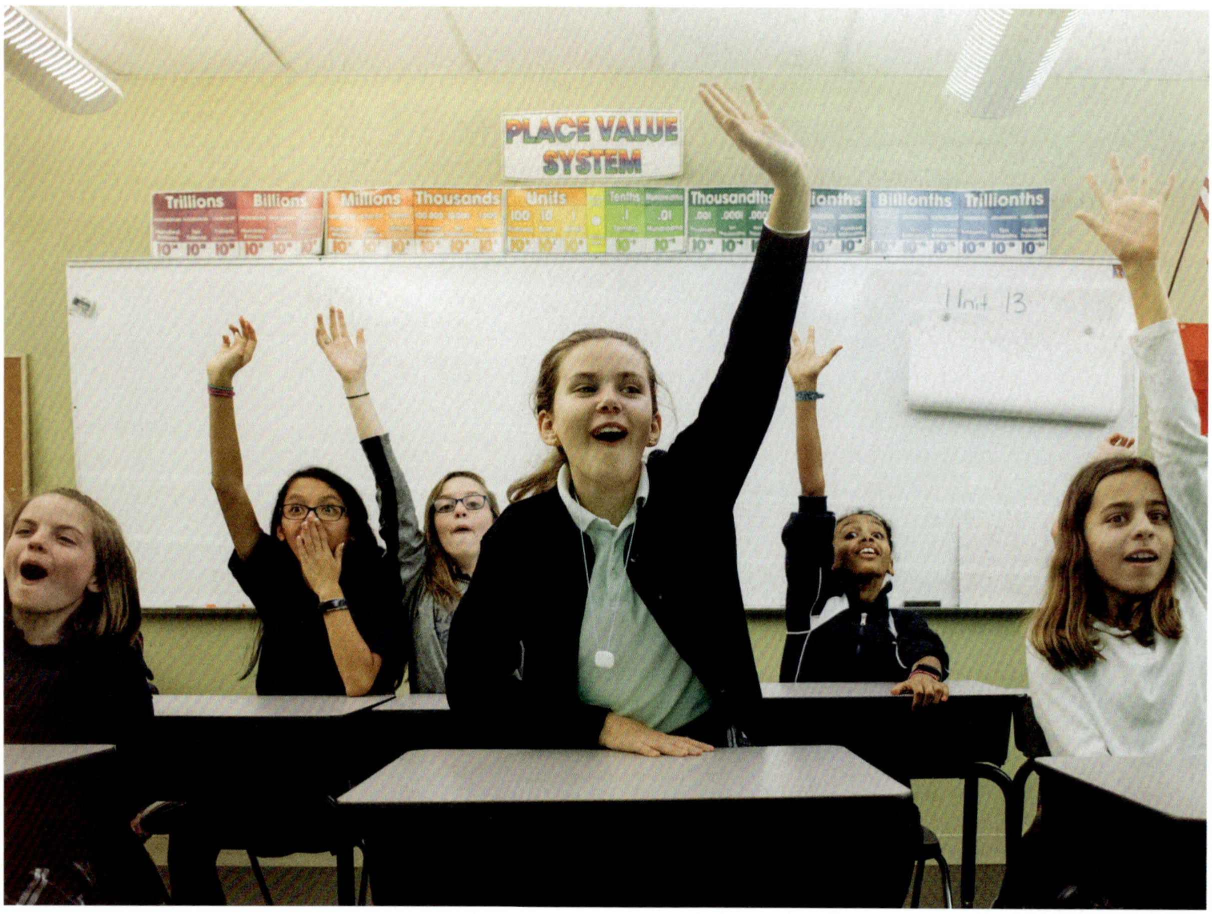

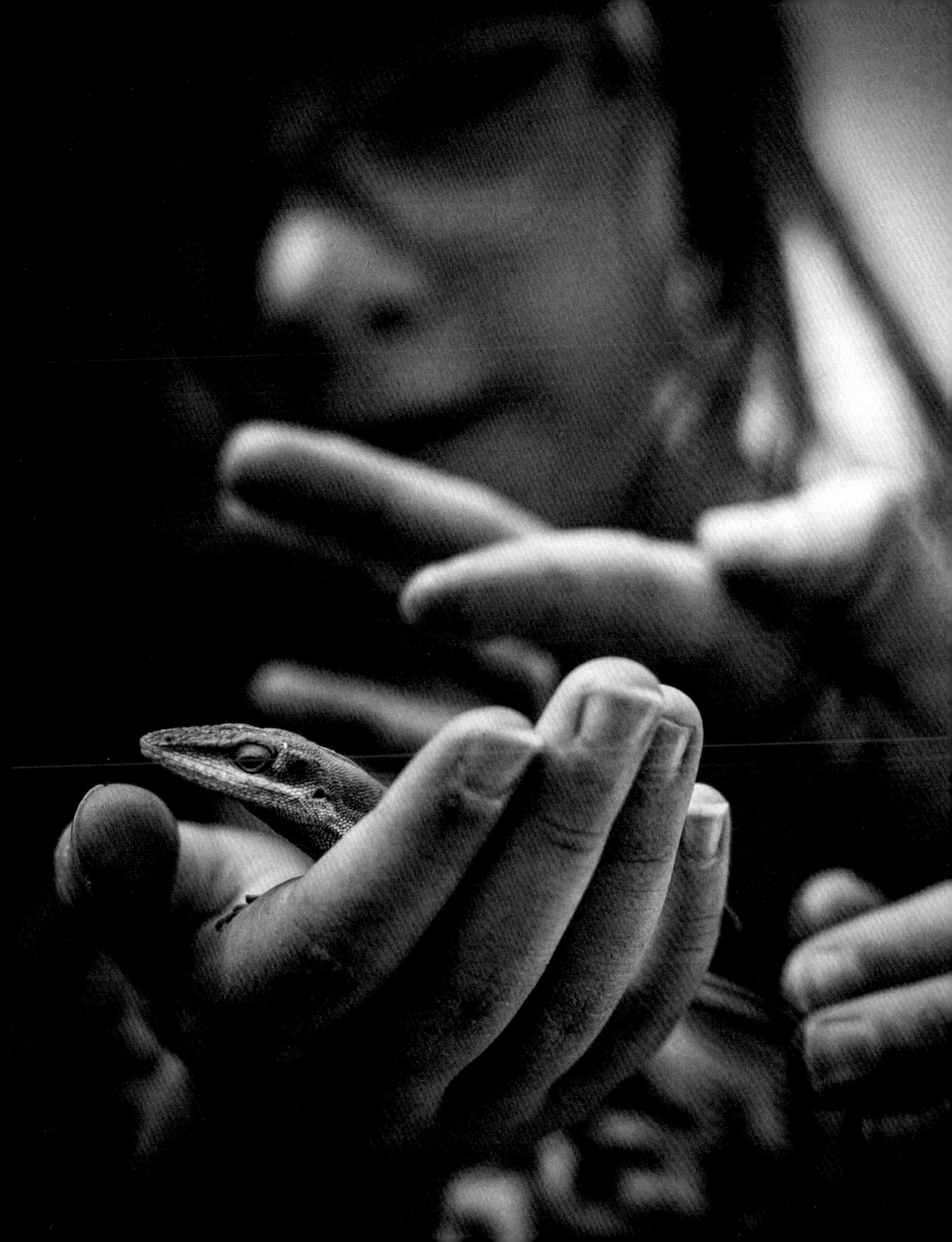

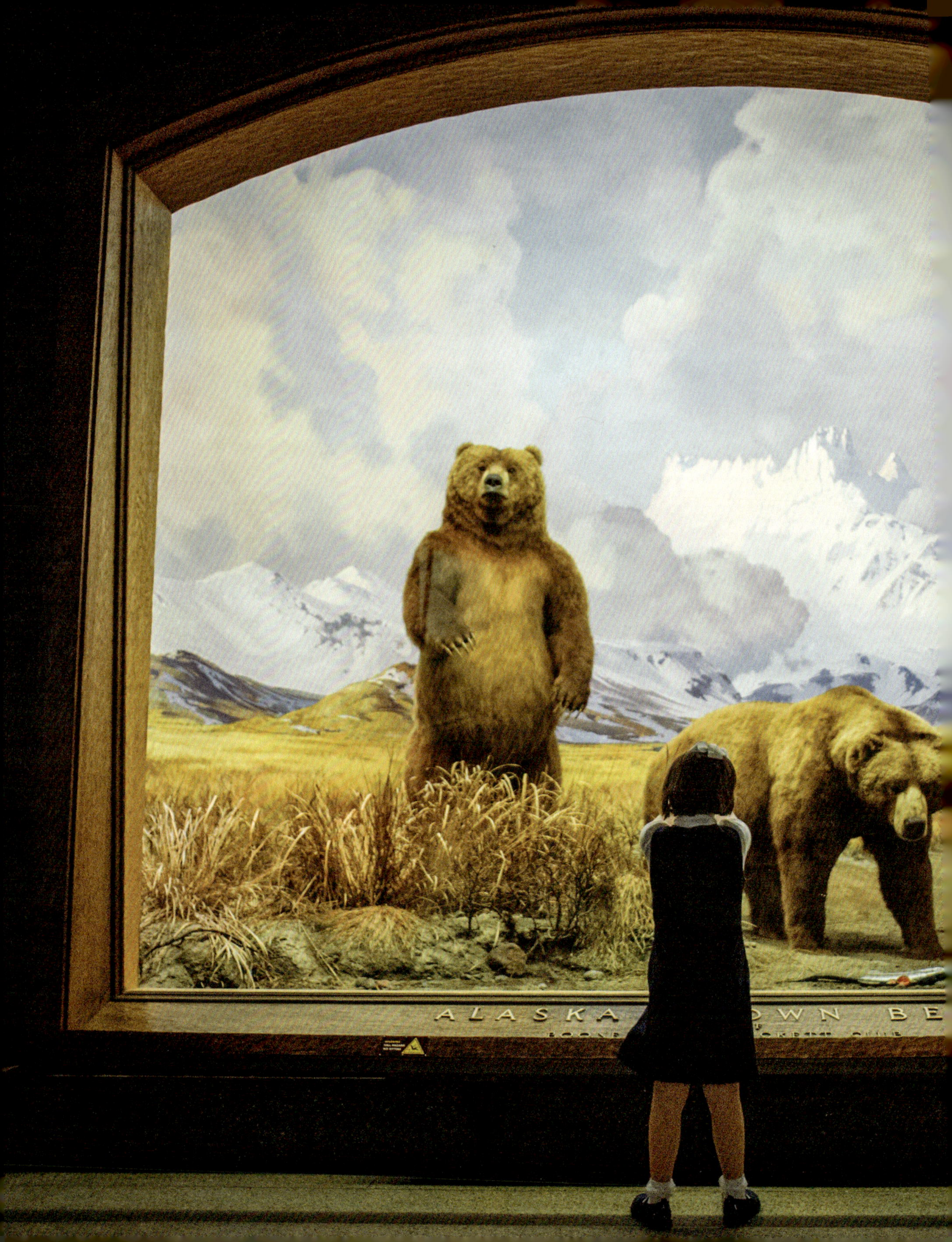
ALASKA

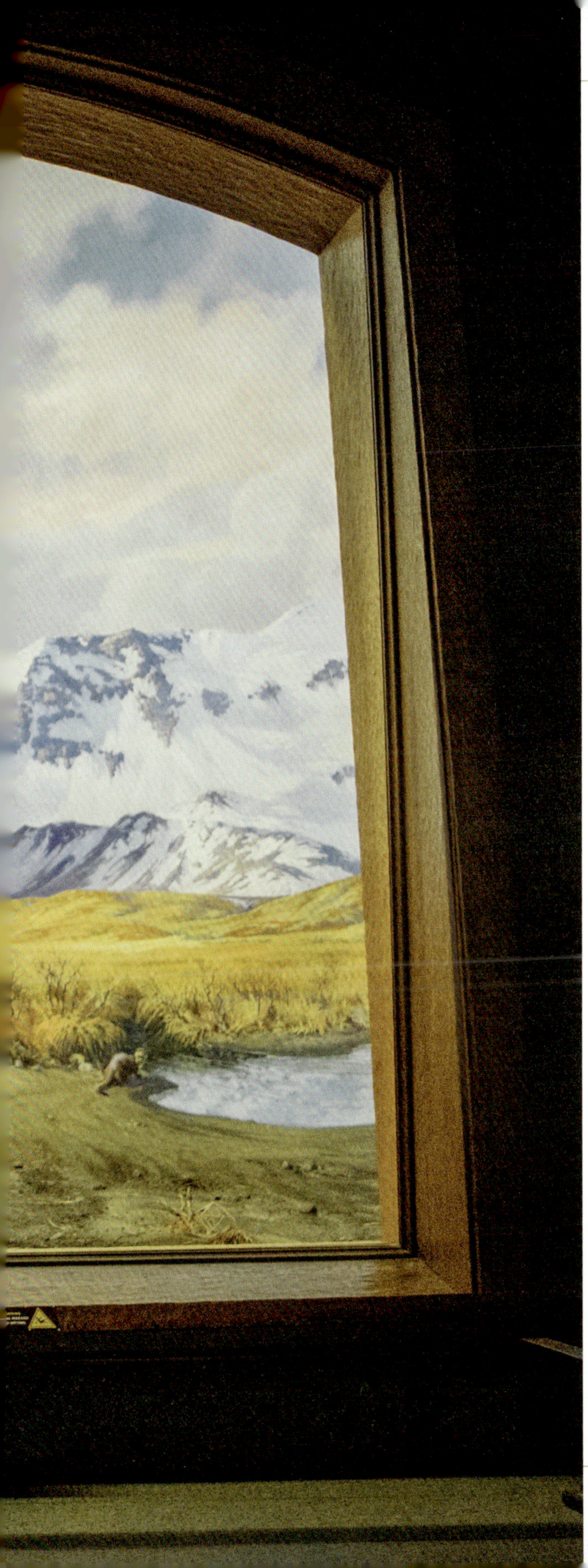

Ich gehe unheimlich gern ins Museum, weil ich dann das Gefühl habe, echten, lebendigen Bären ganz nah zu sein.

JANE F., 6 JAHRE

„Stark sein heißt, meinen Traum mit hundertprozentiger Entschlossenheit zu verfolgen und mich zum Ziel zu kämpfen, ohne davon abzuweichen oder aufzugeben.“

GABBY DOUGLAS

(US-TURNERIN UND ZWEIFACHE GOLDMEDAILLENGEWINNERIN)

ENTSCHLOSSEN IST STARK

Ich sage meinen Töchtern immer: „Das Einzige, was ihr kontrollieren könnt, ist, wie sehr ihr euch anstrengt." Aber Entschlossenheit ist nicht starr, sondern dynamisch – wie jede Art von Stärke. Wenn jemand eine Wand nicht einreißen kann, indem er auf sie einschlägt, dann sollte er einen Weg um sie herum suchen, über sie hinweg oder unter ihr hindurch. Wichtig ist, einen Weg zu suchen!

Entschlossenheit wird von Neugier und schierer Willenskraft angetrieben, das lässt sich auch an den Gesichtern der Mädchen auf den nächsten Seiten ablesen. Egal, was geschehen ist, egal, wie oft sie ein Nein gehört haben, egal, wie oft sie an etwas gescheitert sind, sie haben sich weiter voll reingehängt. Denn das ist der einzige Teil der Gleichung, den sie selbst in der Hand haben. Sie bleiben flexibel, sie tauschen sich aus, sie lassen nicht locker, sind konzentriert und wissen, dass irgendwann etwas Positives geschehen wird. Sie werden Ziellinien überschreiten, nächste Levels erreichen und weitere Kapitel lesen. Talent, Timing und Können sind wichtig, doch ich setze auf entschlossene Mädchen. Sie werden gewinnen.

Ich gebe alles, immer, selbst wenn niemand zusieht. Meine Mama sagt, genau das macht Wahrhaftigkeit aus.

PARKER, 10 JAHRE

Ich hätte nicht gedacht, dass ich einen 5-Kilometer-Lauf durchstehen würde. Aber zusammen mit meinen Freundinnen habe ich das Gefühl, alles schaffen zu können.

RASHELLE, 9 JAHRE

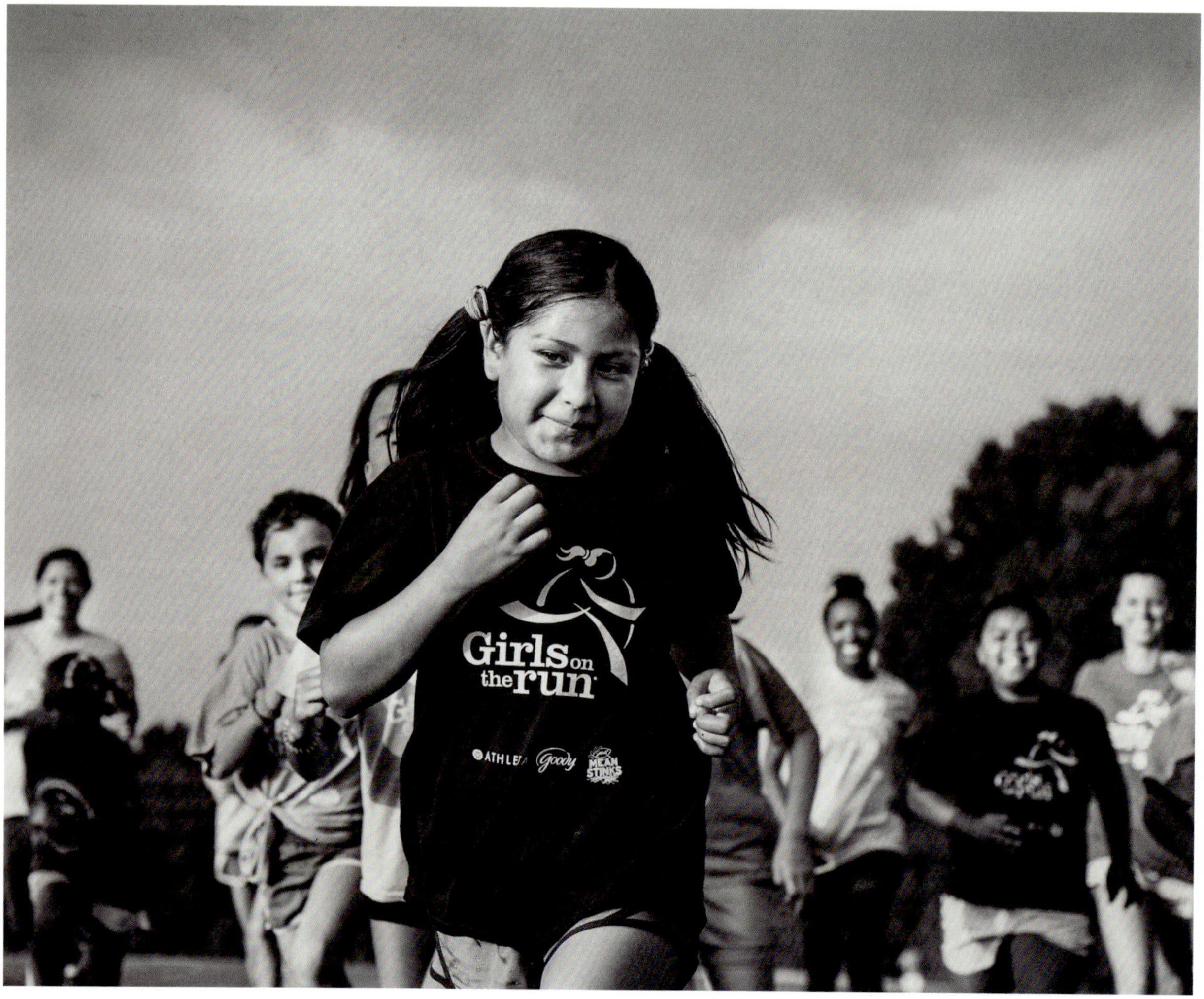

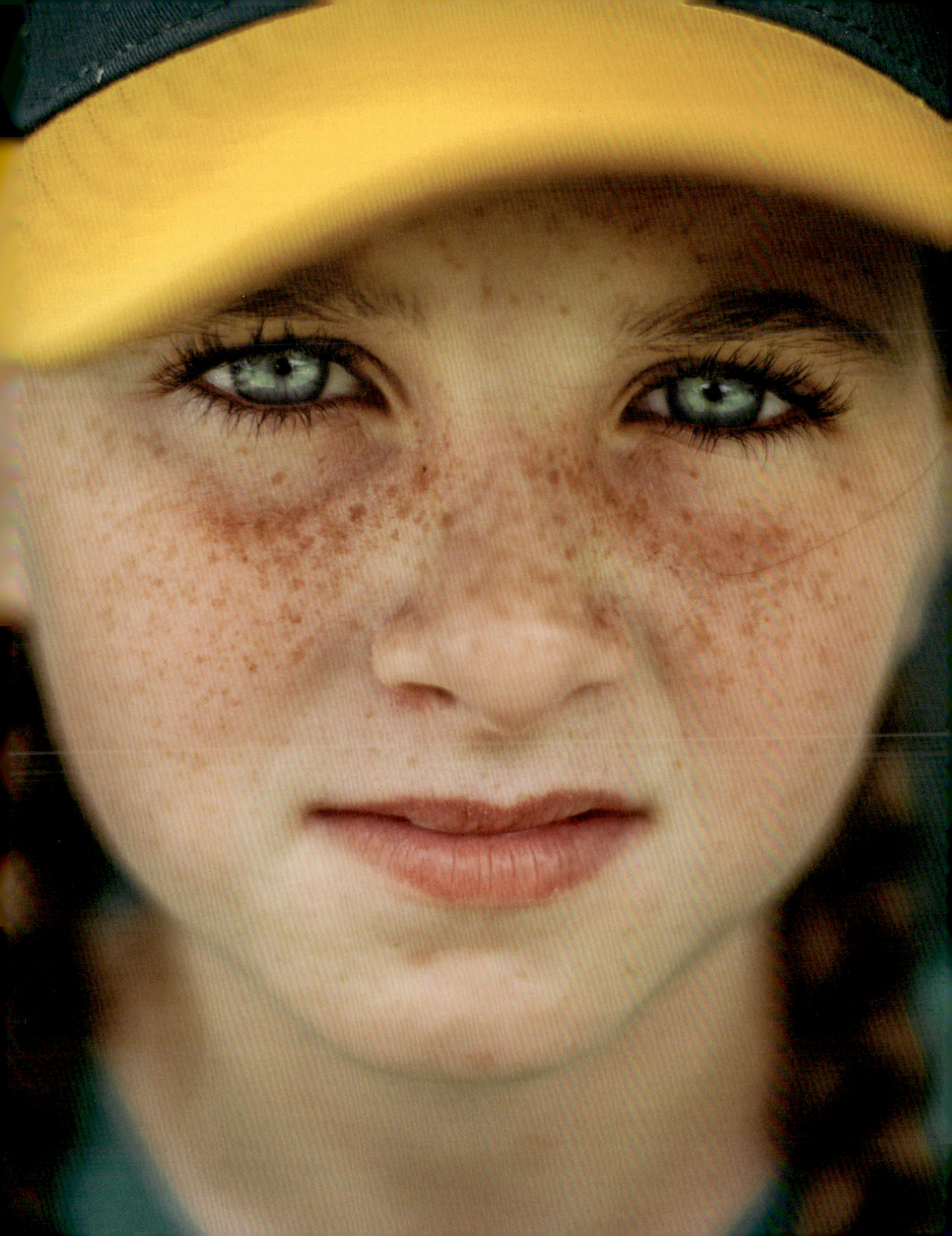

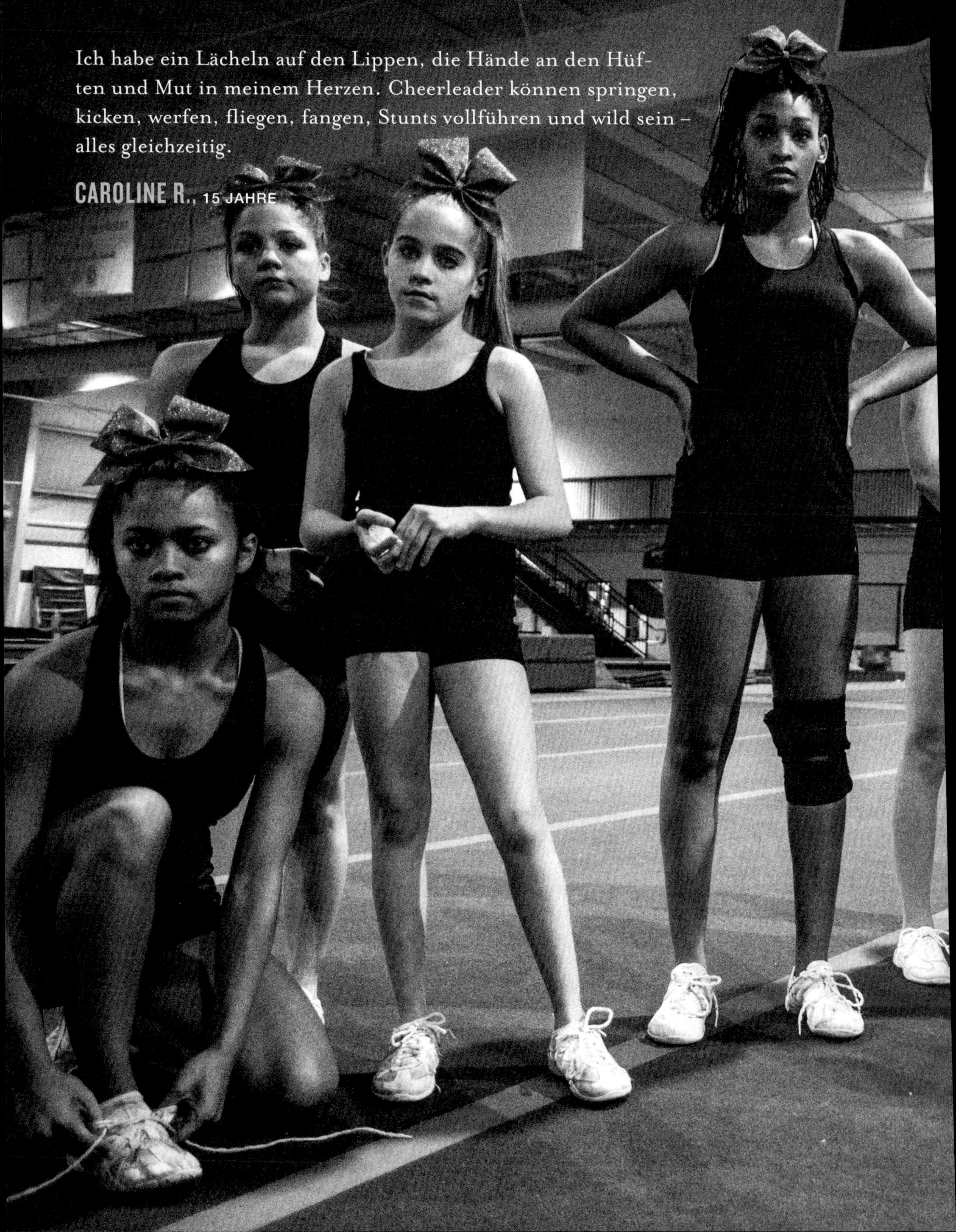

Ich habe ein Lächeln auf den Lippen, die Hände an den Hüften und Mut in meinem Herzen. Cheerleader können springen, kicken, werfen, fliegen, fangen, Stunts vollführen und wild sein – alles gleichzeitig.

CAROLINE R., 15 JAHRE

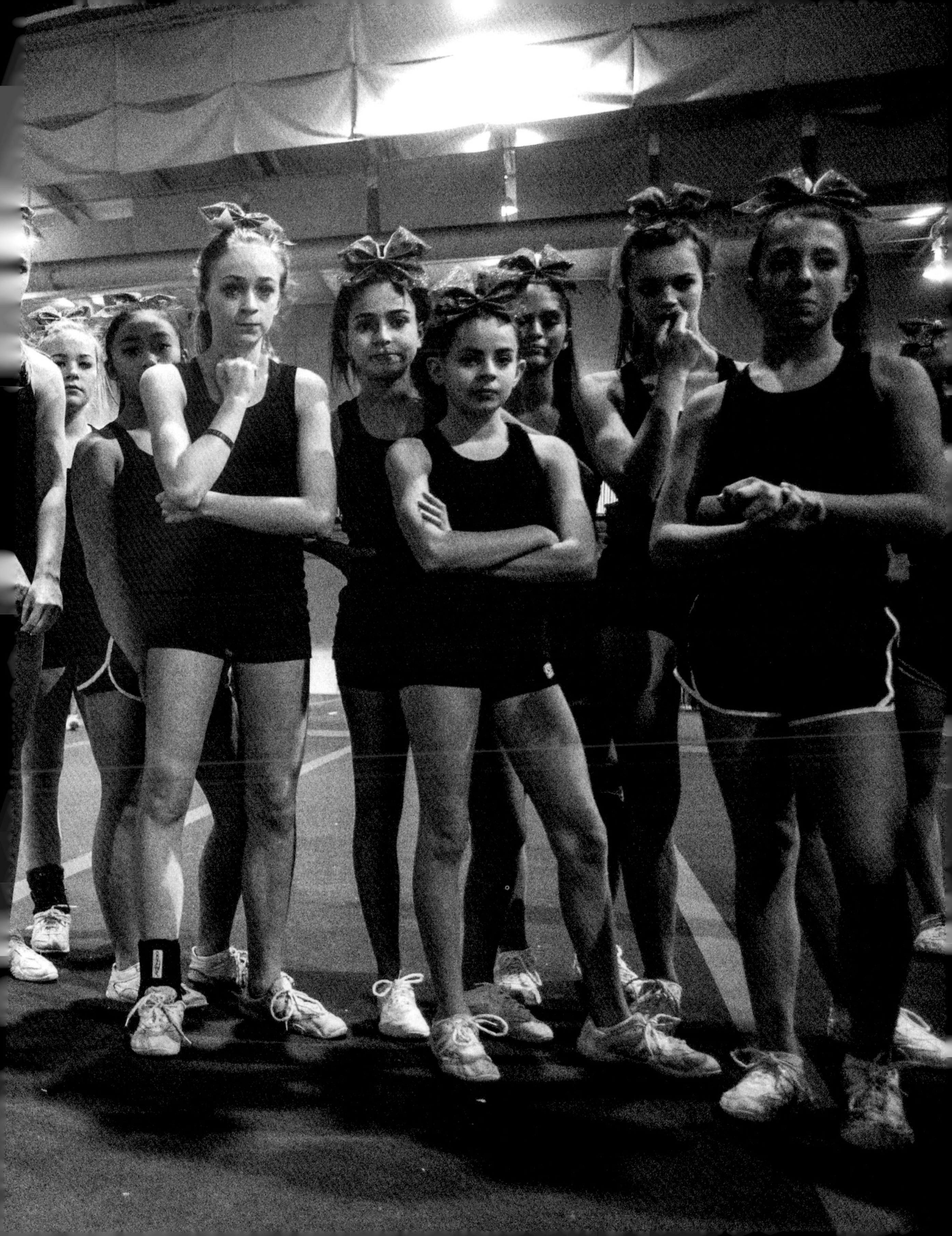

Das Beste daran, bei einem
Roller Derby mitzumachen:
Man findet seine innere
Kraft.

ISABEL, 8 JAHRE

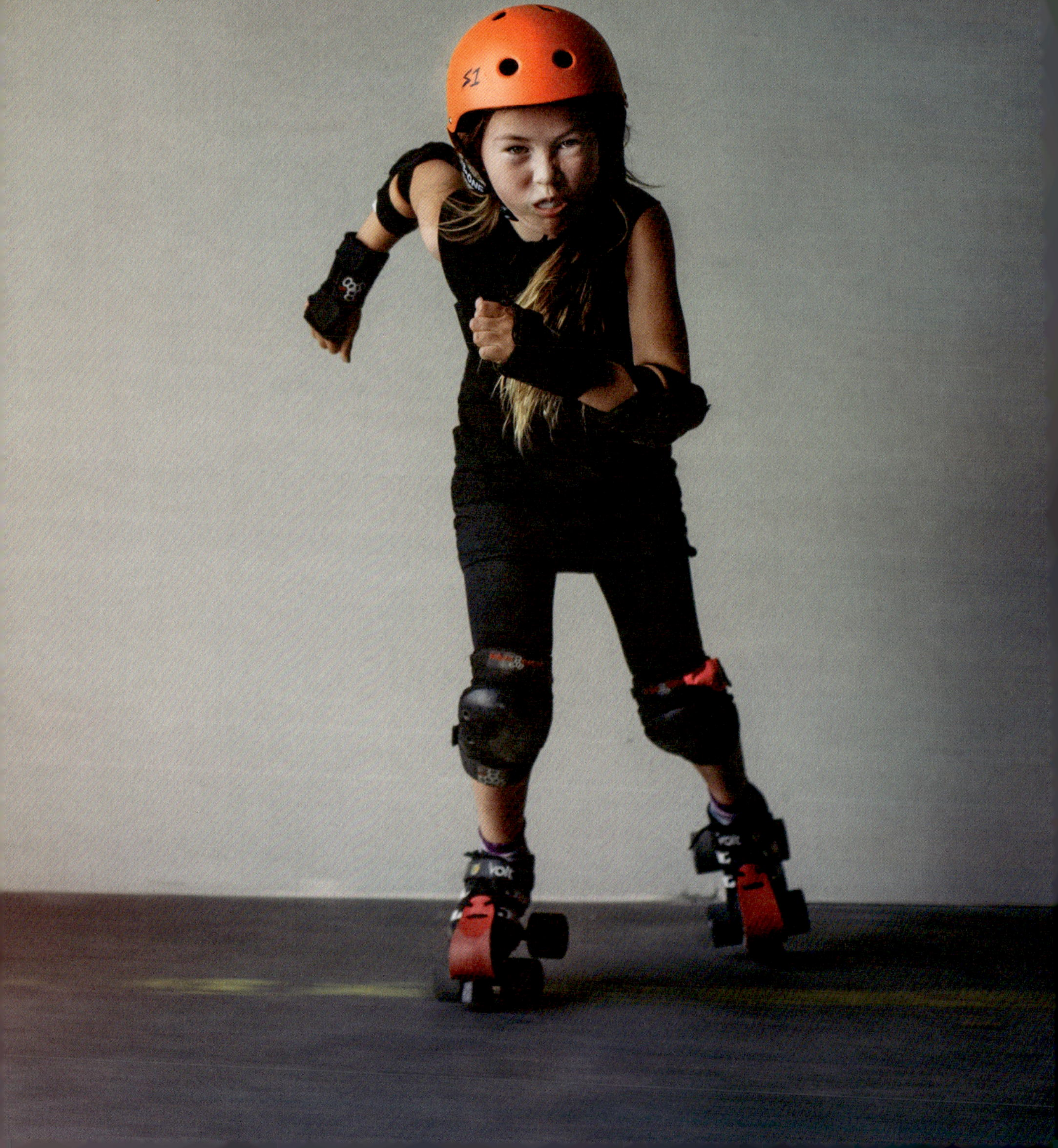

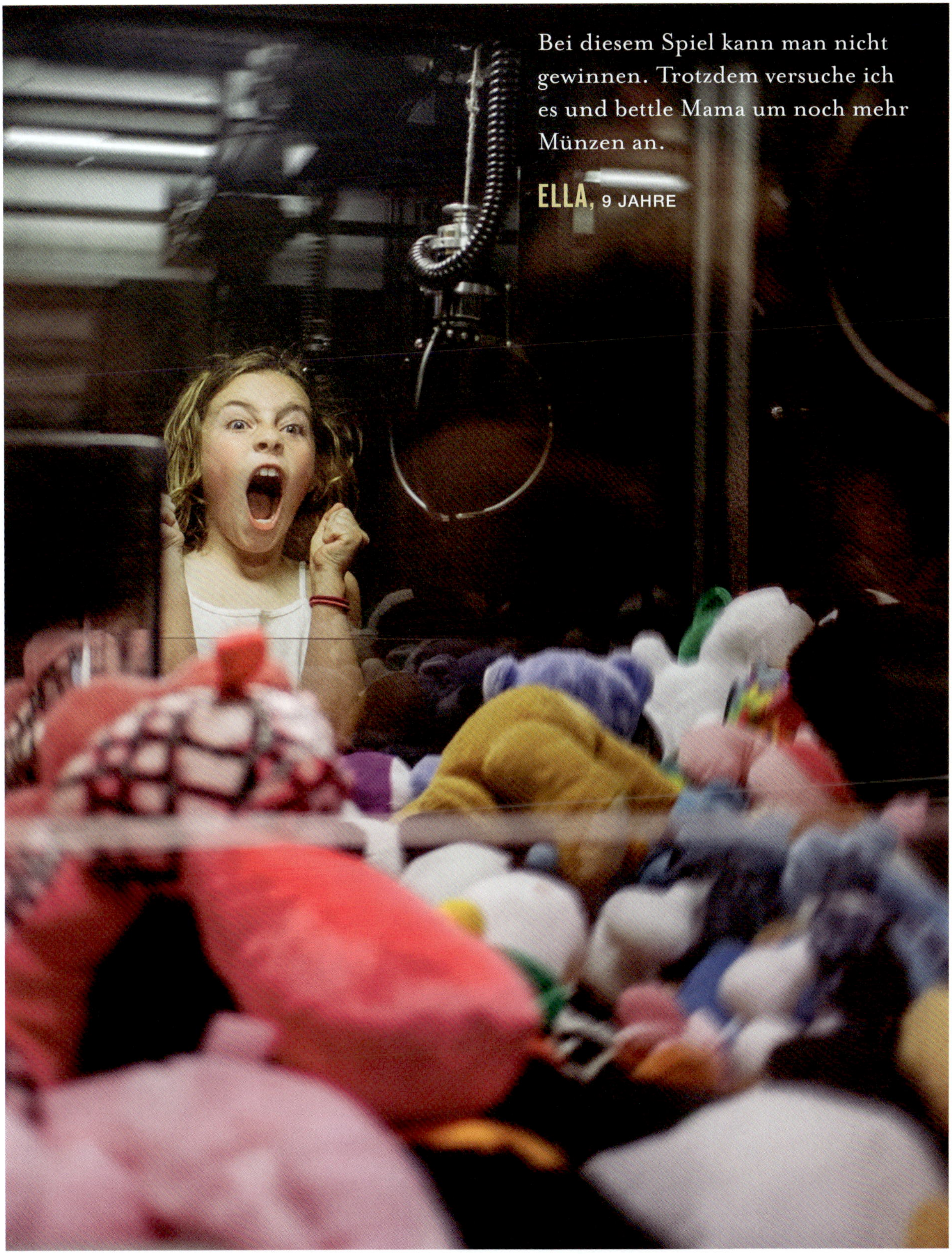

Bei diesem Spiel kann man nicht gewinnen. Trotzdem versuche ich es und bettle Mama um noch mehr Münzen an.

ELLA, 9 JAHRE

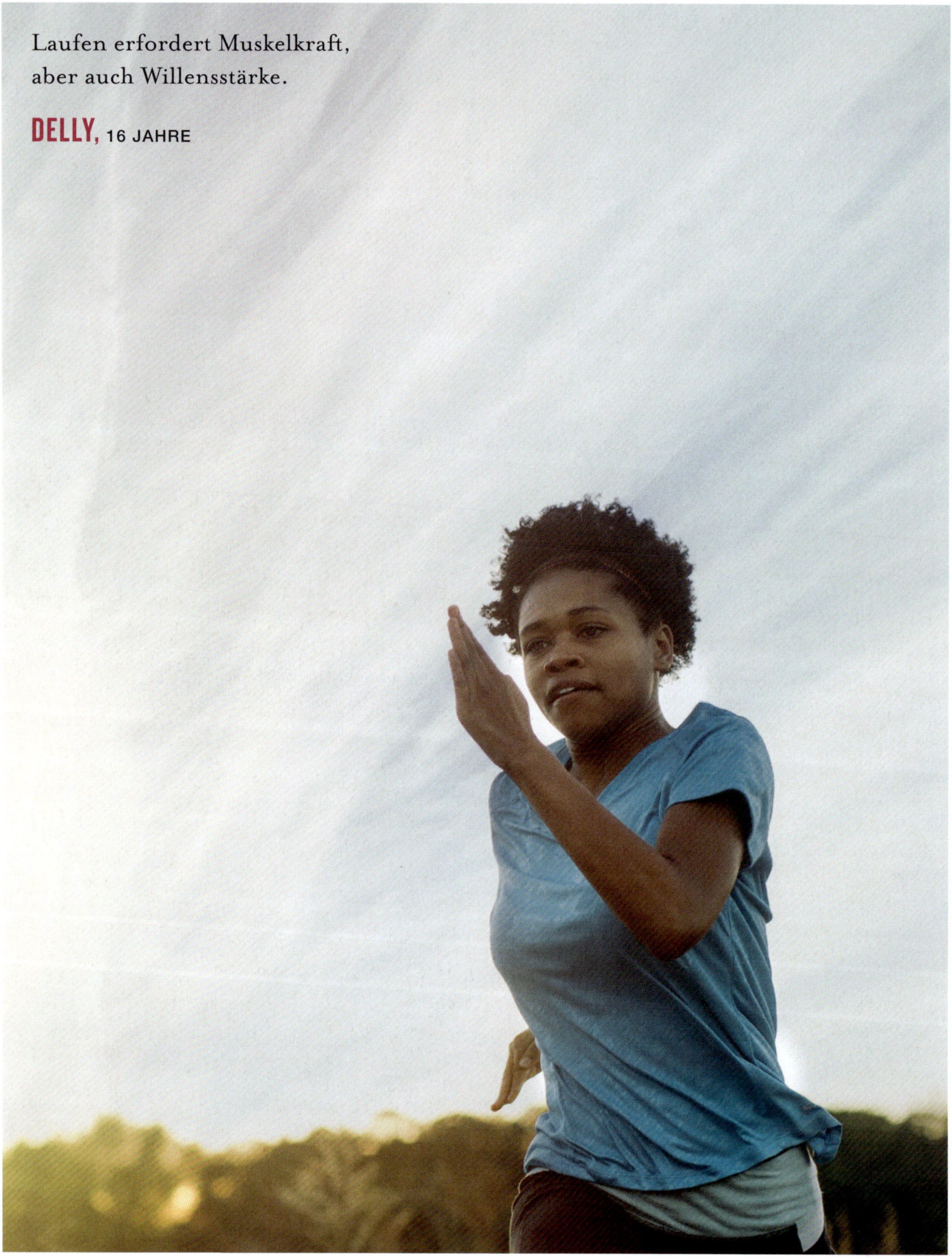
Laufen erfordert Muskelkraft,
aber auch Willensstärke.
DELLY, 16 JAHRE

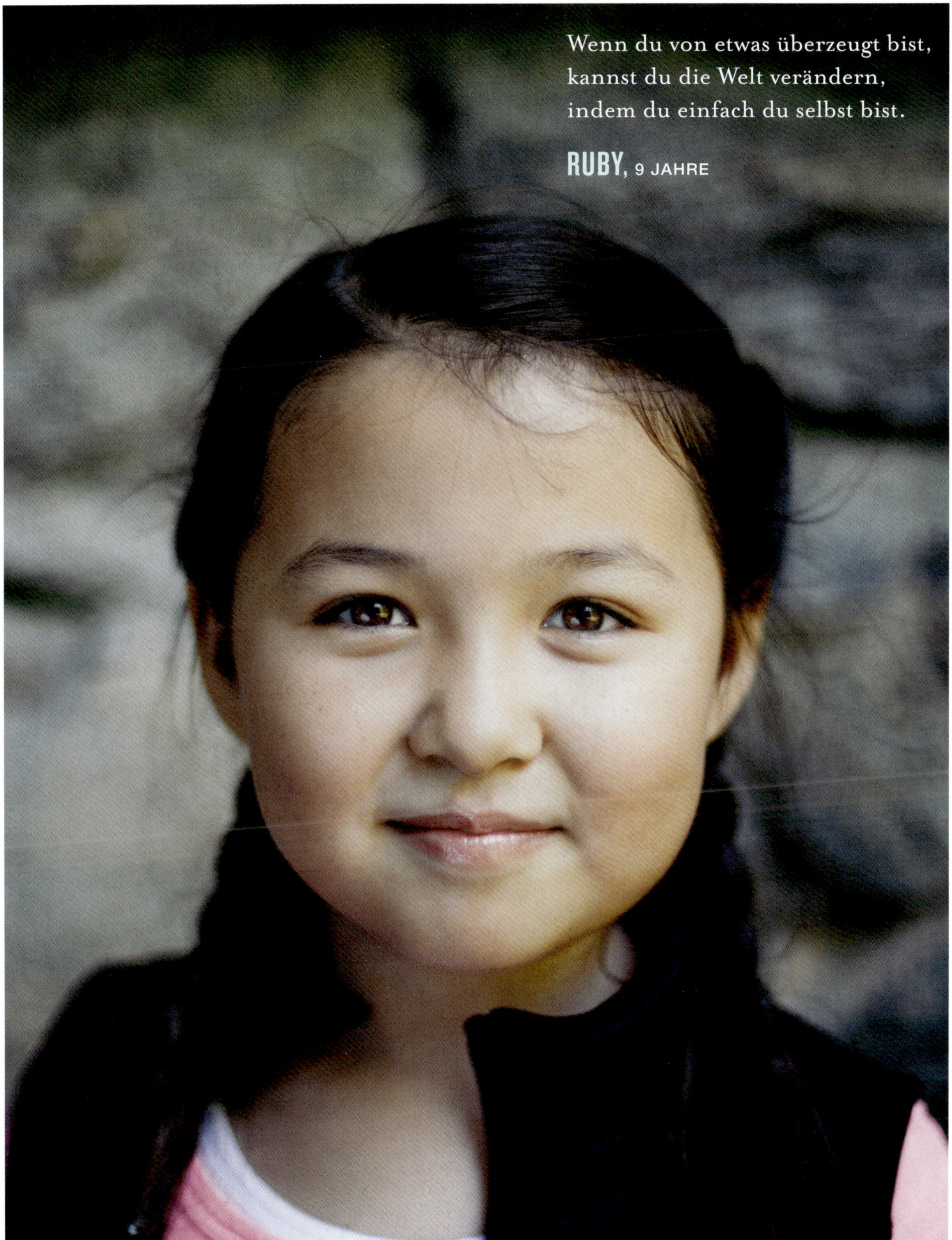

Wenn du von etwas überzeugt bist,
kannst du die Welt verändern,
indem du einfach du selbst bist.

RUBY, 9 JAHRE

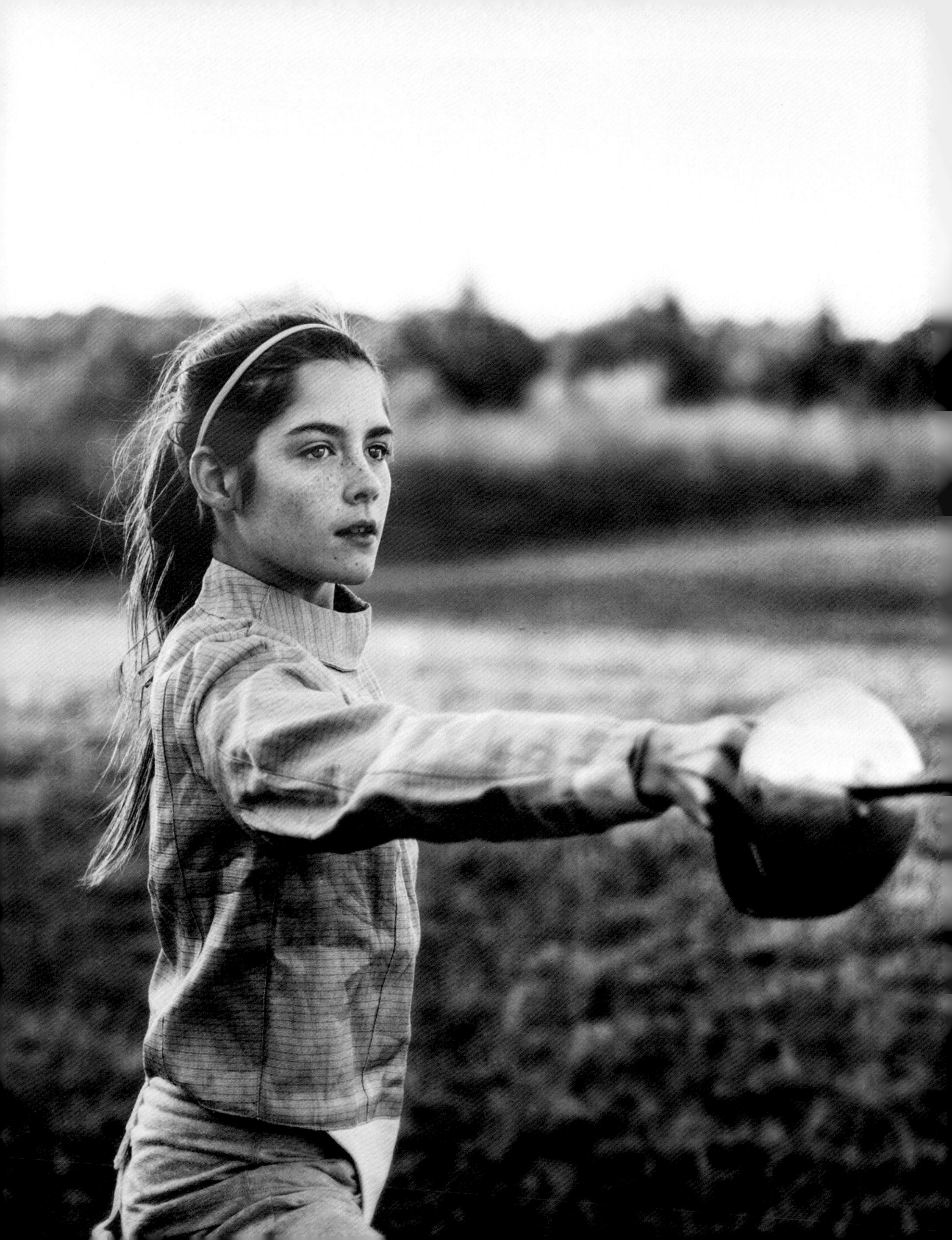

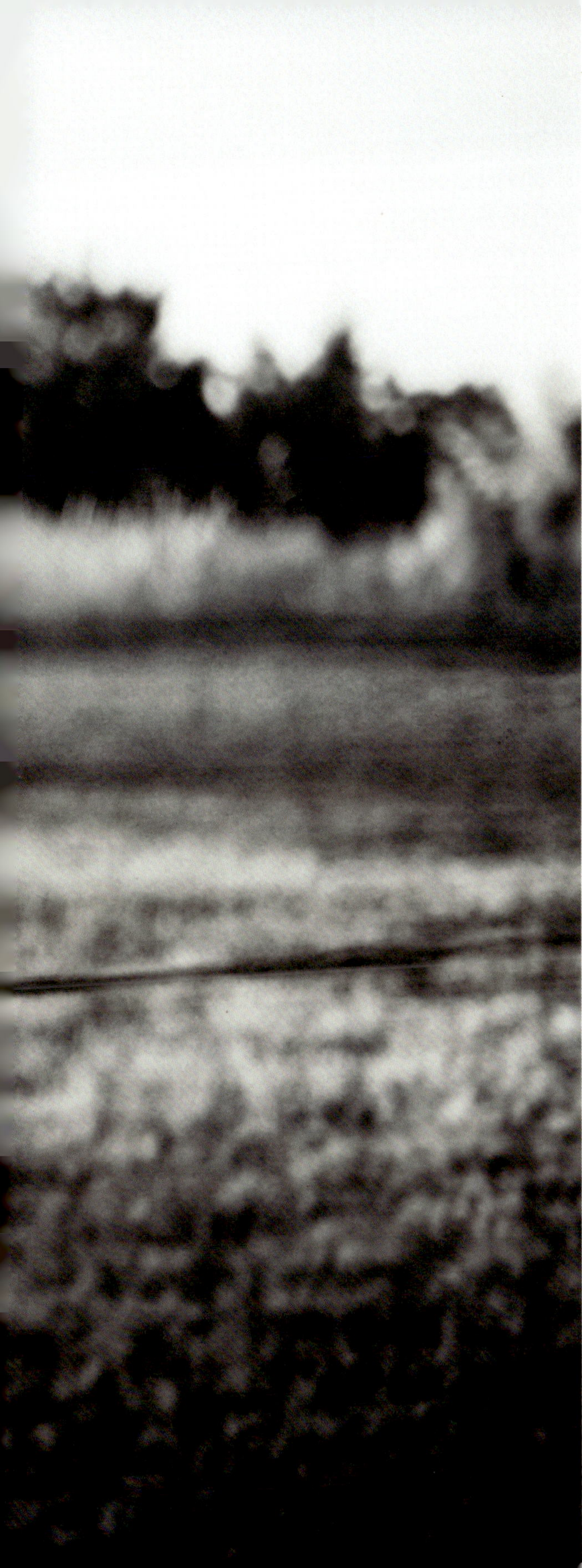

Mentale Stärke ist zehnmal schwieriger zu trainieren als Muskelkraft. Geistiges Durchhaltevermögen hängt nicht von deinen Muskeln oder dem Training ab. Es kommt aus dem Herzen … und aus dem Verstand. Das Herz lässt sich viel schwerer beeinflussen als jeder andere Muskel.

CATHERINE, 12 JAHRE

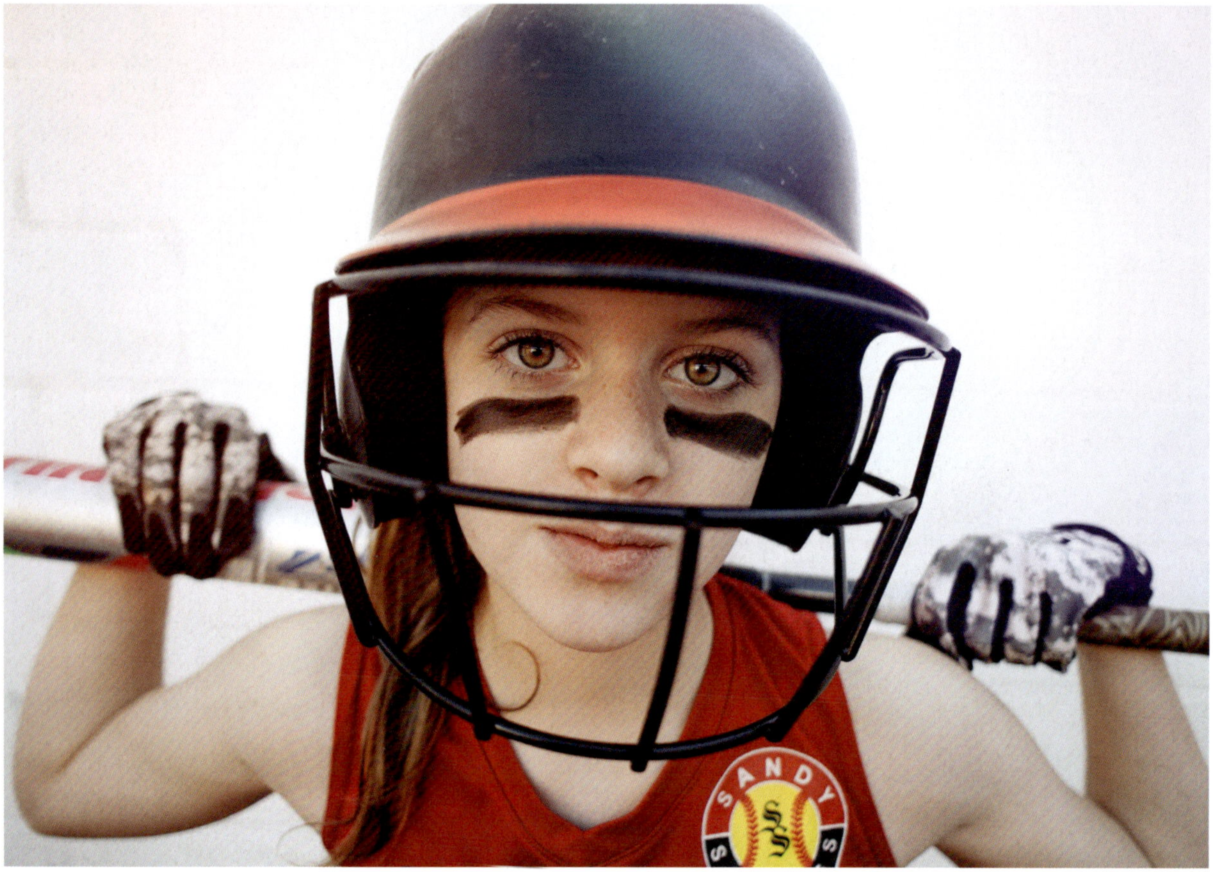

Beim Schlagen musst du dich auf den Ball konzentrieren, alles andere ausblenden – Zuschauer, Trainer – und dich fokussieren, fokussieren, fokussieren.

WHITNEY, 10 JAHRE

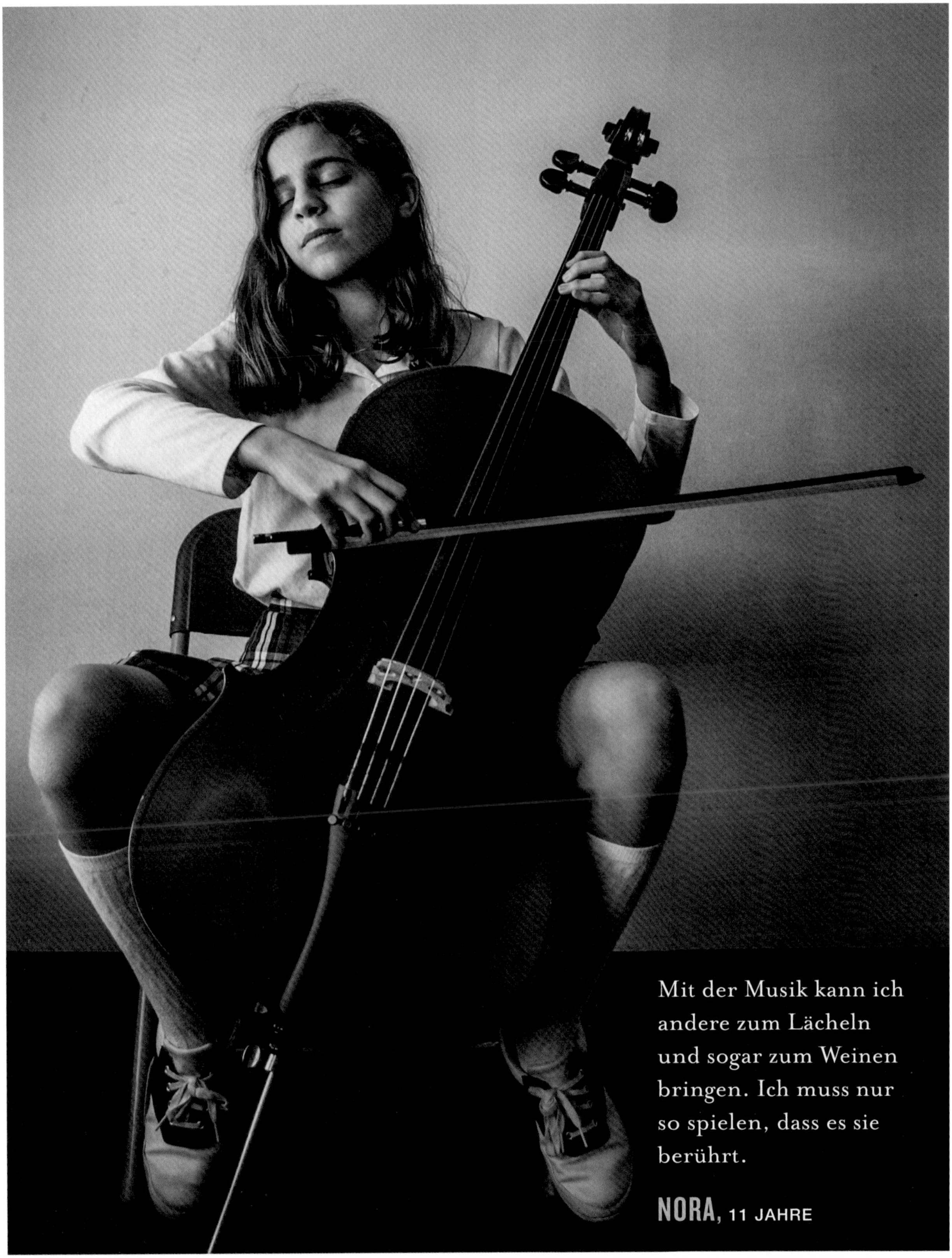

Mit der Musik kann ich andere zum Lächeln und sogar zum Weinen bringen. Ich muss nur so spielen, dass es sie berührt.

NORA, 11 JAHRE

Ich kann viele Dinge, die andere mir nicht zutrauen.

DILLAN, 6 JAHRE

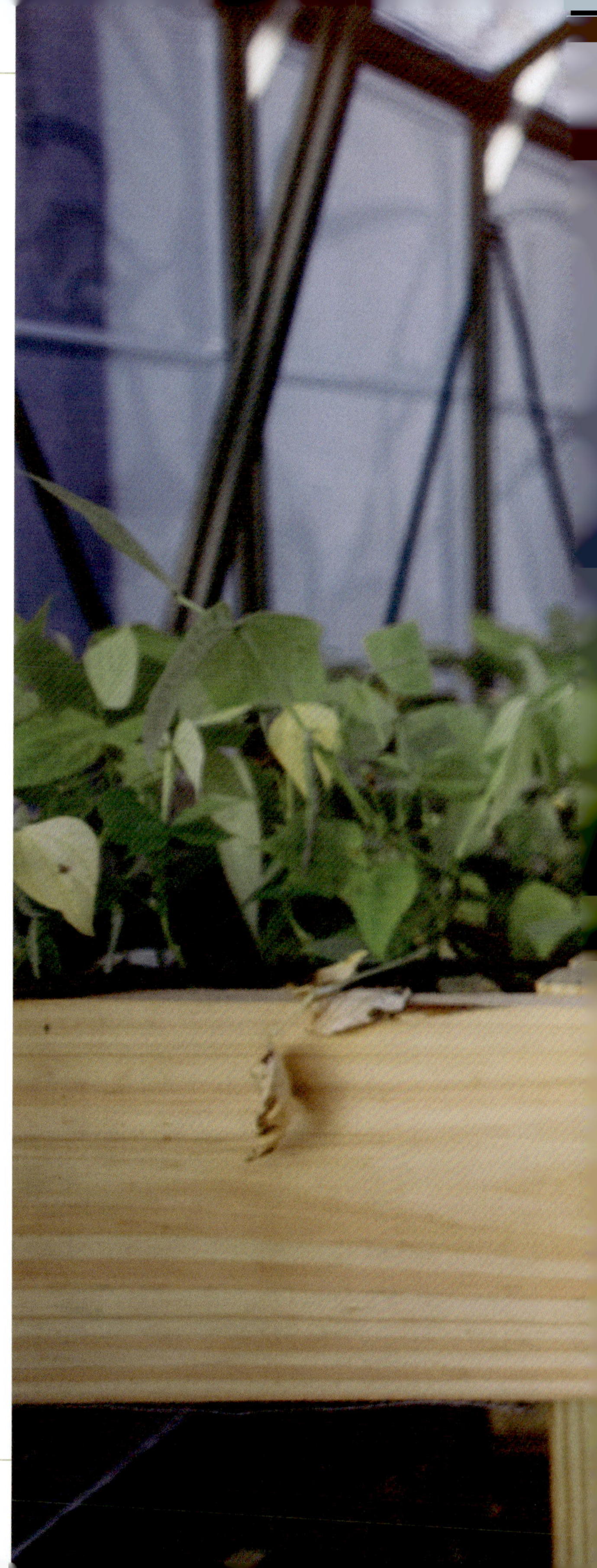

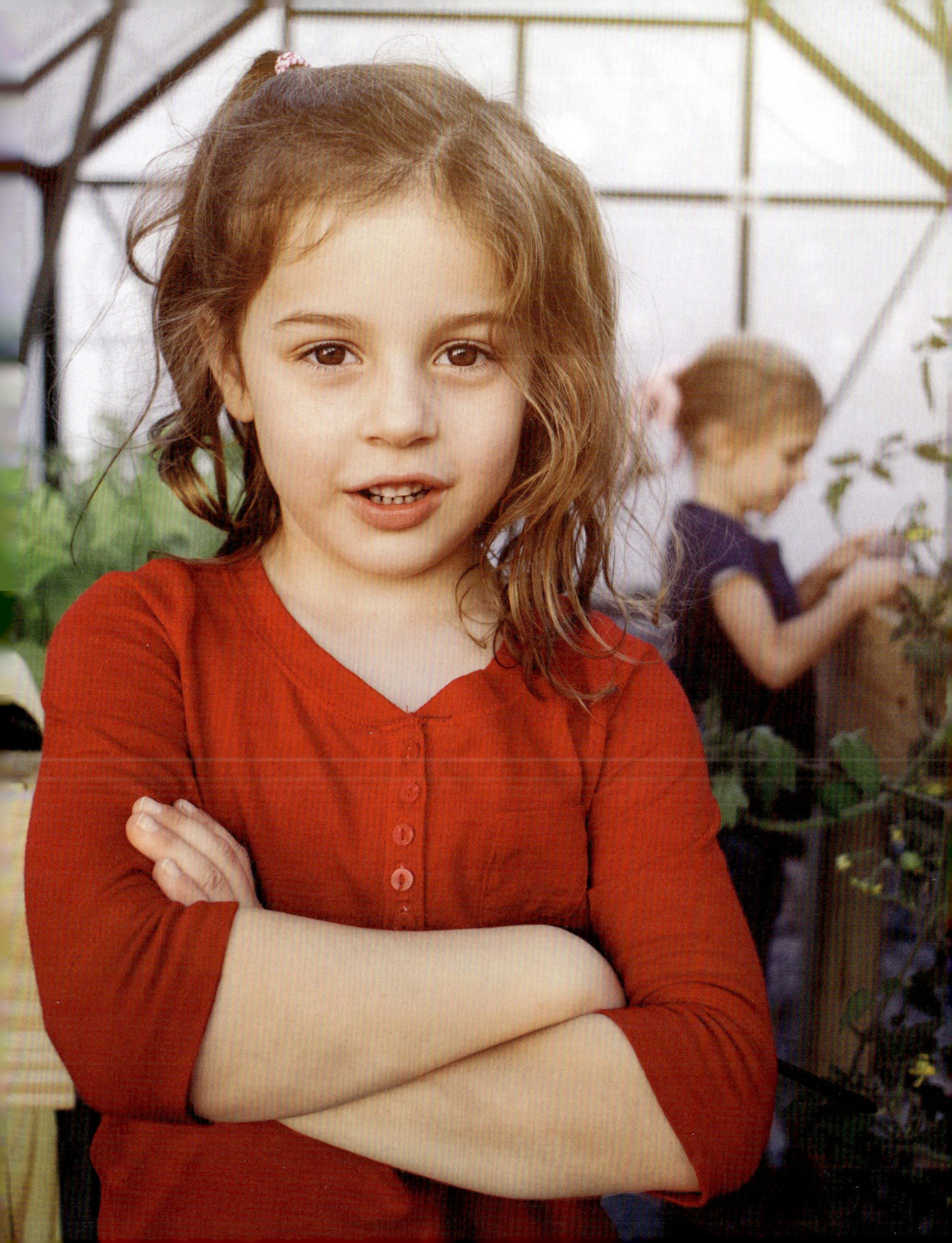

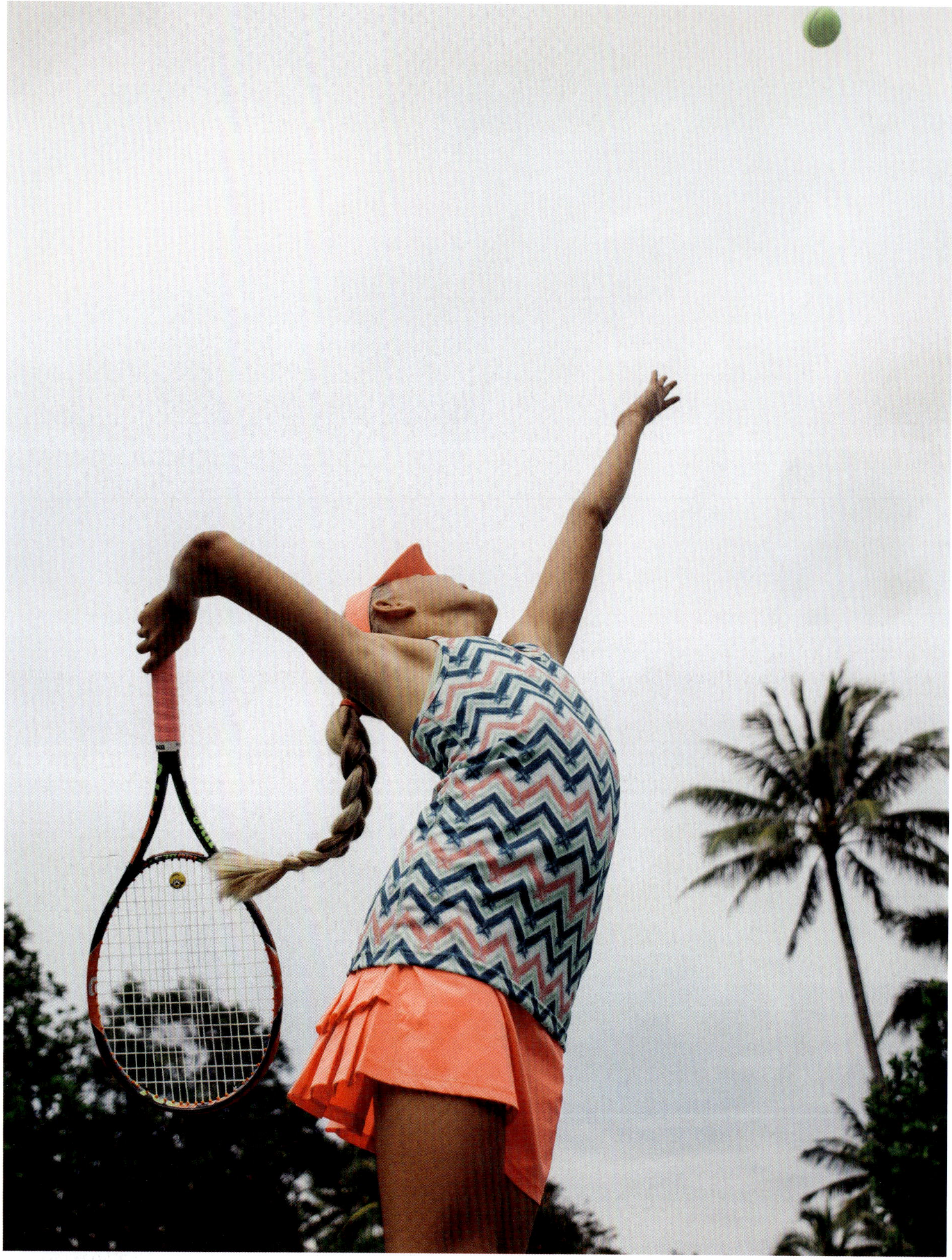

Ein echter Sportler behält immer eine positive Ausstrahlung: Wenn du den Platz verlässt, sollte dir niemand ansehen, ob du gewonnen oder verloren hast.

HARLEY, 10 JAHRE

Manche Menschen halten Rudern für langweilig, aber jeder Tag ist anders. Ich finde es toll, dass die Natur so viel Kraft kosten und zugleich so viel Glück bringen kann.

LAURA, 15 JAHRE

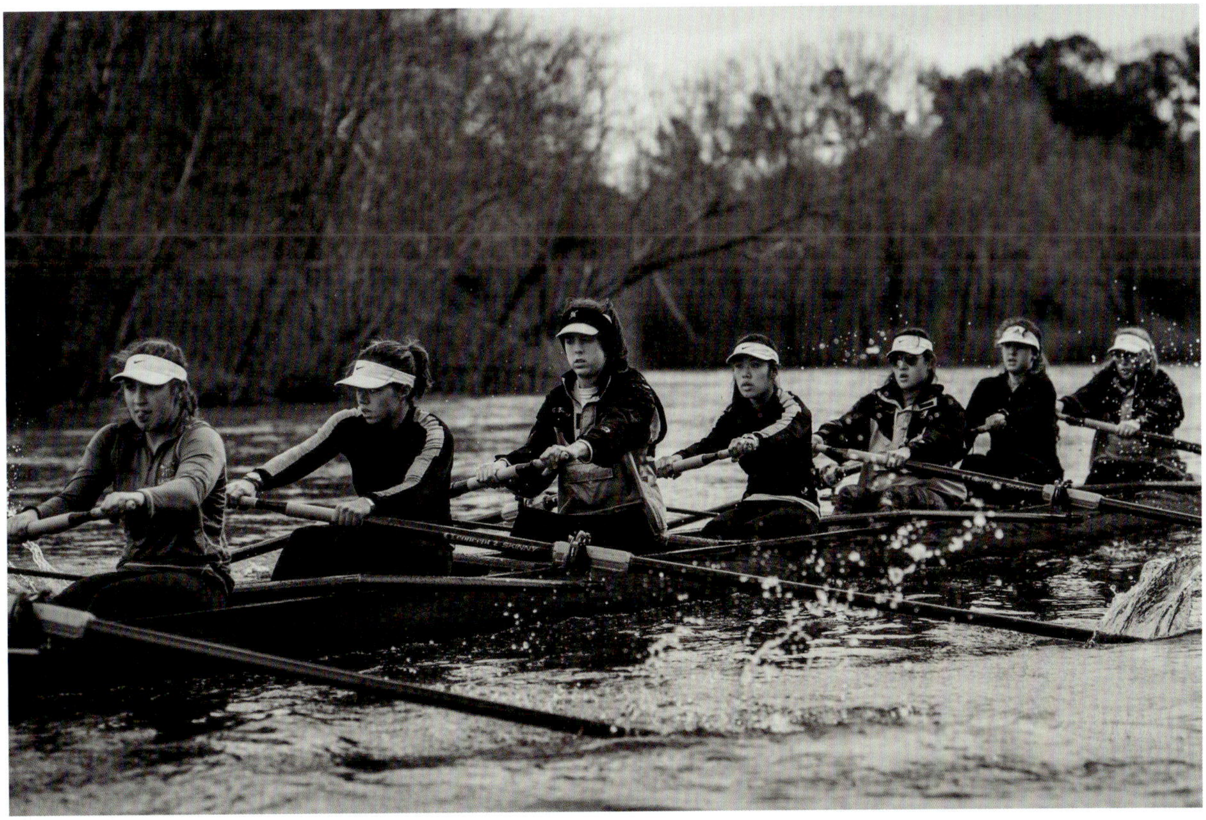

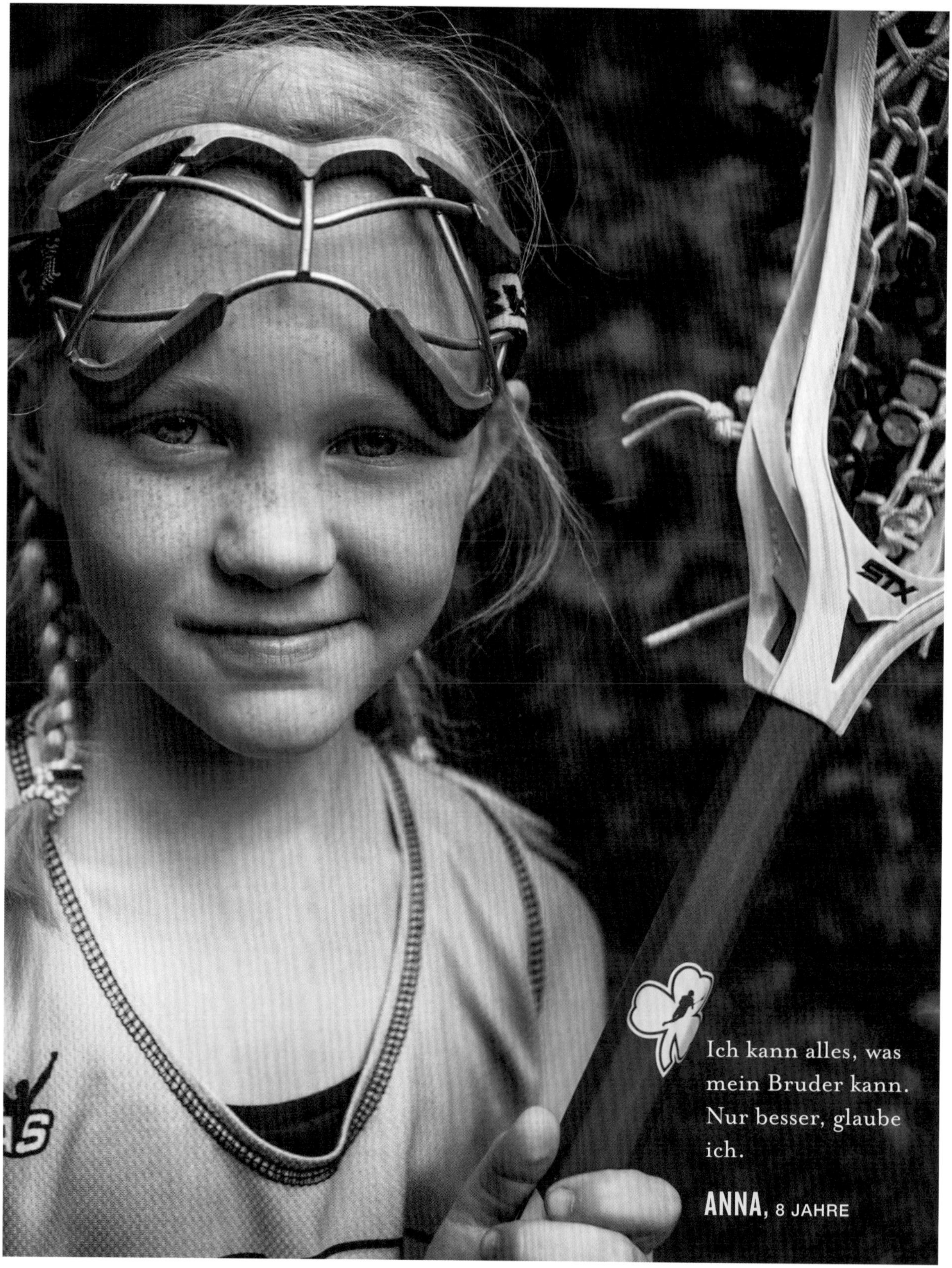

Ich kann alles, was mein Bruder kann. Nur besser, glaube ich.

ANNA, 8 JAHRE

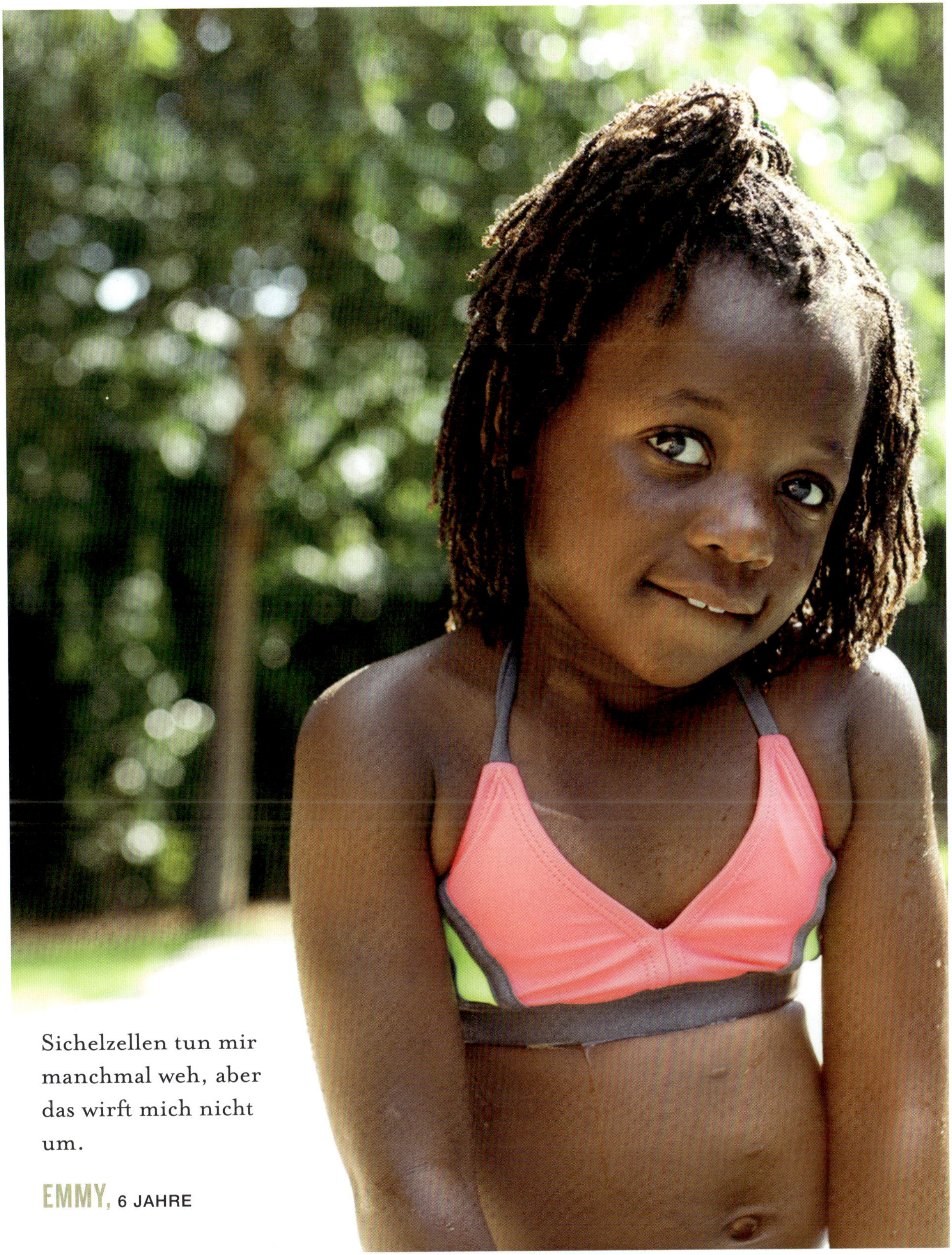

Sichelzellen tun mir manchmal weh, aber das wirft mich nicht um.

EMMY, 6 JAHRE

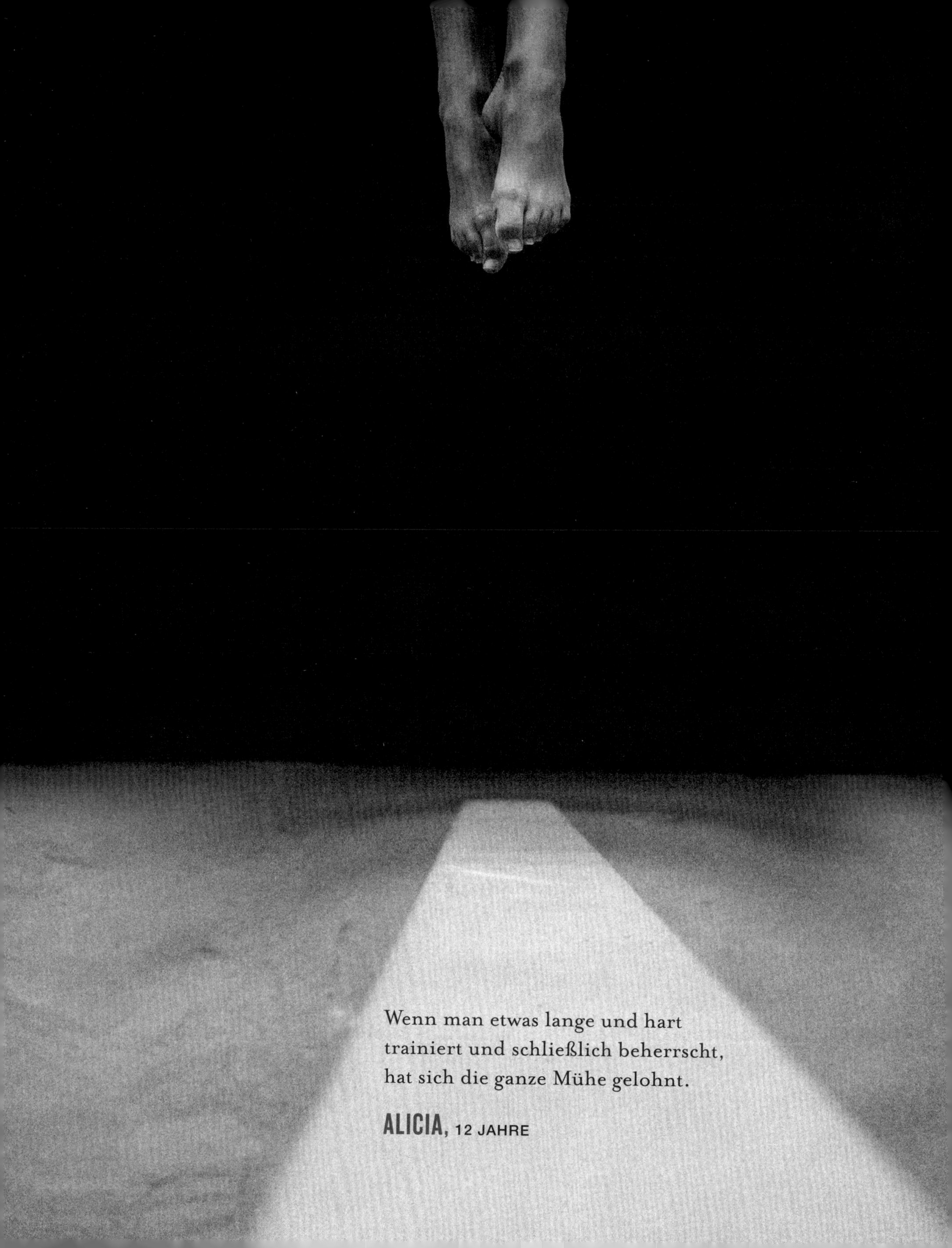

Wenn man etwas lange und hart trainiert und schließlich beherrscht, hat sich die ganze Mühe gelohnt.

ALICIA, 12 JAHRE

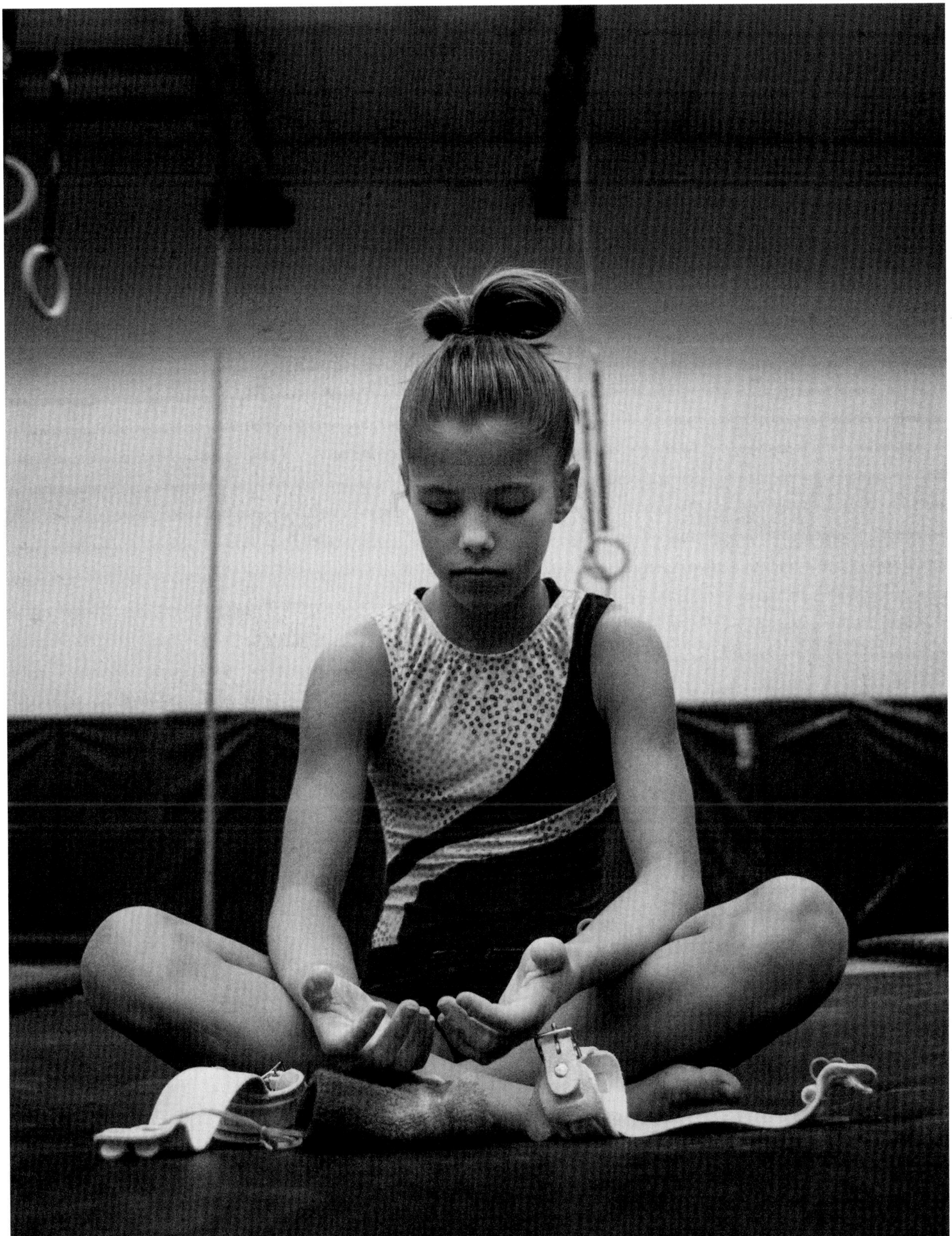

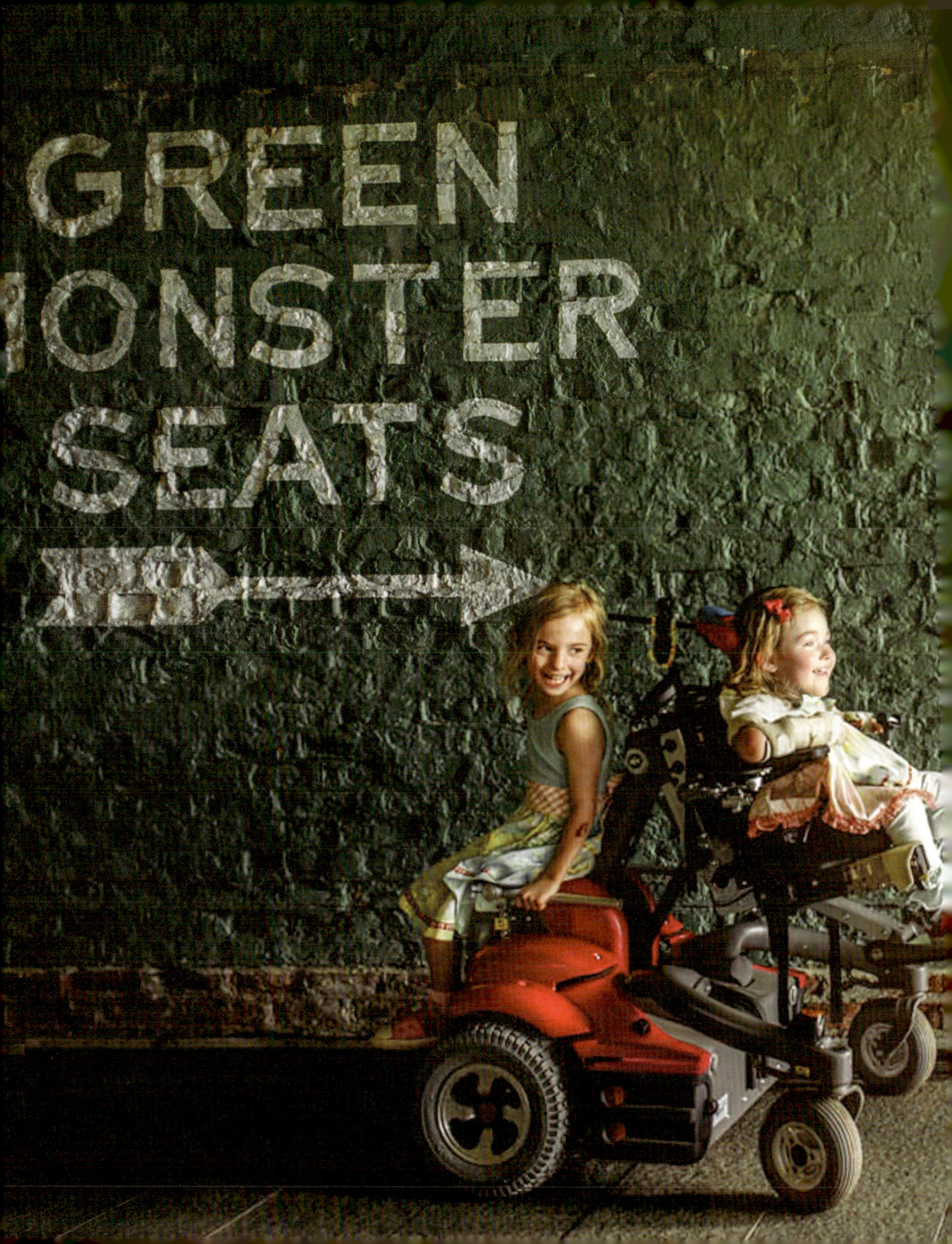
GREEN
ONSTER
SEATS

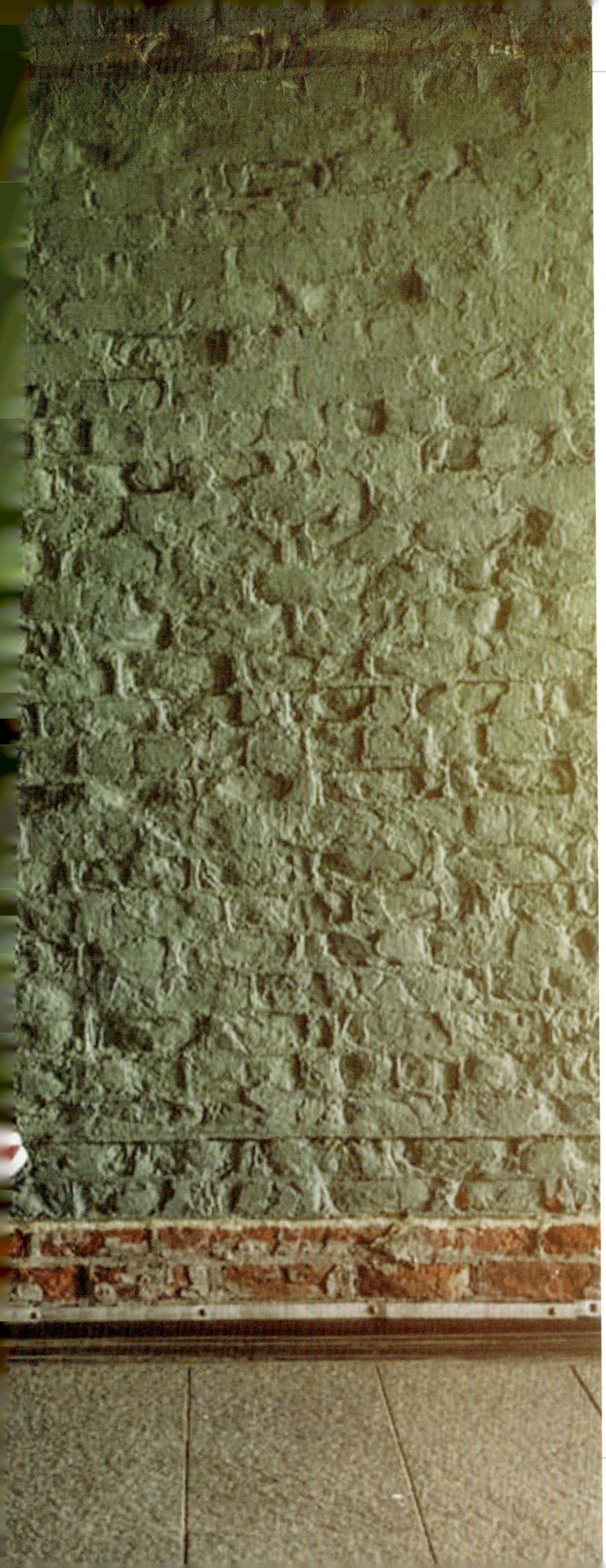

Alle sagen, meine Schwester Harper ist der einzige gute Fahrer in ganz Boston.

OLIVIA O., 6 JAHRE

Viele Mädchen träumen seit ihrer Kindheit von einem Helden, der sie rettet. Ich habe immer davon geträumt, selbst eine Heldin zu werden.

LESLEY, 18 JAHRE

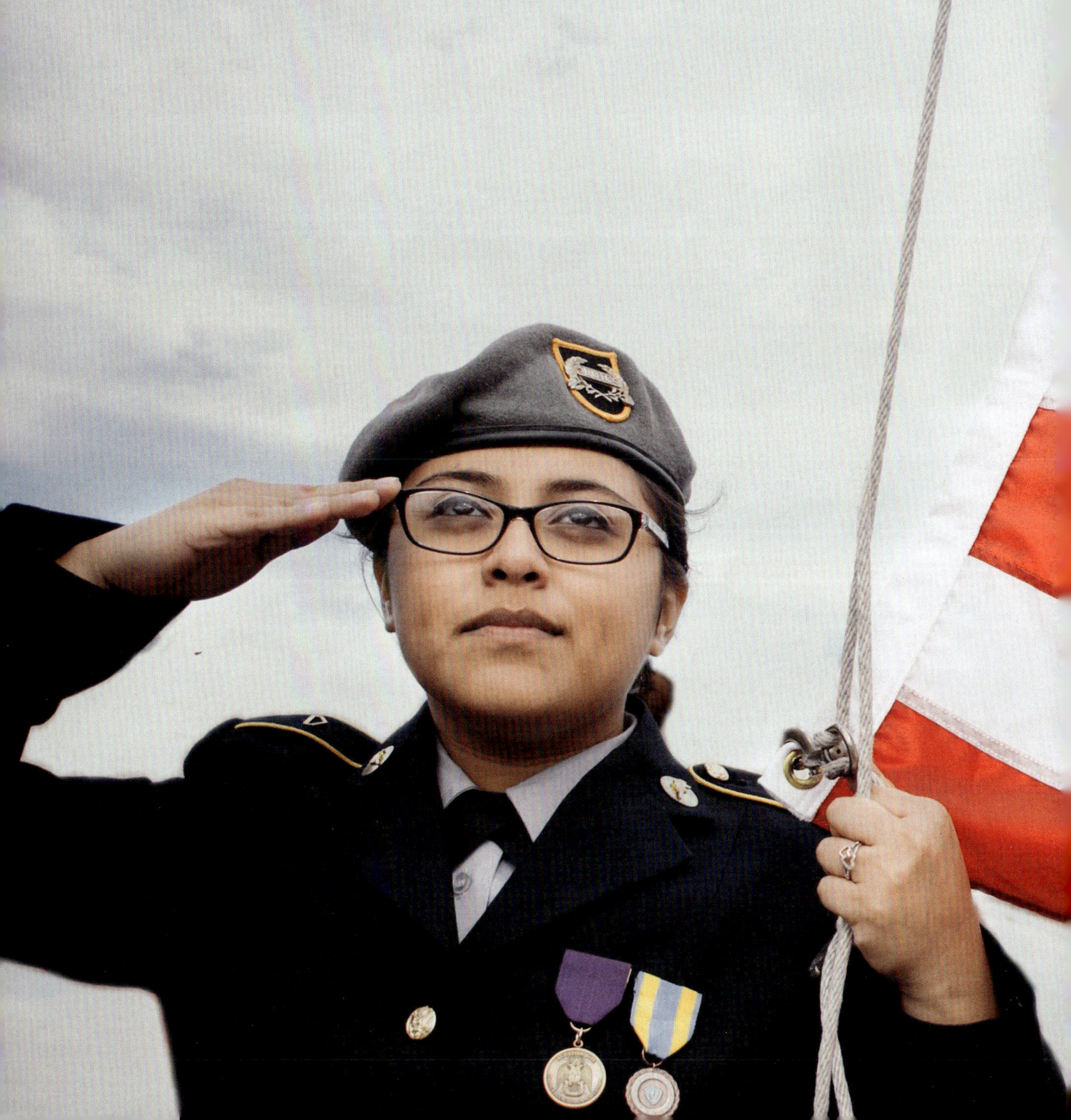

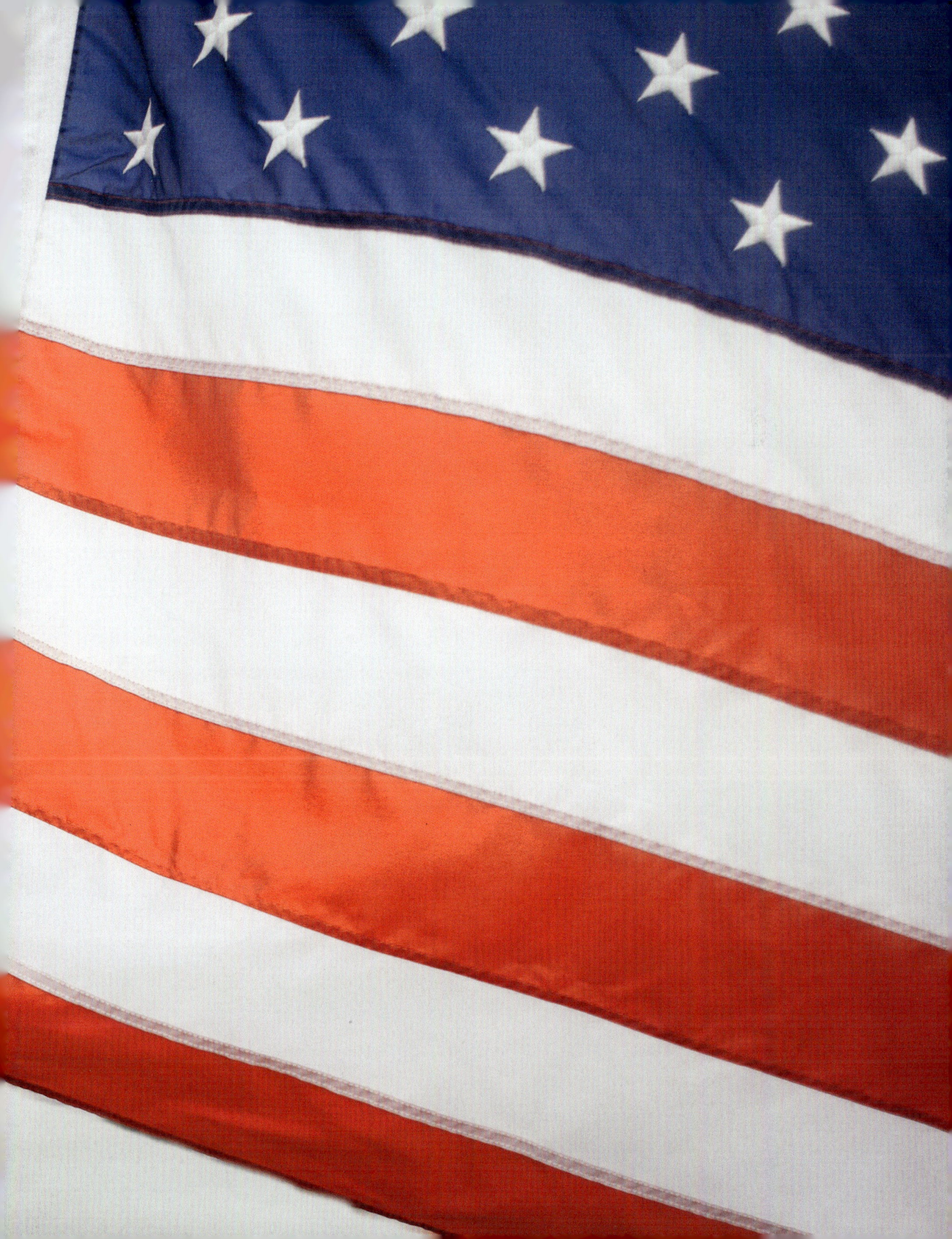

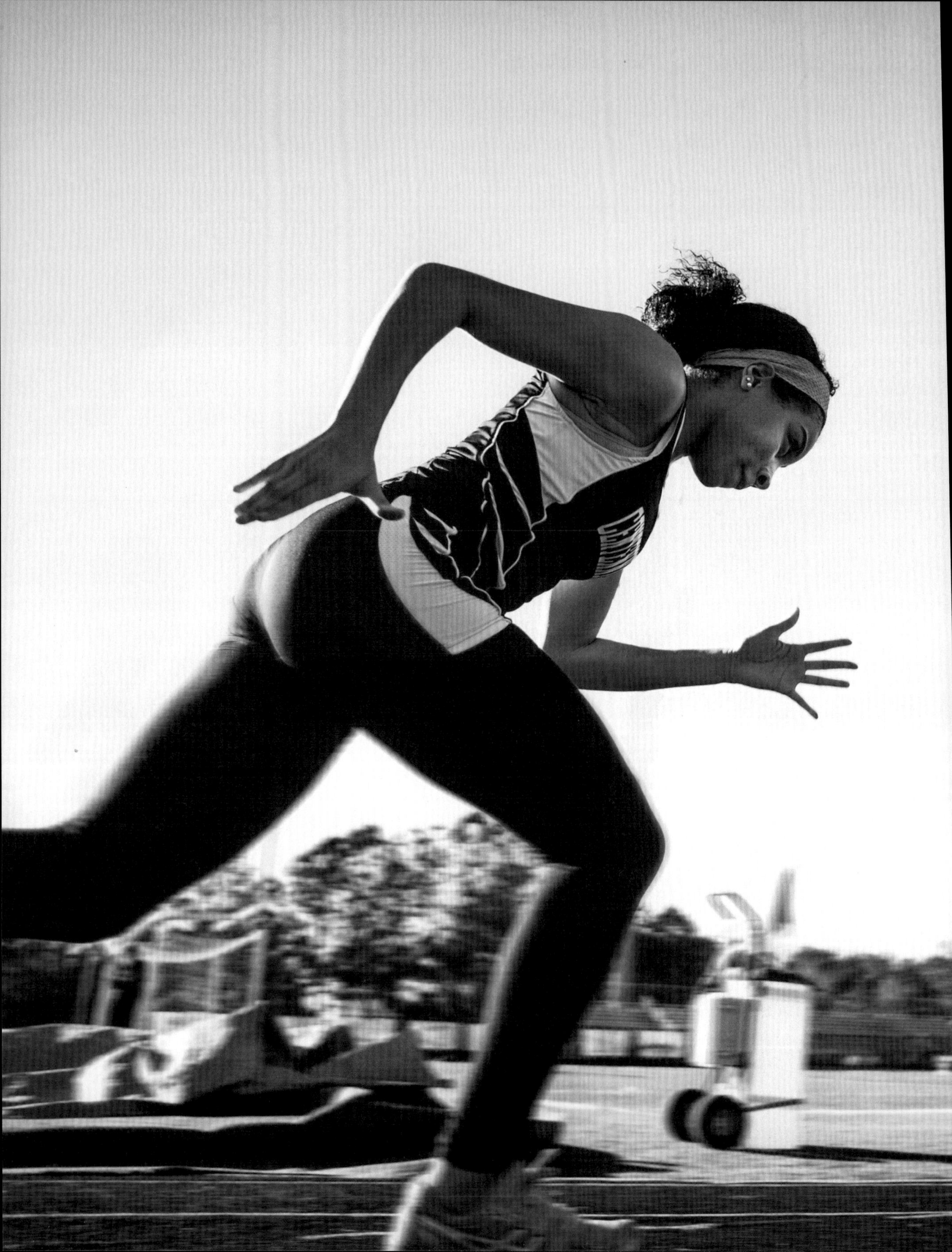

Am Start befinde ich mich in meiner eigenen Welt. Ich höre die Anfeuerungsrufe der Zuschauer gar nicht. Ich konzentriere mich nur darauf, den Rekord zu brechen.

PEYTON, 16 JAHRE

„Wahre **Stärke** ist die Fähigkeit, **warmherzig** und **freundlich** zu sein – und sie ist eine **ernst** zu nehmende Größe.“

GABRIELLE REECE

(BEACHVOLLEYBALLERIN, MODEL UND SCHAUSPIELERIN)

FREUNDLICH IST STARK

Freundlich zu sein, bedeutet, seine Menschlichkeit zu zeigen, anderen Menschen den Tag ein wenig zu verschönern, ihre Sorgen und Schmerzen ein bisschen zu lindern. Nette Menschen gehören oft nicht zu den lautesten Zeitgenossen, doch in vielerlei Hinsicht sind sie besonders stark, weil sie nicht nur die eigene Last tragen: Sie umarmen andere Menschen, setzen sich für Freunde ein, denken zuerst an andere und lassen sich durch nichts aus der Ruhe bringen.

Wann war das letzte Mal jemand nett zu Ihnen? Manchmal merken wir erst, wie sehr wir Wärme eigentlich brauchen, wenn jemand etwas Nettes für uns tut. Freundlich zu sein, bedeutet, anderen Menschen von seiner Kraft etwas abzugeben, egal, ob man einem Freund auf dem Sportplatz die Schuhe bindet, einem Bedürftigen Essen oder Kleidung gibt, einen traurigen Menschen zum Lachen bringt oder jemanden aufmuntert, der mit seiner Kraft am Ende ist.

Freundlichkeit ist eine ruhige, beharrliche Kraft, die ansteckend sein kann. Sie schleift die scharfen Ecken und Kanten des Lebens ein wenig ab. Freundliche Menschen sehen ein Bedürfnis und handeln. Sie geben sich Mühe, das Passende zu sagen oder das Richtige zu tun.

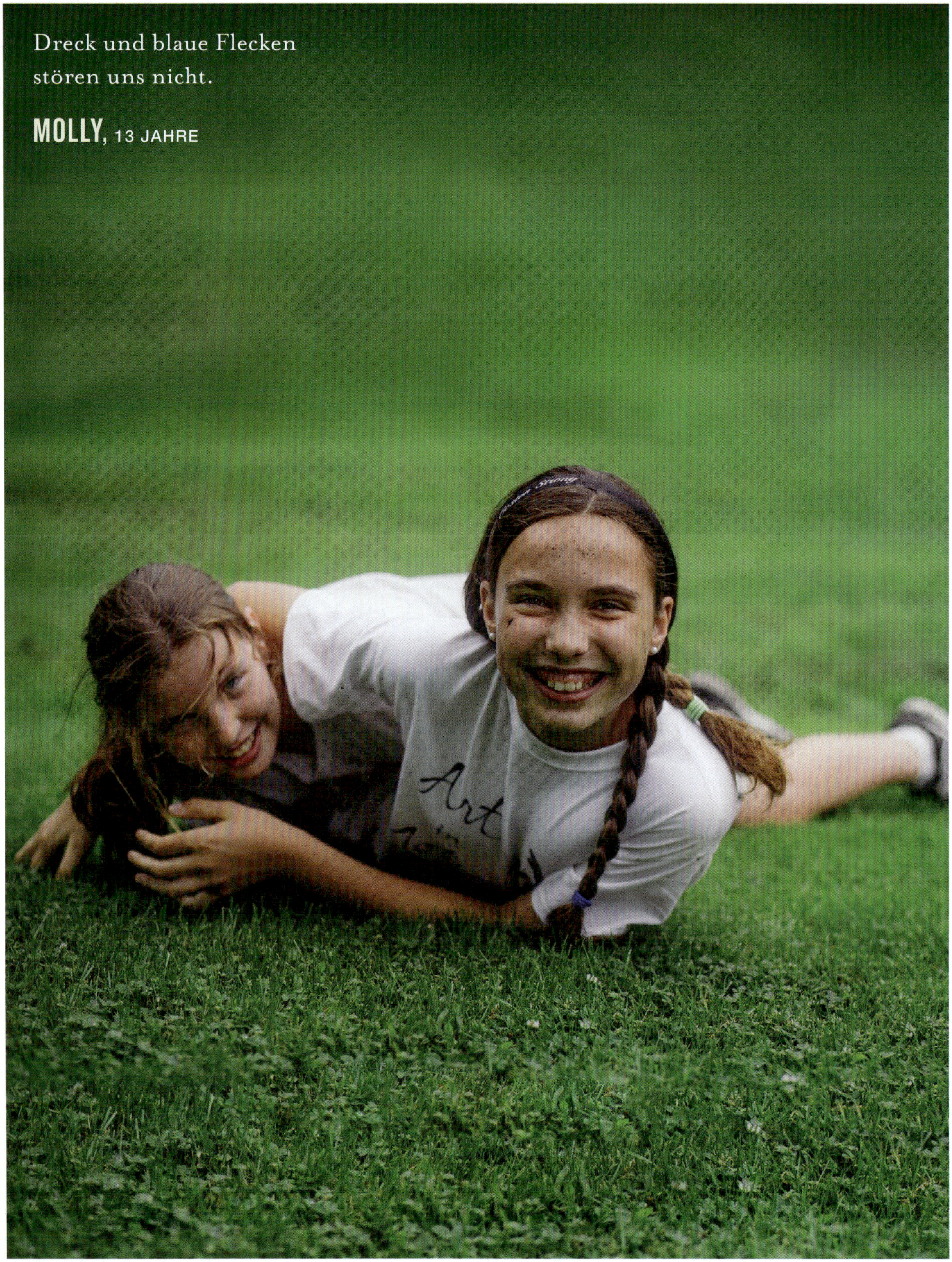

Dreck und blaue Flecken
stören uns nicht.

MOLLY, 13 JAHRE

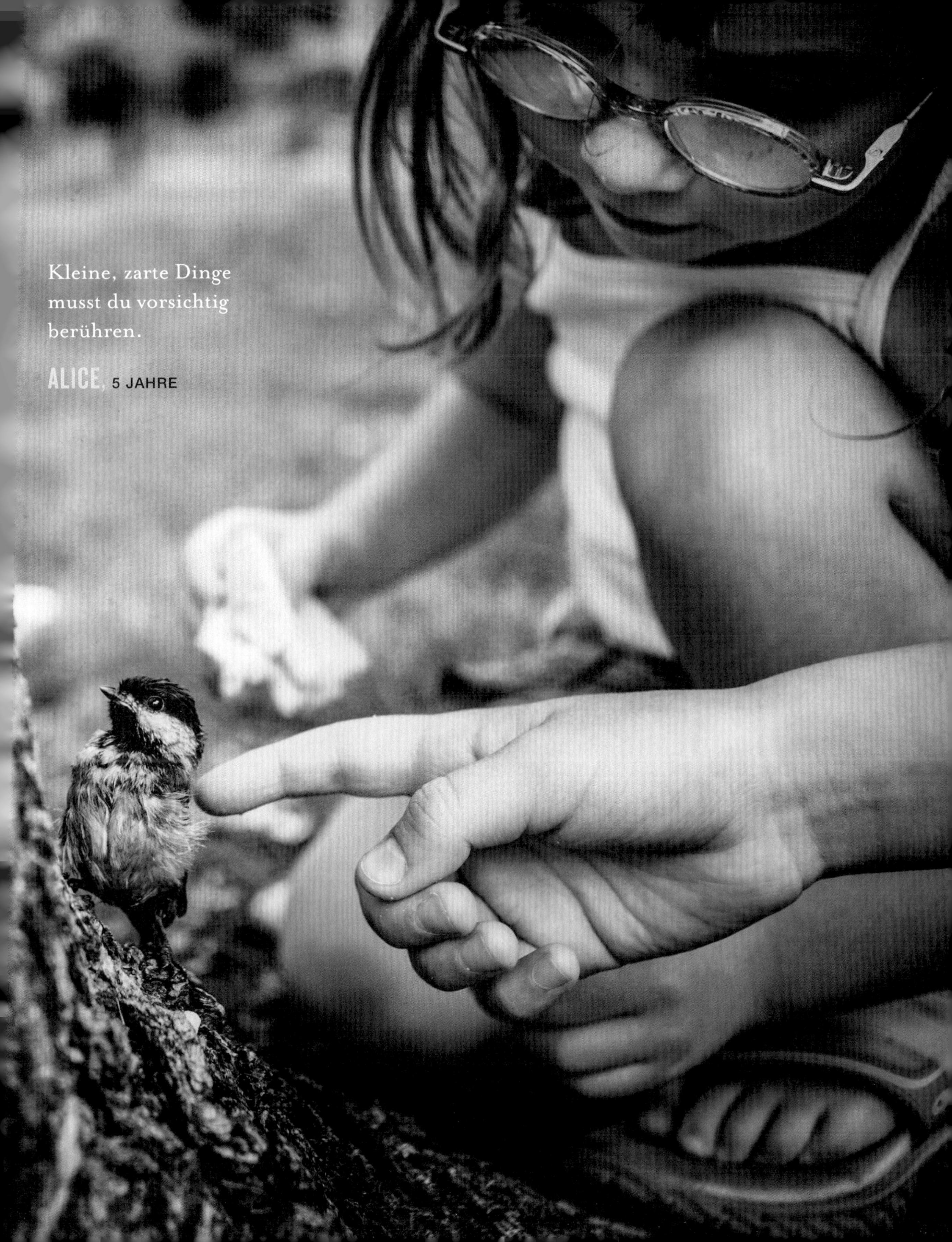

Kleine, zarte Dinge musst du vorsichtig berühren.

ALICE, 5 JAHRE

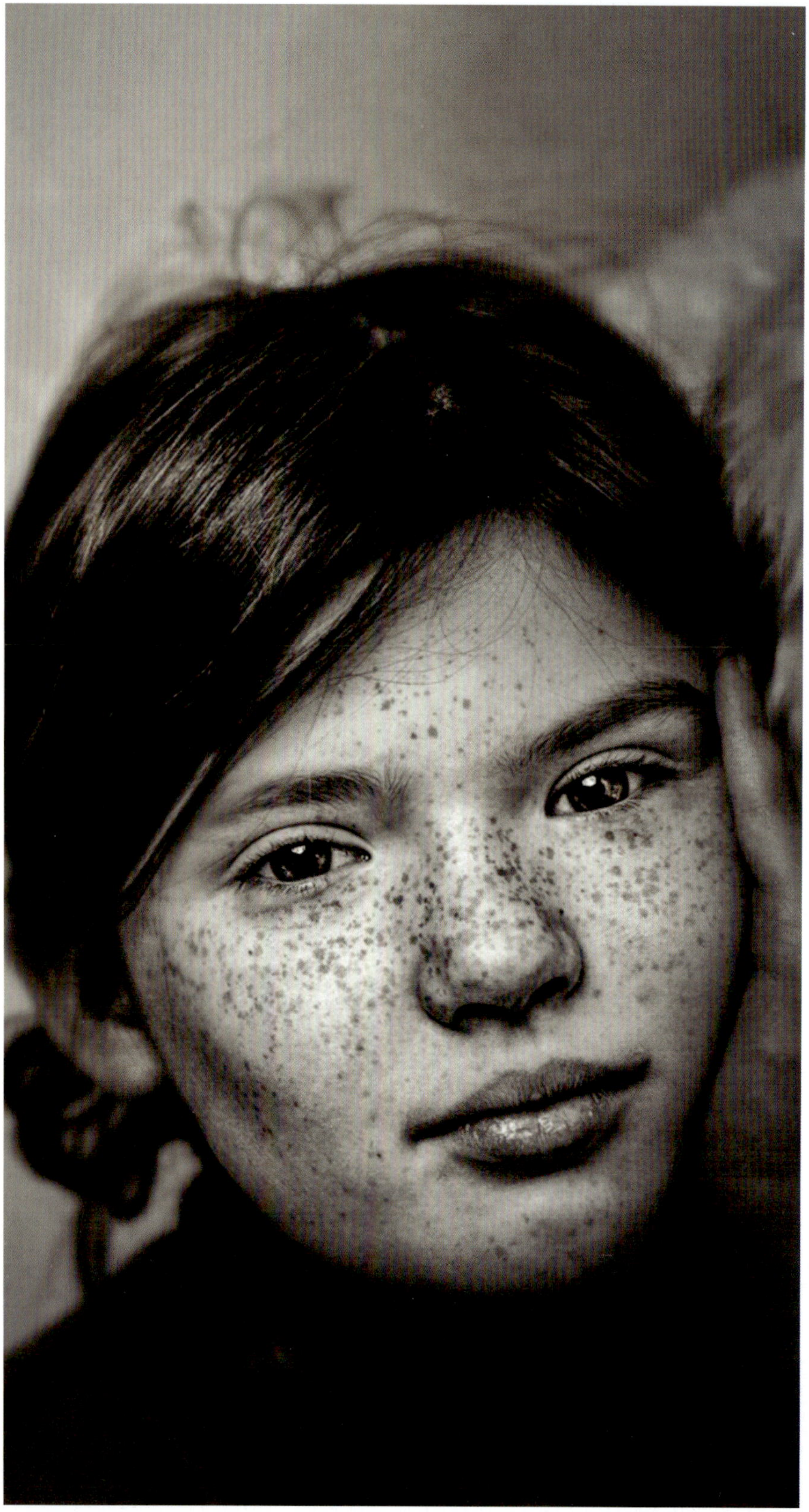

Freunde, die kommen und einen aufmuntern, wenn man niedergeschlagen ist – das ist freundlich.

JORDAN S., 9 JAHRE

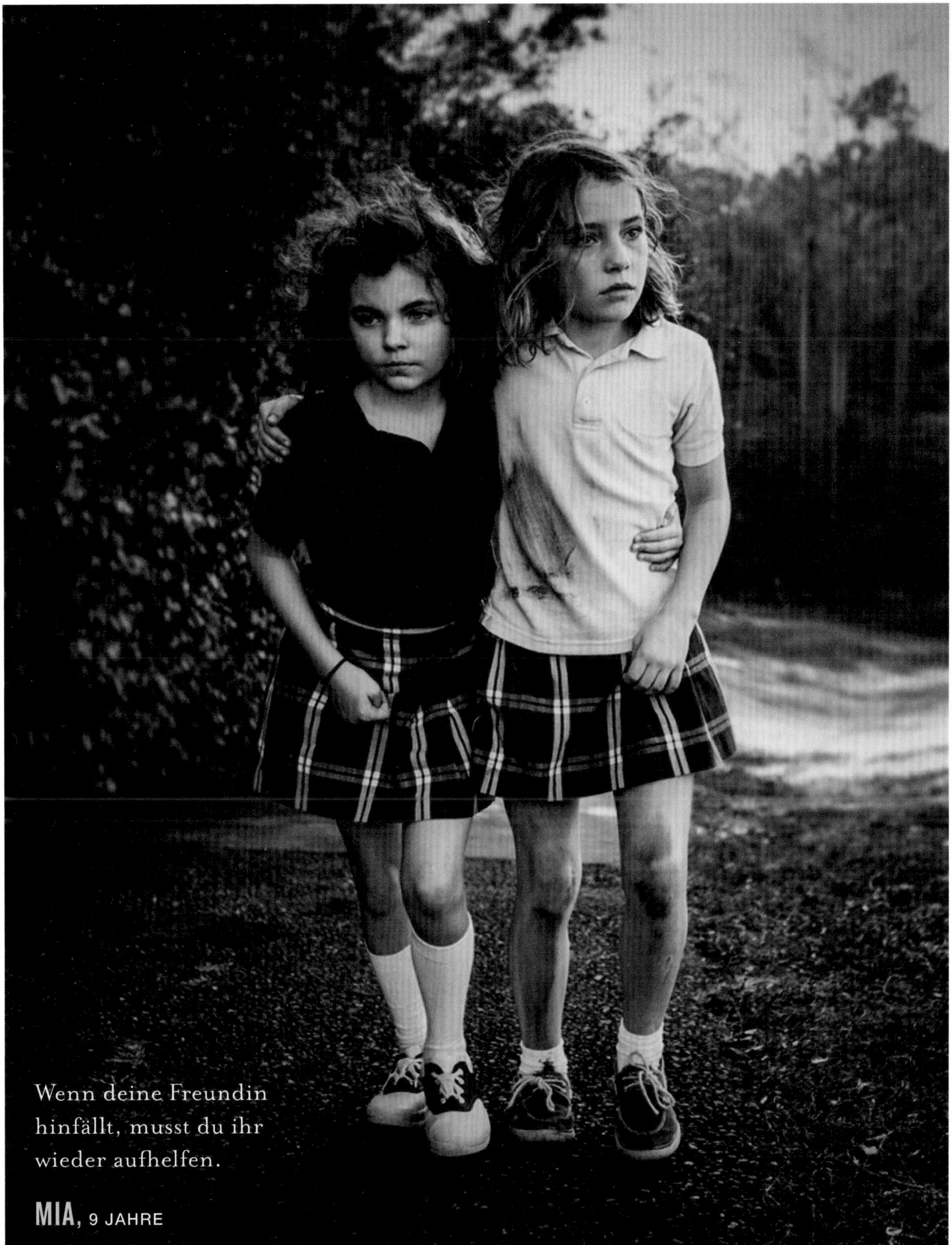
Wenn deine Freundin
hinfällt, musst du ihr
wieder aufhelfen.
MIA, 9 JAHRE

So viele Dinge sind schwer, doch wenn ich lächle,
spüre ich, dass ich es schaffen kann.

TATIANA, 11 JAHRE

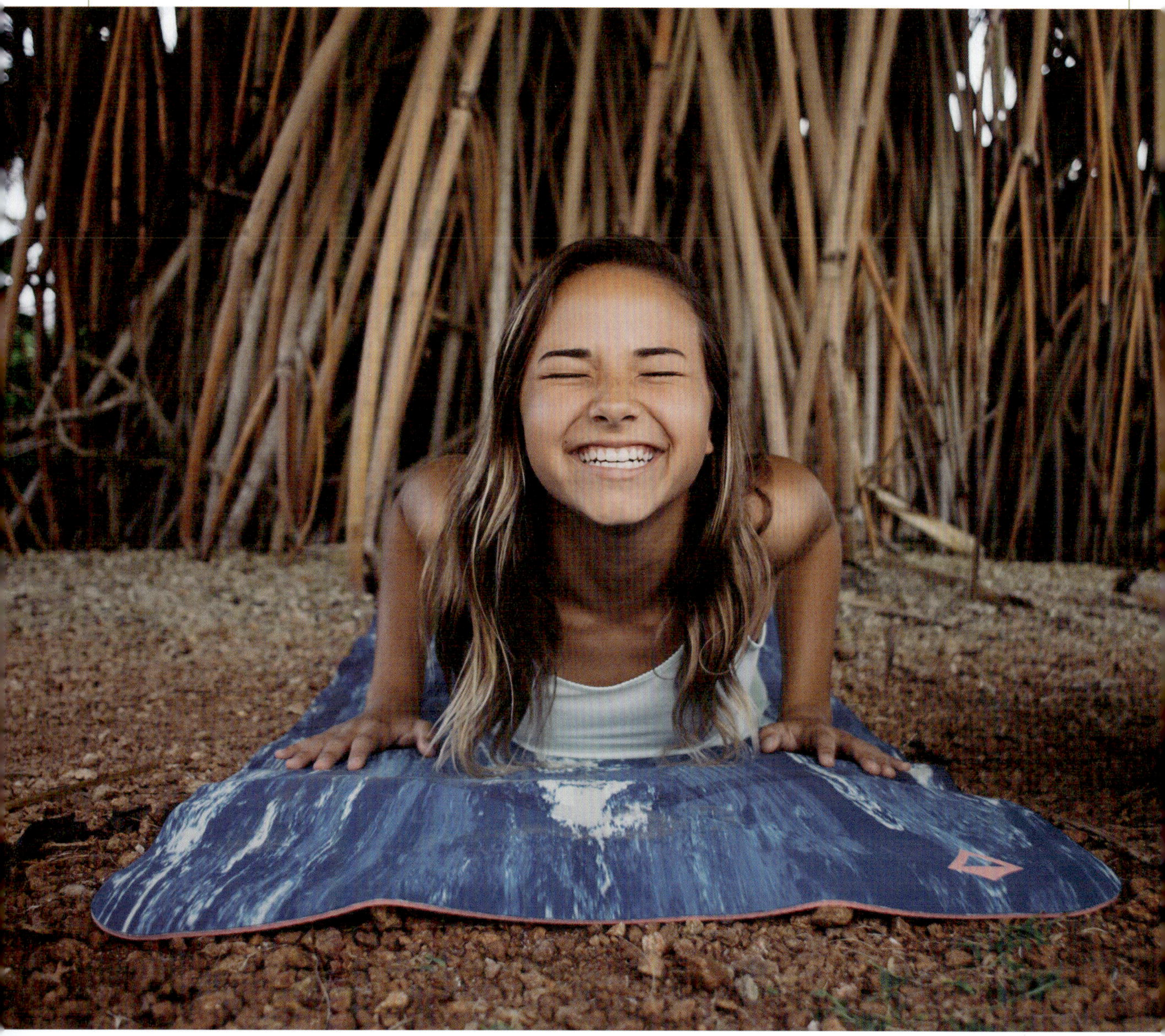

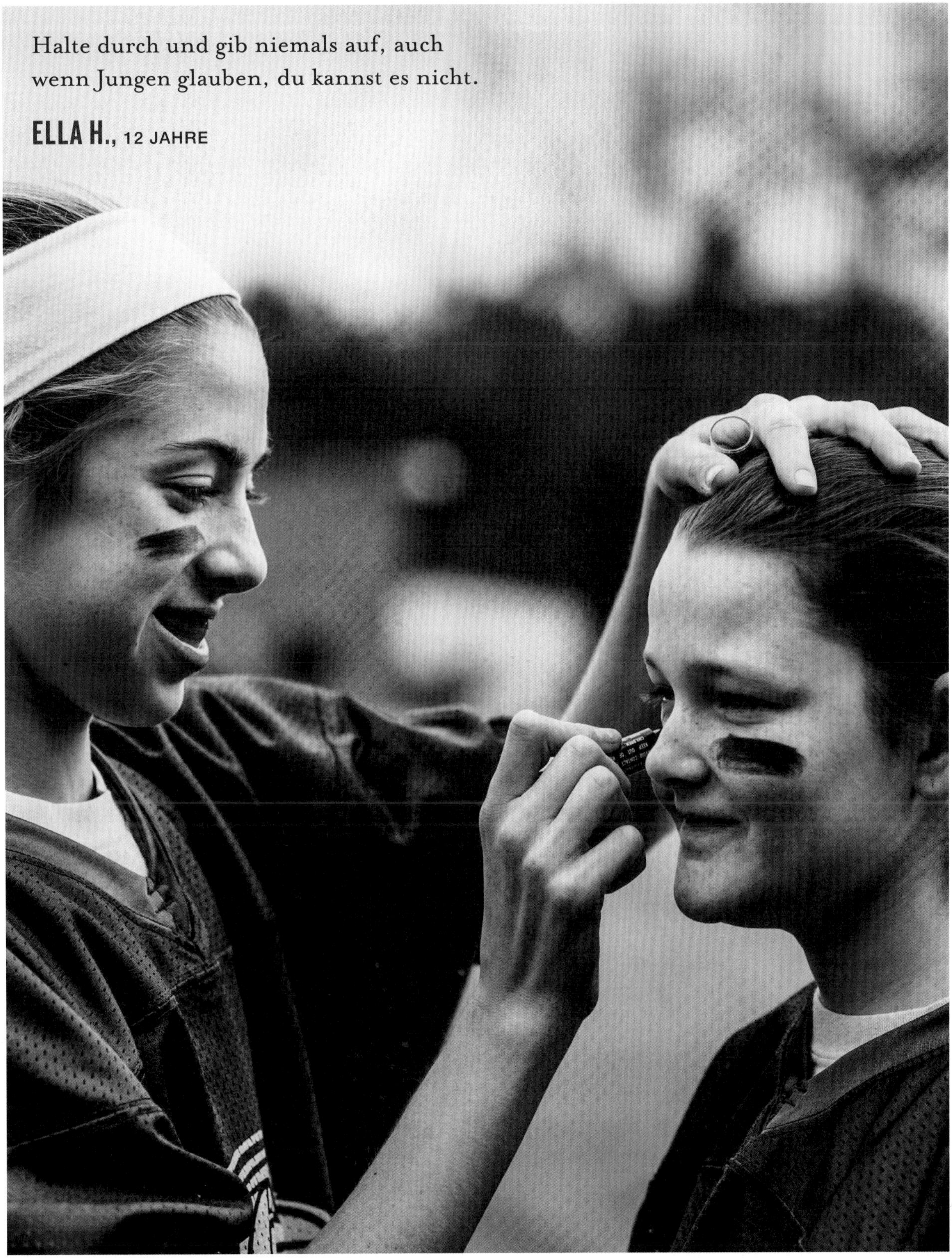

Halte durch und gib niemals auf, auch wenn Jungen glauben, du kannst es nicht.

ELLA H., 12 JAHRE

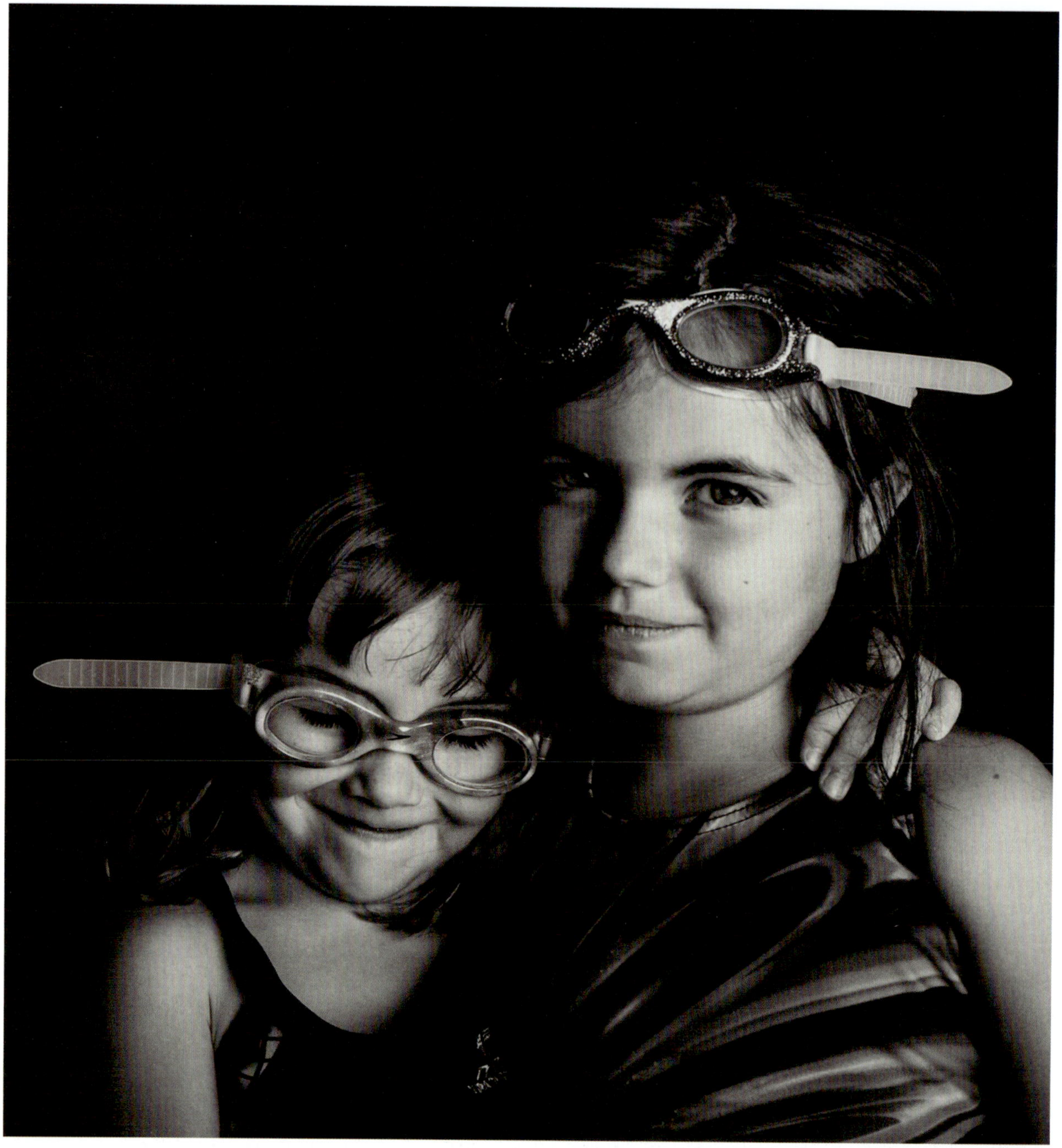

Sie hatte Angst, im Schwimmteam mitzumachen. Ich nicht. Wir sind gute Freundinnen und ich war im Training so was wie ihr Kuscheltuch und habe ihr Sicherheit gegeben. Dafür sind Freunde da.

SYD, 9 JAHRE

Beim Laufen mit meinen Freundinnen fühle ich mich frei und lebendig.

PAYTON, 11 JAHRE

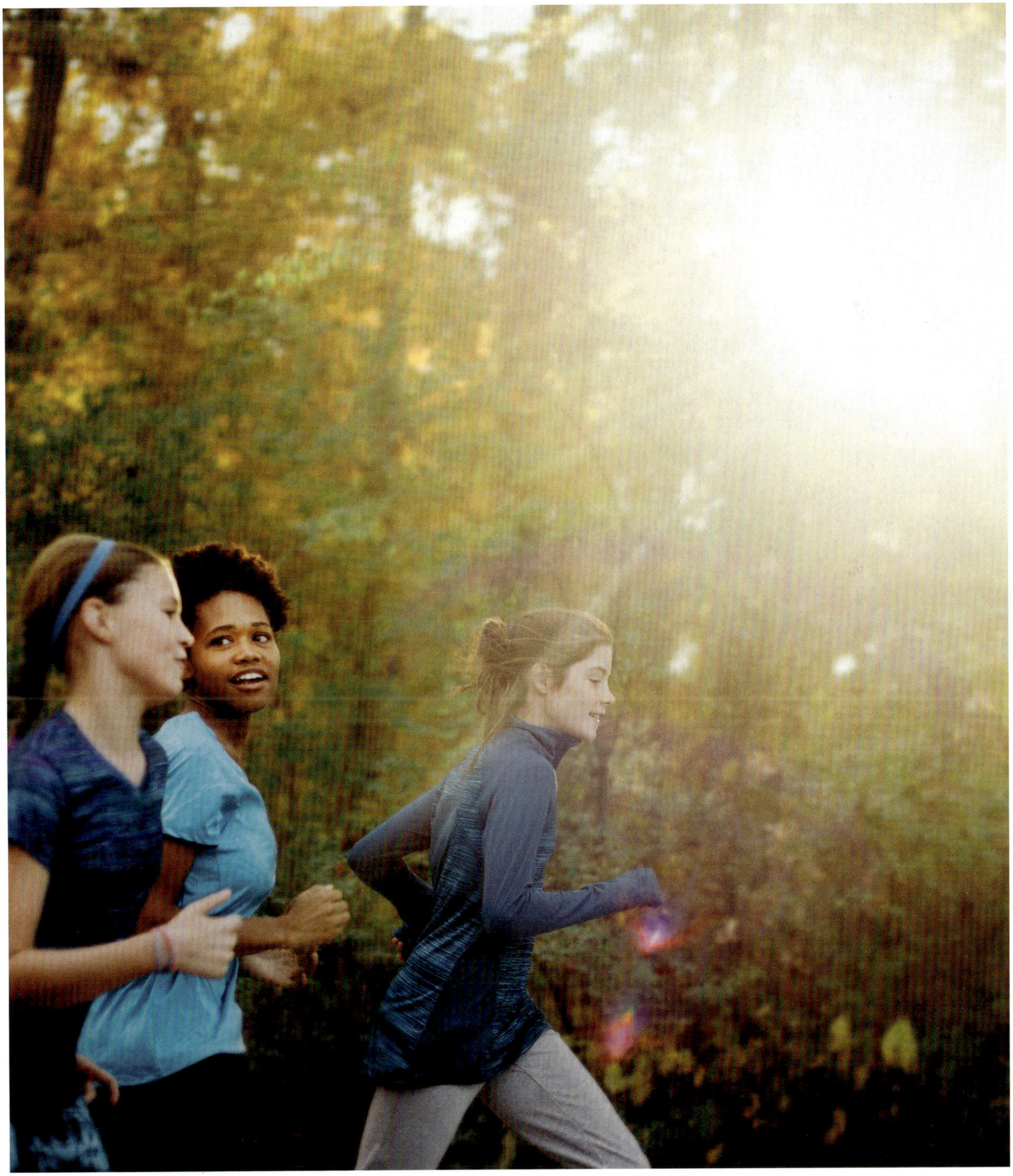

Wenn ich meine Mama oder meine Freunde umarme, fühle ich mich glücklich und stark.

SOPHIA M., 5 JAHRE

Mädchen können alles sein: wild, hübsch, sanft und stark.

LOGAN, 13 JAHRE

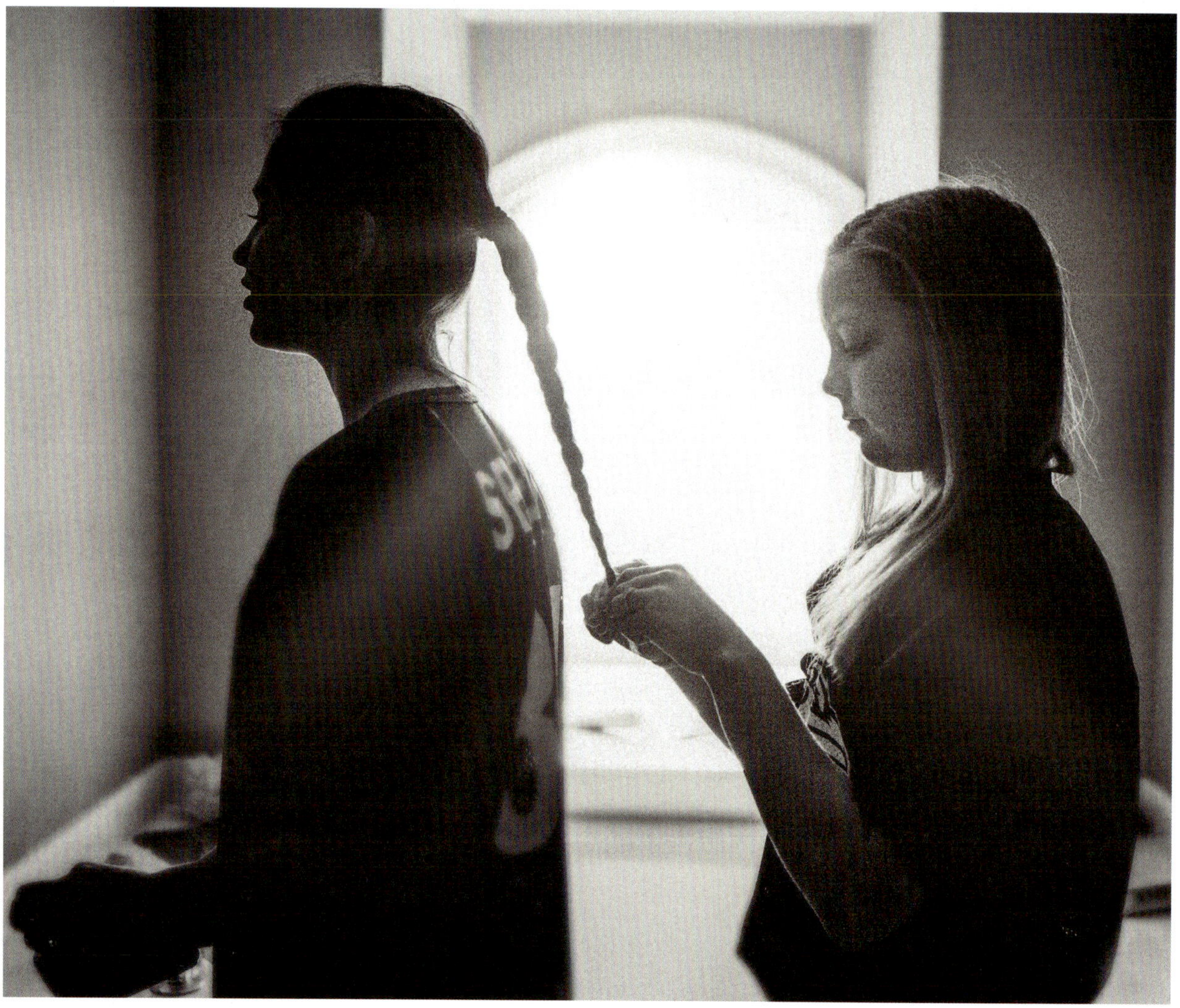

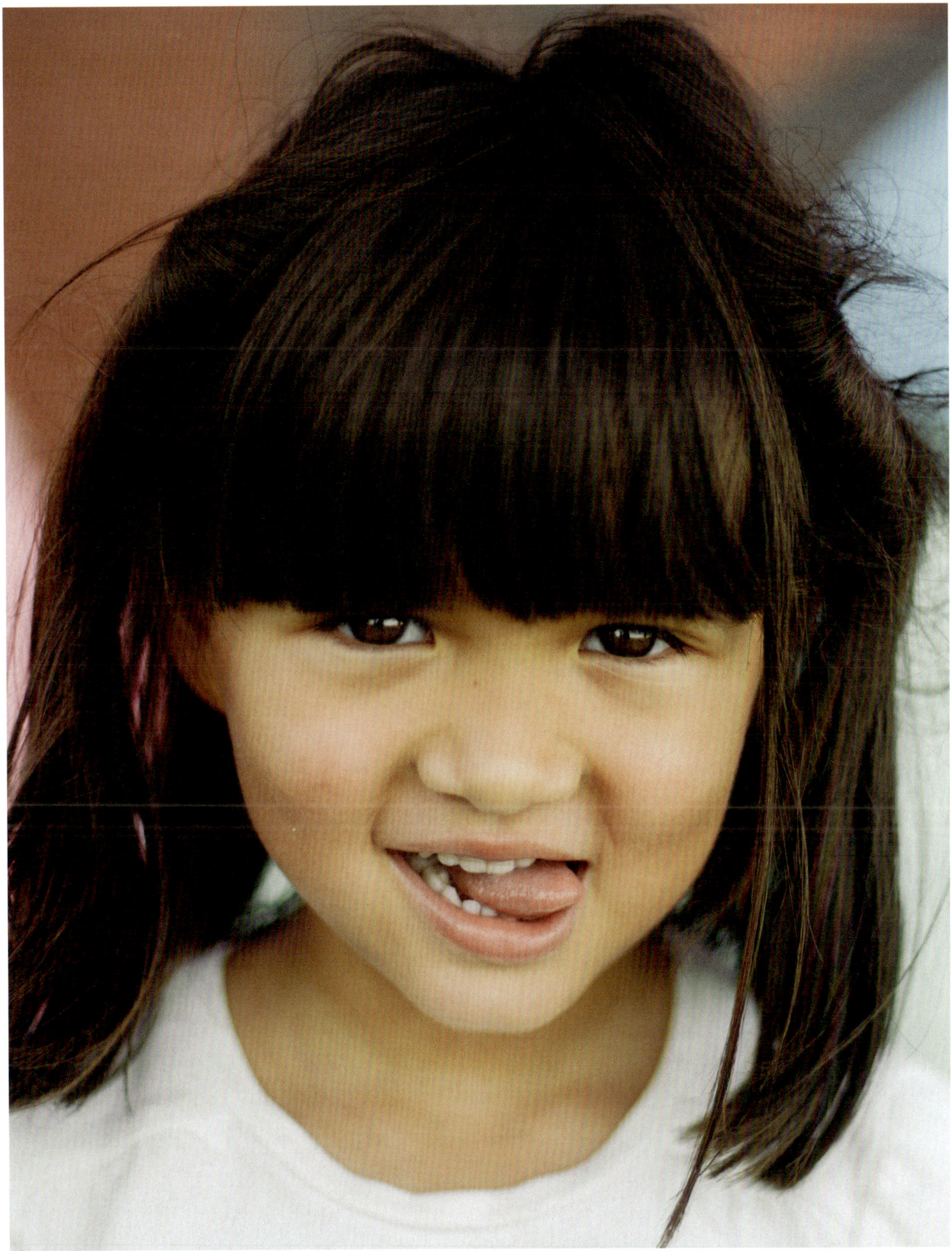

Schwestern sind was Tolles.

KATE K., 7 JAHRE

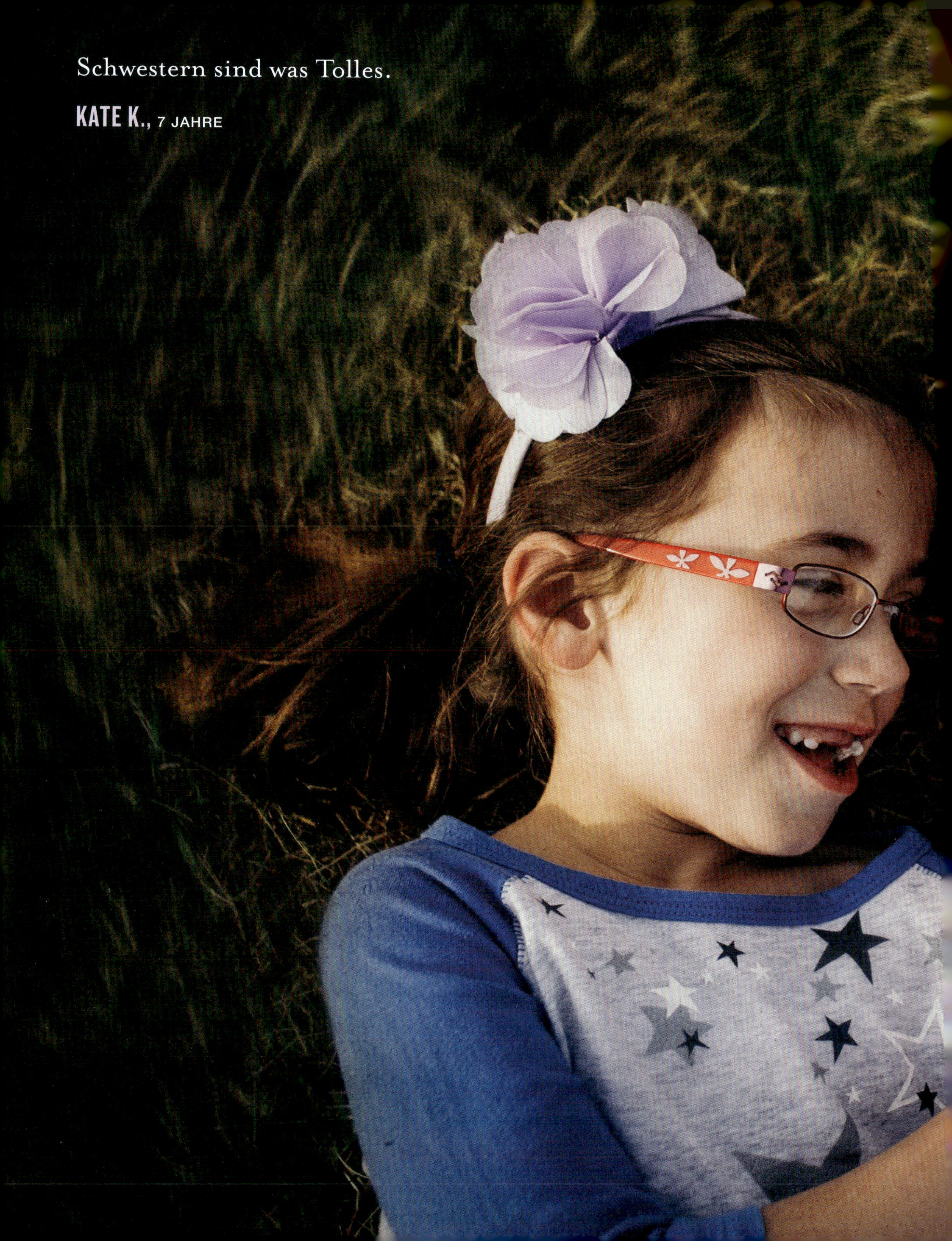

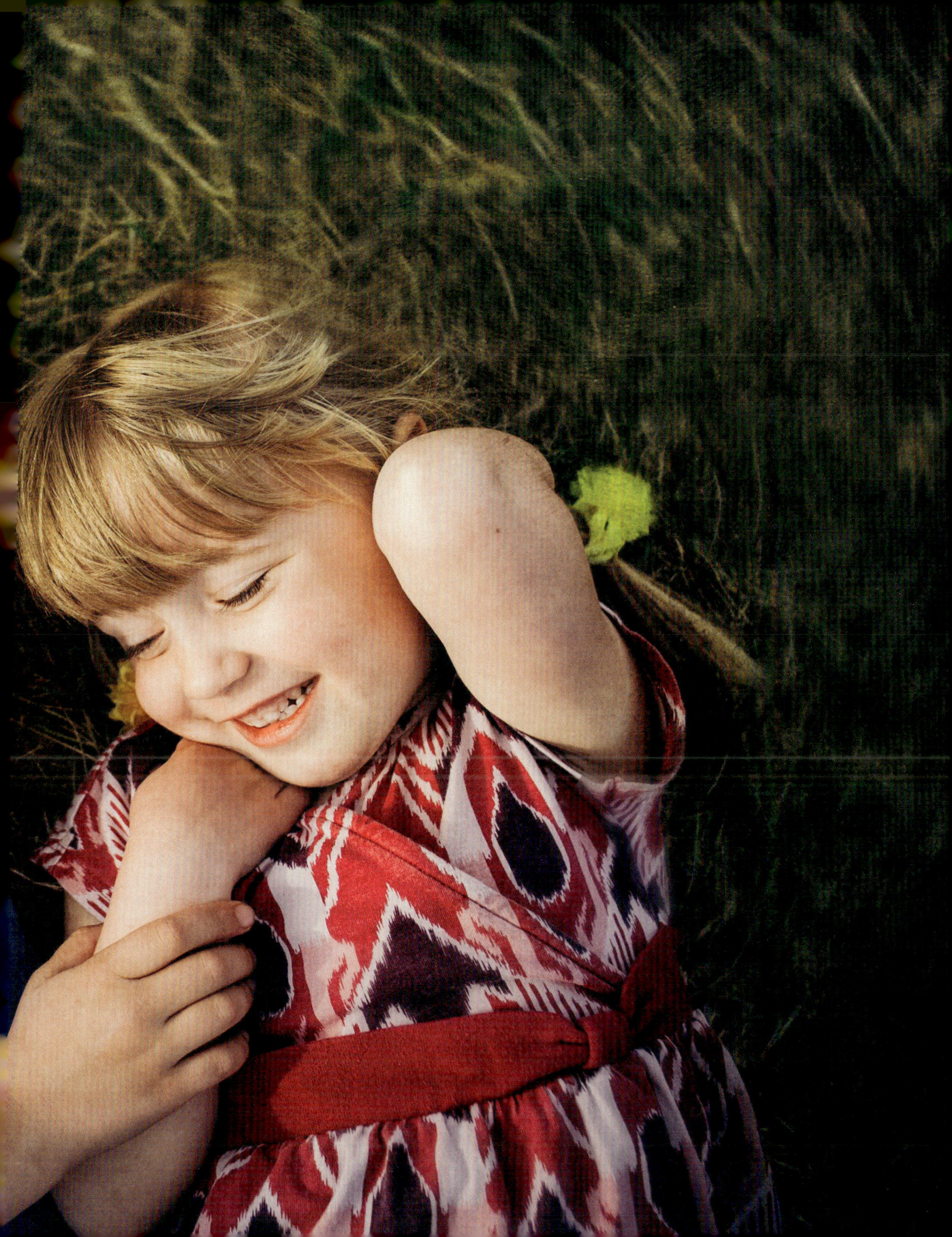

Mein Pony Max ist das süßeste Wesen auf der ganzen Welt. Ich werde ihn immer lieben.

SIENA, 5 JAHRE

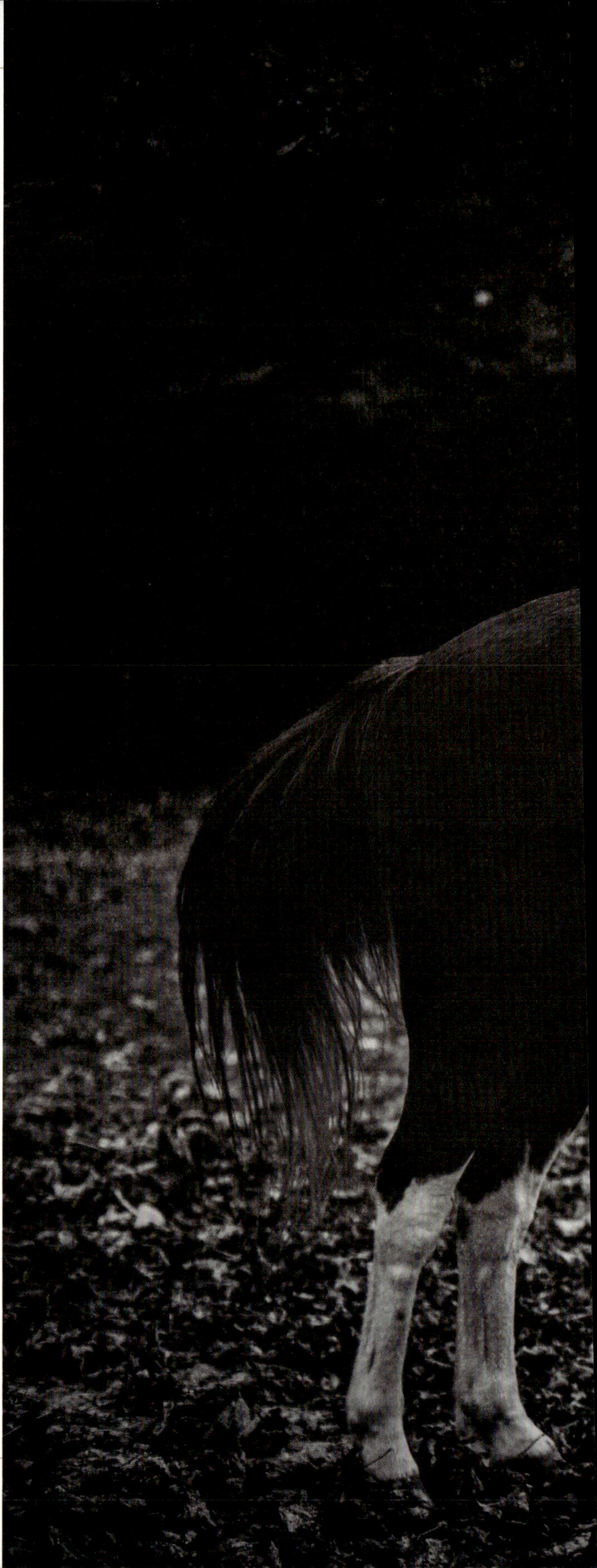

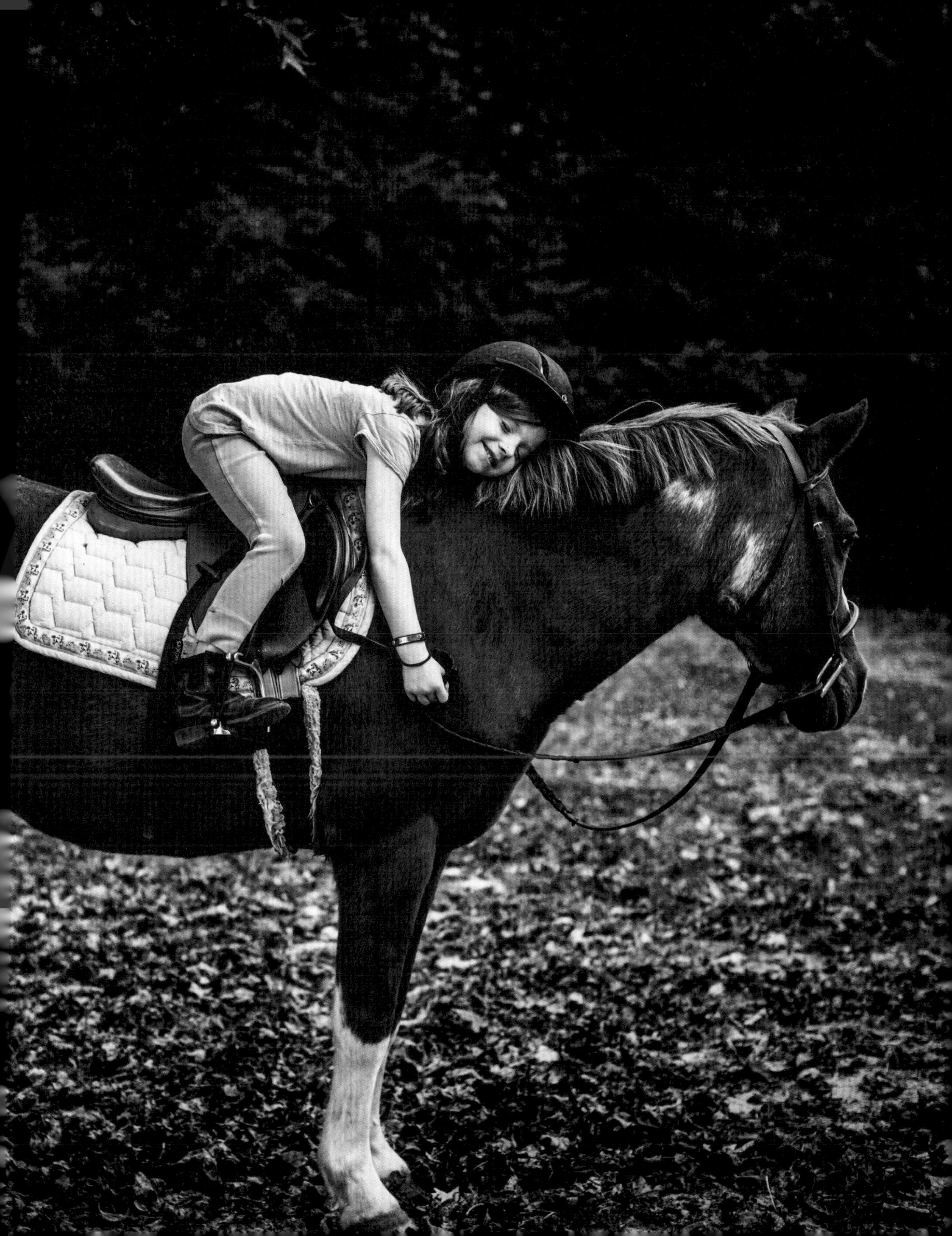

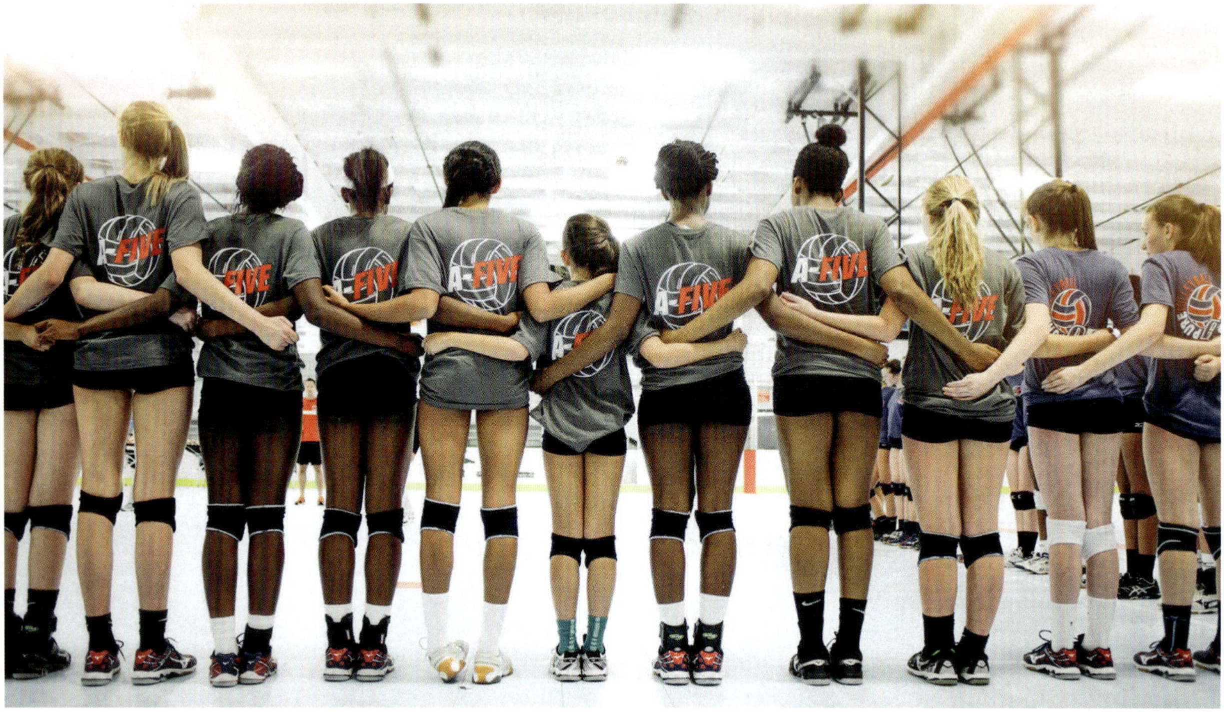

Beim Volleyball kommt es vor allem auf Teamarbeit an. Am Ende der Saison sind wir keine Freundinnen mehr, sondern Schwestern.

ELIZA, 13 JAHRE

Meine Freundinnen haben mir Karten und Blumen gebracht. Sie haben mir geholfen und gezeigt, dass sie mich gern haben.

FINLEIGH, 8 JAHRE

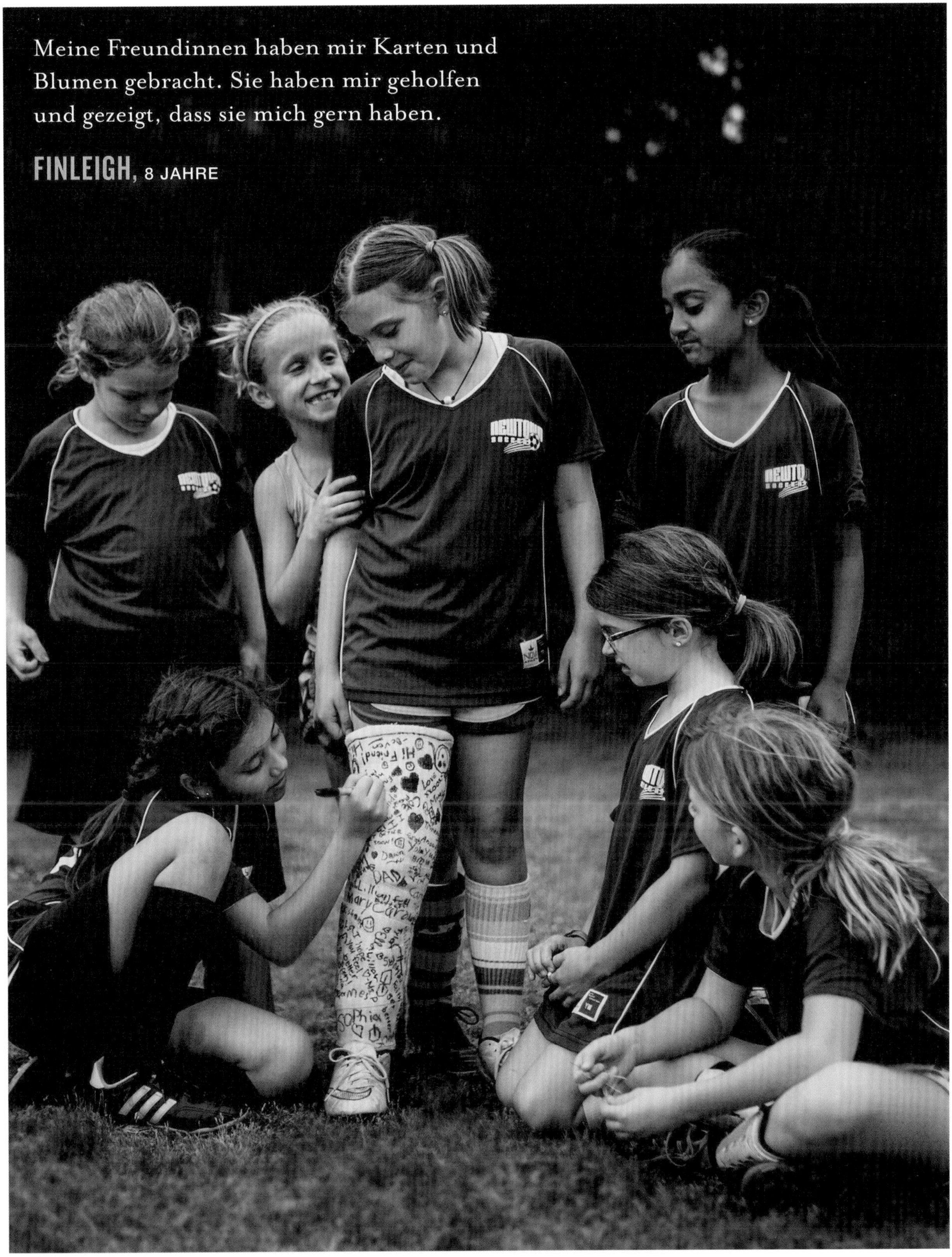

Ihre Schuhbänder waren verknotet. Und ich bin richtig gut darin, Knoten zu lösen. Deshalb habe ich ihr geholfen.

LILY S., 5 JAHRE

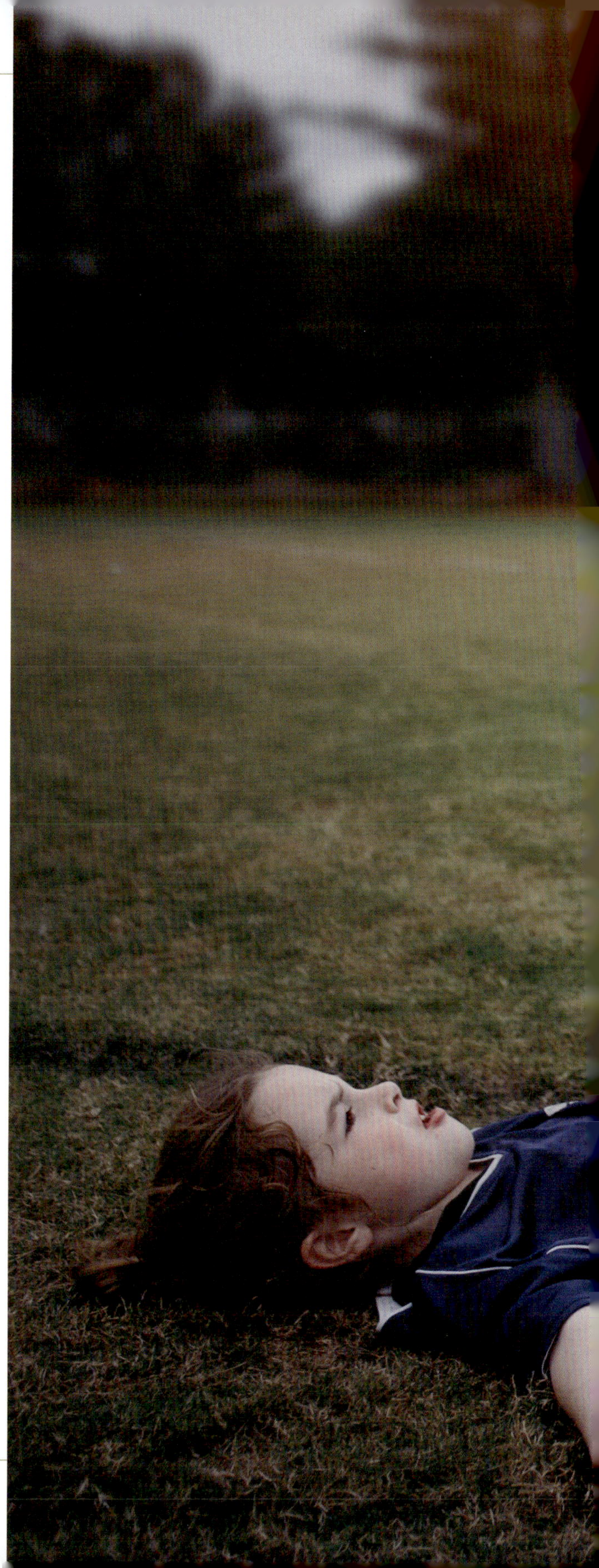

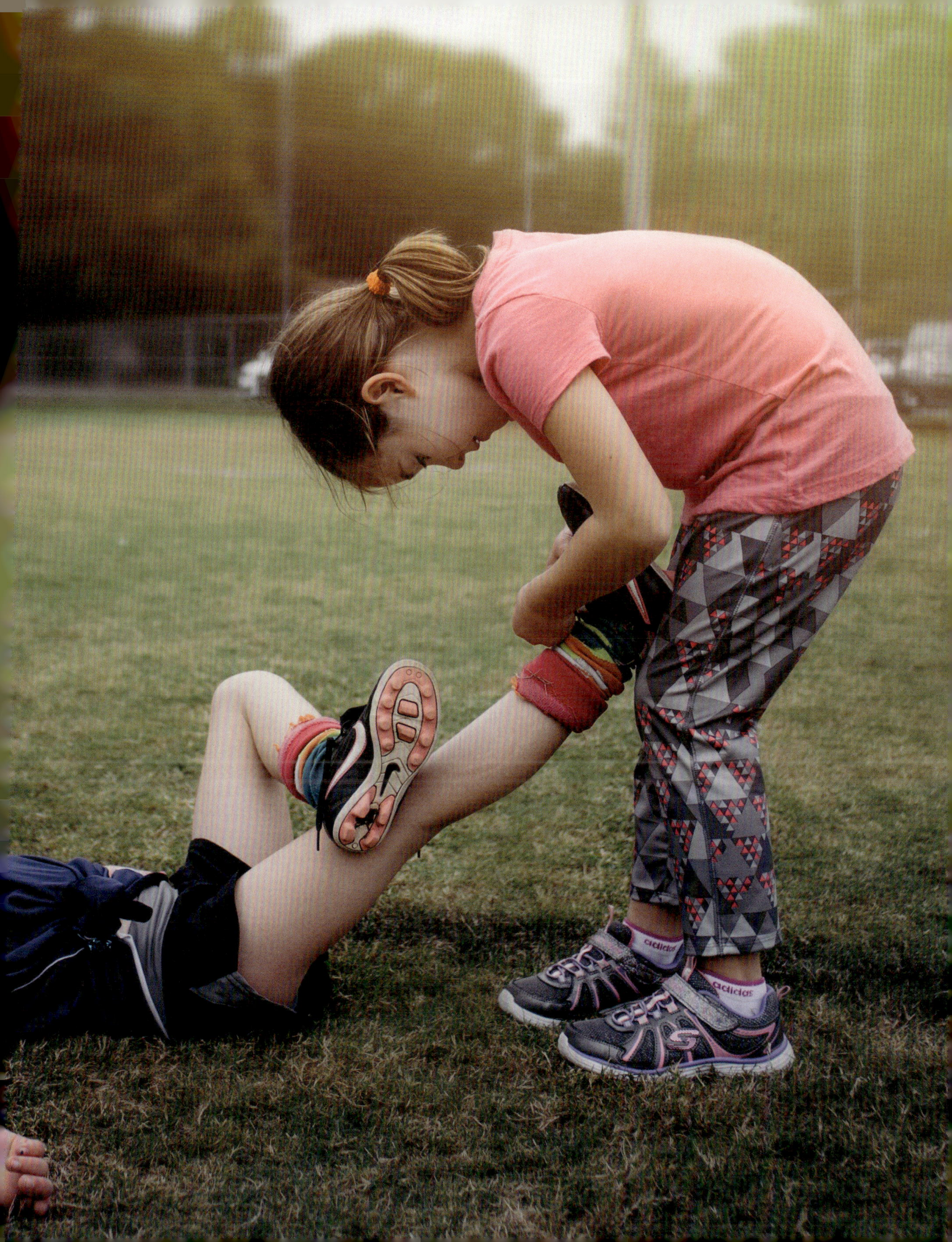
adidas
adidas

Ich habe mehr Klimmzüge geschafft als alle Jungen in meinem Jahrgang.

ELLA T., 11 JAHRE

Als Jordan sich das Bein gebrochen hat, haben wir sie besucht und sie getröstet. Sie ist eine gute Freundin.

ELLA, 8 JAHRE

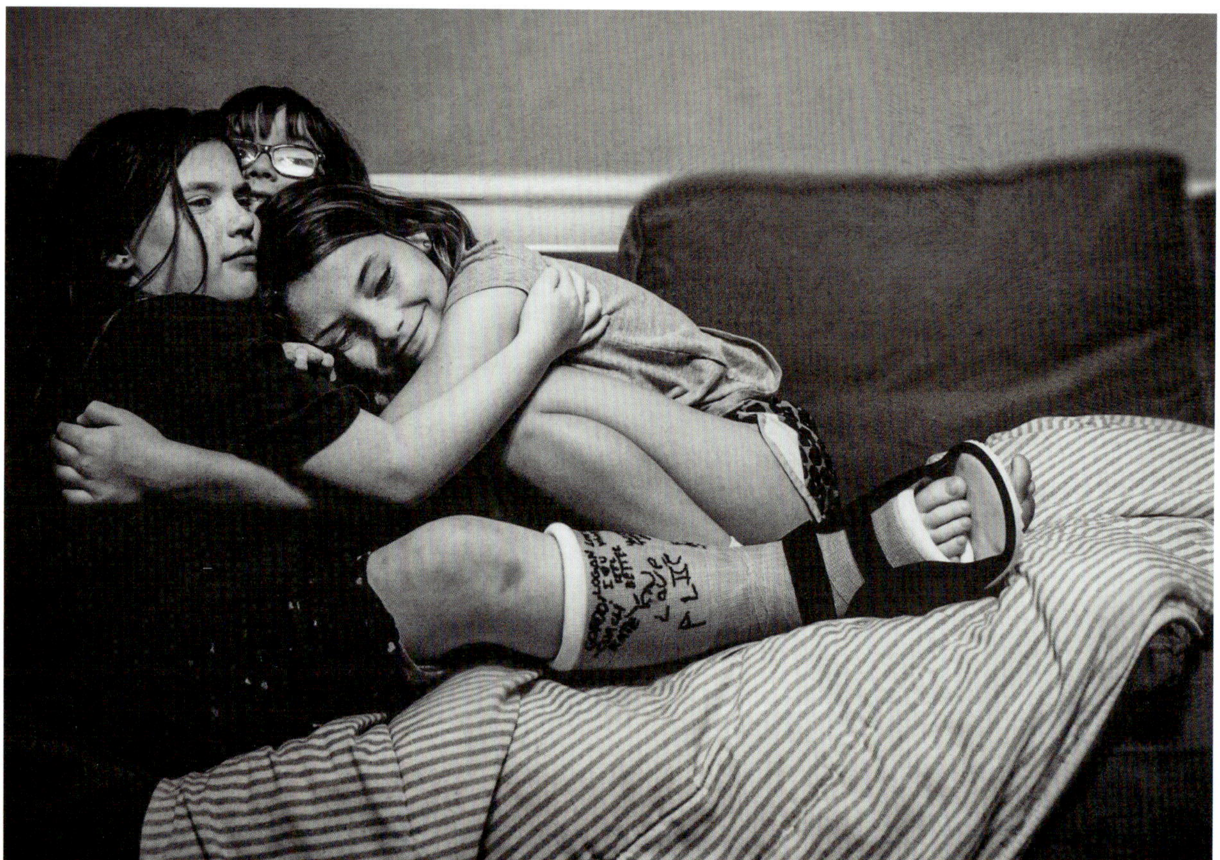

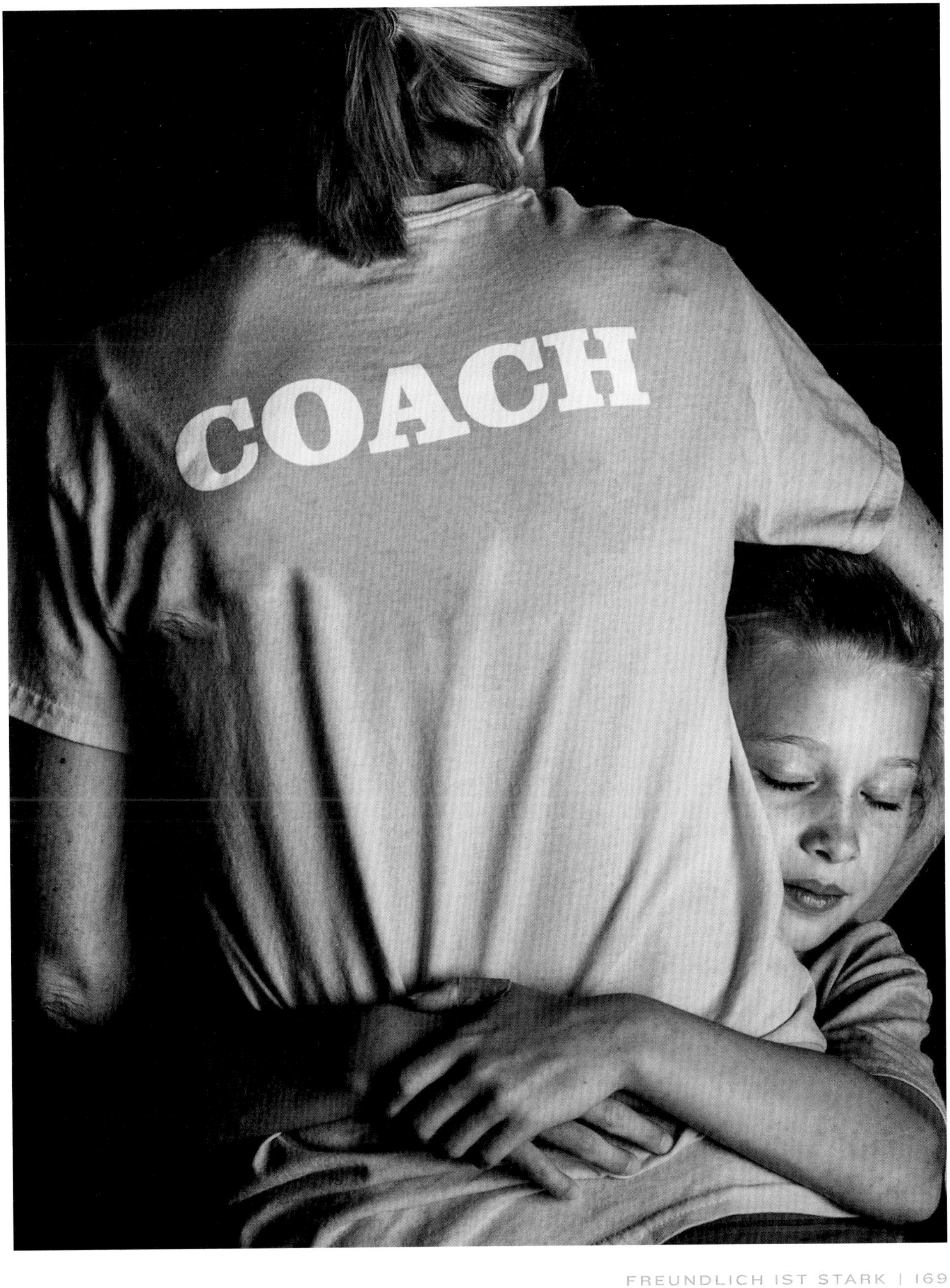
COACH

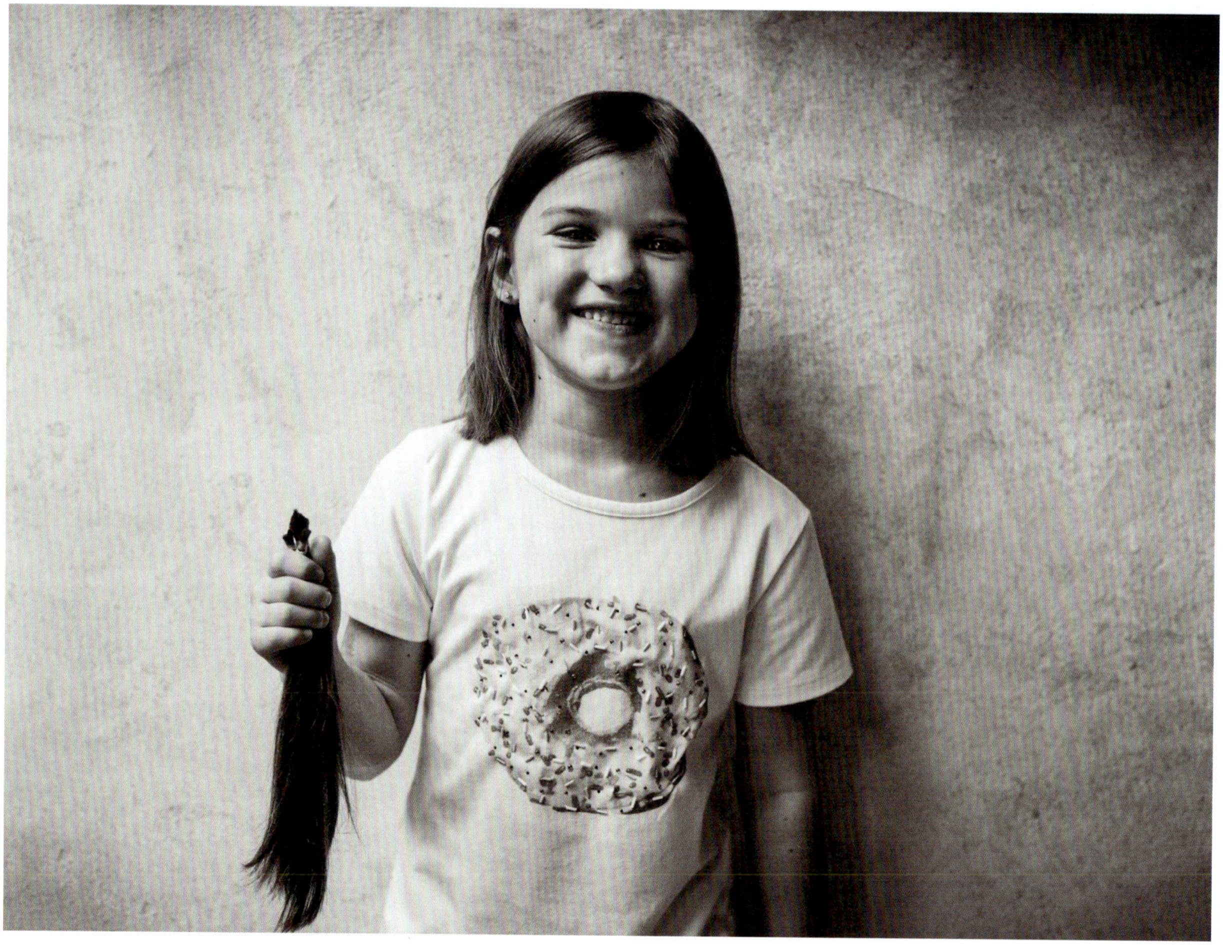

Ich habe meine Haare ein Jahr lang wachsen lassen und sie dann einem kranken Kind gespendet, das seine verloren hatte. Das mache ich wieder.

AVA, 6 JAHRE

Es ändert gar nichts, dass man ein Mädchen ist. Nur der Körper ist anders. Stärke zeigt sich daran, wie viel Kraft man hat, auch wenn die anderen an einem zweifeln.

ORIANA, 12 JAHRE

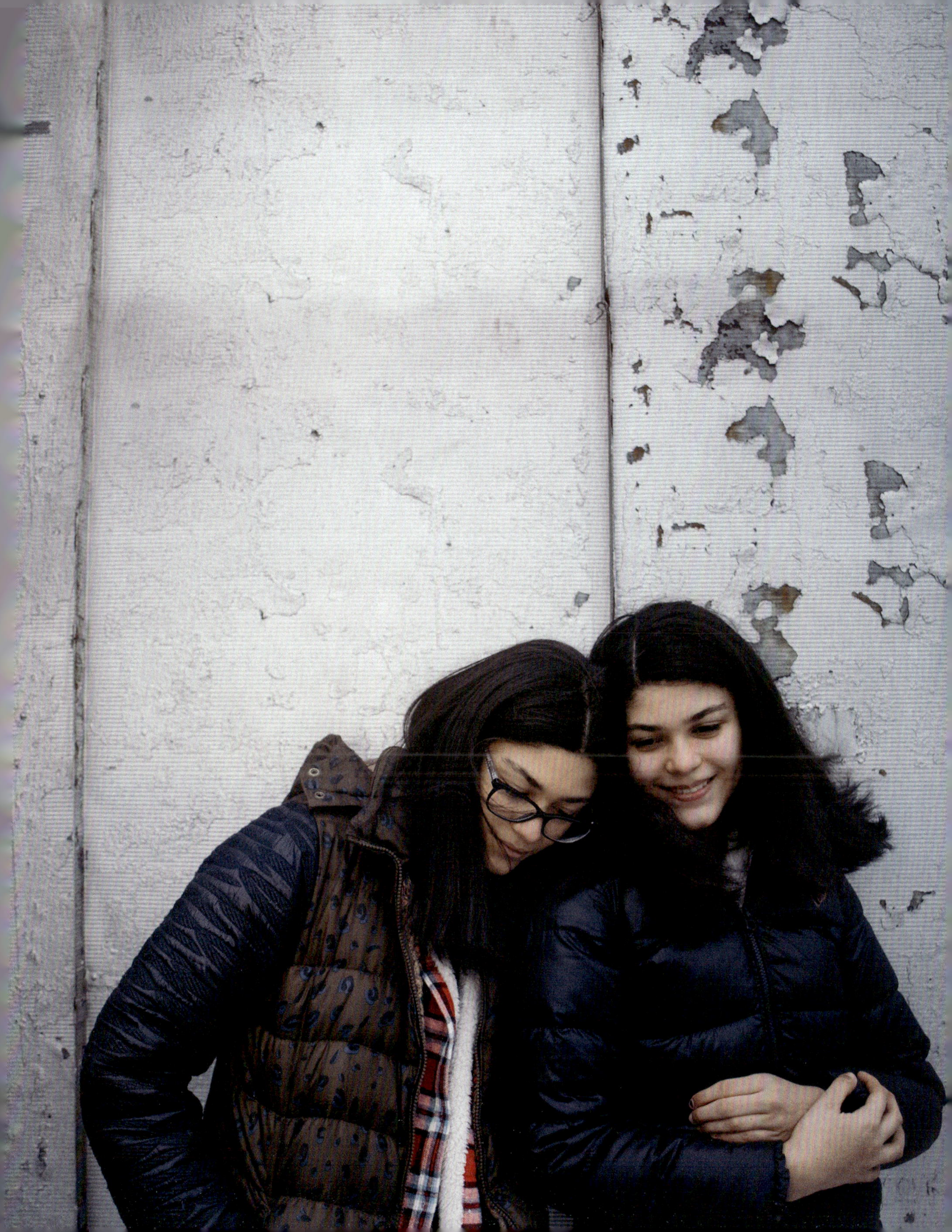

„Sei **furchtlos** und
trau dich,
Risiken einzugehen.
Begib dich dorthin,
wo nichts mehr sicher ist.“

KATIE COURIC
(JOURNALISTIN UND KORRESPONDENTIN)

FURCHTLOS IST STARK

Niemand von uns geht angstfrei durchs Leben. Furcht gehört dazu, doch sie kann einen einschränken – wenn man es zulässt. Keiner sollte sich von seinen Ängsten beherrschen lassen. Von den Mädchen in diesem Kapitel habe ich gelernt, dass man sich nicht in der Vorstellung verheddern darf, „furchtlos zu sein", sondern einfach furchtlos handeln muss. Angst darf uns nicht davon abhalten, das zu tun, was wir tun möchten.

Wagen Sie es: Präsentieren Sie Ihre Idee und Sie werden erleben, dass Kollegen und Ihr Umfeld Sie unterstützen. Vertrauen Sie Ihren Beinen und steigen Sie den Berg hinauf, Schritt für Schritt. Melden Sie sich für einen Kurs auf einem Gebiet an, das Ihnen Angst macht. Beginnen Sie etwas Neues. Furchtlose Mädchen schaffen es, ihre Angst zu vergessen und sich ganz darauf zu konzentrieren, was sie tun müssen. So gelingt es ihnen, trotz Höhenangst das Fliegen zu lernen oder sich durch die Luft wirbeln zu lassen, im Vertrauen darauf, dass die Teamkameradinnen sie auffangen. Sie glauben an ihre Fähigkeit, etwas zu schaffen, das ihnen niemand zutraut (sie selbst eingeschlossen).

Es gibt viel zu viele fantastische Dinge auf dieser Welt, als dass man sich von seiner Angst einschränken lassen dürfte. Spüren Sie die Furcht in Ihrem Herzen, stehen Sie dazu – und machen Sie dann trotzdem, was auch immer Sie vorhaben.

Ich habe mich vor dem tiefen Wasser gefürchtet, doch eigentlich ist es egal, wie tief es ist. Ich bin nie hineingefallen.

TAYLA, 6 JAHRE

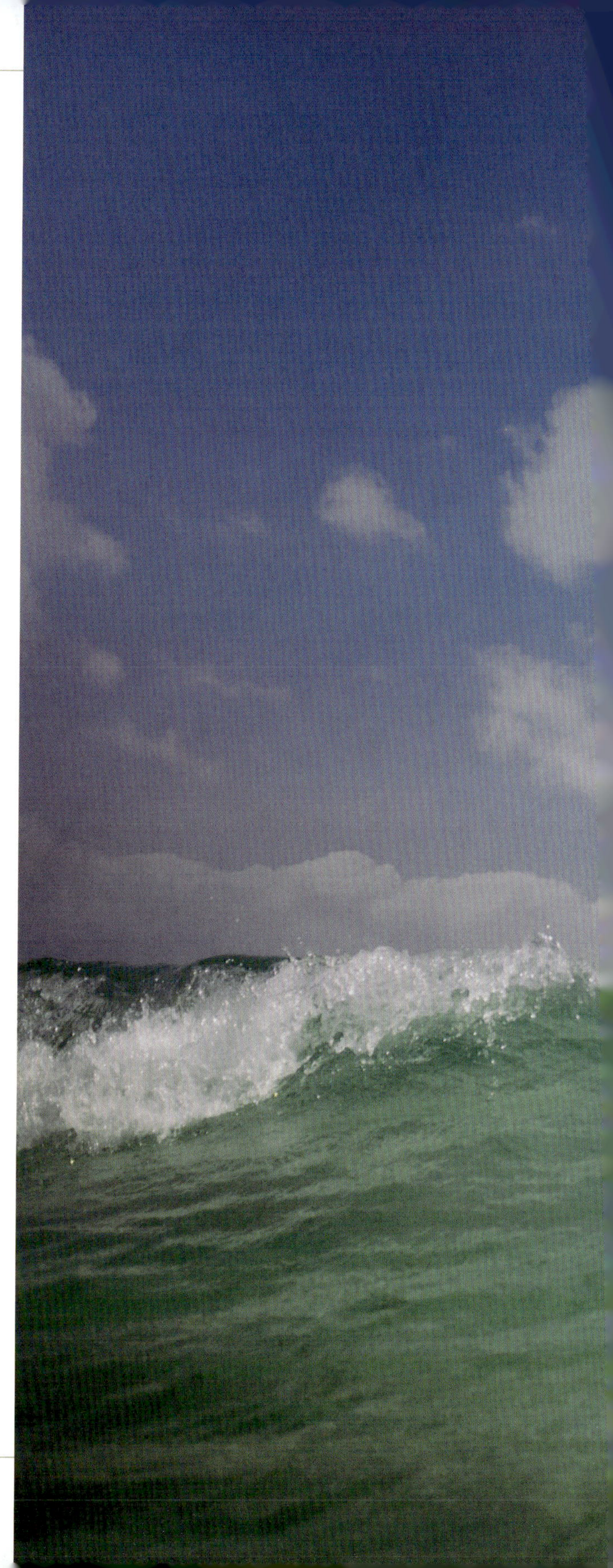

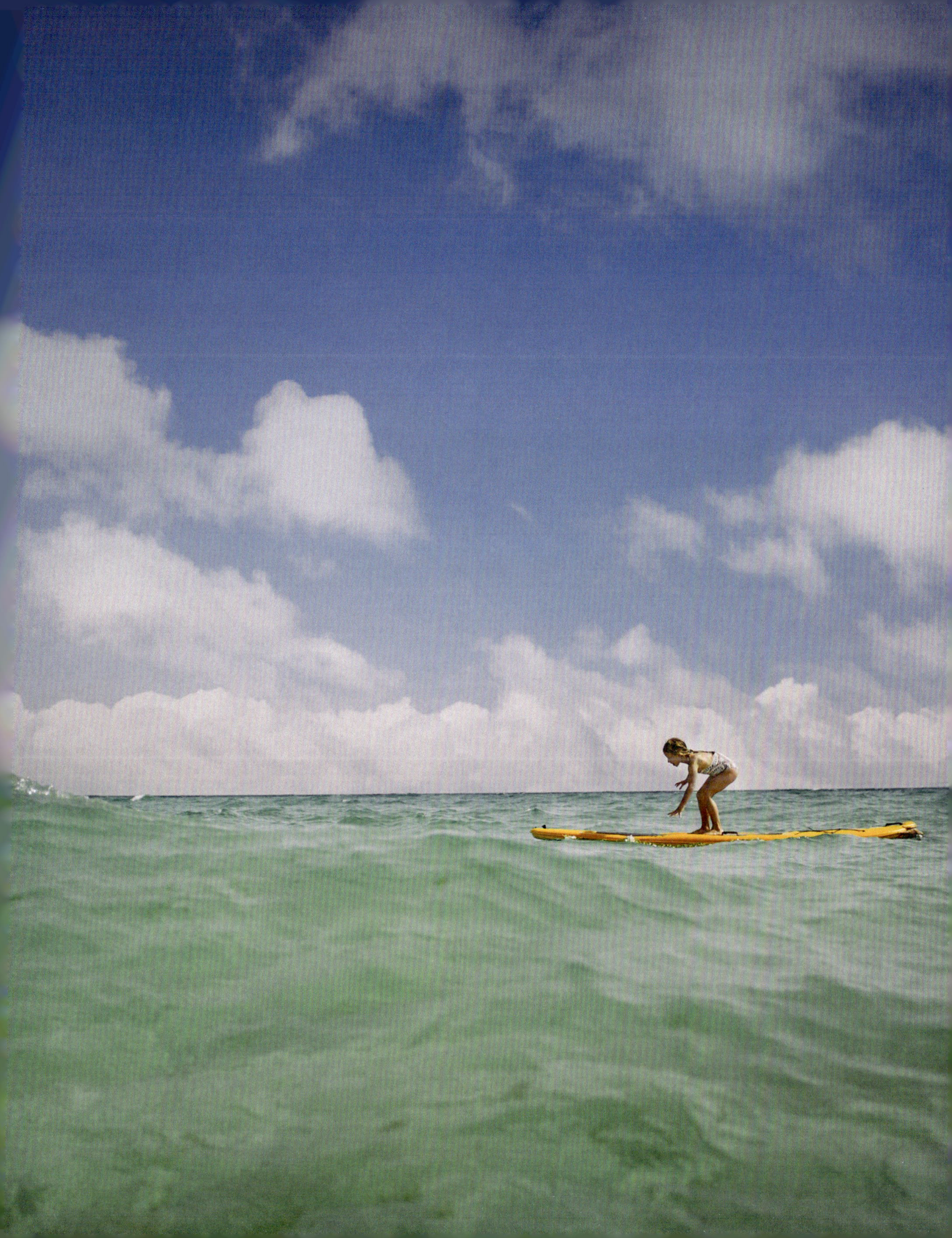

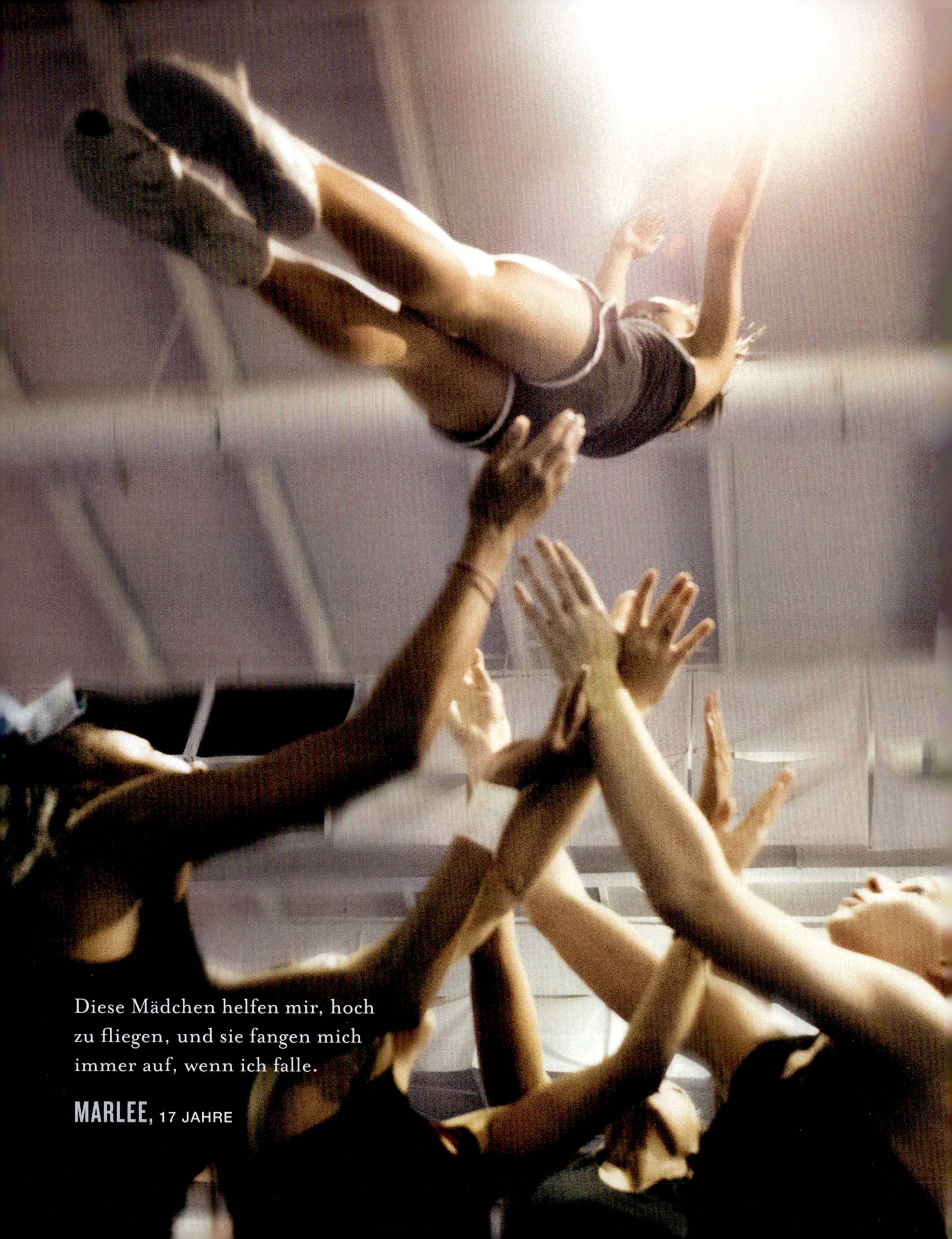

Diese Mädchen helfen mir, hoch zu fliegen, und sie fangen mich immer auf, wenn ich falle.

MARLEE, 17 JAHRE

Wir sind die einzige Mädchenmannschaft in unserer Football-Liga. Es kann einen schon einschüchtern, wenn man doppelt so großen Jungen gegenübersteht. Doch wenn man sich trotzdem traut, verändert das das ganze Leben.

ABBY, 12 JAHRE

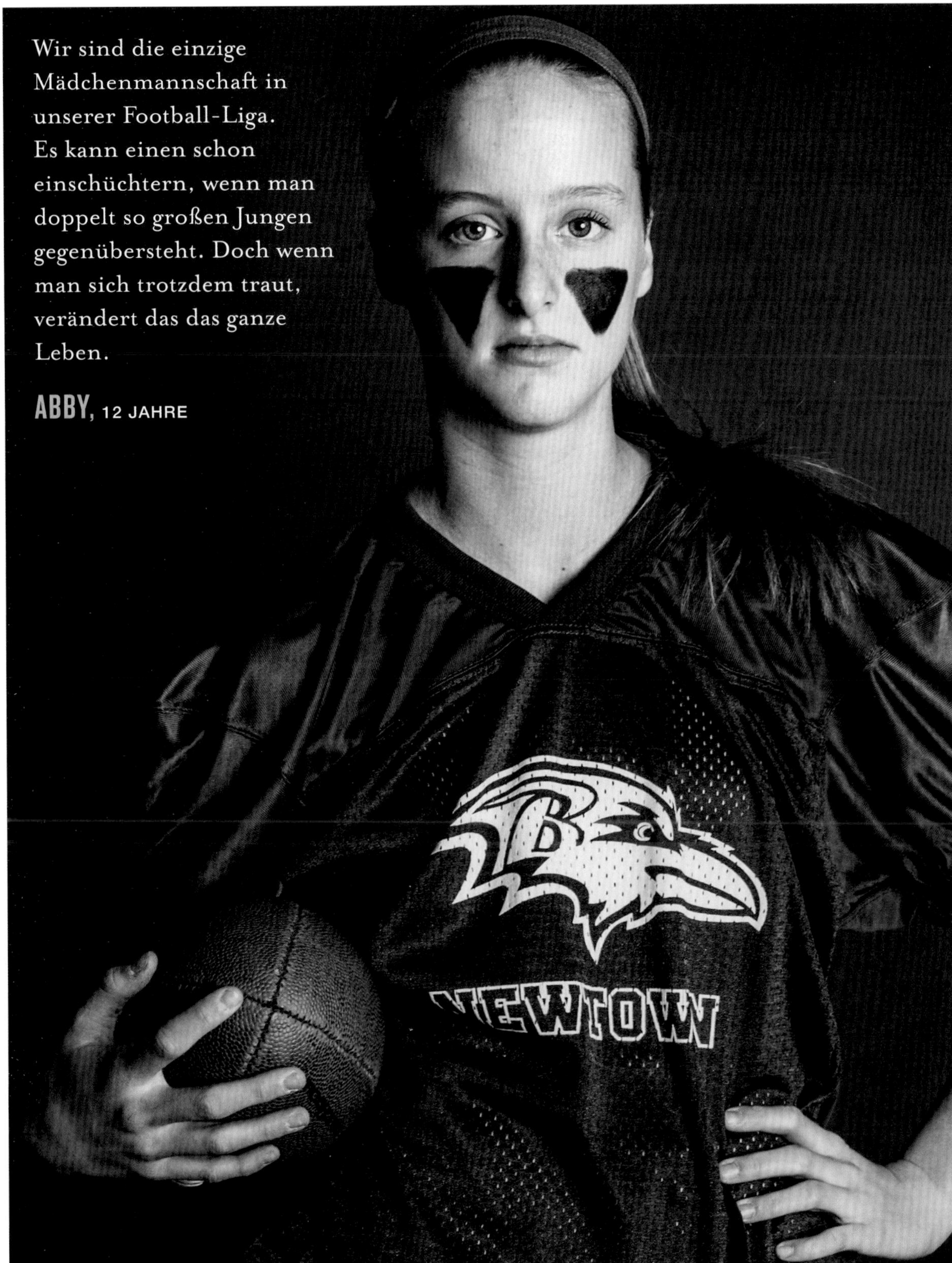

Ich stehe immer wieder auf. Hinfallen und sich gelegentlich richtig wehtun gehört zum Skaten. Ich steige immer wieder auf mein Board und übe weiter. Skaten gibt mir das Gefühl, alles schaffen zu können. Ich glaube daran, dass ich es schaffe, und dann schaffe ich es.

MINNA, 9 JAHRE

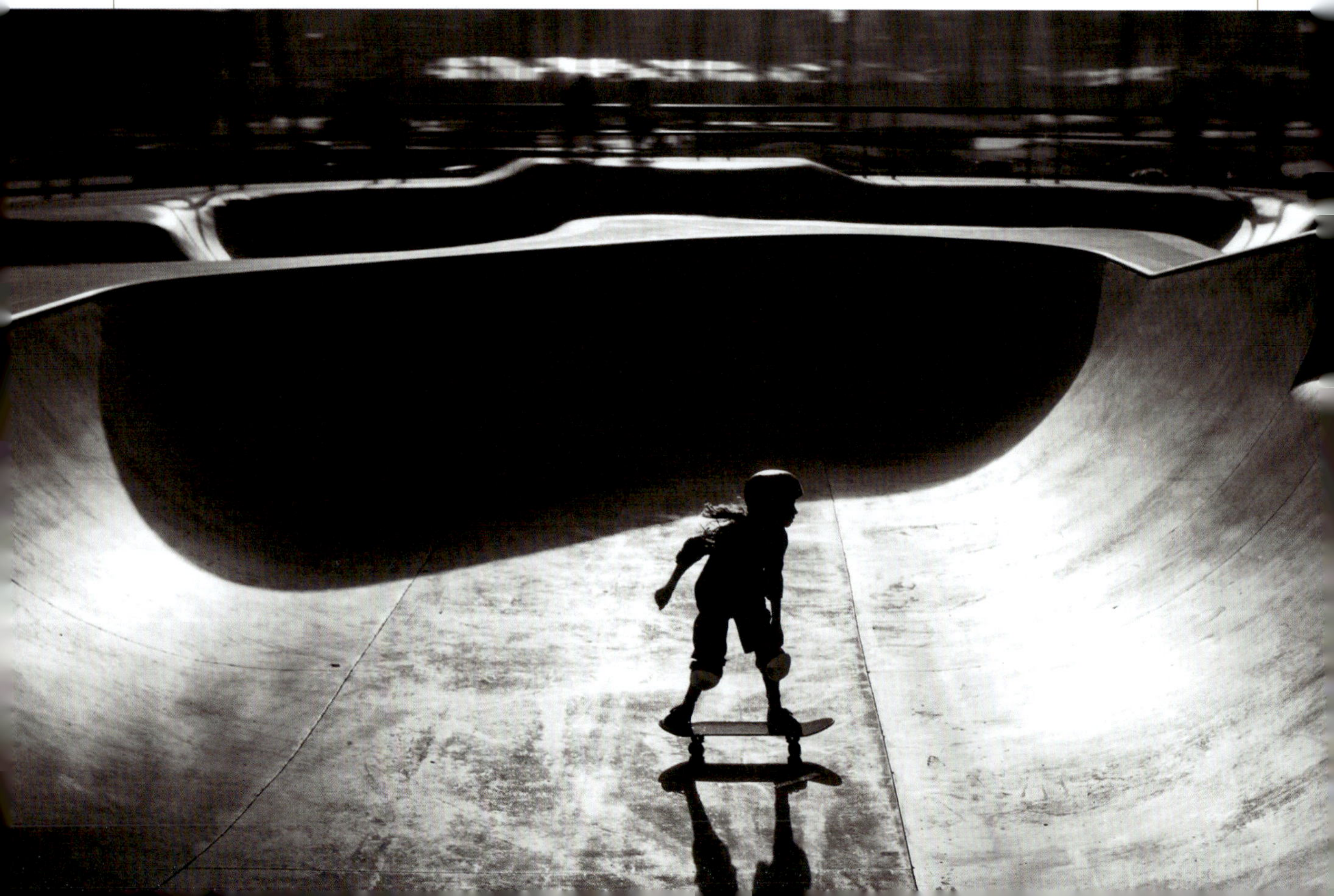

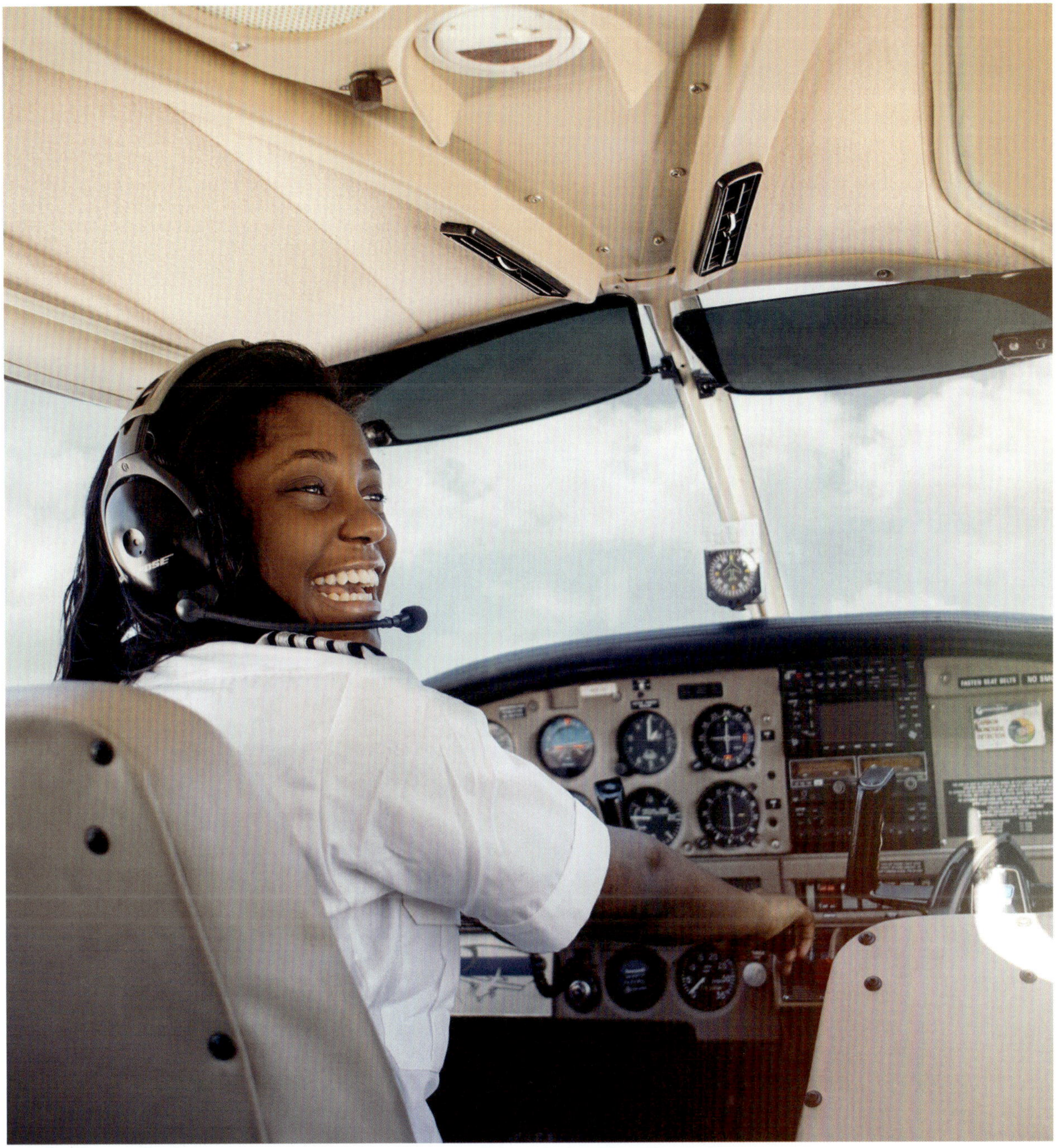

Das Gefühl von Freiheit, die Spannung und Aufregung, wenn ich ins Cockpit steige, kann ich niemandem beschreiben, der nie selbst am Steuerruder gesessen hat. Nach oben gibt es keine Grenze. Nur Himmel.

ARIS, 16 JAHRE

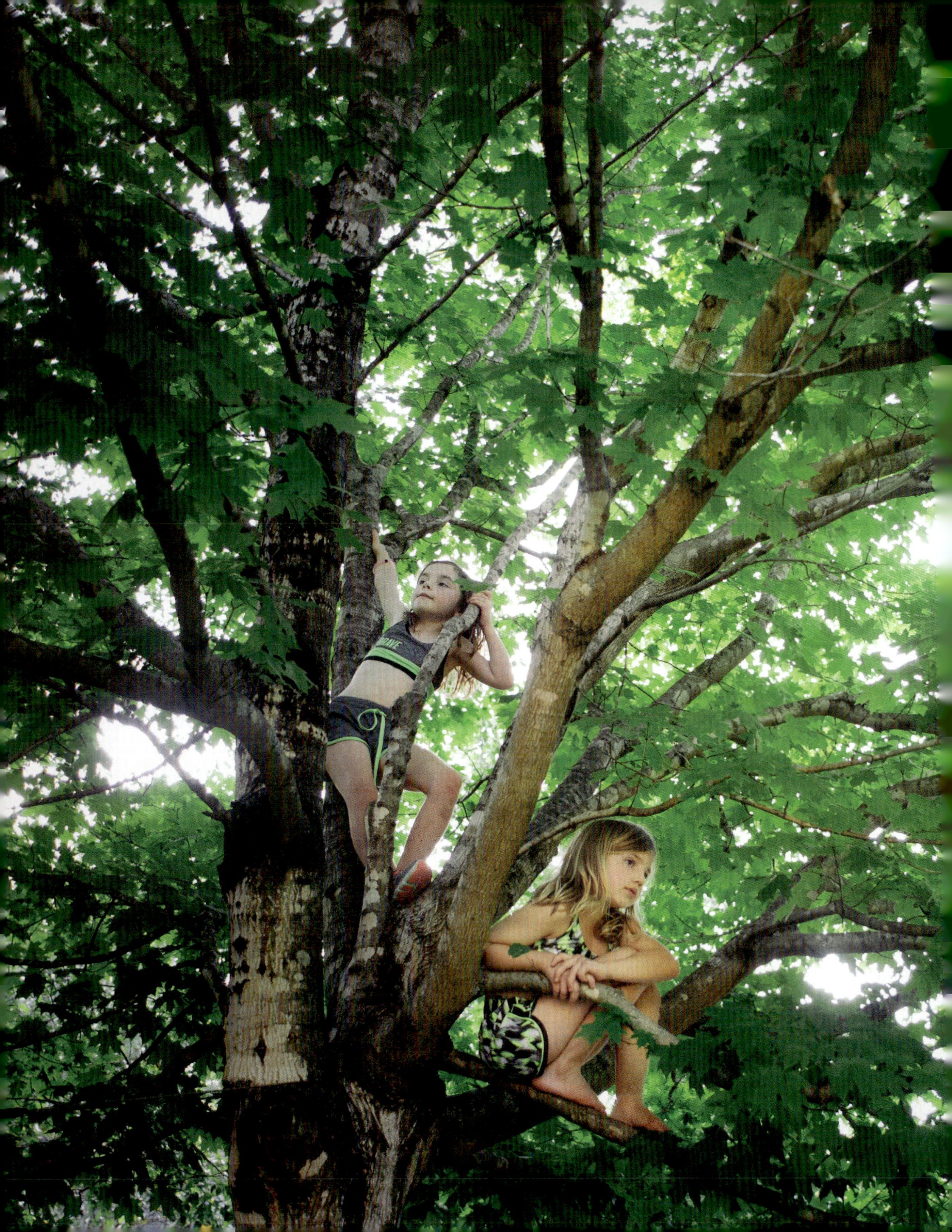

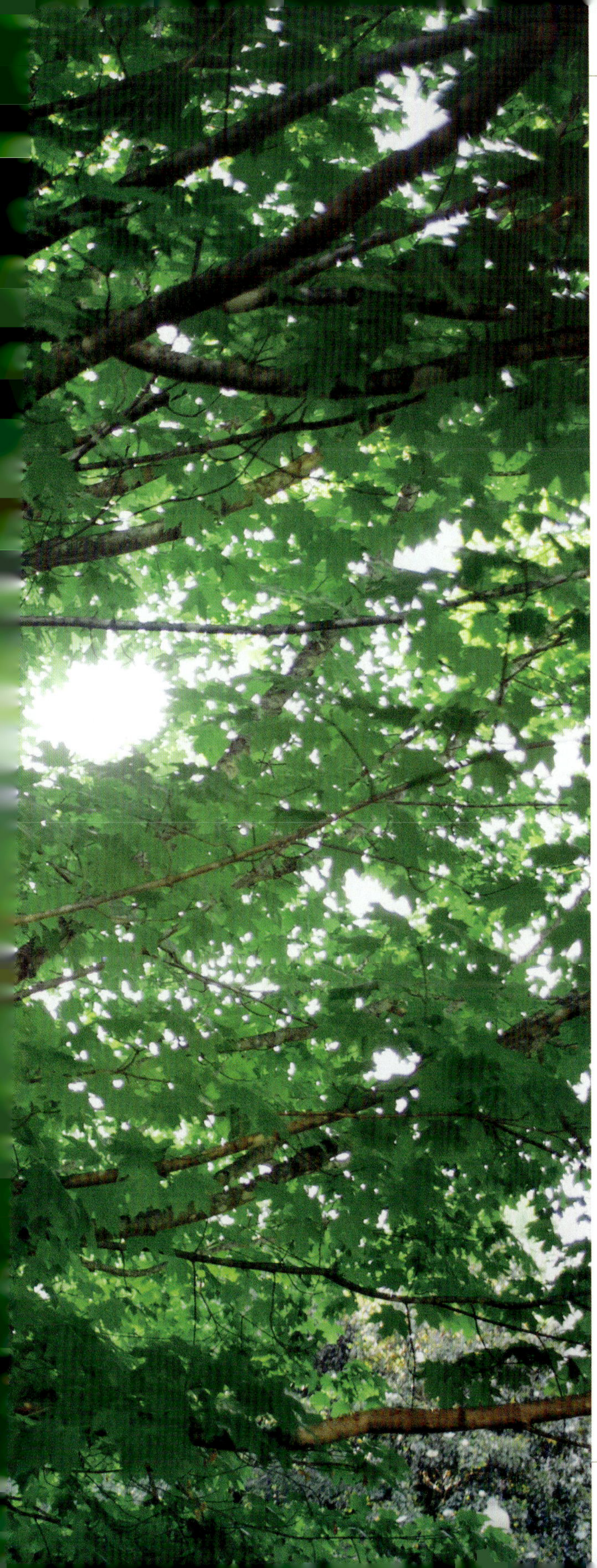

Wir dürfen nicht so hoch klettern.
Doch von hier oben sieht man besser.

EMME, 7 JAHRE

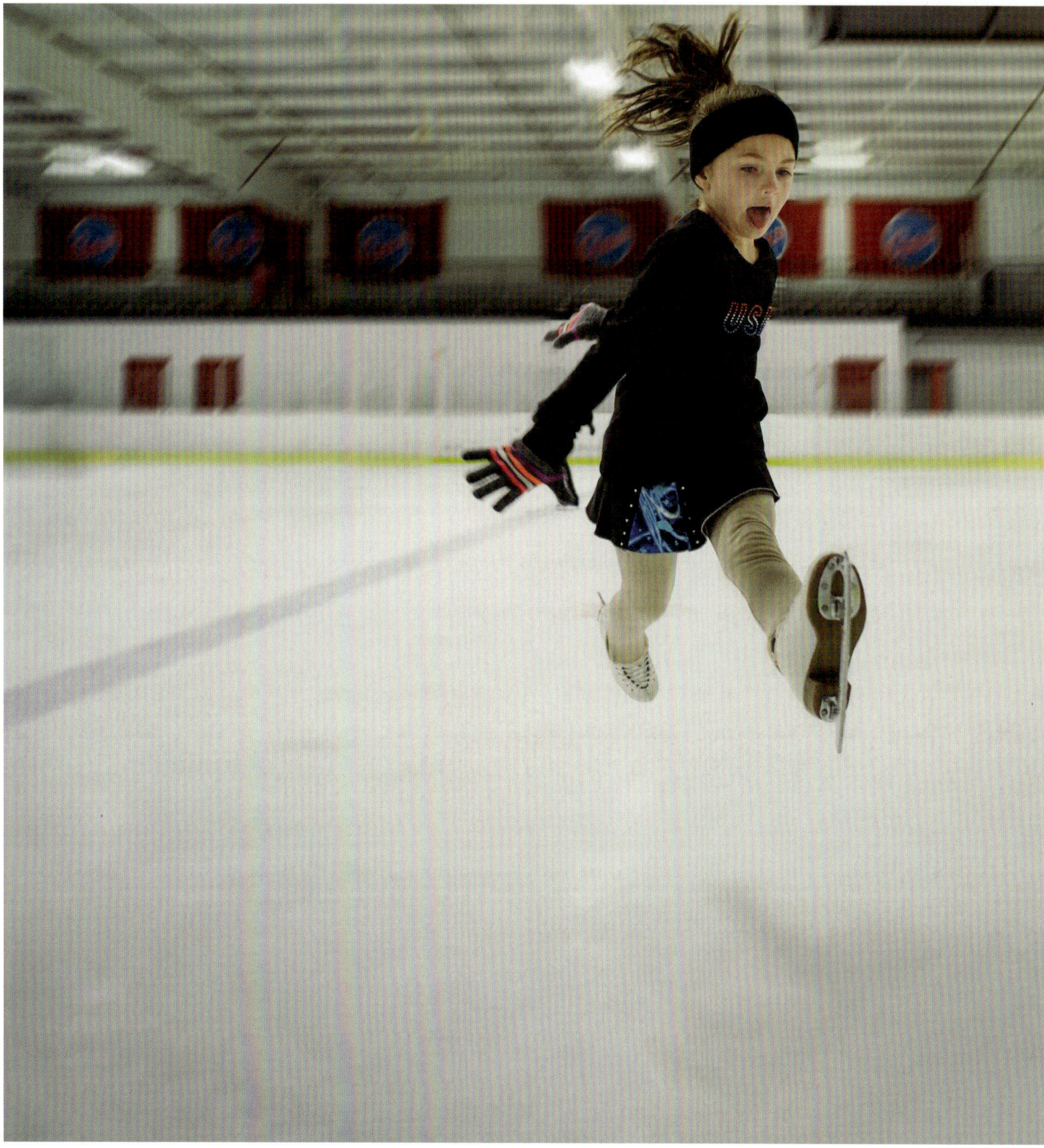

Auch wenn ich mir etwas brechen kann wie damals, als ich mir den Arm gebrochen habe, will ich trotzdem weiter springen.

REED, 6 JAHRE

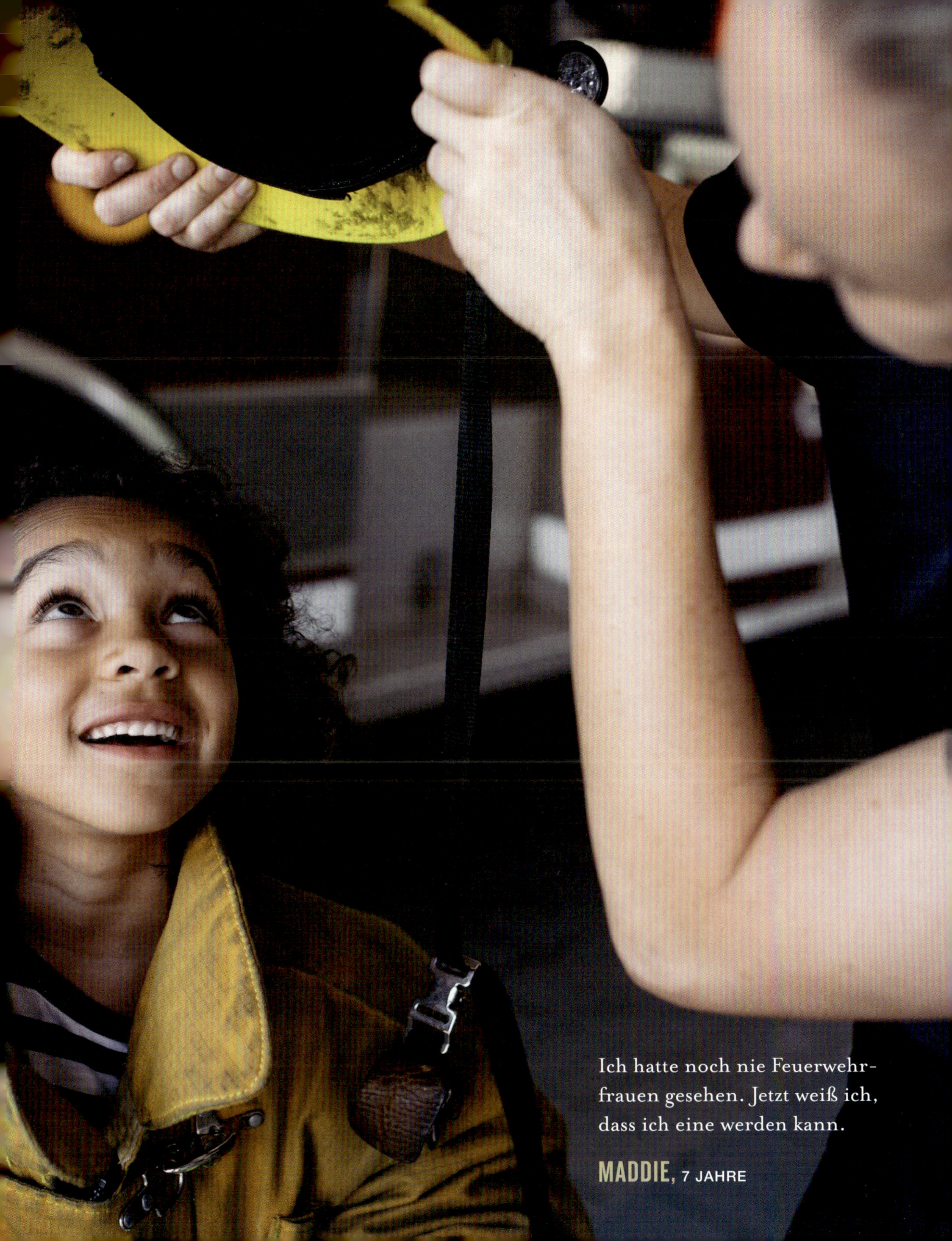

Ich hatte noch nie Feuerwehrfrauen gesehen. Jetzt weiß ich, dass ich eine werden kann.

MADDIE, 7 JAHRE

Meine Freunde sagen, ich sei verrückt.
Aber ich bin nur ich.

ELLA, 10 JAHRE

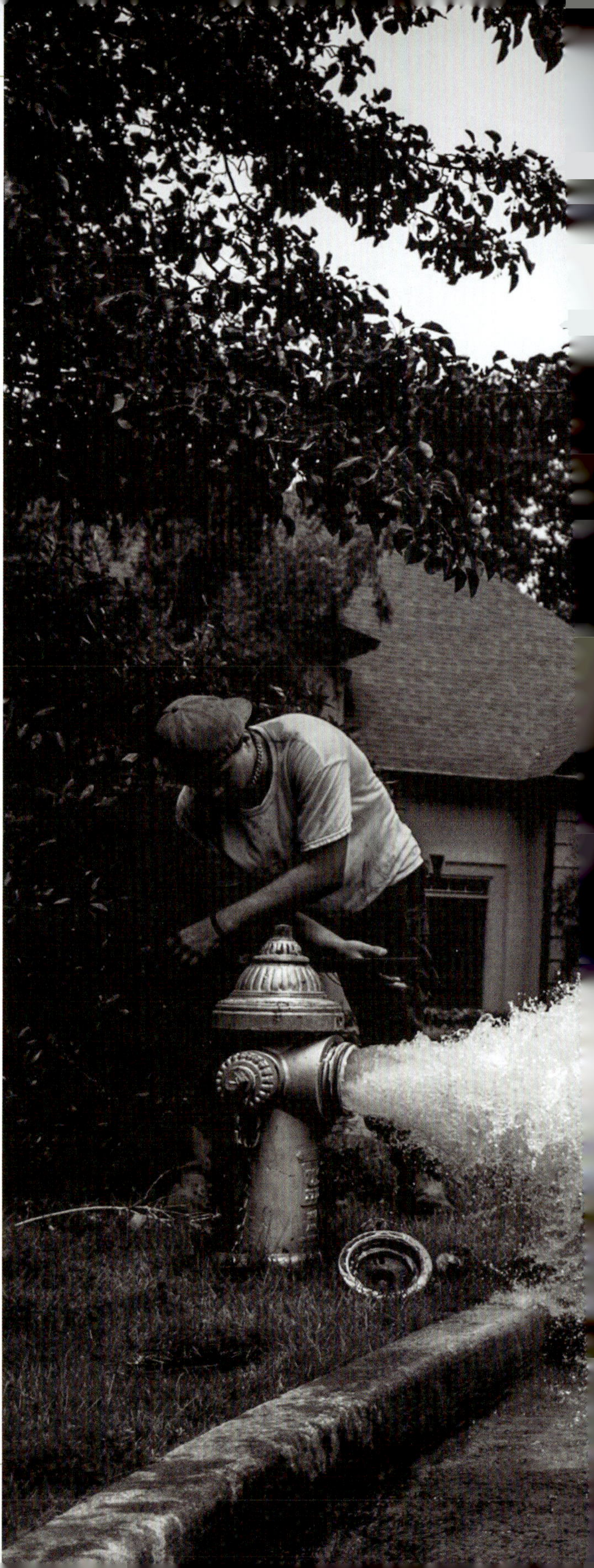

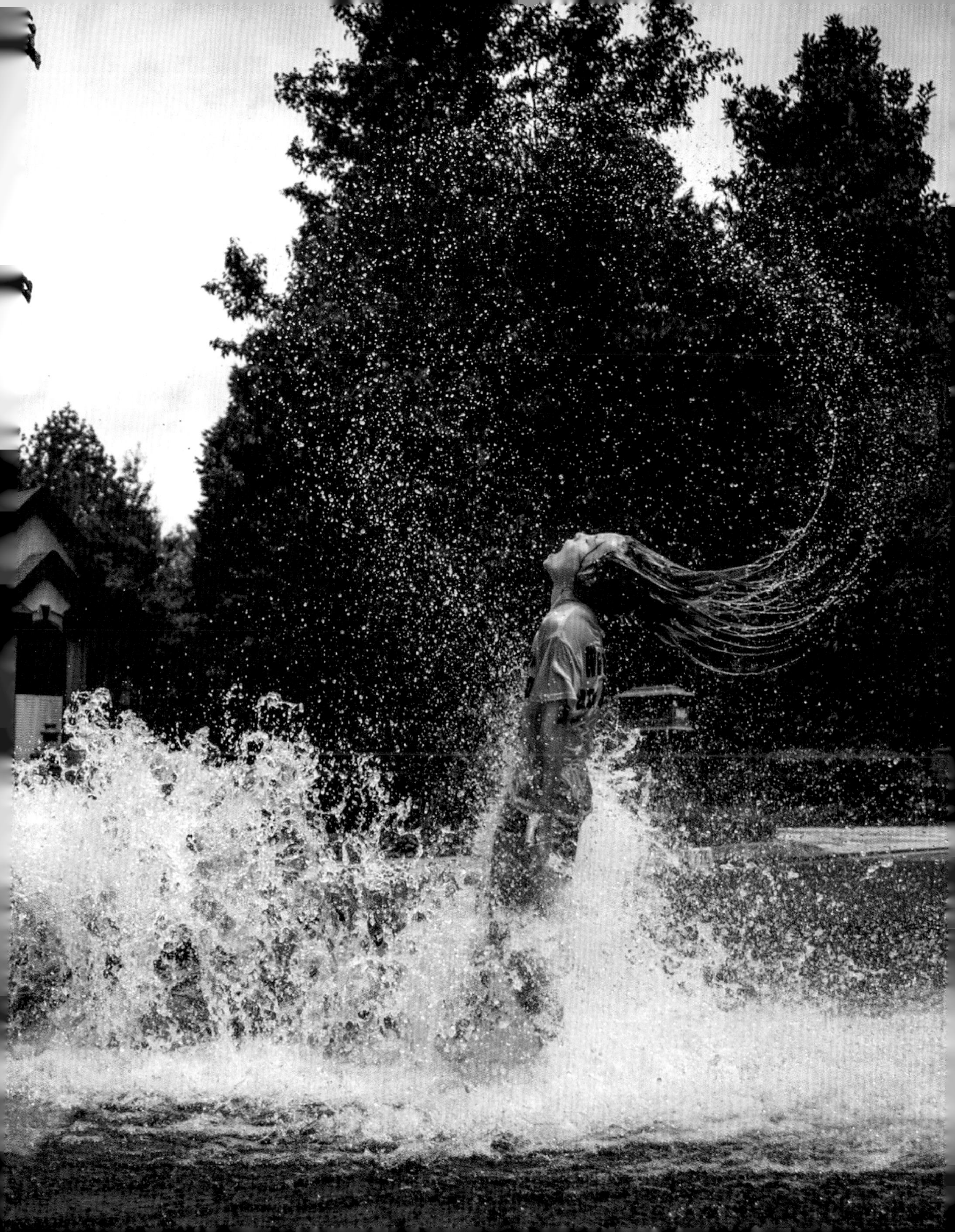

Ich träume davon, Profi-Läuferin zu werden. Ich bin richtig gut und finde es toll.

HANNA, 10 JAHRE

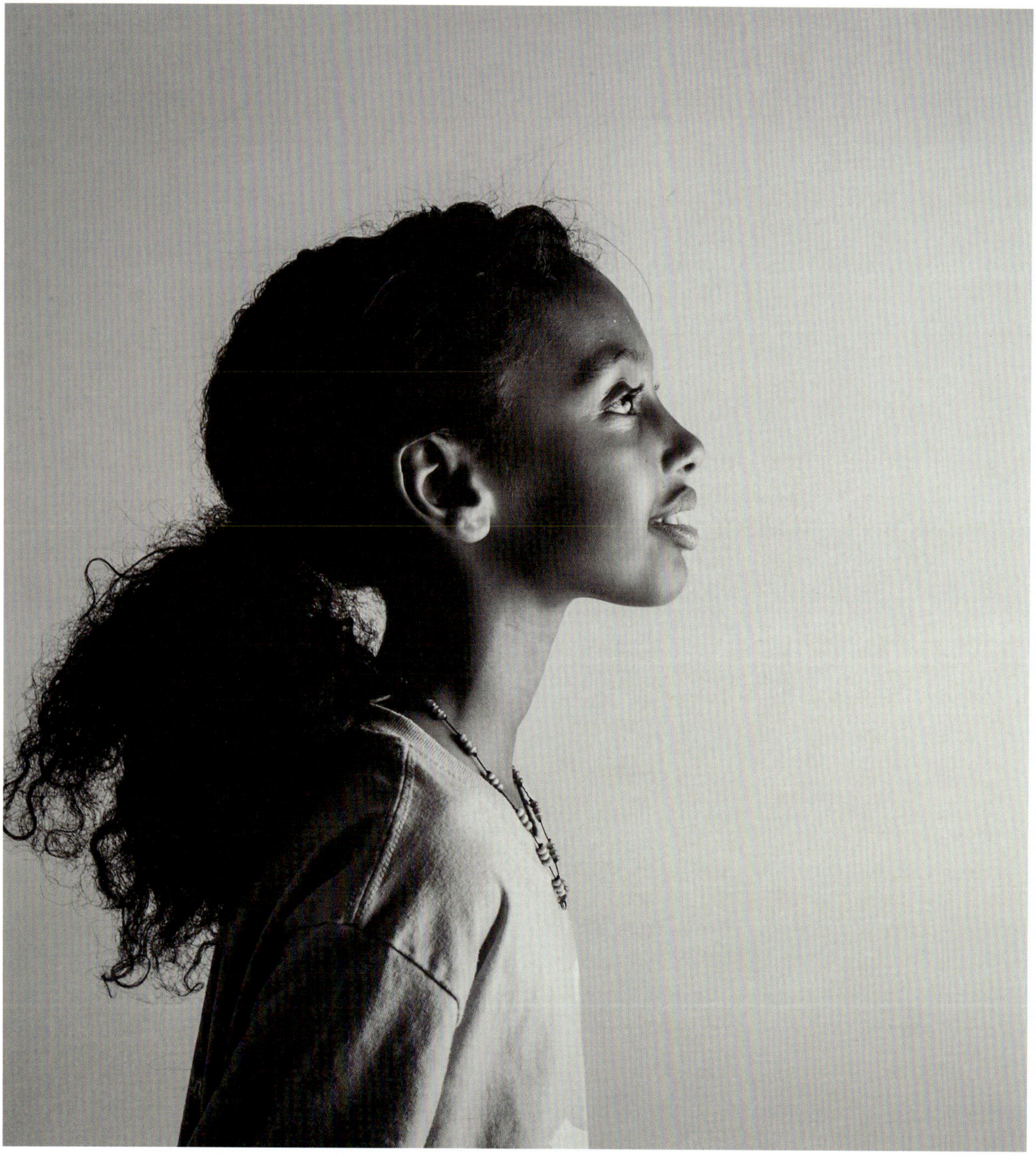

Ich suche tief im Wasser nach Münzen. Je tiefer ich tauche, desto dunkler und kälter wird es, doch wenn ich etwas finde, entschädigt mich das für alles.

MADISON, 11 JAHRE

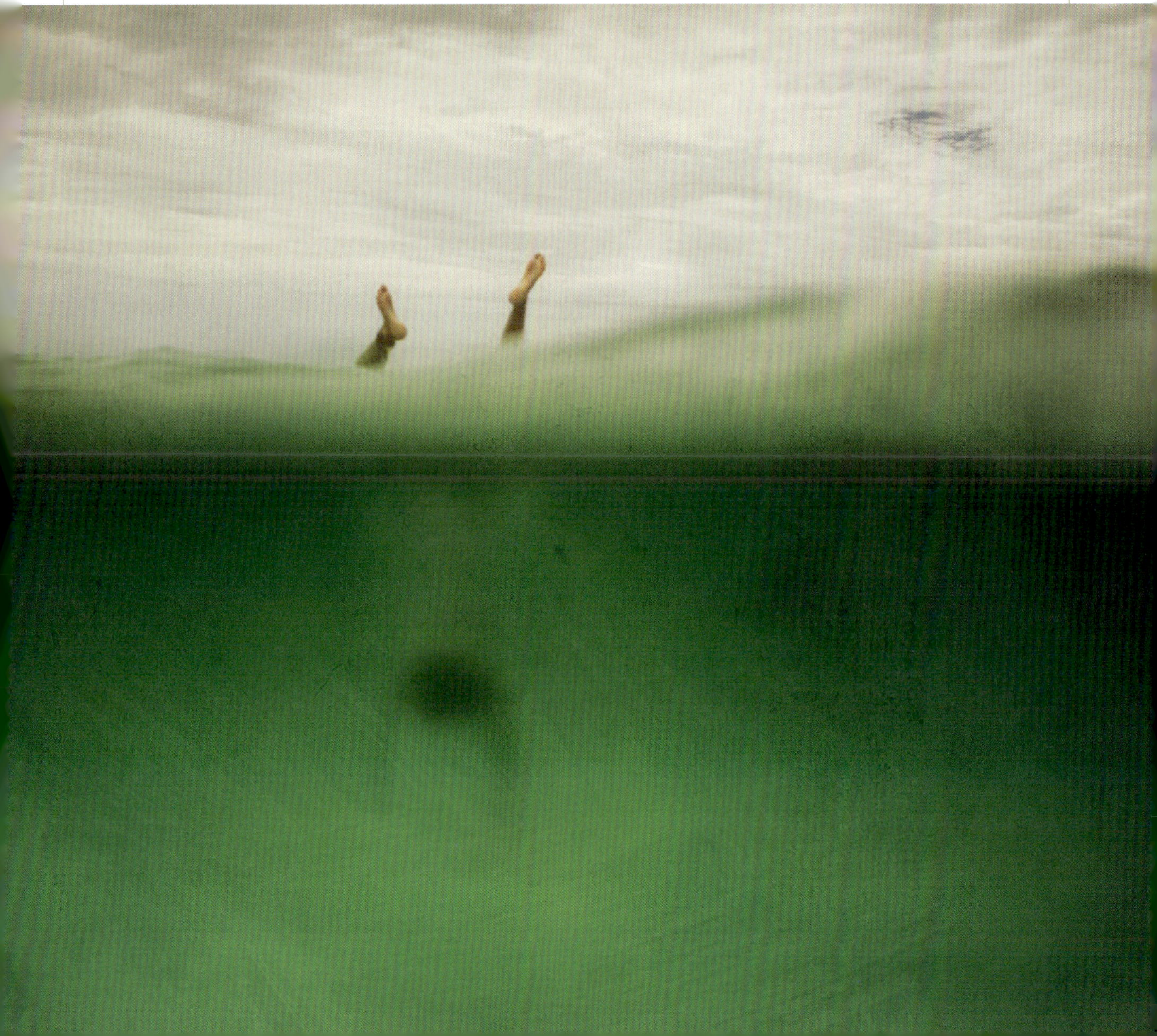

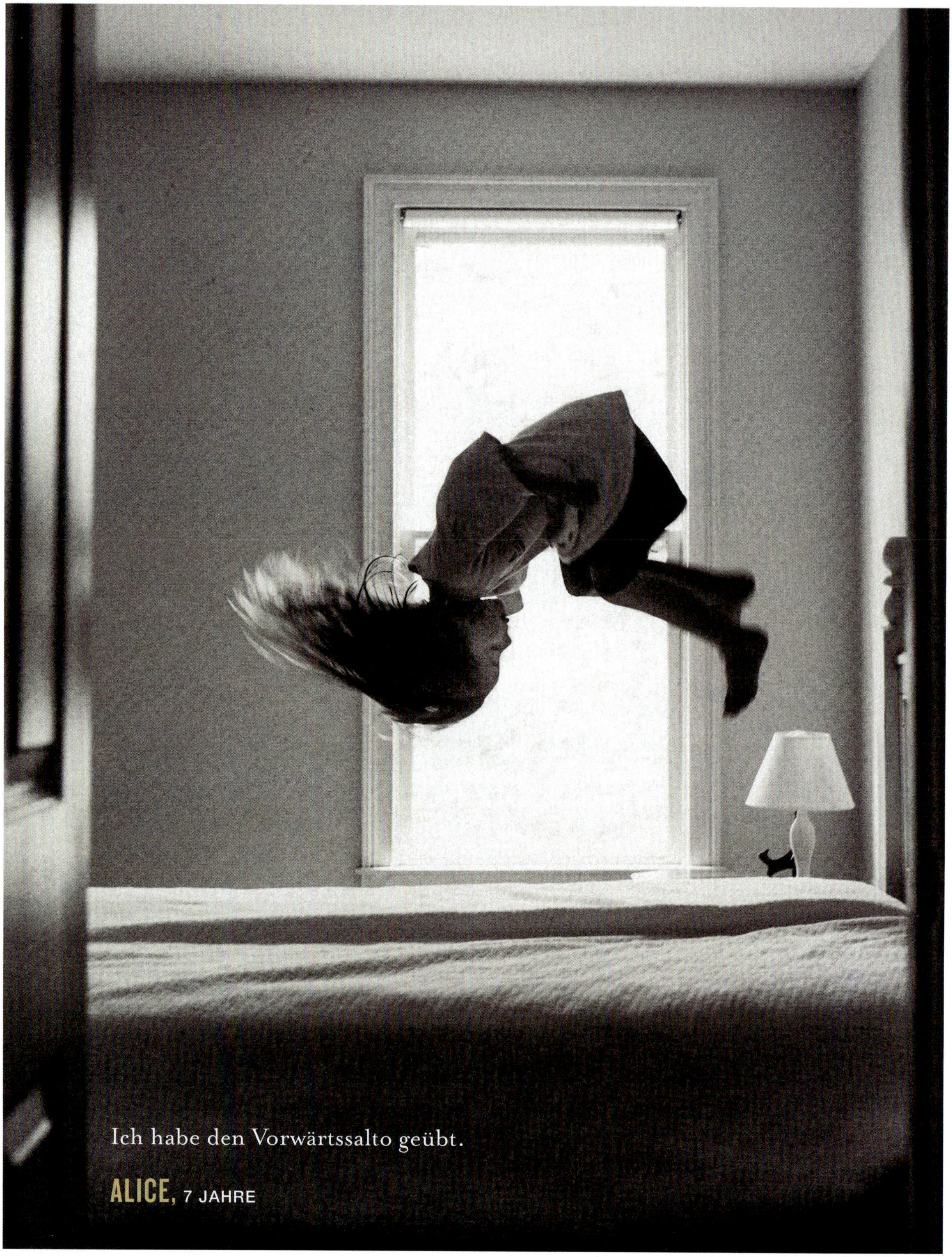

Ich habe den Vorwärtssalto geübt.

ALICE, 7 JAHRE

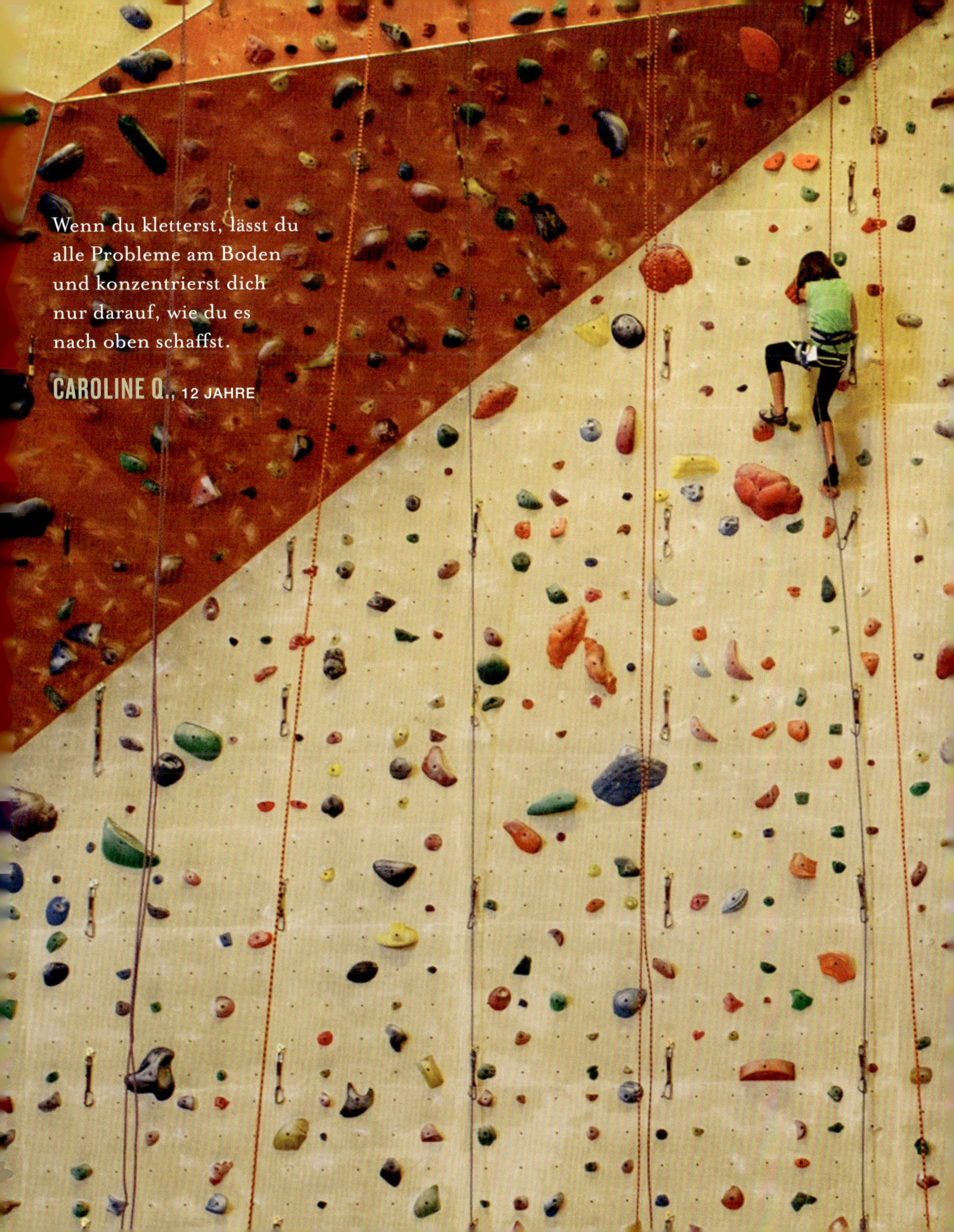

Wenn du kletterst, lässt du alle Probleme am Boden und konzentrierst dich nur darauf, wie du es nach oben schaffst.

CAROLINE Q., 12 JAHRE

ICH KANN ECHT LAUT SEIN, UND WENN ICH GLÜCKLICH BIN, SCHREIE ICH SO LAUT ICH KANN.

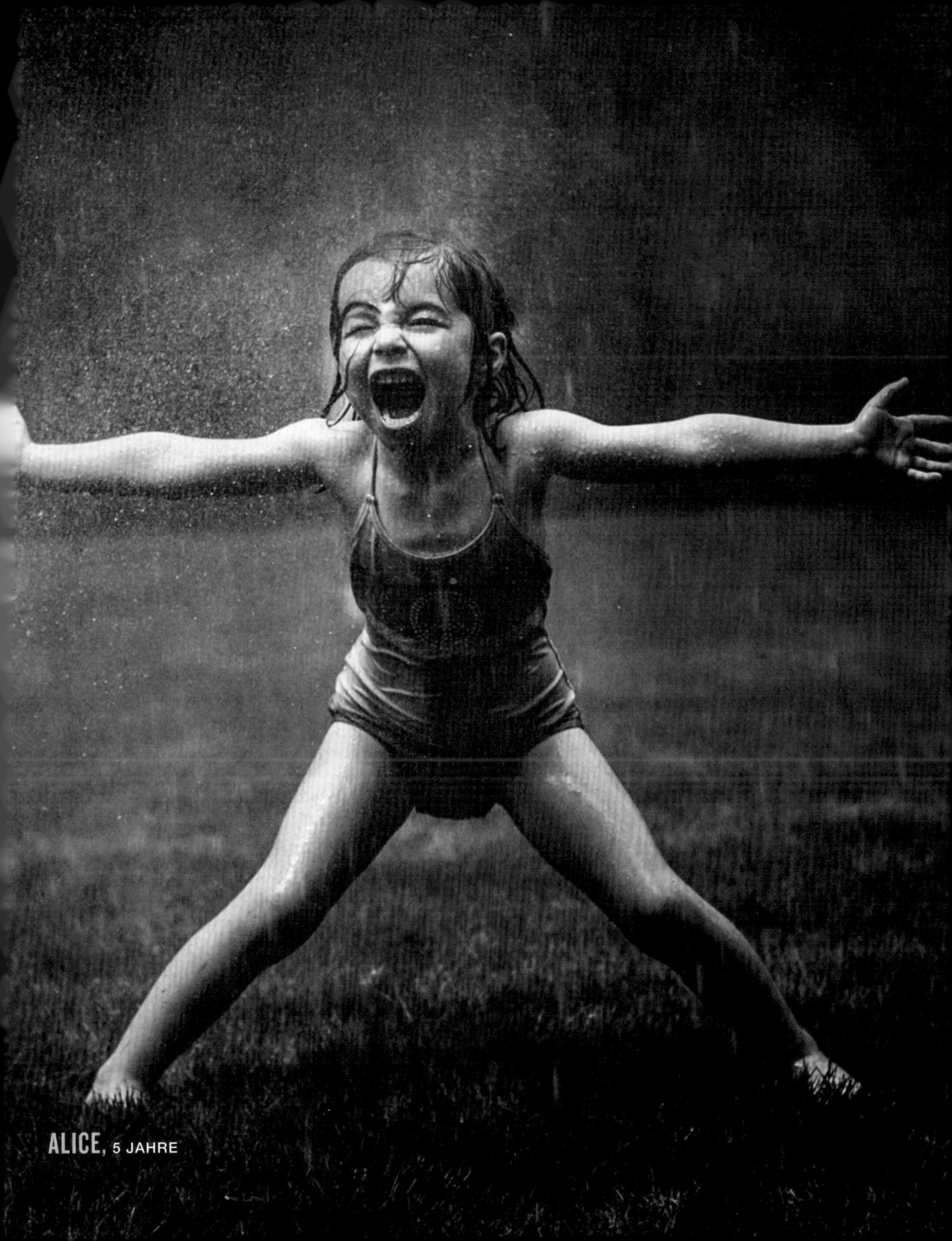

ALICE, 5 JAHRE

Obwohl wir uns überhaupt nicht kannten, waren wir aufeinander angewiesen, um den Hindernisparcours zu schaffen. Am Anfang hatten wir Angst vor dem Parcours, aber wir haben uns getraut, weil wir wussten, dass wir den Menschen vertrauen können, die wir gerade erst kennengelernt hatten.

DAIJA, 17 JAHRE

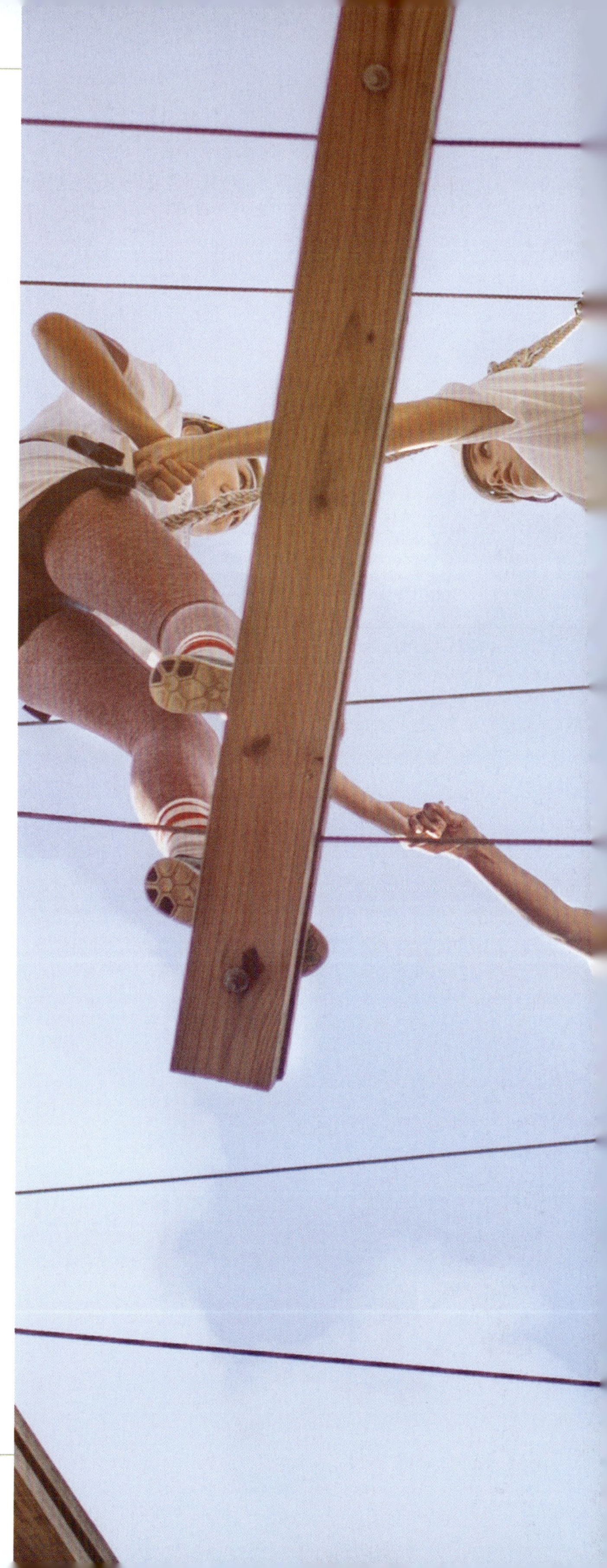

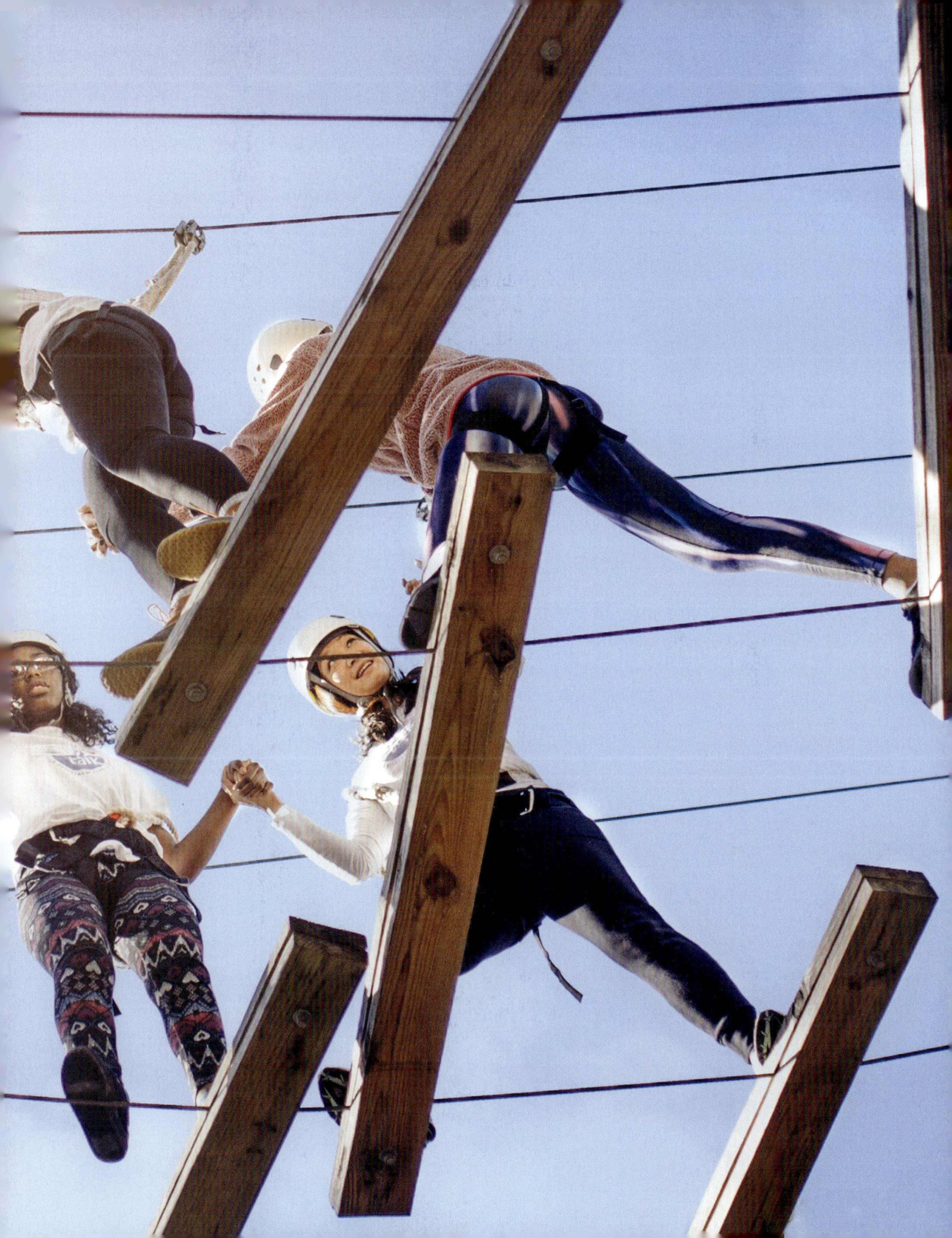

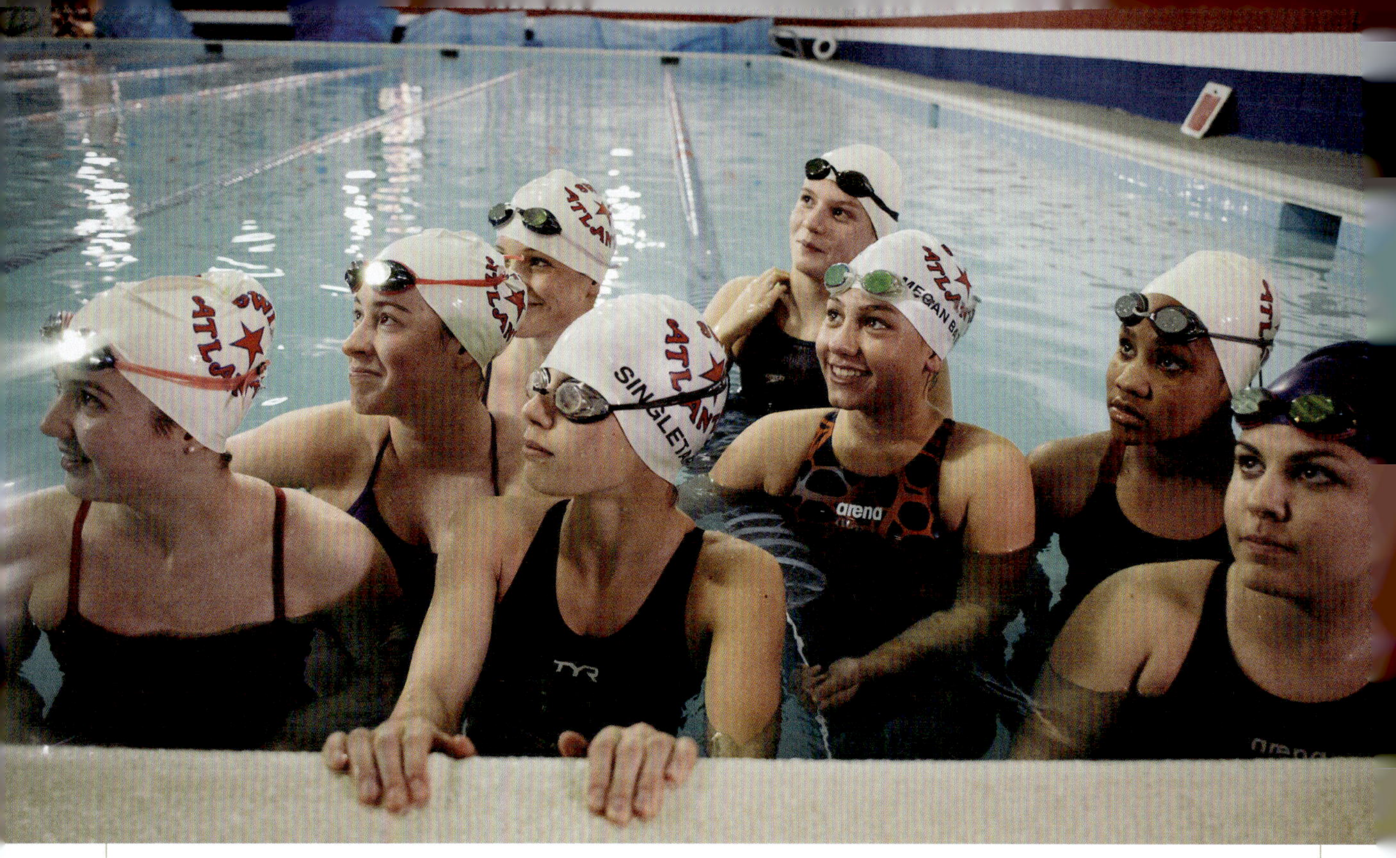

Starke Menschen lassen sich nicht über ihre Ziele definieren, denn Ziele sind nur Grenzen.

MEGAN S., 17 JAHRE

Tanz ist ein Weg, um sich auszudrücken und darüber hinaus eine Beziehung zu anderen Menschen aufzubauen, die intensiv und bedeutungsvoll ist.

TEAGAN, 12 JAHRE

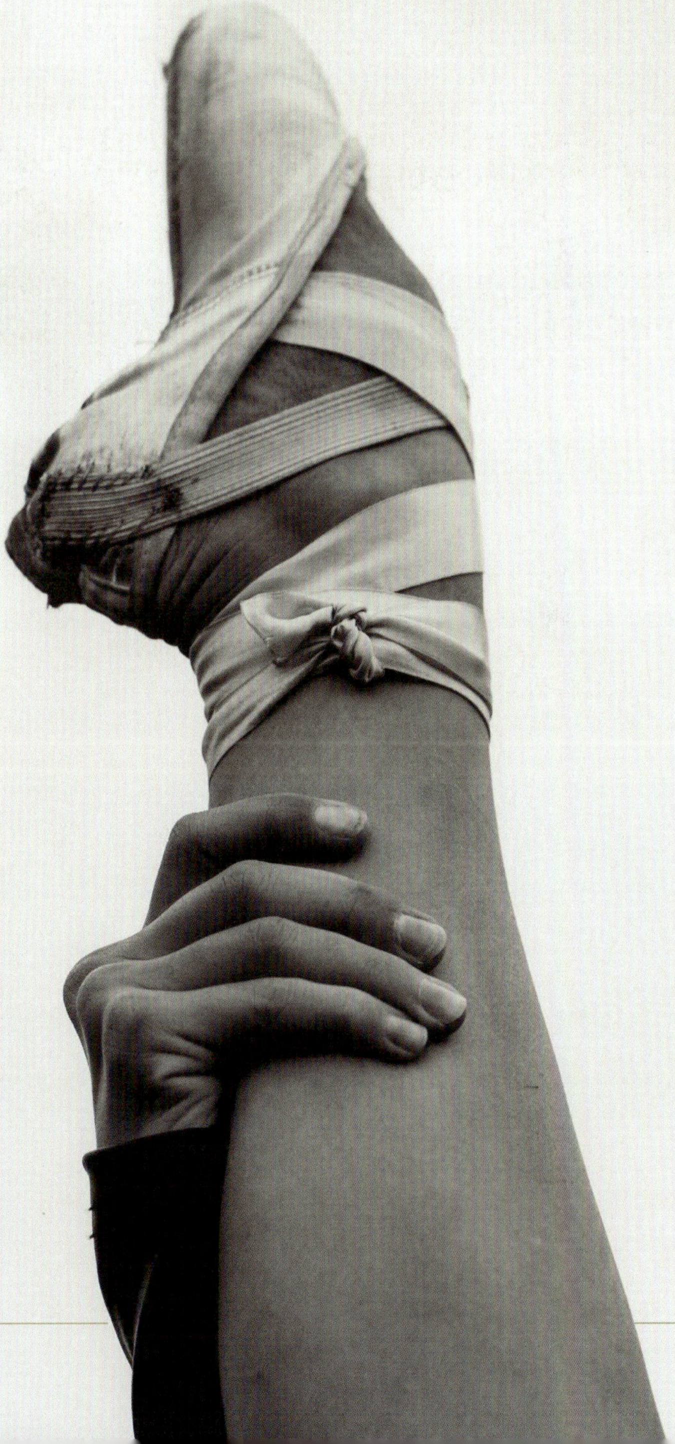

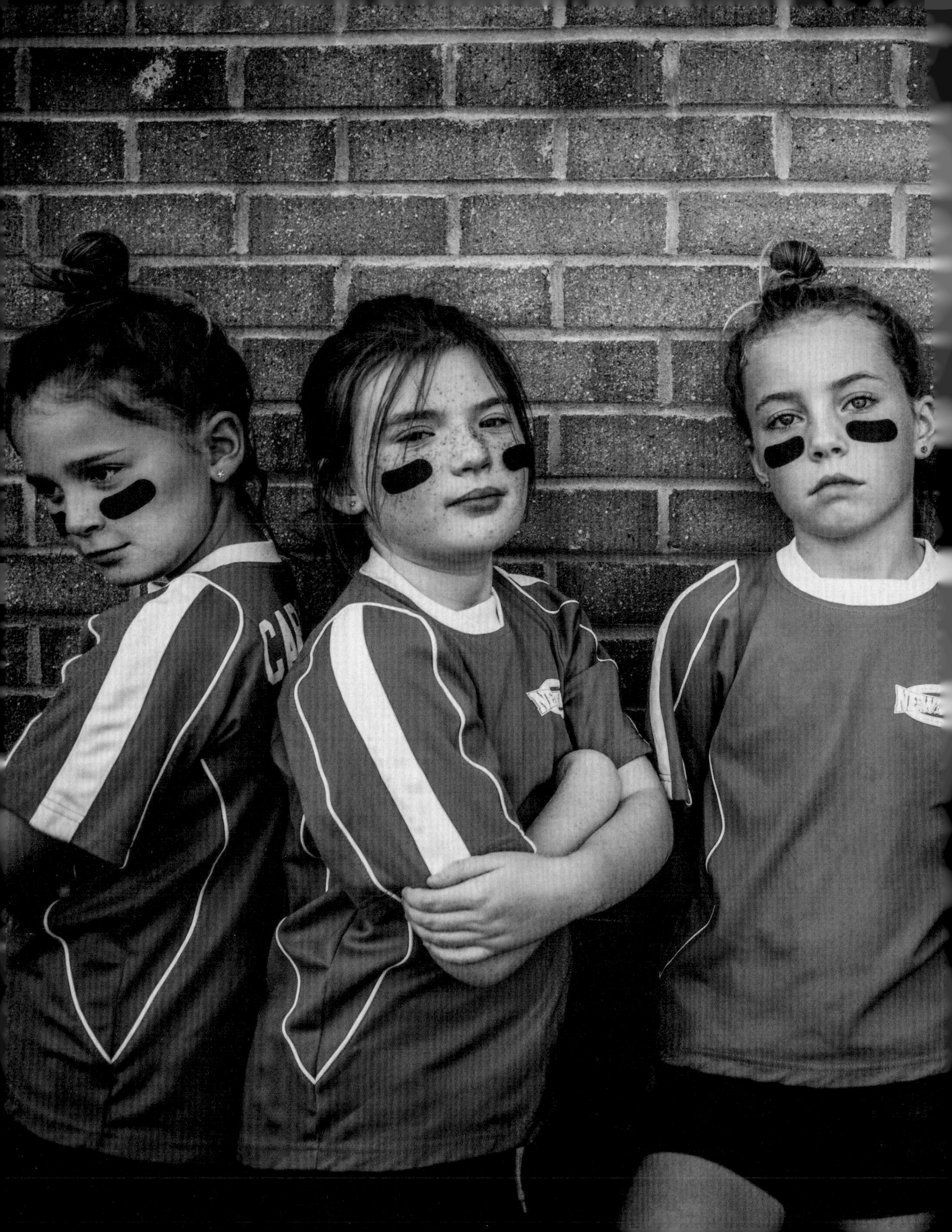

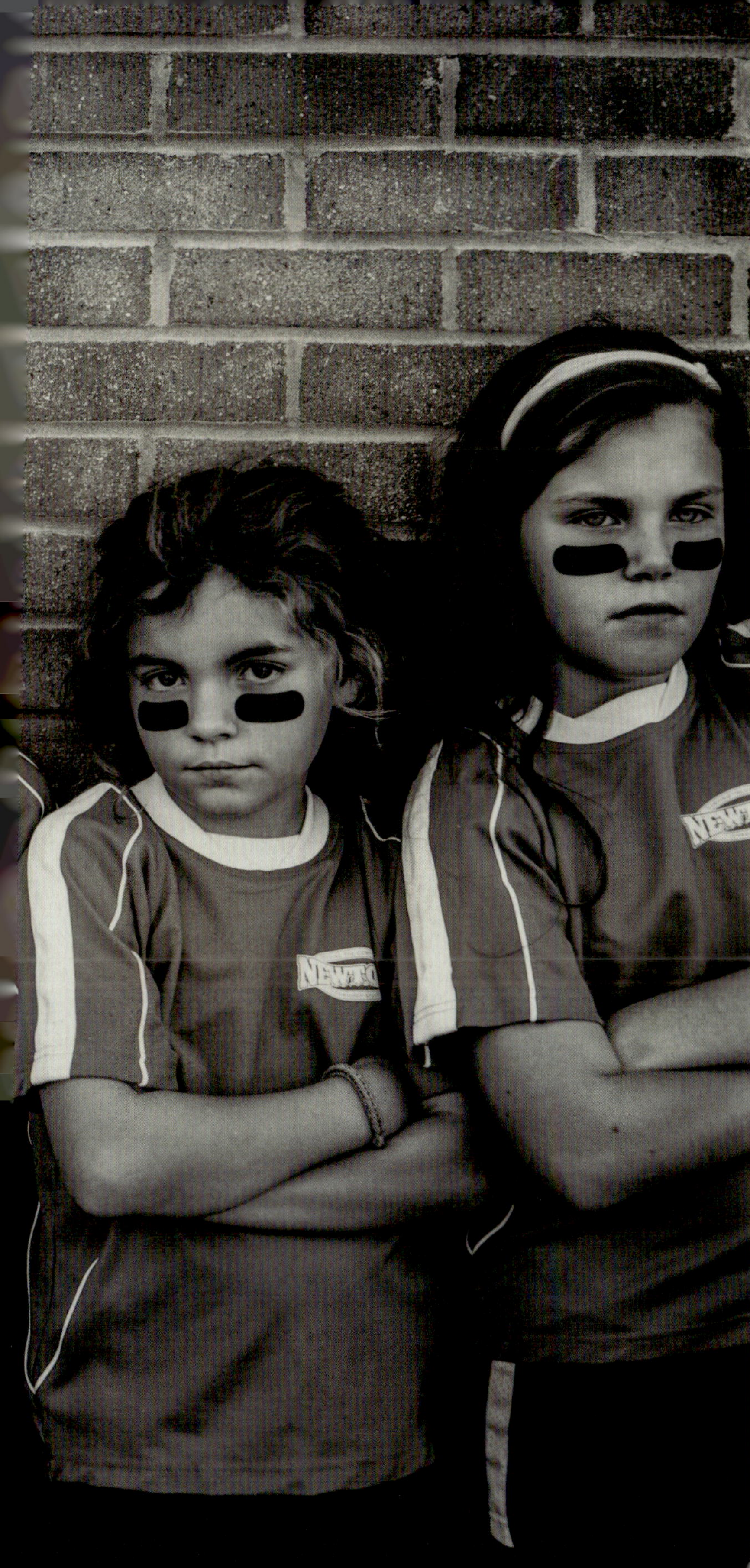

Wir sind ungeschlagen und wollen es auch bleiben.

OLIVIA J., 9 JAHRE

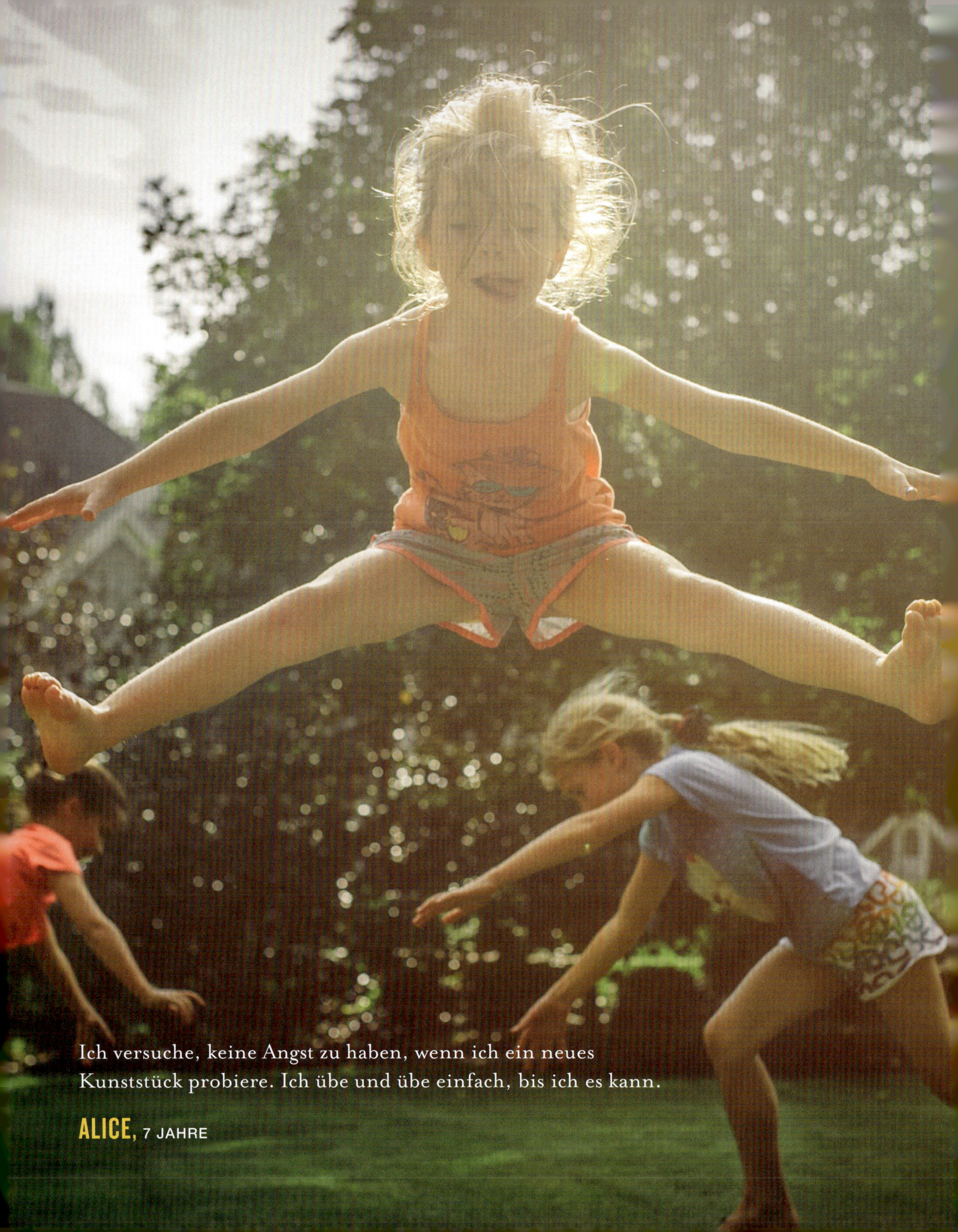

Ich versuche, keine Angst zu haben, wenn ich ein neues Kunststück probiere. Ich übe und übe einfach, bis ich es kann.

ALICE, 7 JAHRE

Ich mache mir keine Gedanken über meine Konkurrentinnen. Für mich zählt nur der Wettkampf mit mir selbst.

JESSICA, 18 JAHRE

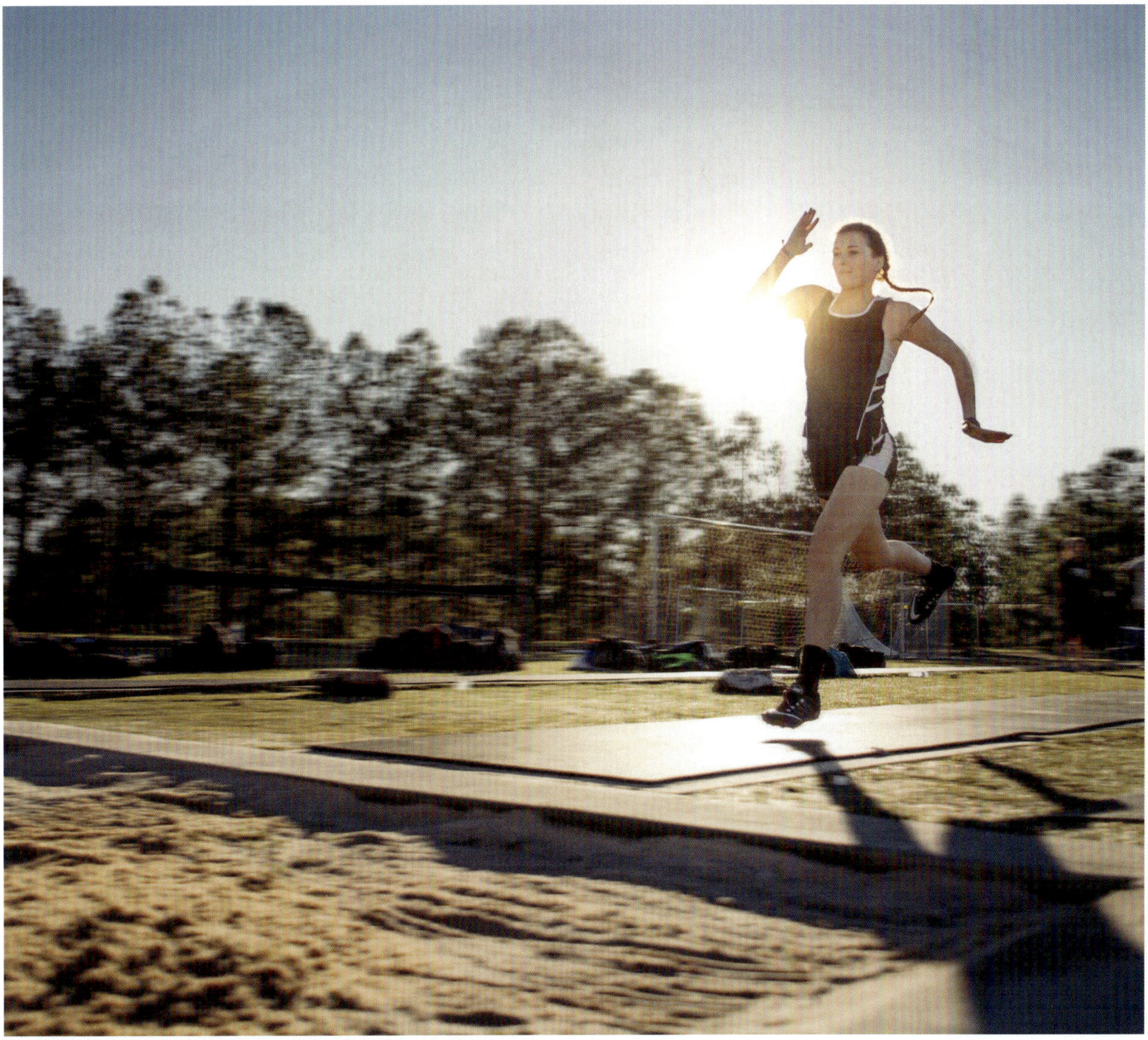

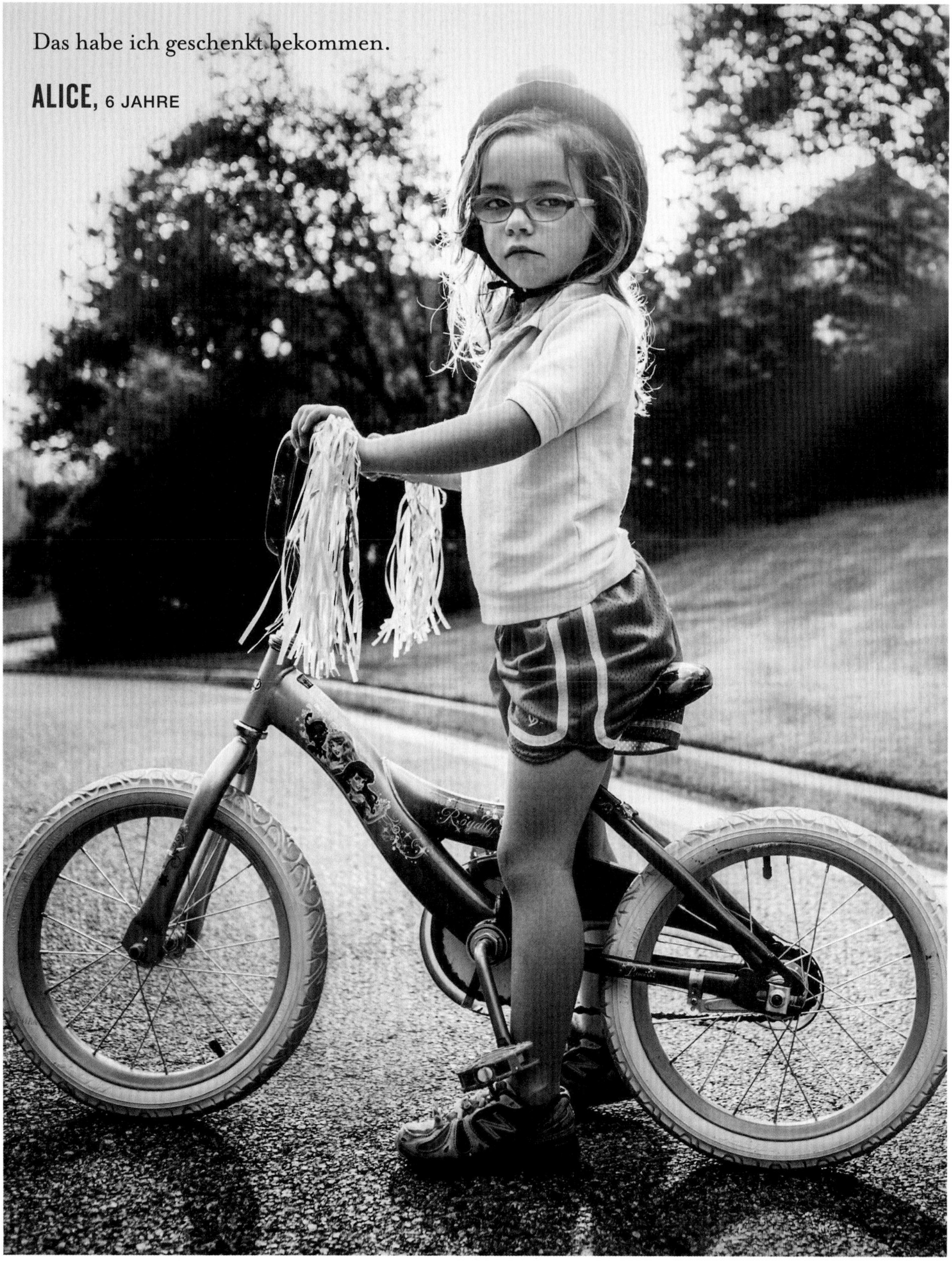

Das habe ich geschenkt bekommen.

ALICE, 6 JAHRE

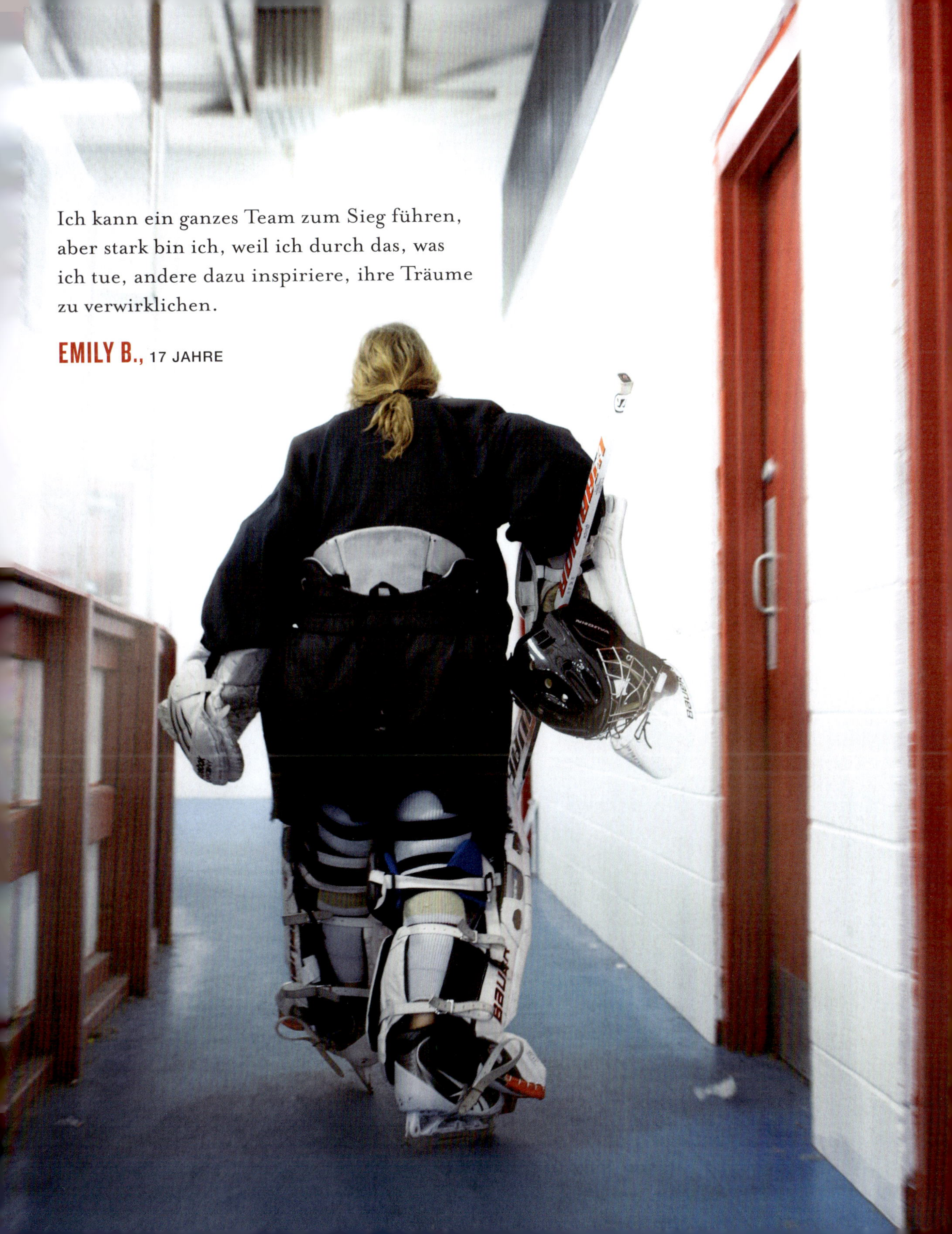

Ich kann ein ganzes Team zum Sieg führen, aber stark bin ich, weil ich durch das, was ich tue, andere dazu inspiriere, ihre Träume zu verwirklichen.

EMILY B., 17 JAHRE

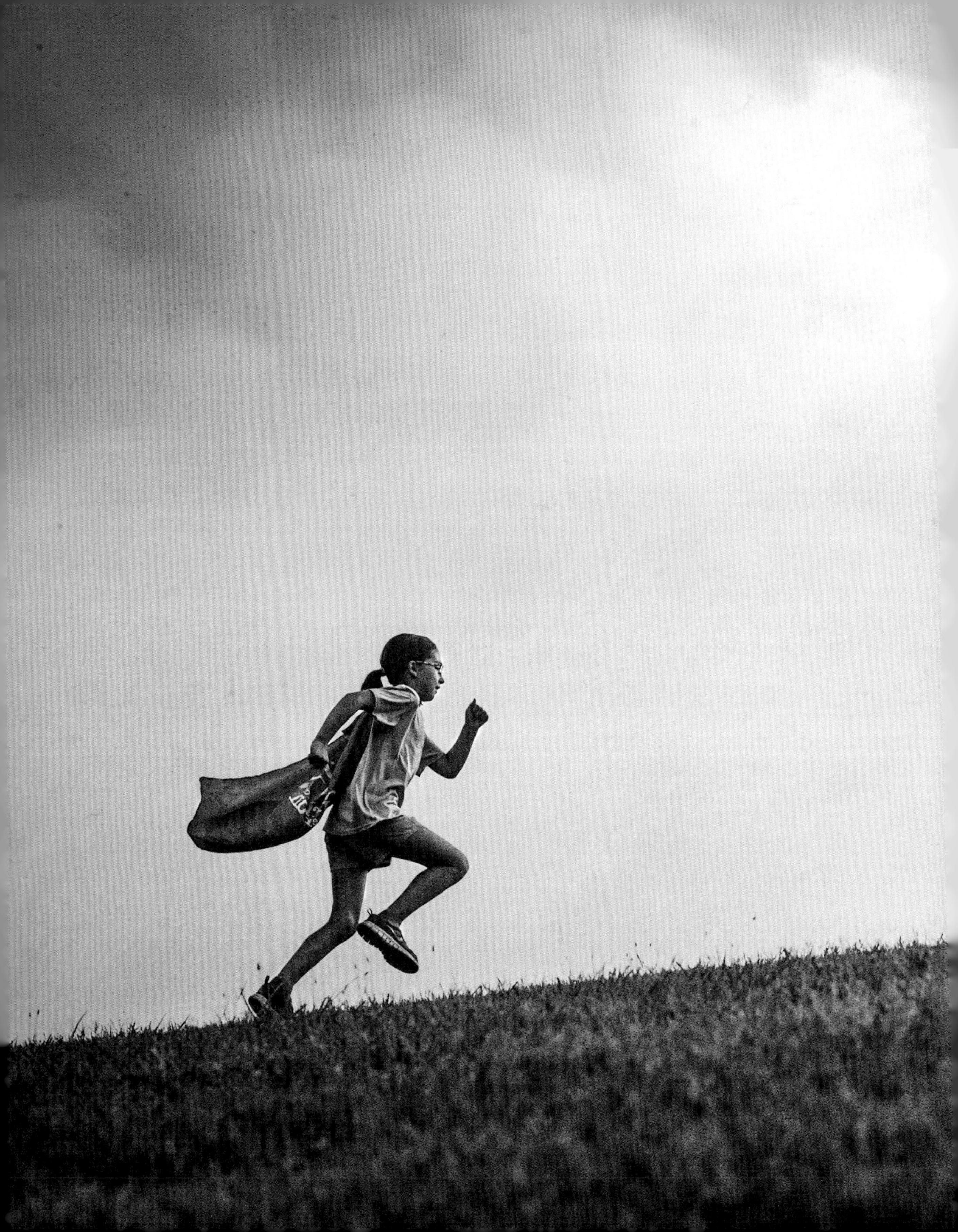

Laufen ist gleich Selbstvertrauen
und Selbstvertrauen ist gleich ich.

LAUREN J., 10 Jahre

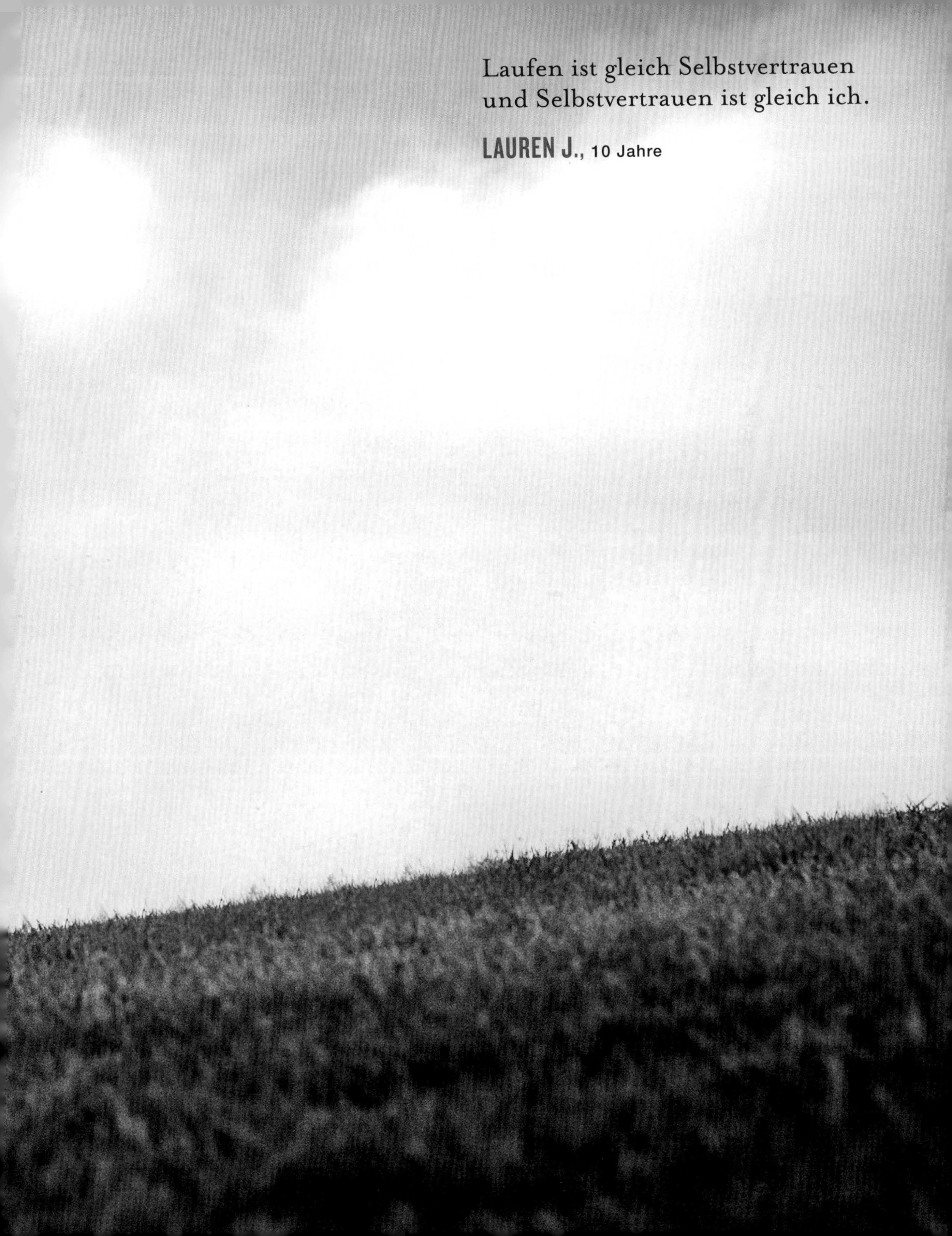

„Sich selbst **treu** zu bleiben

ist etwas wirklich

Wunderschönes.“

MEGAN RAPINOE

(WELTMEISTERIN IM FRAUENFUSSBALL)

FRÖHLICH IST STARK

An manchen Tagen ist alles so einfach. Der Vortrag läuft prima, das Spiel ist gewonnen, die Sonne scheint, Freunde sind da, es gibt viel zu lachen und noch dazu gibt es Eiskrem. Es ist Freitag. Es ist Samstag. Es ist Sonntag (oder ein langes Wochenende). An anderen Tagen hingegen verbockt man die Prüfung, verpasst den Abgabetermin, fällt hin und tut sich weh. Es ist Montag. Man ist einsam.

Fröhlichkeit ist eine Stärke. Denn gelegentlich ist das Leben hart, manchmal ganz unverdient und völlig grundlos. Das Schicksal ist einem nicht immer gewogen, und in dunklen Stunden bleibt einem nichts Besseres – nichts anderes –, als trotzdem ein klein bisschen glücklich zu sein.

Die Entscheidung, glücklich zu sein, ist nicht davon abhängig, was einem widerfährt. Denn Glück kommt von innen. Es erfordert viel Kraft, sich das kleine bisschen Freude zu bewahren, insbesondere, wenn man gleichzeitig mit vielen unschönen Dingen zu kämpfen hat. Die Mädchen auf den folgenden Seiten bleiben fröhlich, immer und immer wieder – und sie teilen ihr Glück.

Stark zu sein, gibt mir ein tolles Gefühl.
Und es macht mich froh.

KELSEY, 10 JAHRE

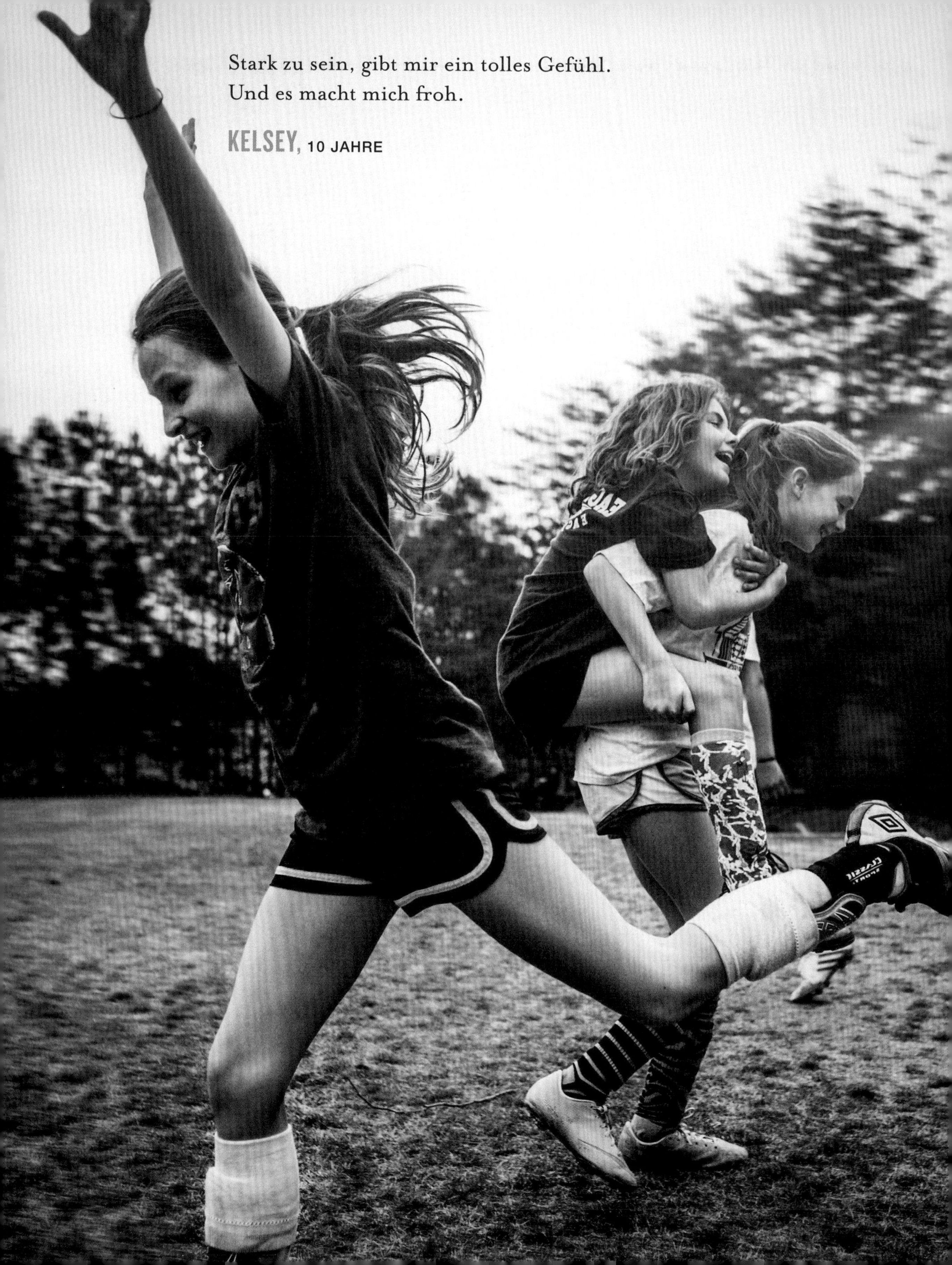

Ich mag es, offen und neugierig zu sein, damit ich kreativer denken kann.

FAITH, 18 JAHRE

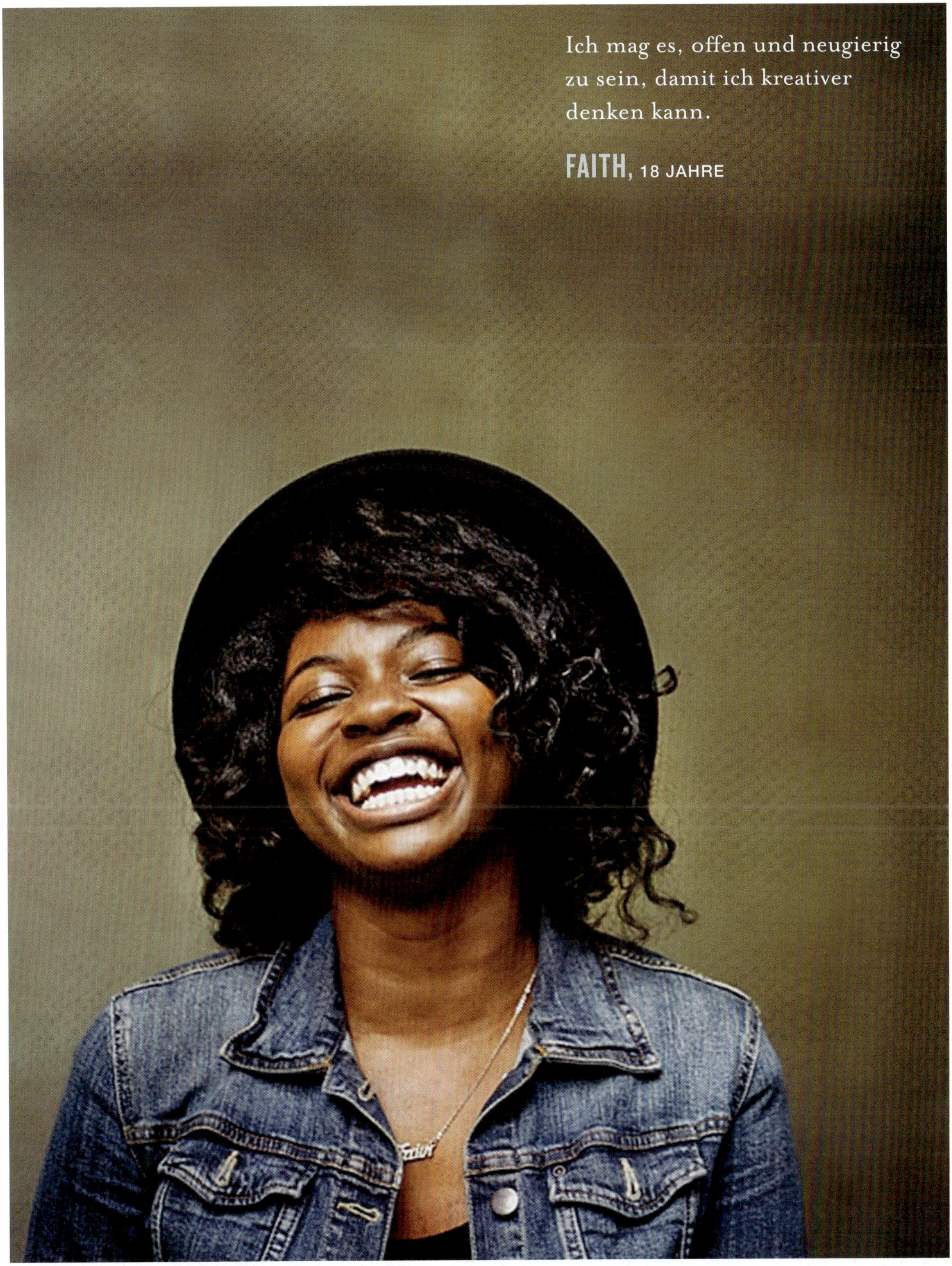

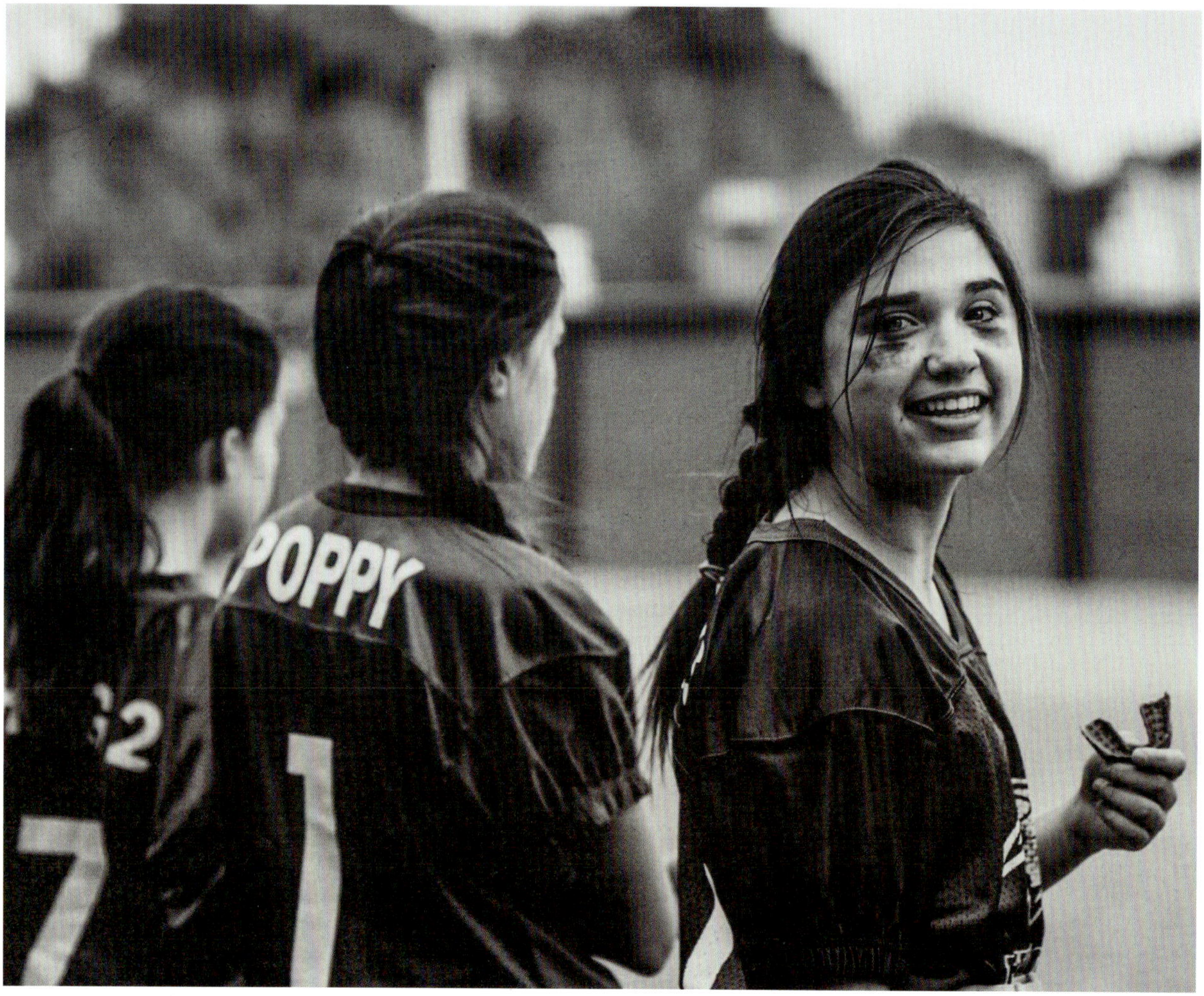

Ich halte alle Menschen für schön und stark, auf ihre ganz eigene Art und Weise.

LOGAN, 13 JAHRE

Tanzen ist sehr wohl ein Sport!

NICOLE, 18 JAHRE

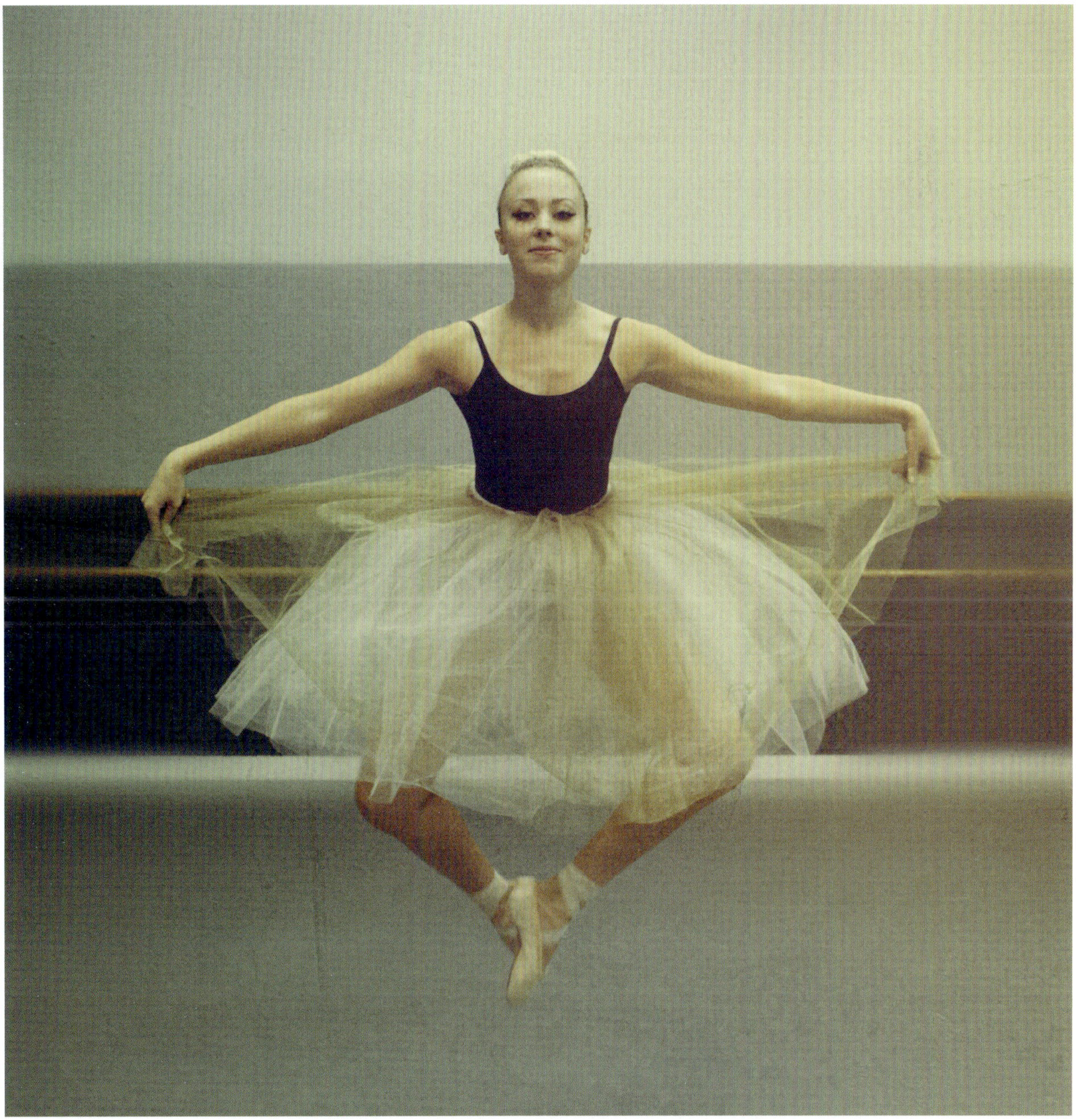

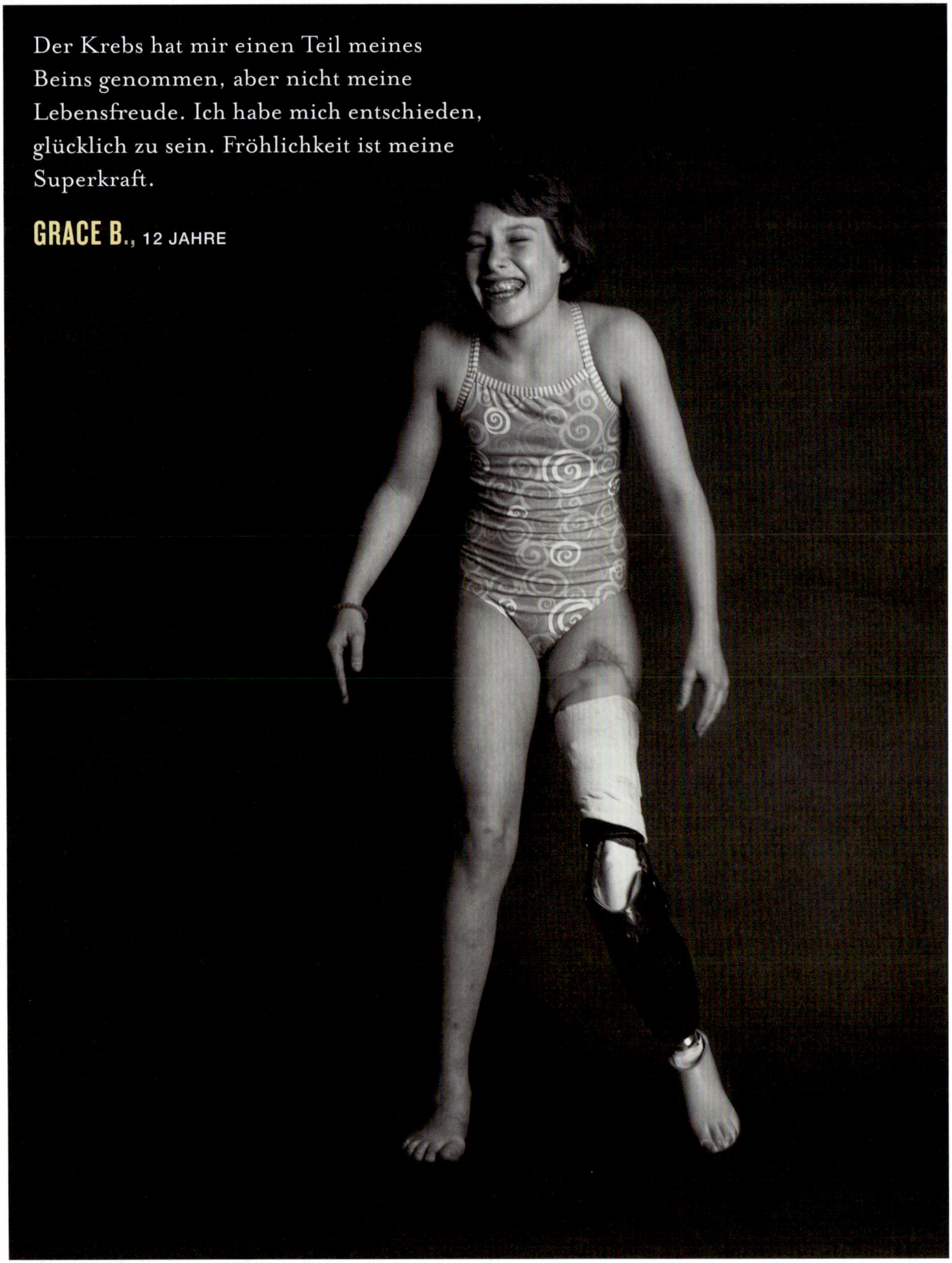

Der Krebs hat mir einen Teil meines Beins genommen, aber nicht meine Lebensfreude. Ich habe mich entschieden, glücklich zu sein. Fröhlichkeit ist meine Superkraft.

GRACE B., 12 JAHRE

Der beste Moment am Tag ist, wenn ich mit meinen Freundinnen lachen kann.

MIA, 9 JAHRE

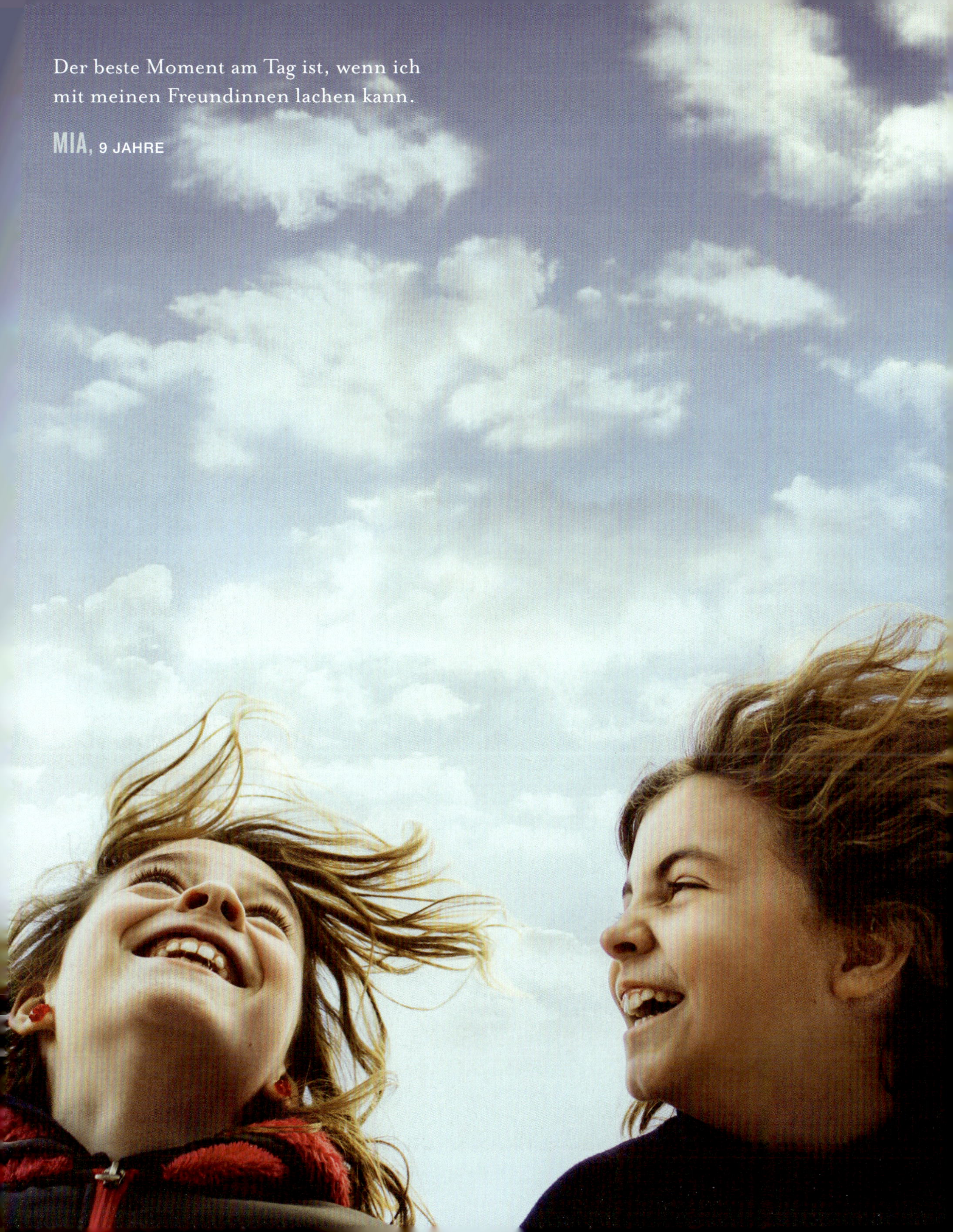

Ich bin
magisch.

ELLA, 8 JAHRE

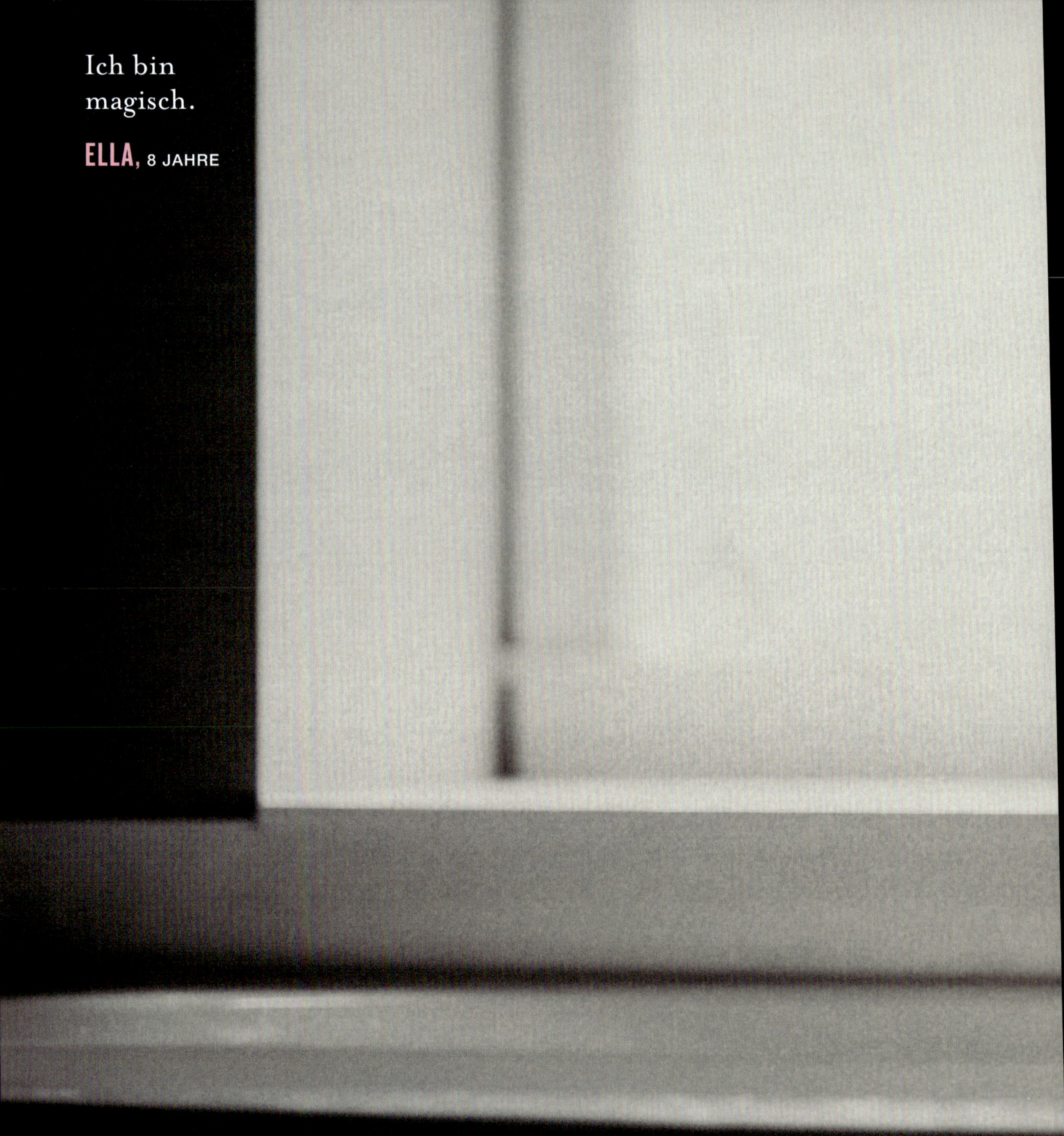

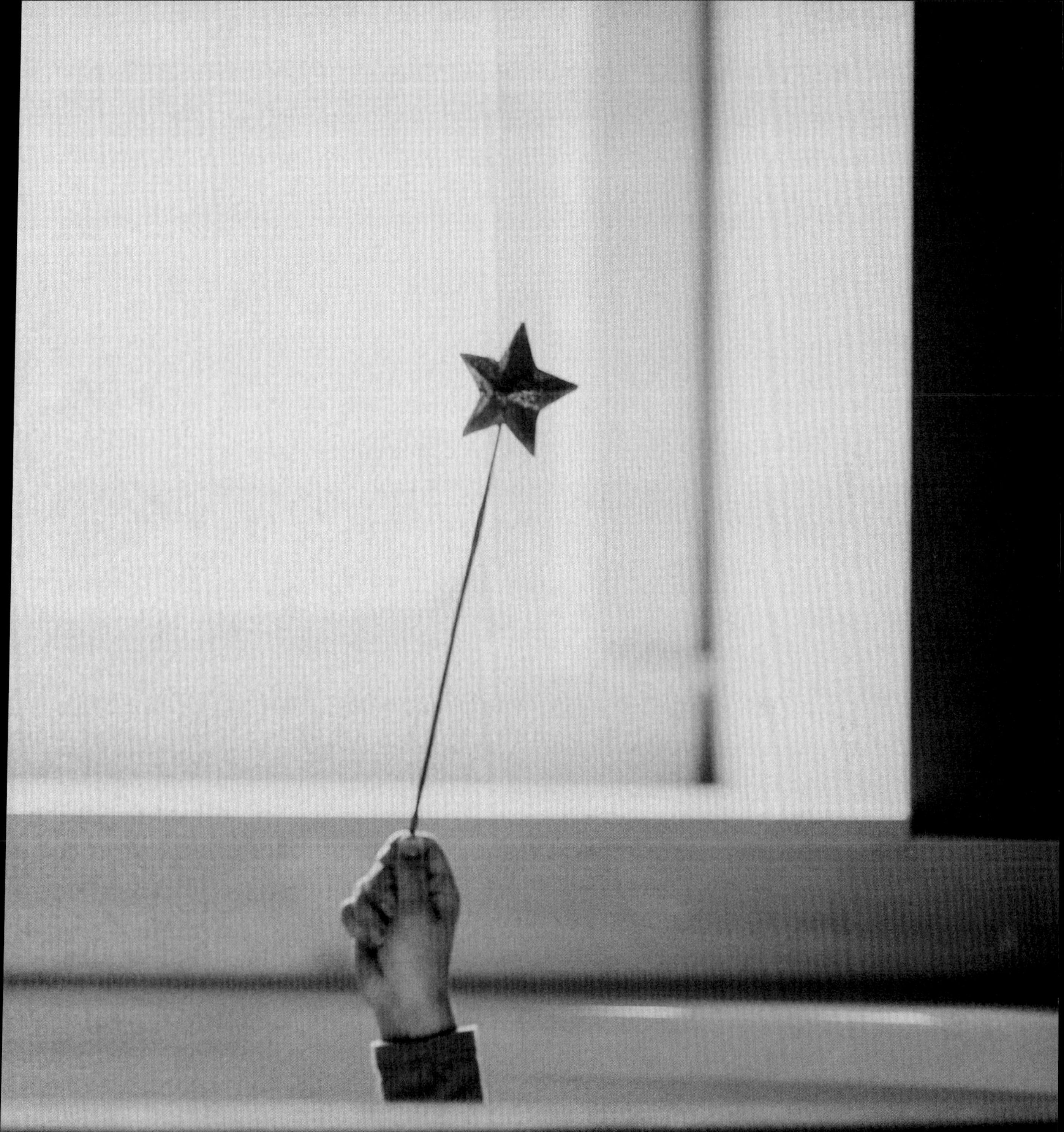

Jeder hat Kraft. Es kommt nur darauf an, wofür man sie einsetzt.

GRACE F., 13 JAHRE

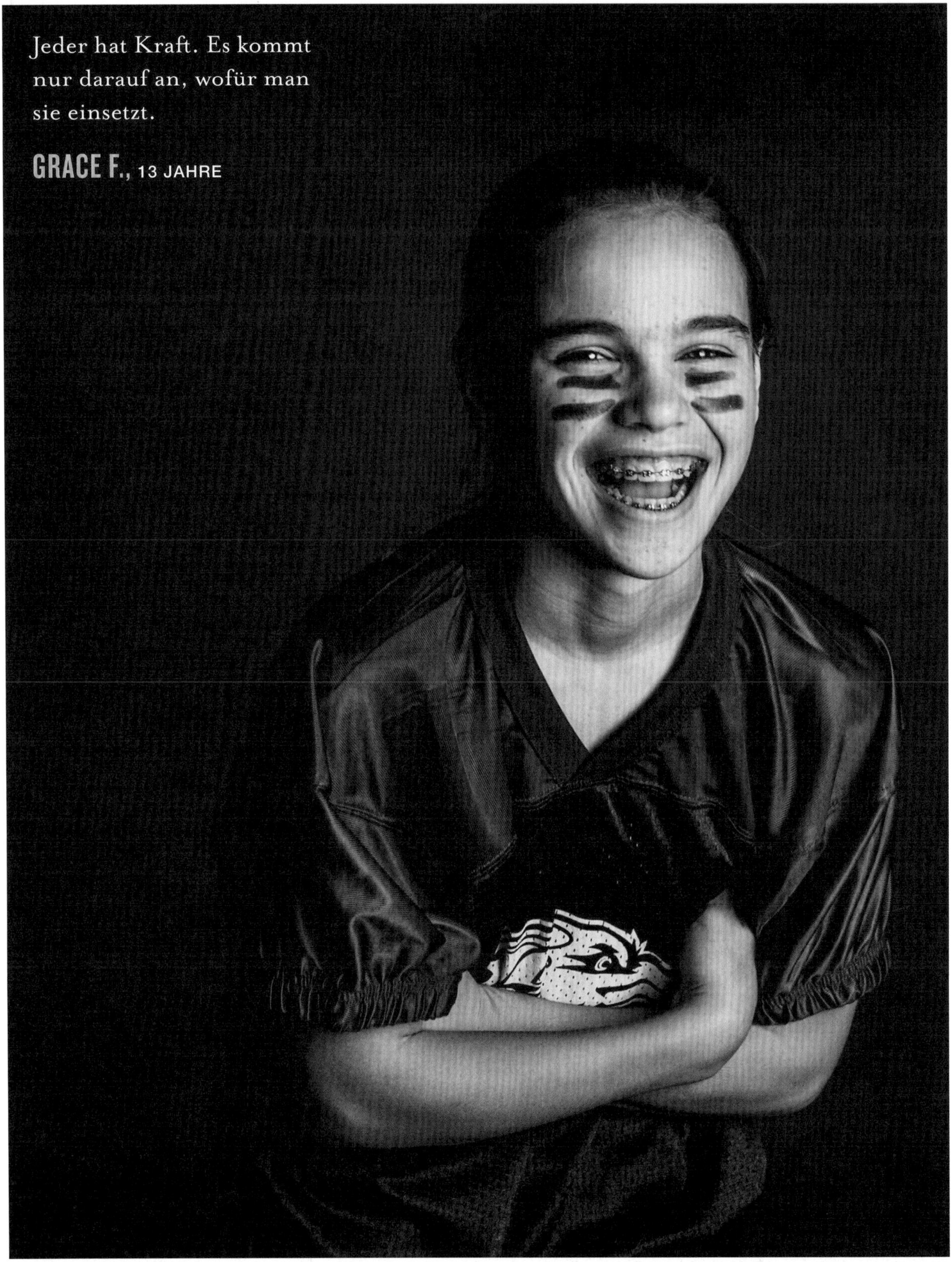

Ich bringe allen um mich herum Freude und Glück.

SAMMIE, 11 JAHRE

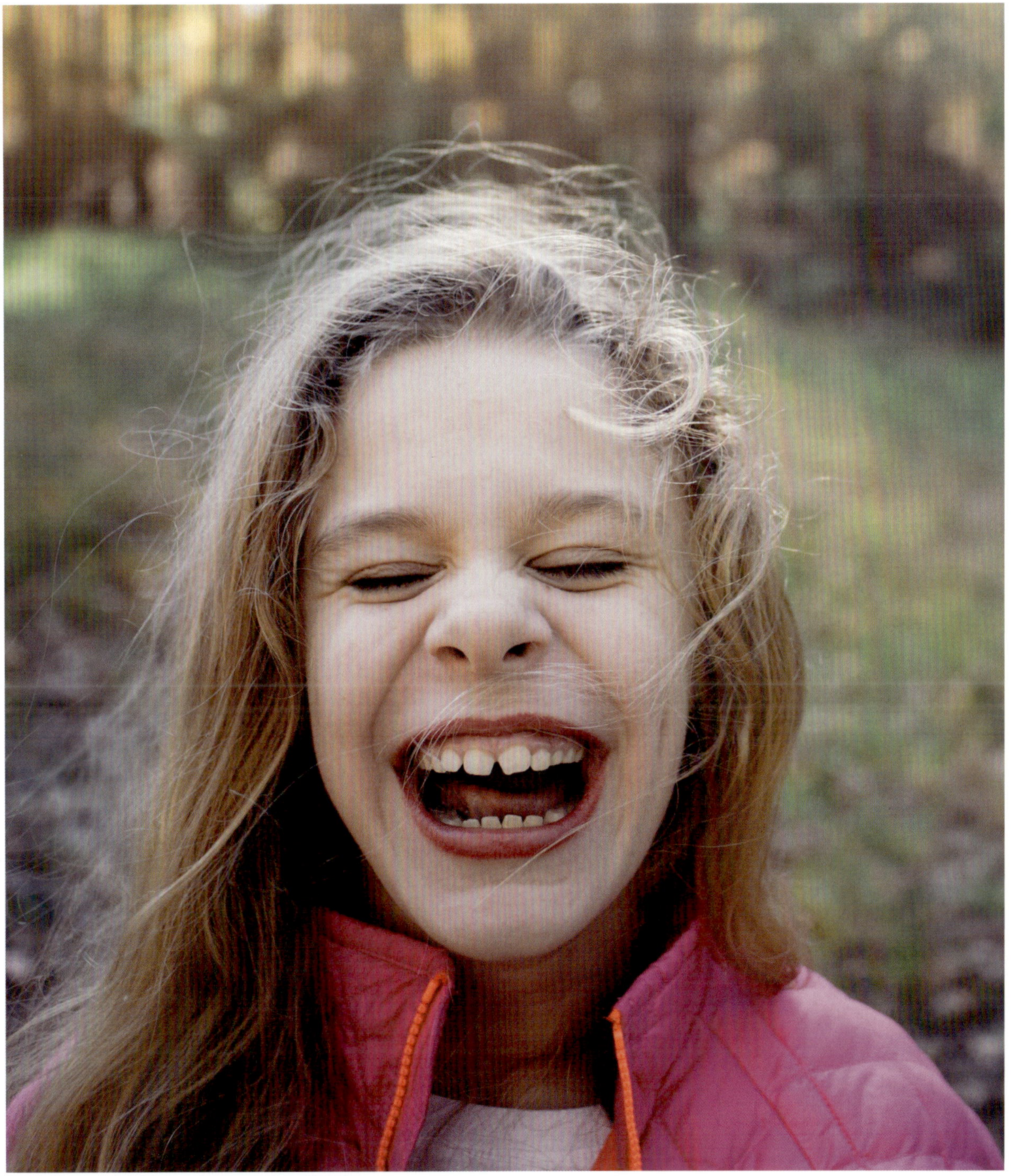

Meine Teamkameradinnen sind meine besten Freundinnen. Wir trösten einander nach Niederlagen oder Verletzungen, wir feuern uns bei Sprints und im Training an. Deswegen sind wir so stark. Wir halten zusammen. Wie Schwestern.

CAROLINE C., 9 JAHRE

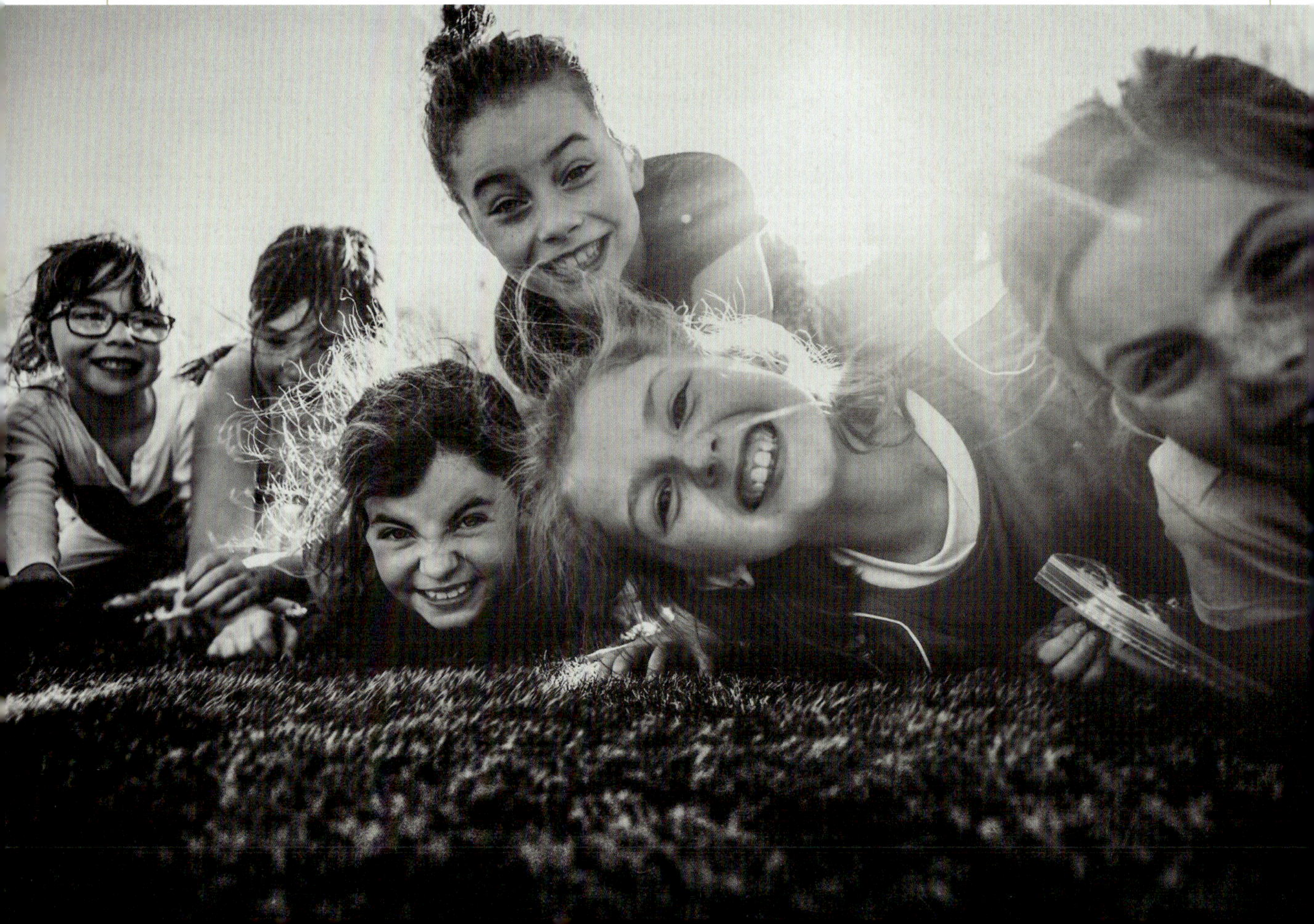

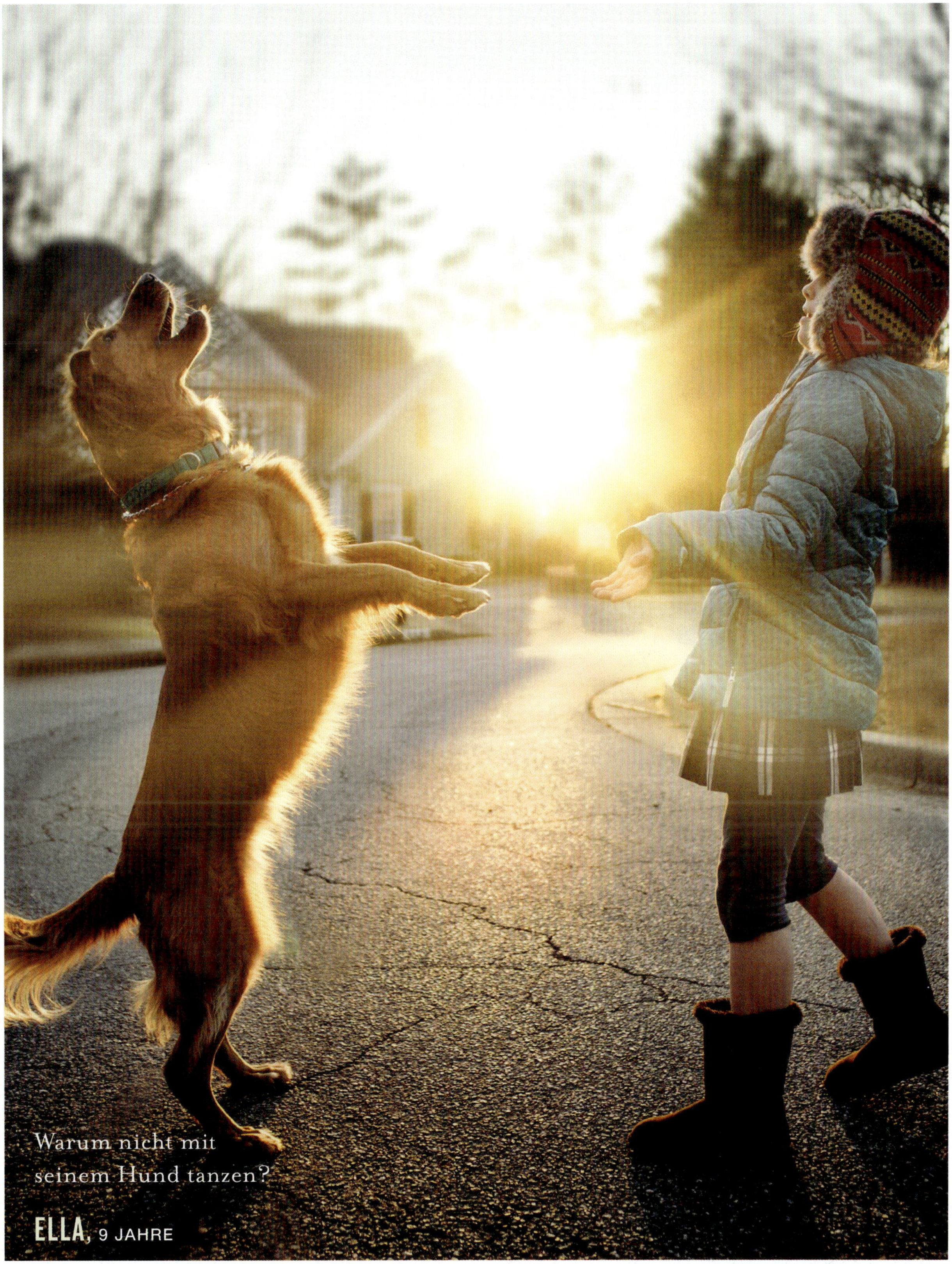
Warum nicht mit
seinem Hund tanzen?
ELLA, 9 JAHRE

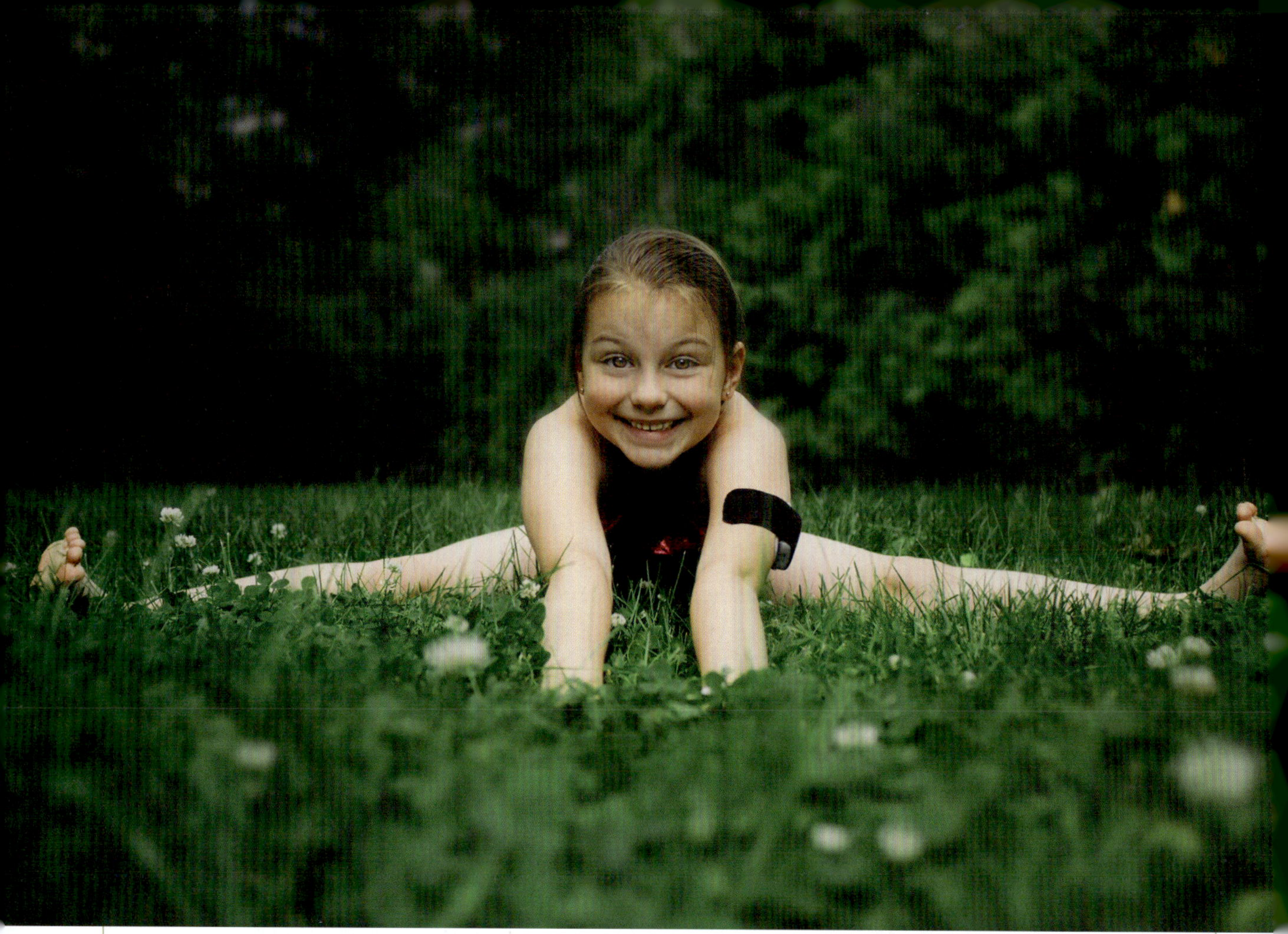

Ich bin Turnerin und zuckerkrank. Ich muss das Richtige essen und mir Insulin spritzen, um hart trainieren zu können.

HALEY C., 7 JAHRE

Ich singe leidenschaftlich gern, doch als ich vor der versammelten Schülerschaft auftreten sollte, war ich sehr nervös. Meine Mama hat mir geraten, ruhig zu bleiben, tief durchzuatmen und es einfach zu tun. Es ist toll gelaufen!

JAYDA, 11 JAHRE

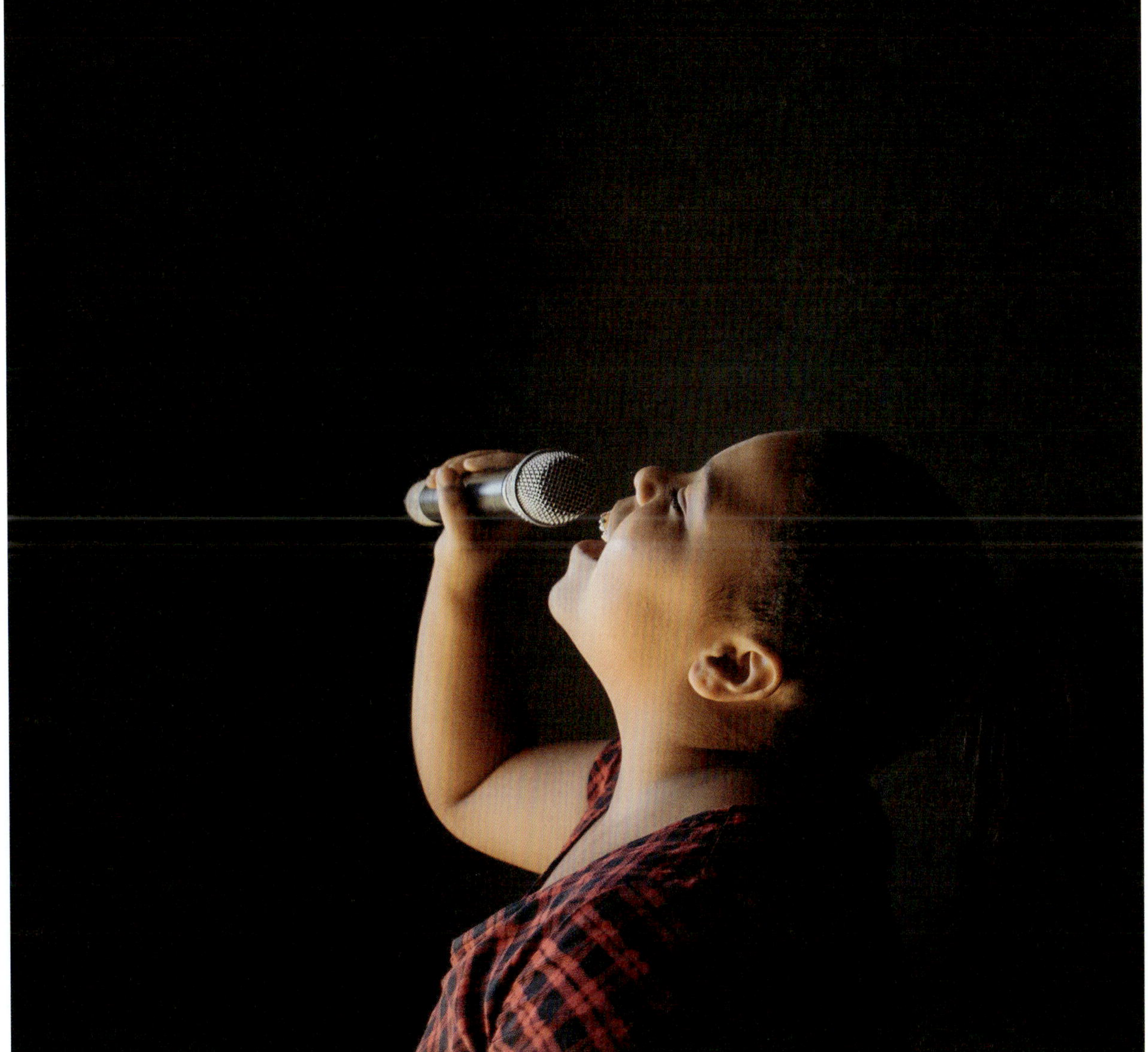

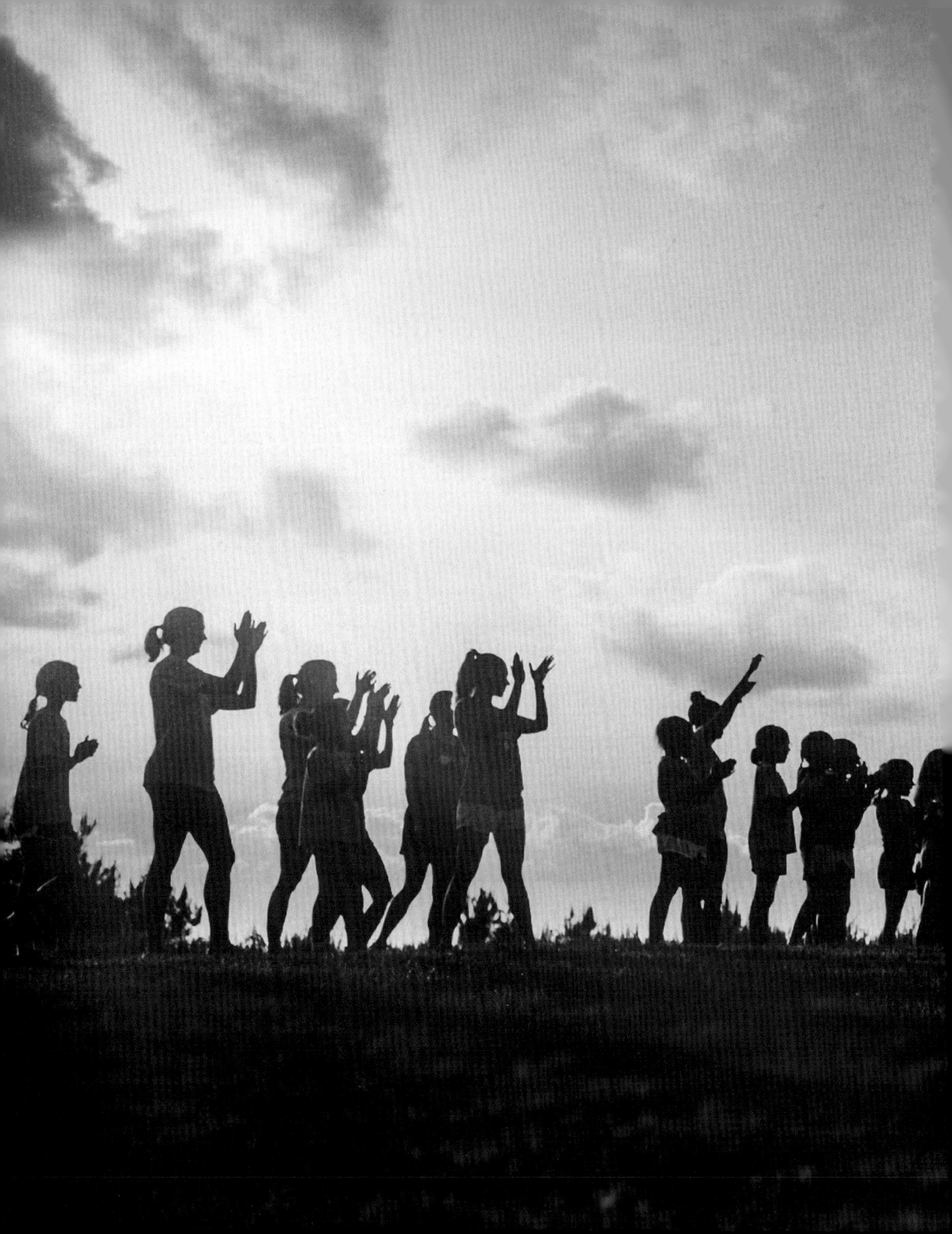

Egal, ob ich Erste
oder Letzte werde,
alle klatschen.

MIA, 9 JAHRE

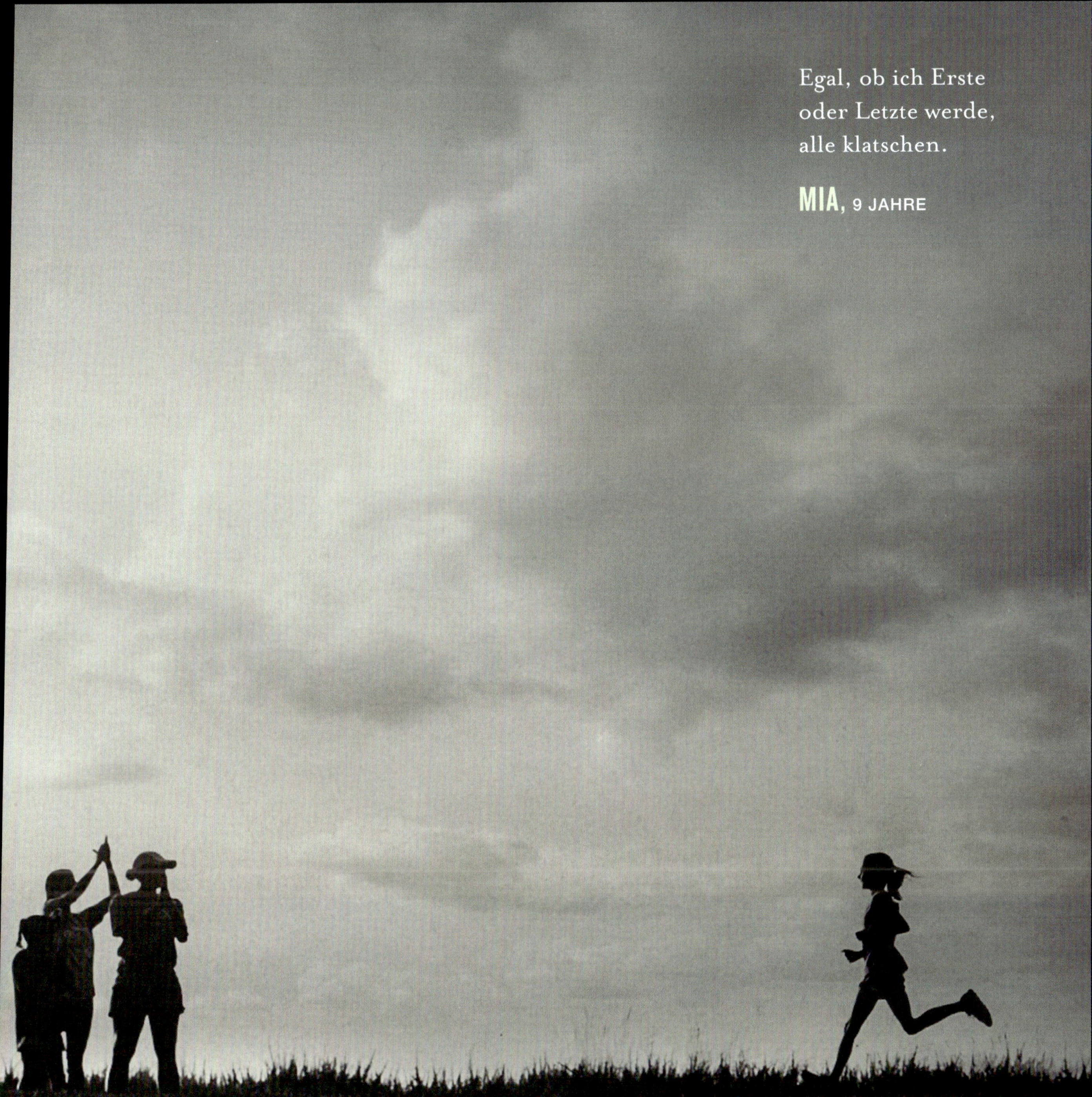

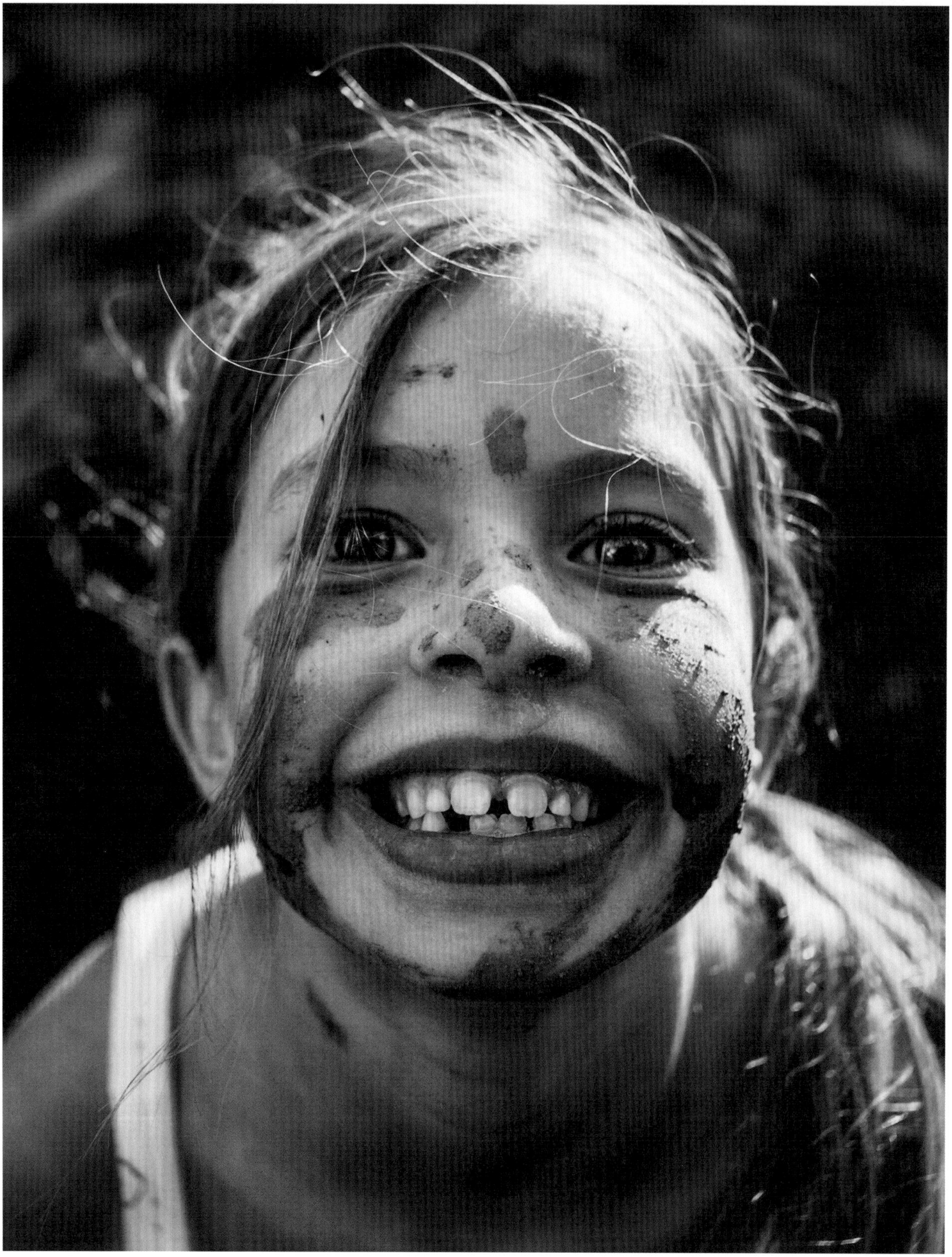

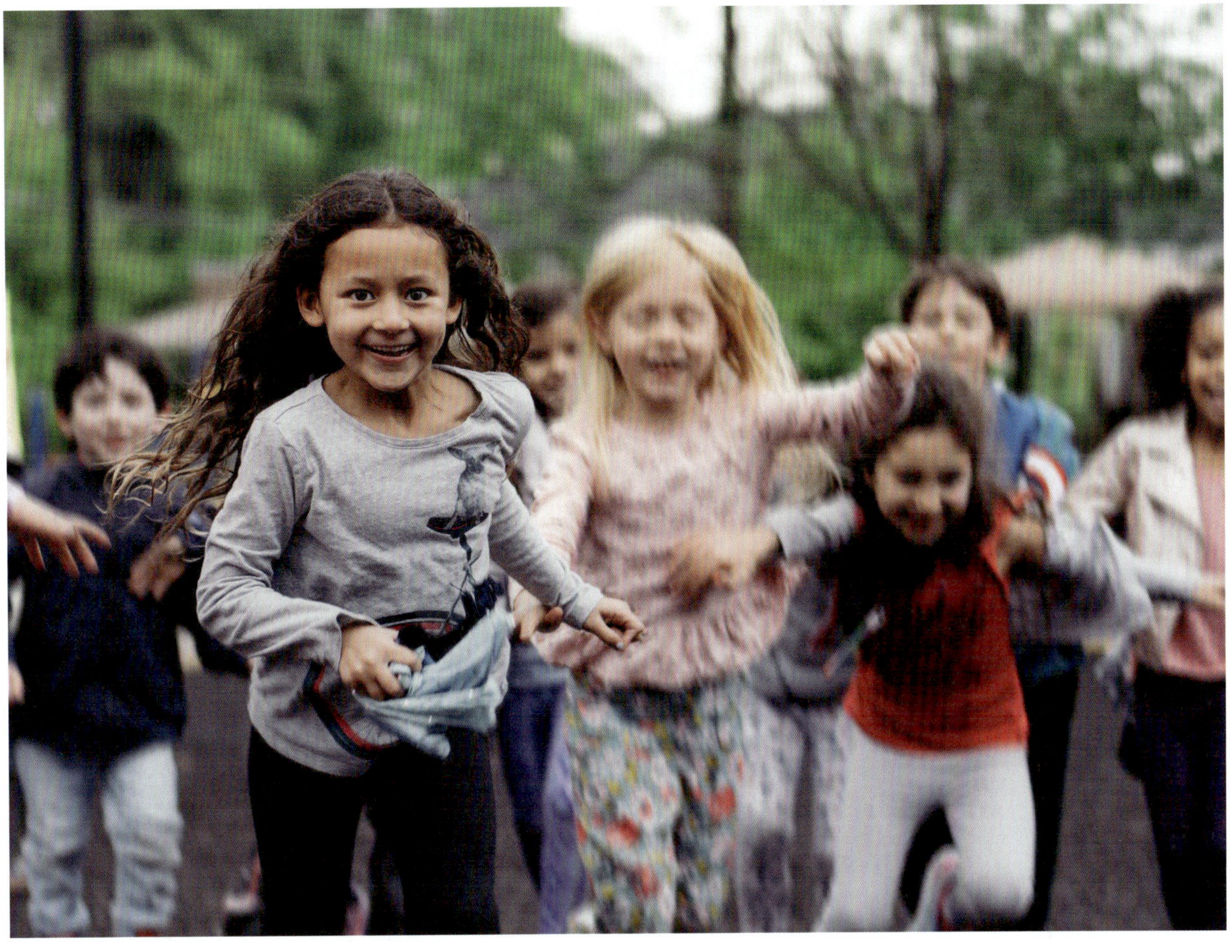

Ich bin glücklich, wenn niemand ausgeschlossen wird oder traurig ist.

SOLÈNE, 6 JAHRE

Ja, ich bin ein wenig dreckig. Na und?

TAYLA, 6 JAHRE

Das war all das Konditionstraining, die Wunden und die abendlichen Trainingseinheiten wert!

MACKENZIE, 13 JAHRE

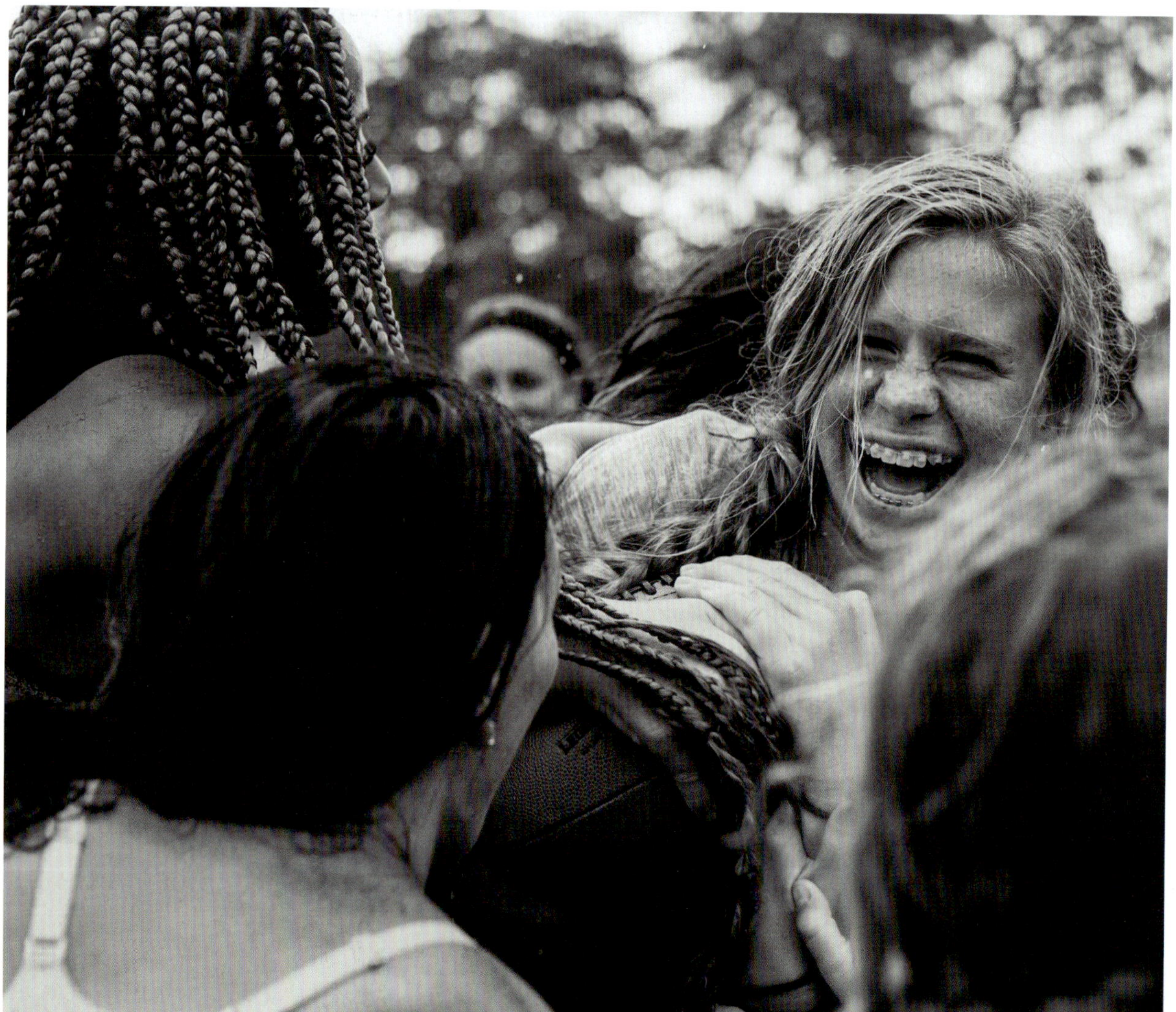

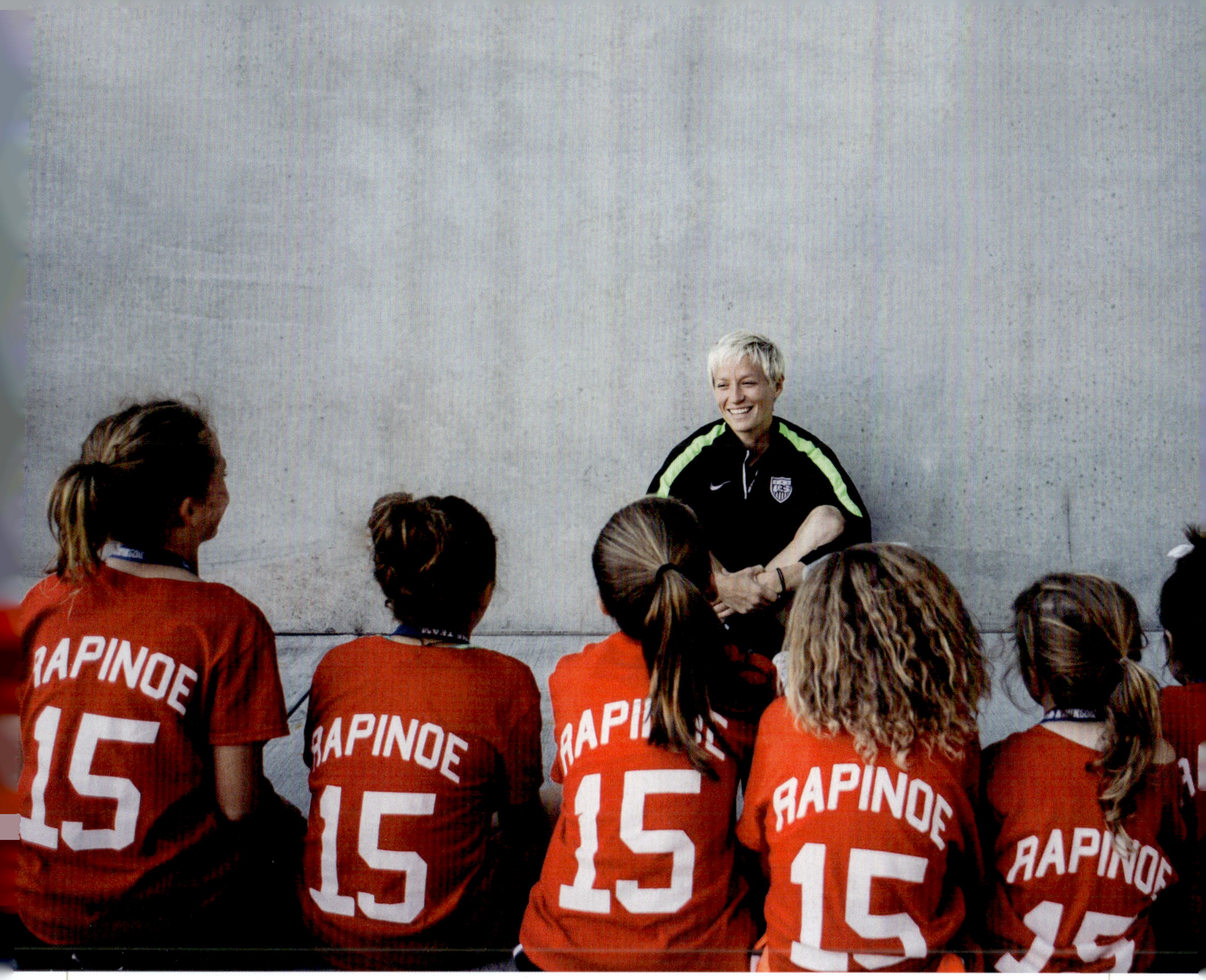

Sie gehört zu den besten Fußballerinnen der Welt. Sie hat sich verletzt und ist dann sogar noch besser zurückgekommen. Sie ist meine Heldin.

VIOLET, 9 JAHRE

Ich wollte aufgeben.
Aber ich habe es nicht getan.

MICHELLE, 9 JAHRE

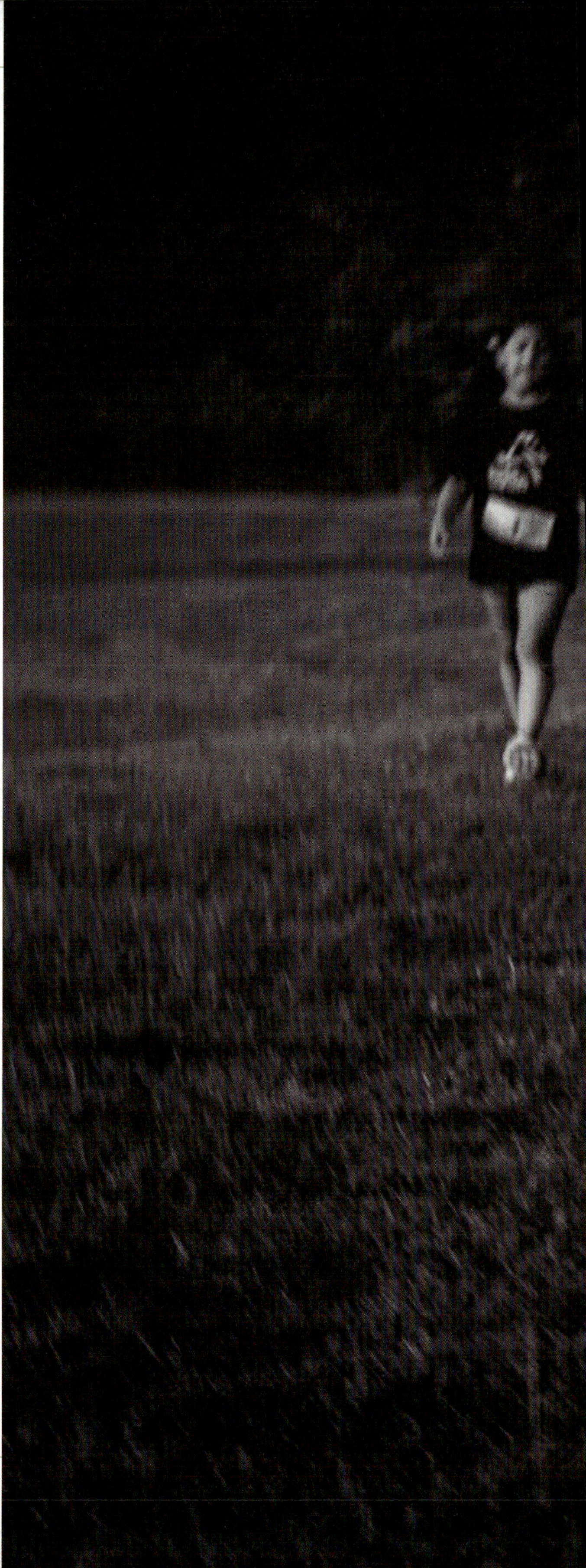

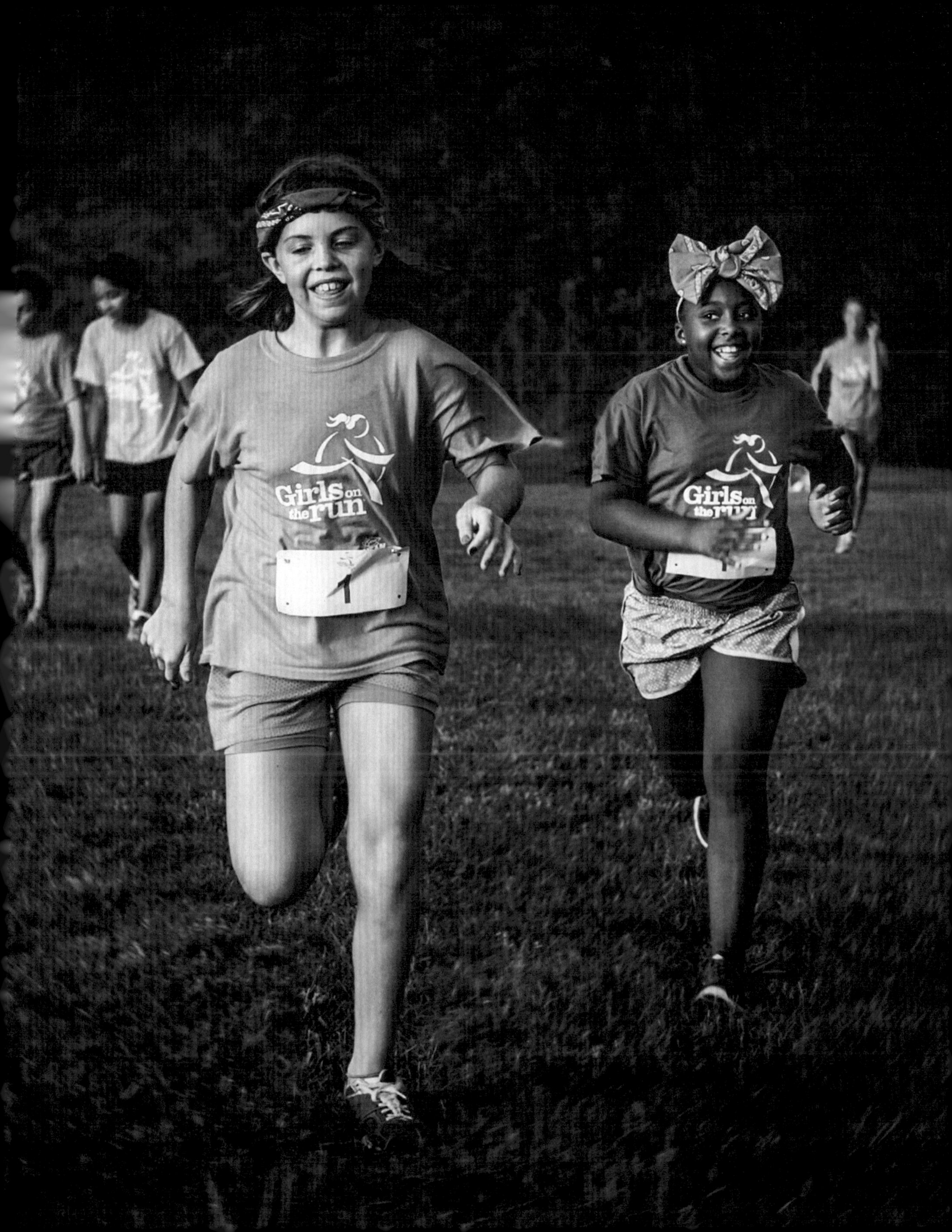
Girls on the run
1
Girls on the run

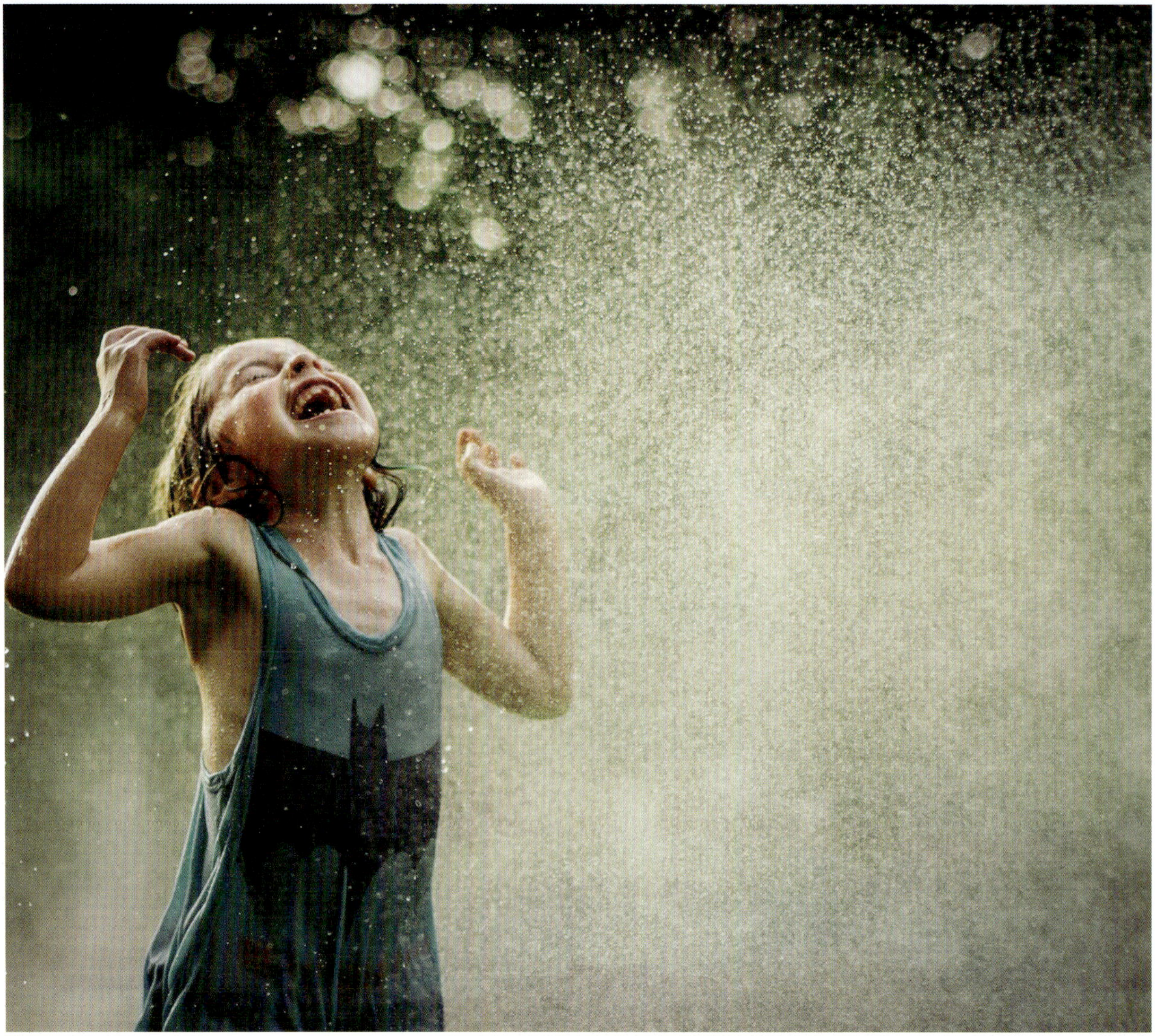

Das ist das Beste.

ALICE, 6 JAHRE

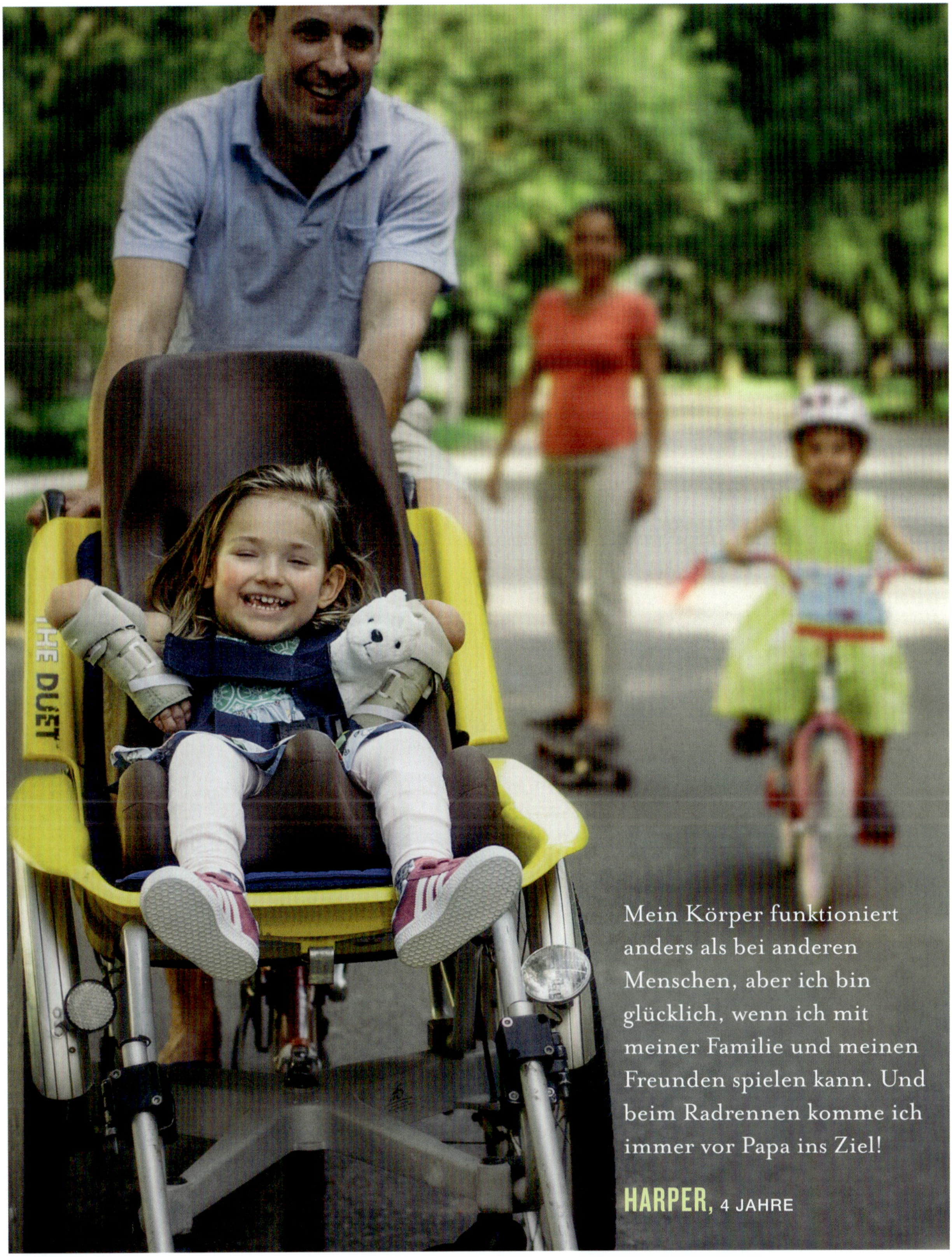

Mein Körper funktioniert anders als bei anderen Menschen, aber ich bin glücklich, wenn ich mit meiner Familie und meinen Freunden spielen kann. Und beim Radrennen komme ich immer vor Papa ins Ziel!

HARPER, 4 JAHRE

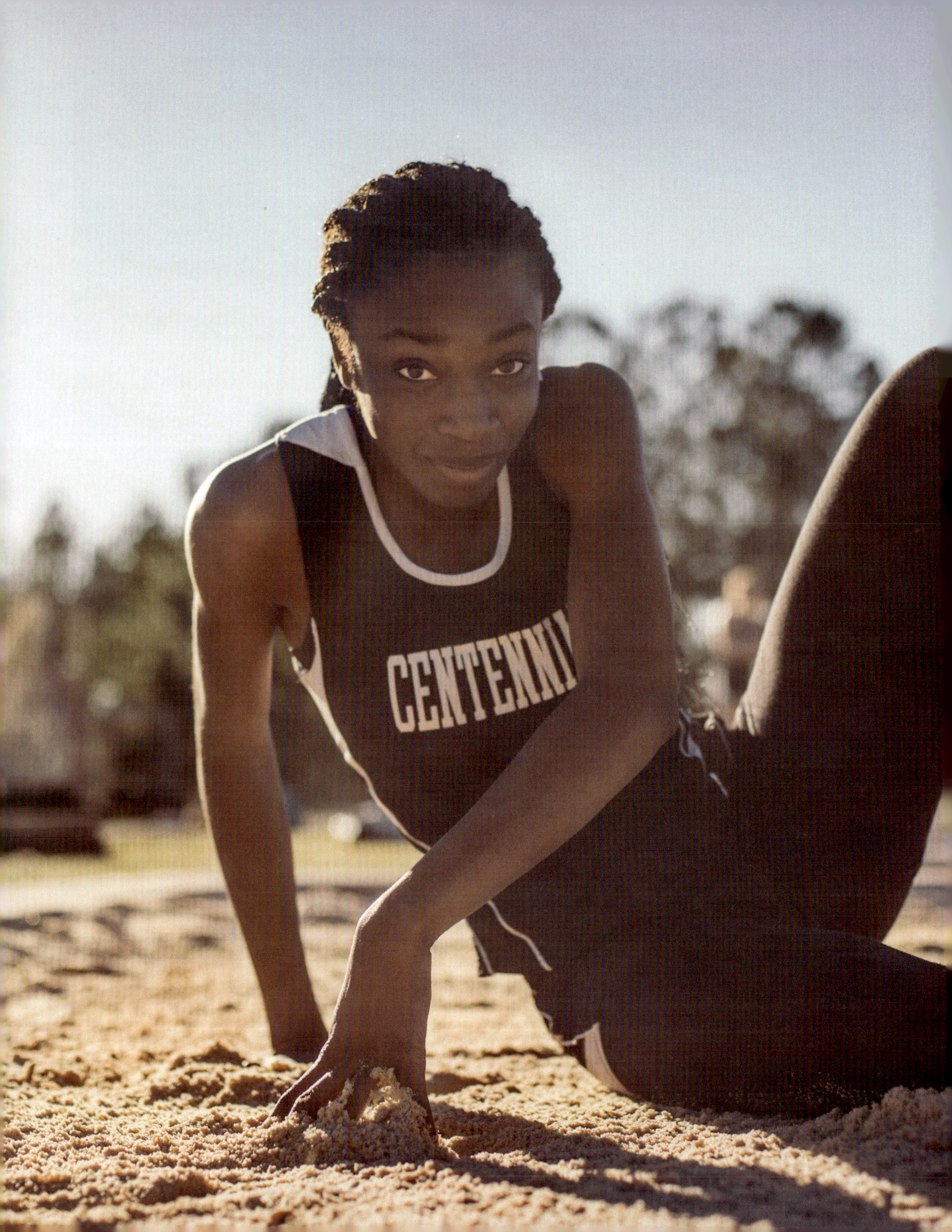
CENTENNI

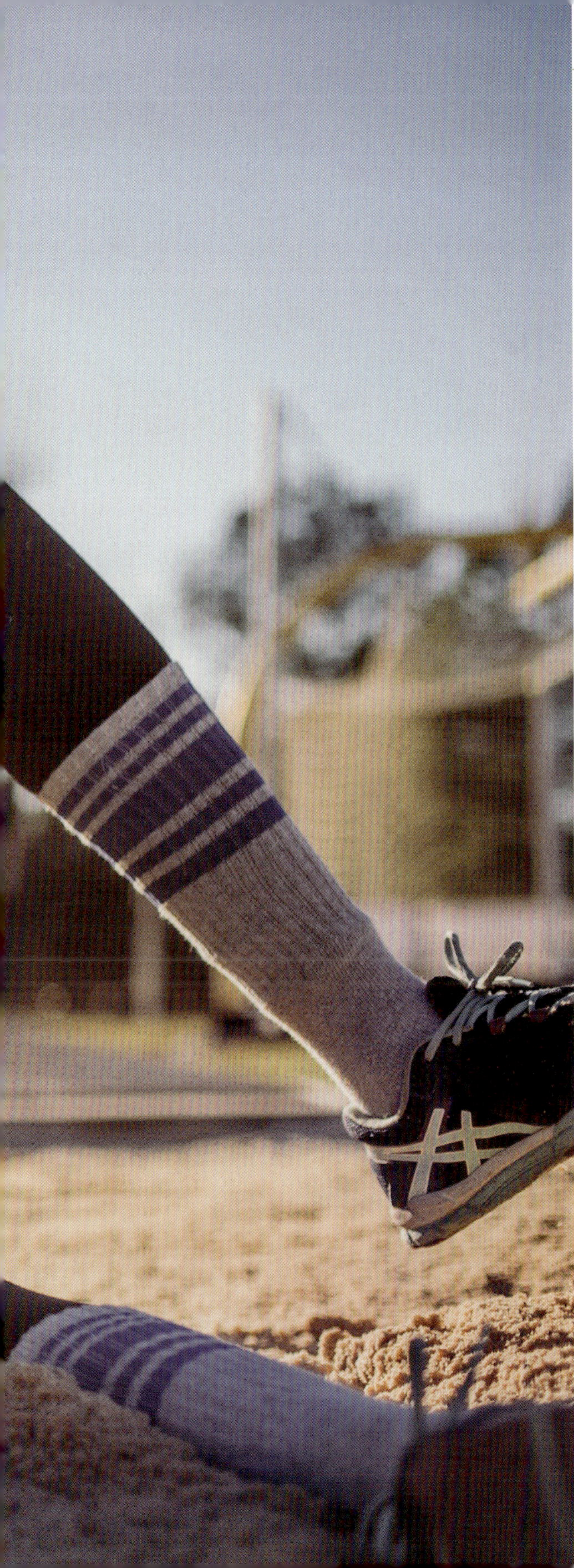

Wenn ich in der Luft bin, meine ich zu fliegen. Bei der Landung ist mein Geist völlig klar.

ABIGAIL, 17 JAHRE

„Sei ganz du selbst

und höre im Zweifelsfall auf

dein Bauchgefühl,

denn tief in dir drinnen weißt du,

was du werden willst."

MEREDITH VIEIRA

(JOURNALISTIN UND SHOWMASTERIN)

UNABHÄNGIG IST STARK

Irgendwann kommt ganz bestimmt ein Moment, in dem Sie Hilfe brauchen, einen Rat oder eine Aufmunterung. Sie sehen sich um, nach Ihrer Familie, Ihren Freunden, Ihren Nachbarn, aber aus irgendeinem Grund ist niemand da. Meinen Mädchen sage ich immer, dass man in so einem Fall zwar an einem Tiefpunkt angelangt ist, aber nicht am Ende. Manchmal ist es auch gar nicht schlecht, auf sich allein gestellt zu sein. Man hat immerhin sich selbst, kann sich aufrichten, sich selbst auf den Rücken klopfen und weitermachen. Man kann seine Eigenarten, Besonderheiten, seine Unvollkommenheit – alles, was einen anders und einzigartig macht, nutzen.

Mackenzie (Seite 236) schafft sich mit der Hand am Steuerruder ihres Boots ihr eigenes Paradies. Emma (Seite 241) träumt sich beim Singen an einen anderen Ort. Lillian (Seite 245) fühlt sich beim Fotografieren „so toll". Ihre Stärken sind Ausdruck dessen, wer diese Mädchen sind.

Egal, ob sie ihre Träume verfolgen, einen ruhigen Augenblick genießen oder sich auf ein Abenteuer begeben, die Mädchen auf den folgenden Seiten fühlen sich einfach wohl in ihrer Haut. Sie wissen, dass Unabhängigkeit ihnen in allen Lebenslagen einen festen Halt bietet. Denn sie haben immer sich selbst.

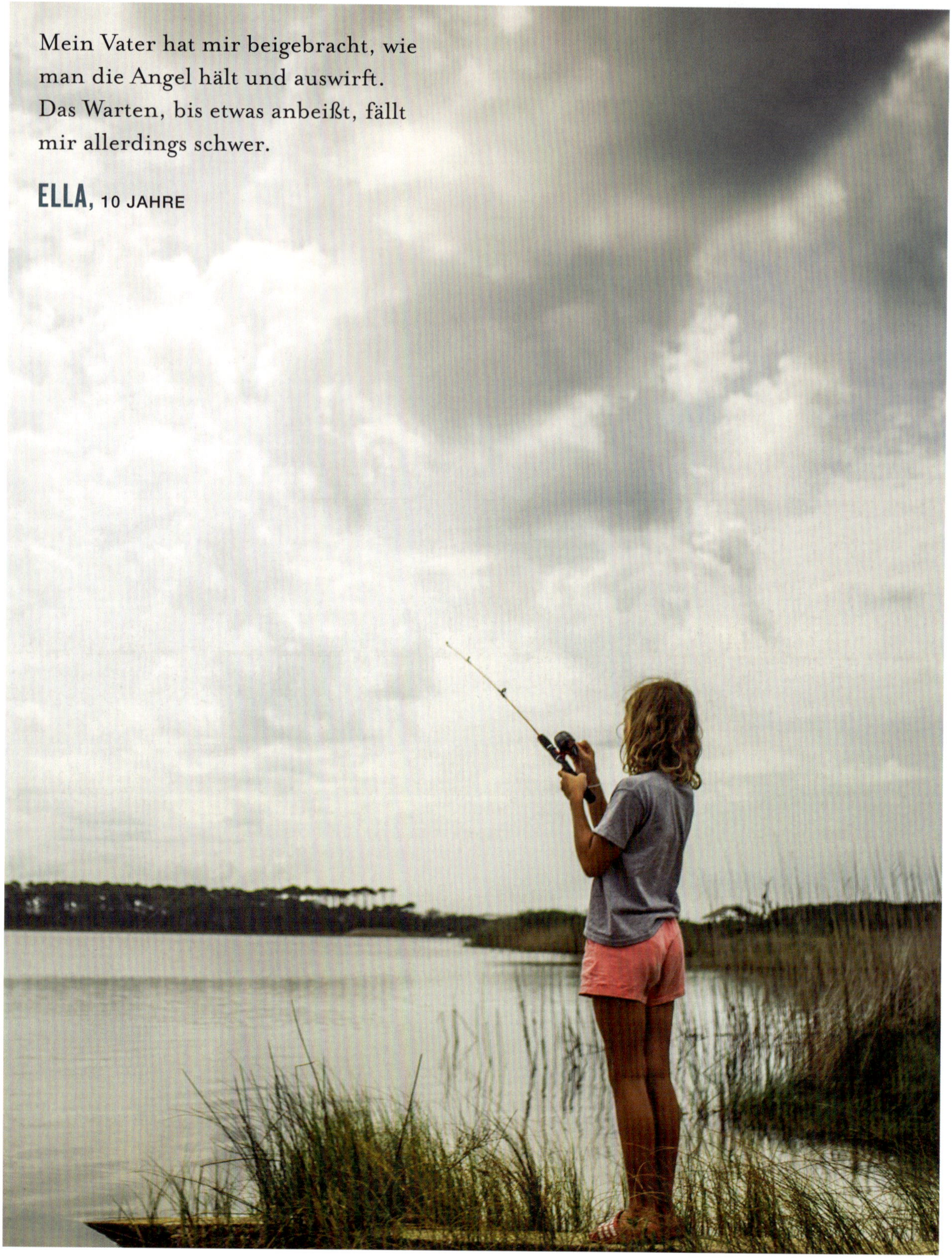
Mein Vater hat mir beigebracht, wie man die Angel hält und auswirft. Das Warten, bis etwas anbeißt, fällt mir allerdings schwer.
ELLA, 10 JAHRE

Das Tollste ist, dass ich immer Spaß an dem habe, was ich erschaffe.

YOLISA, 10 JAHRE

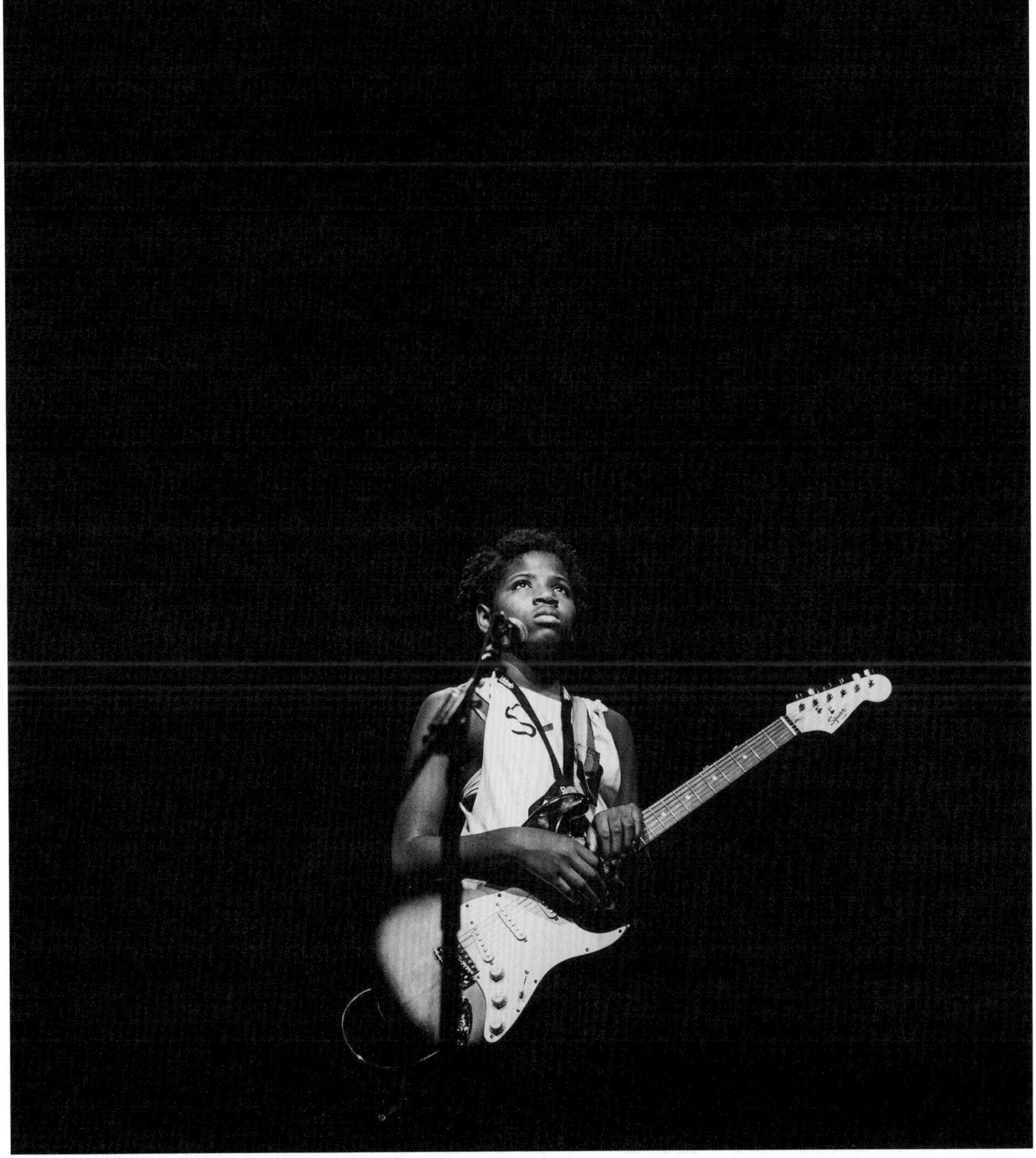

Das offene Wasser draußen auf dem See ist mein Paradies. Ich habe den Bootsführerschein extra gemacht, um mit meinem besten Freund hier herausfahren zu können.

MACKENZIE, 13 JAHRE

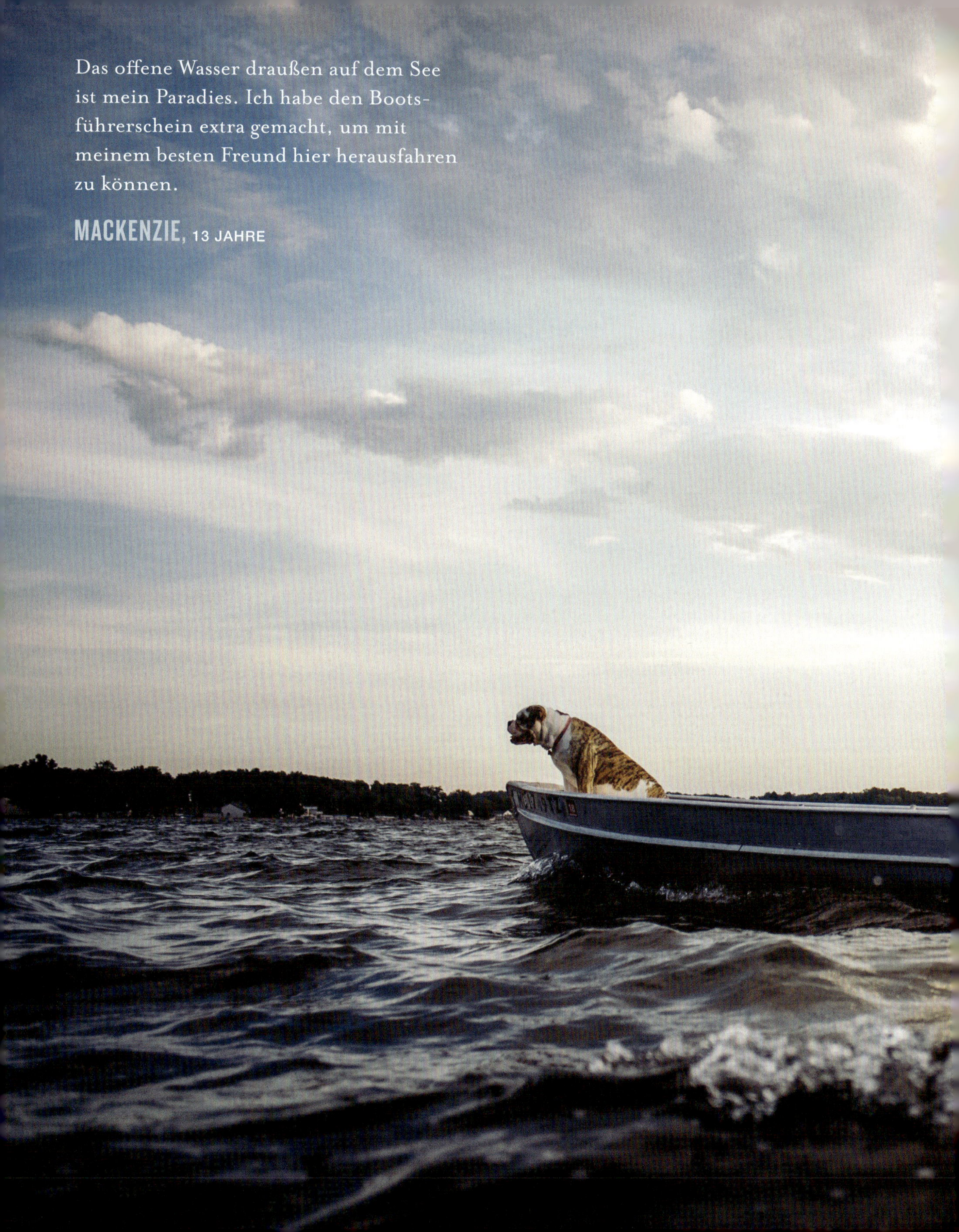

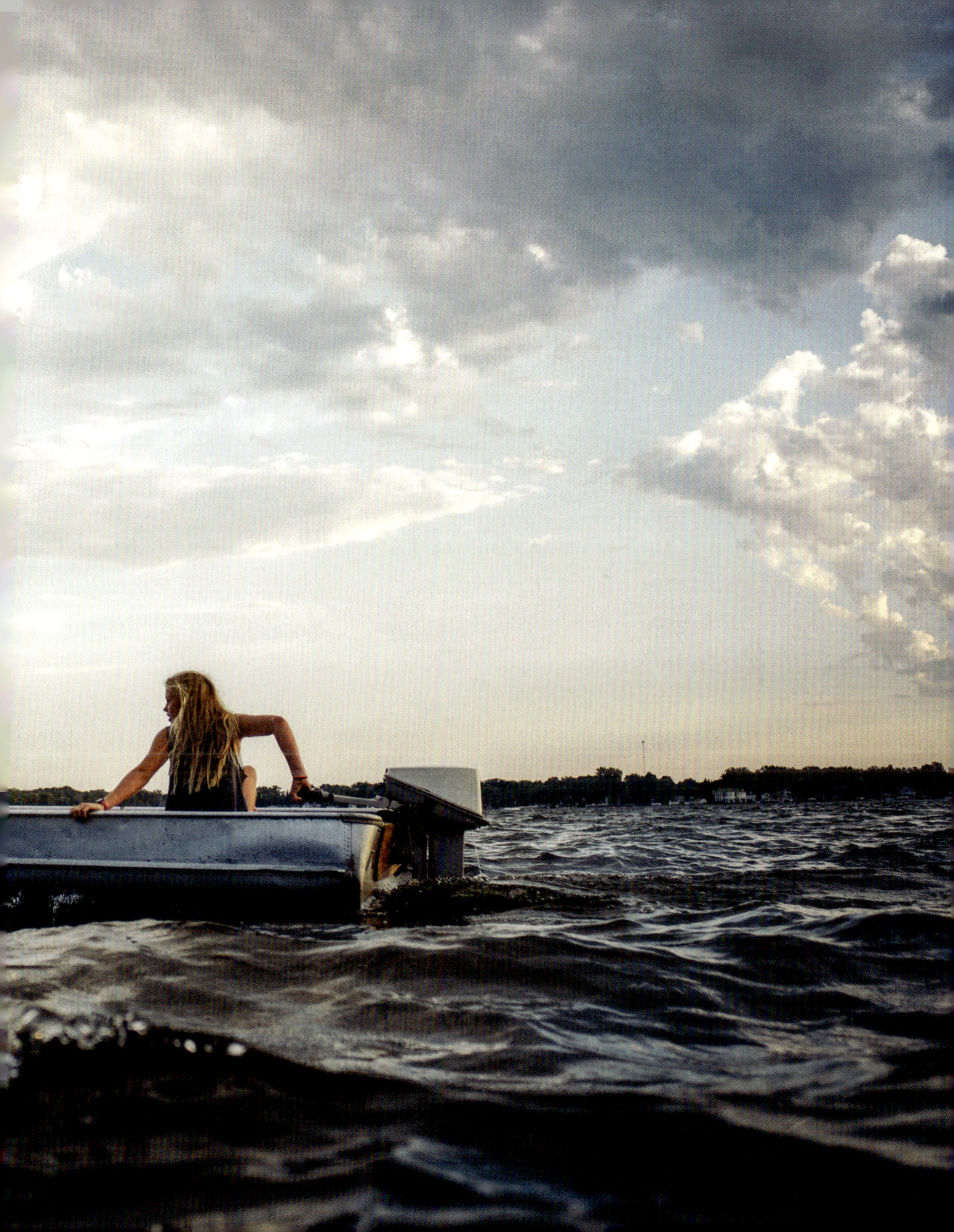

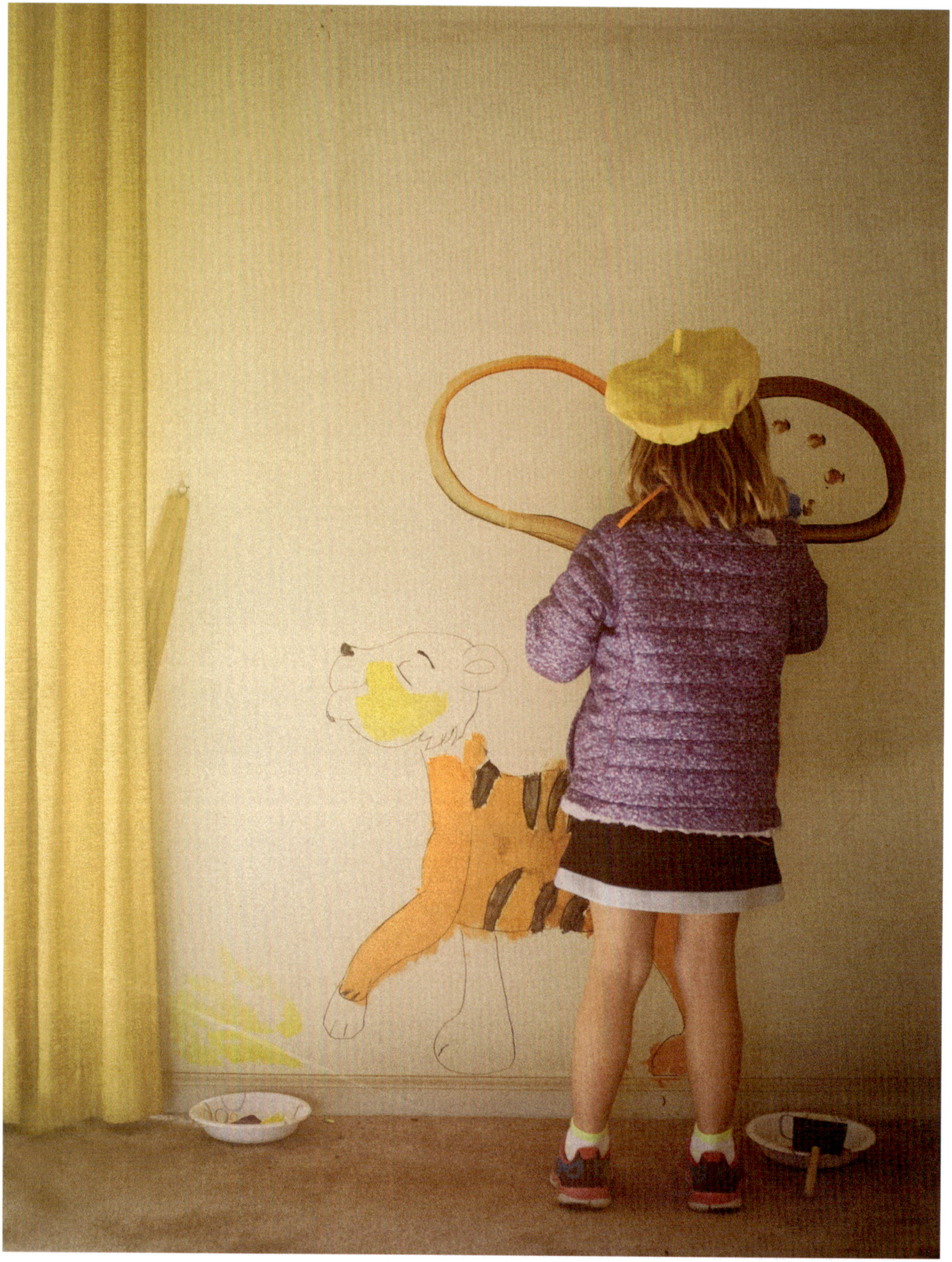

Ich liebe es, zu malen und etwas zu erschaffen, solange mir niemand Regeln aufstellt. Dann kann ich alles umsetzen, was ich in meiner Vorstellung sehe.

EMME, 7 JAHRE

Ich liebe es, mit den Wellen um die Wette zu laufen. Manchmal gewinne ich, manchmal gewinnen sie.

ELLA, 10 JAHRE

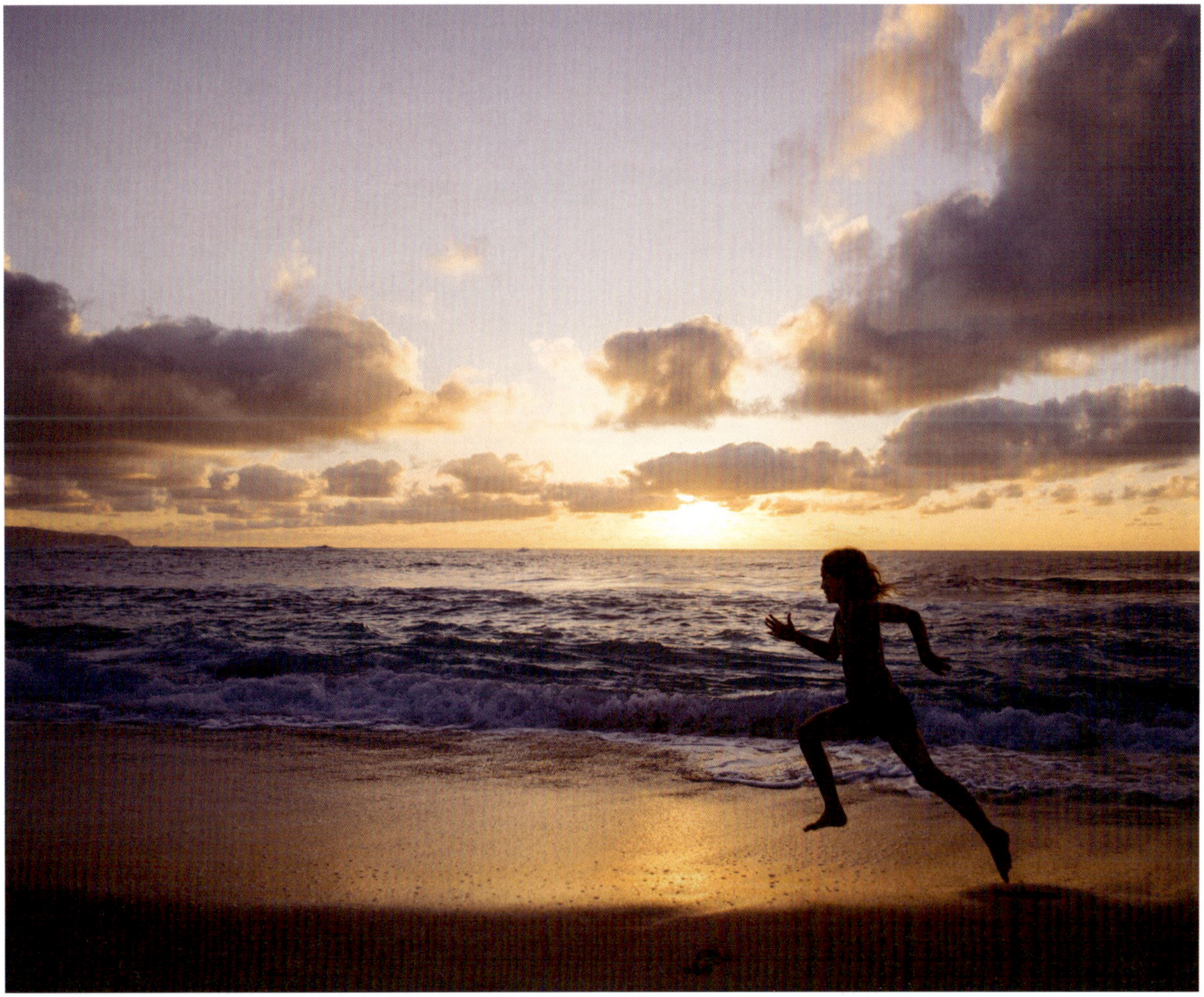

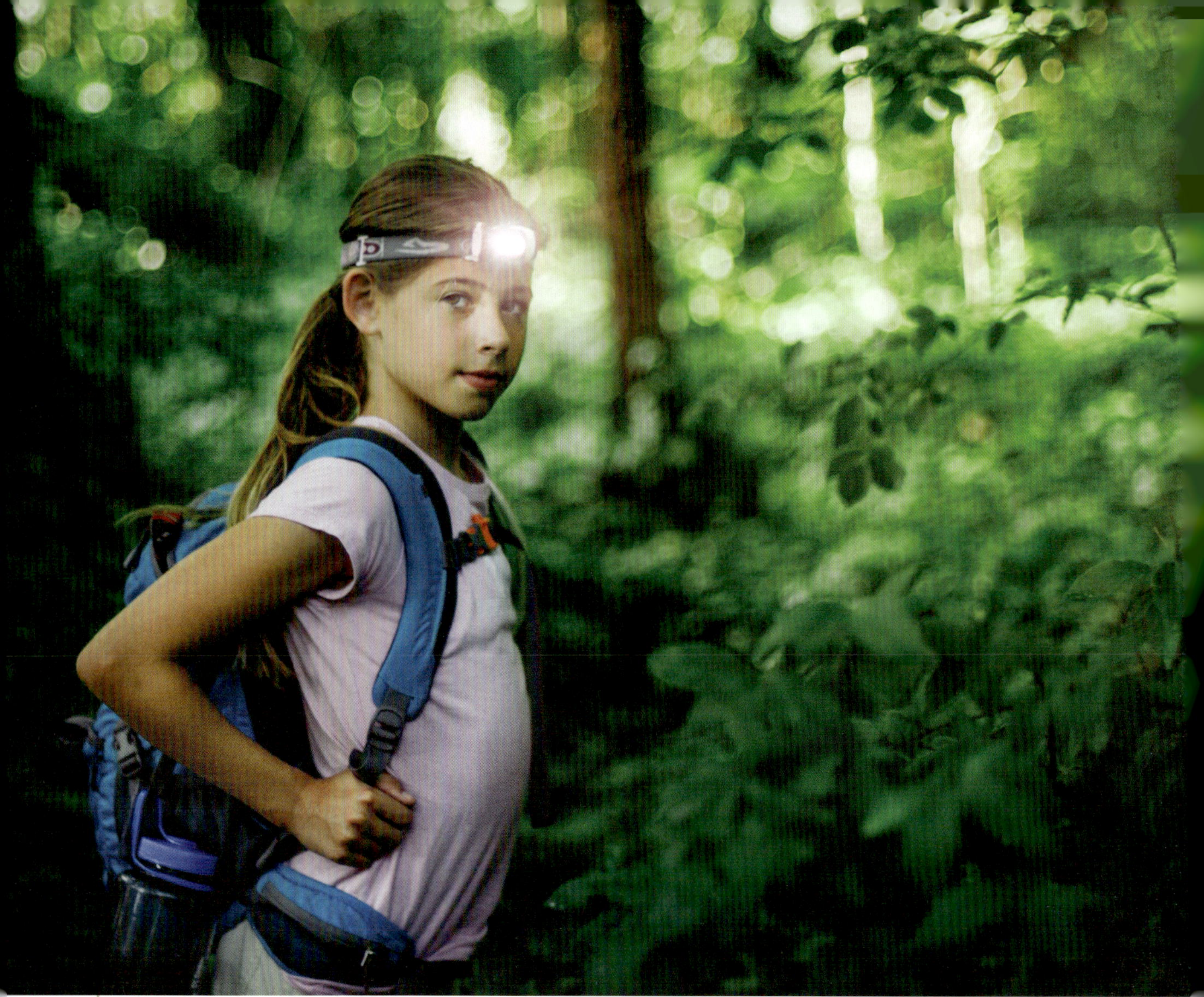

Mein Vater hat mich, schon als ich ganz klein war, auf Wanderungen mitgenommen. Kein Telefon. Niemand, der „Pass auf!“ sagt. Ganz allein streifen wir durch den Wald, campen und reden über alles Mögliche. Das mache ich auf dieser Welt am liebsten.

EMMA B., 11 JAHRE

Beim Singen vergesse ich den Alltag.
Das gefällt mir.

EMMA L., 11 JAHRE

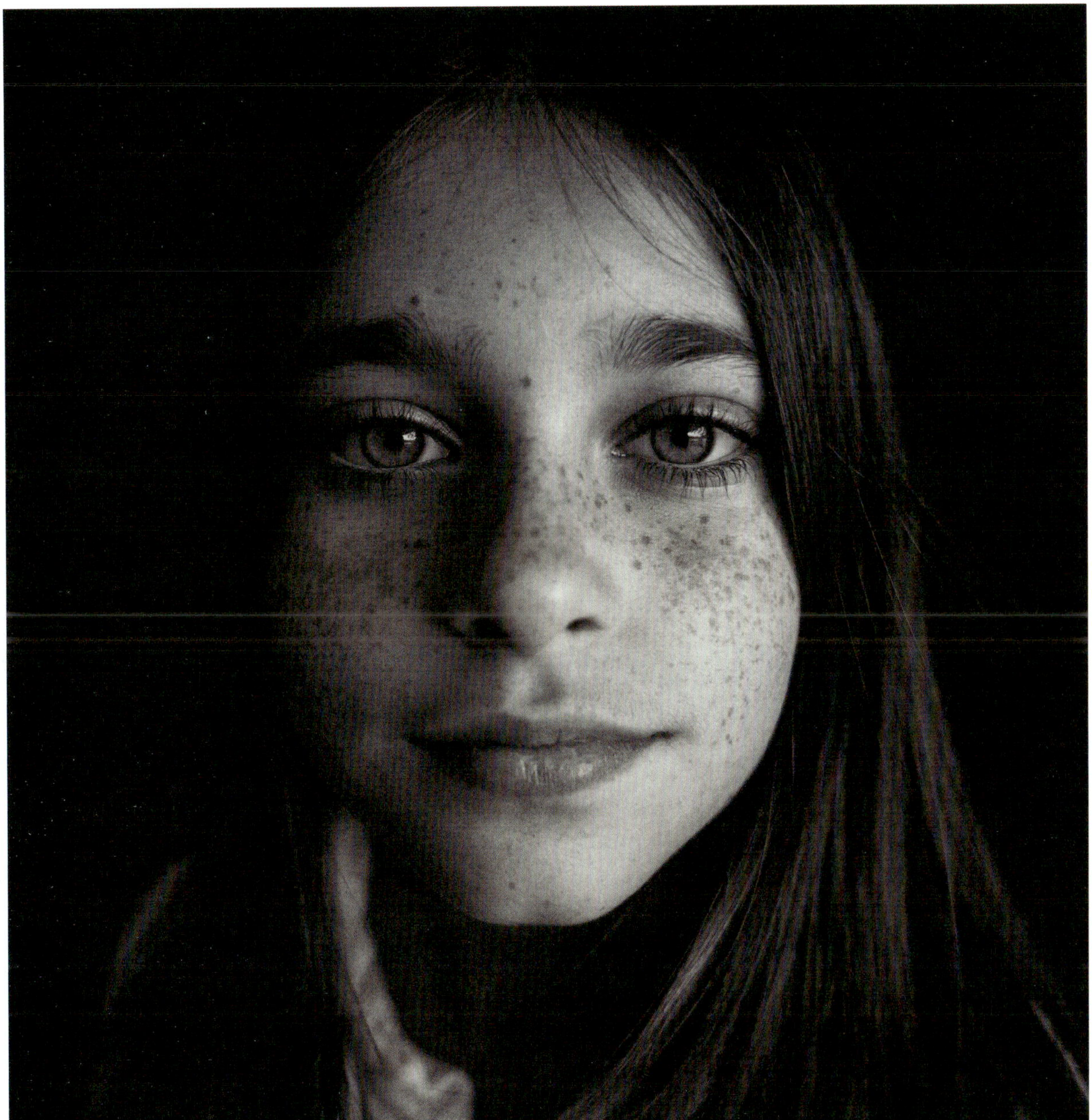

Wenn ich ganz allein etwas tue, macht mich das stolz, weil meine Persönlichkeit dann durchscheint.

ELLA H., 8 JAHRE

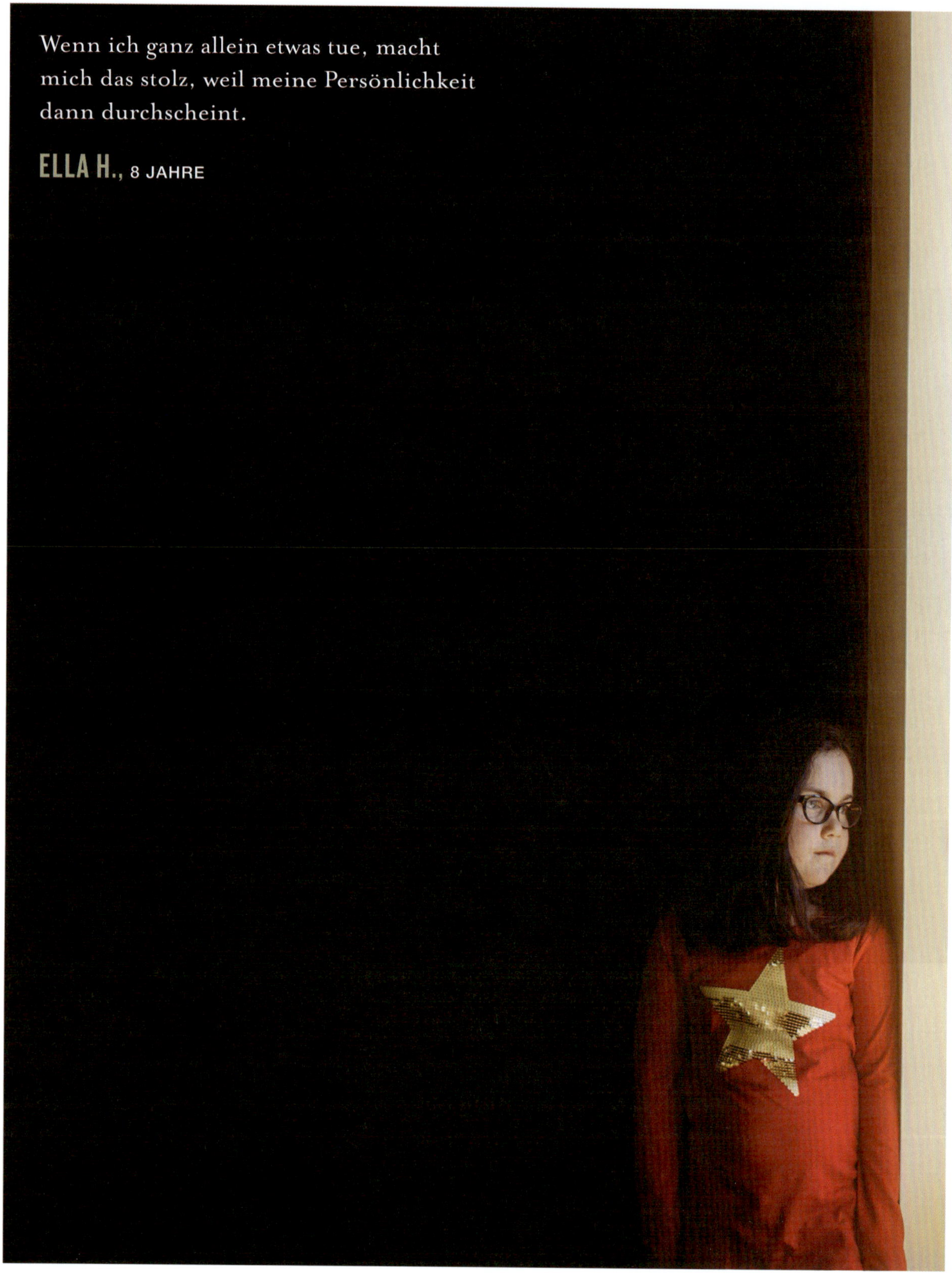

Über das Tanzen kann ich meine Persönlichkeit ausdrücken.

GIANNI, 14 JAHRE

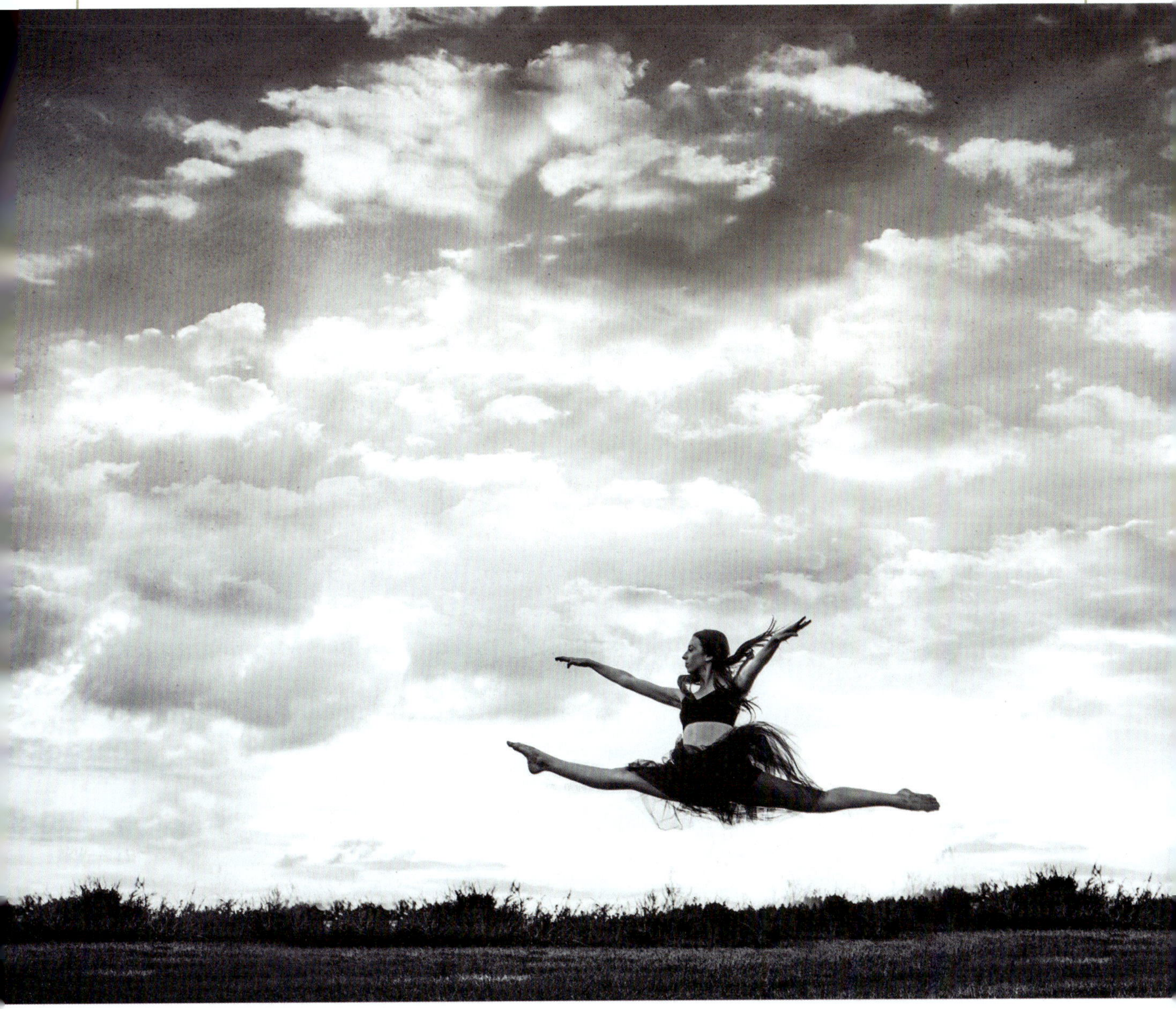

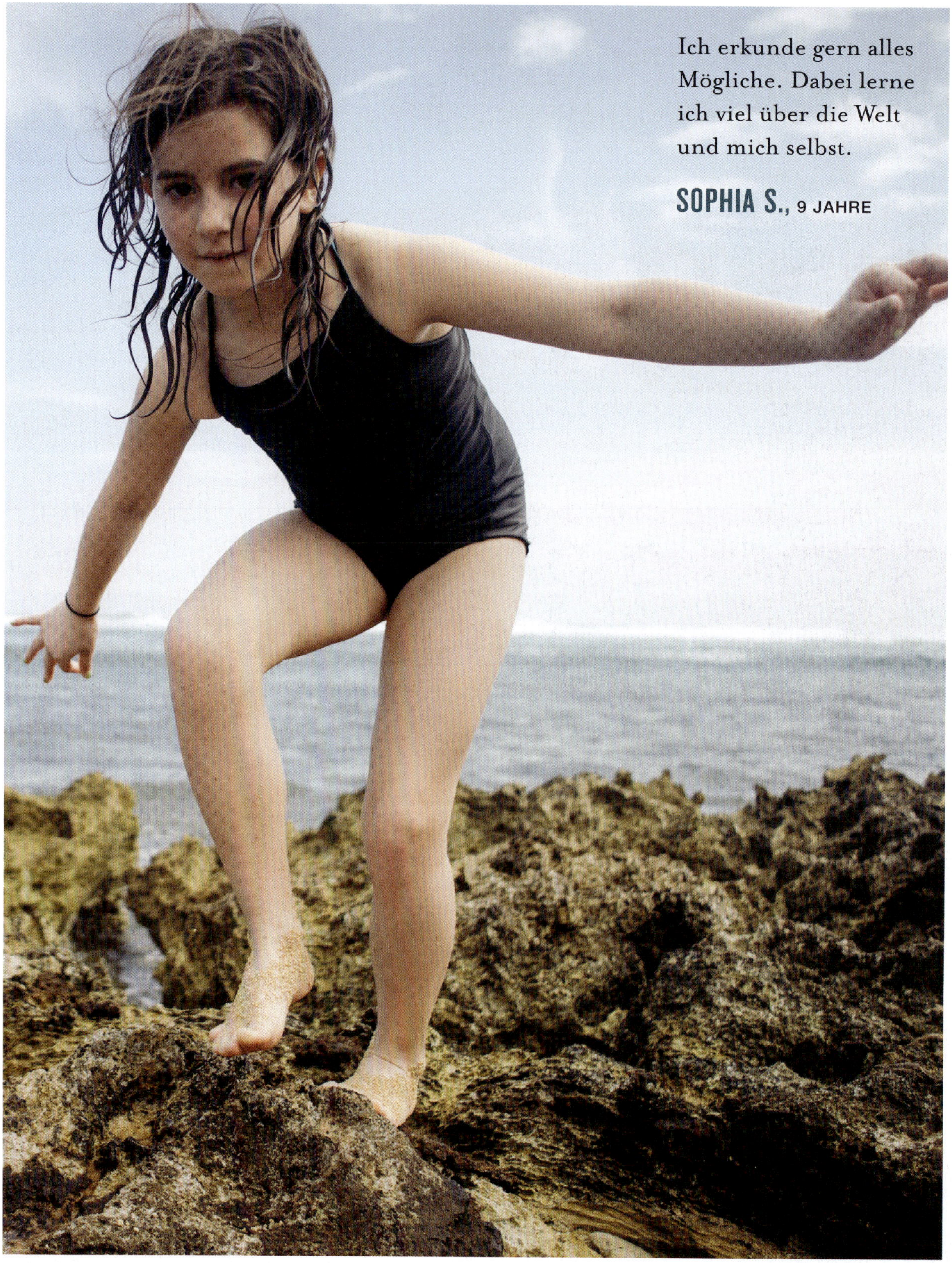

Ich erkunde gern alles Mögliche. Dabei lerne ich viel über die Welt und mich selbst.

SOPHIA S., 9 JAHRE

Ich fotografiere unheimlich gern. Fotografieren ist eine Kunst, und Kunst macht Spaß und ist spannend. Es fühlt sich so toll an, das perfekte Bild zu schießen.

LILLIAN, 5 JAHRE

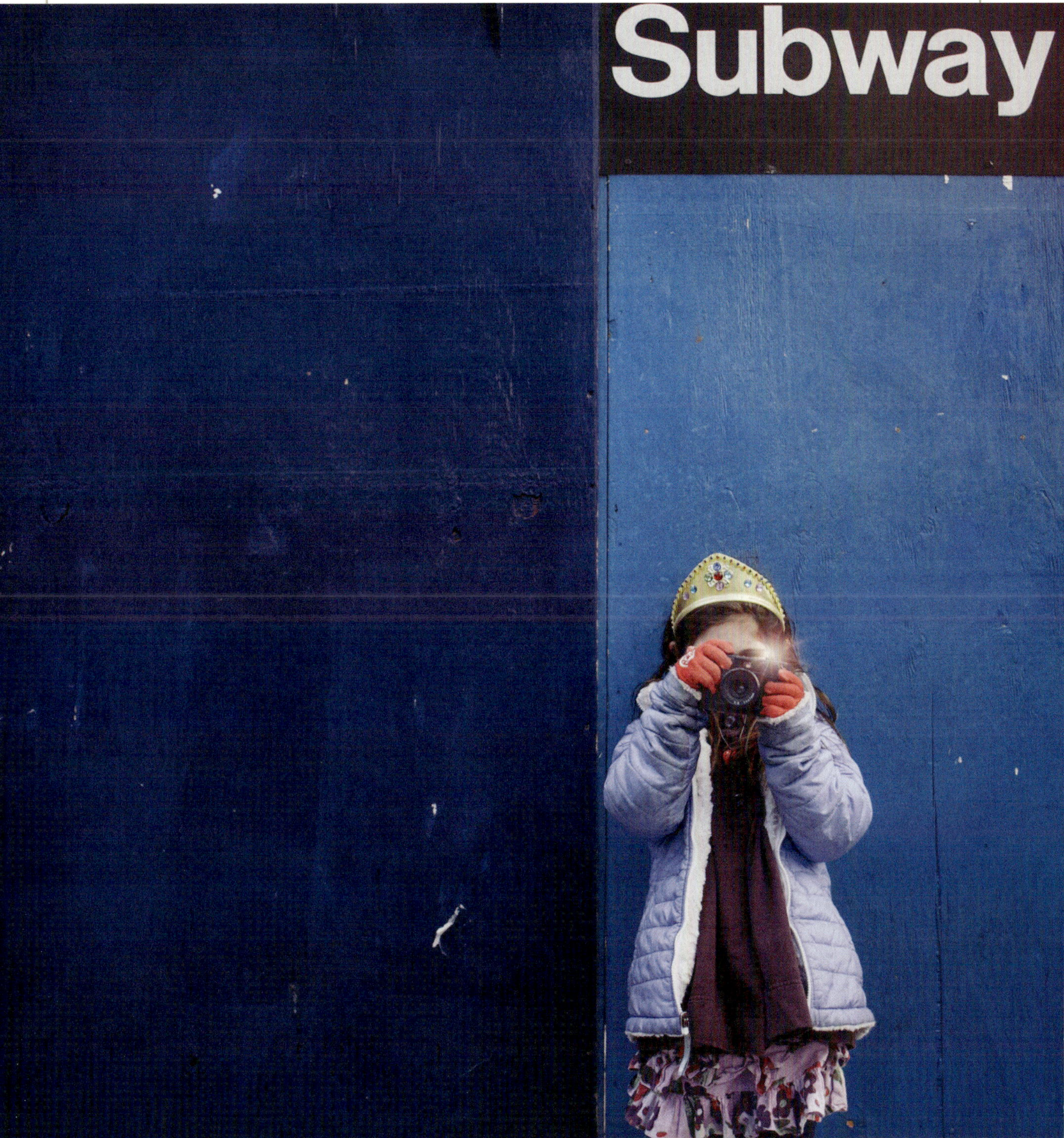

Ich lächle gern und bringe
Menschen gern zum Lachen.

MILLIE, 7 JAHRE

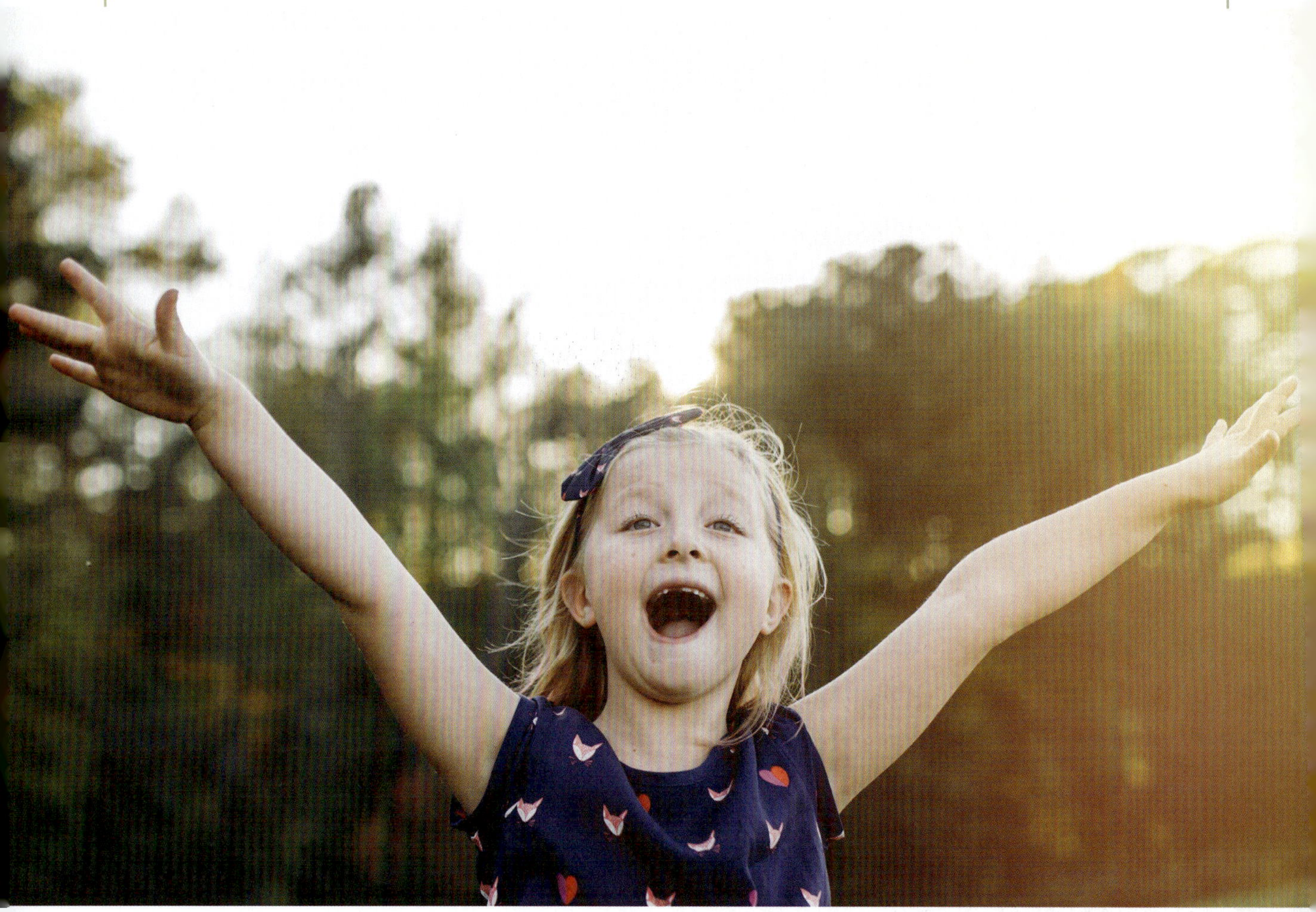

Ich habe juvenile Arthritis und kann es nicht leiden, wenn ich den Rollstuhl brauche. Aber wenigstens kann ich ihn selbst fahren und brauche niemanden, der mich schiebt.

EMME, 7 JAHRE

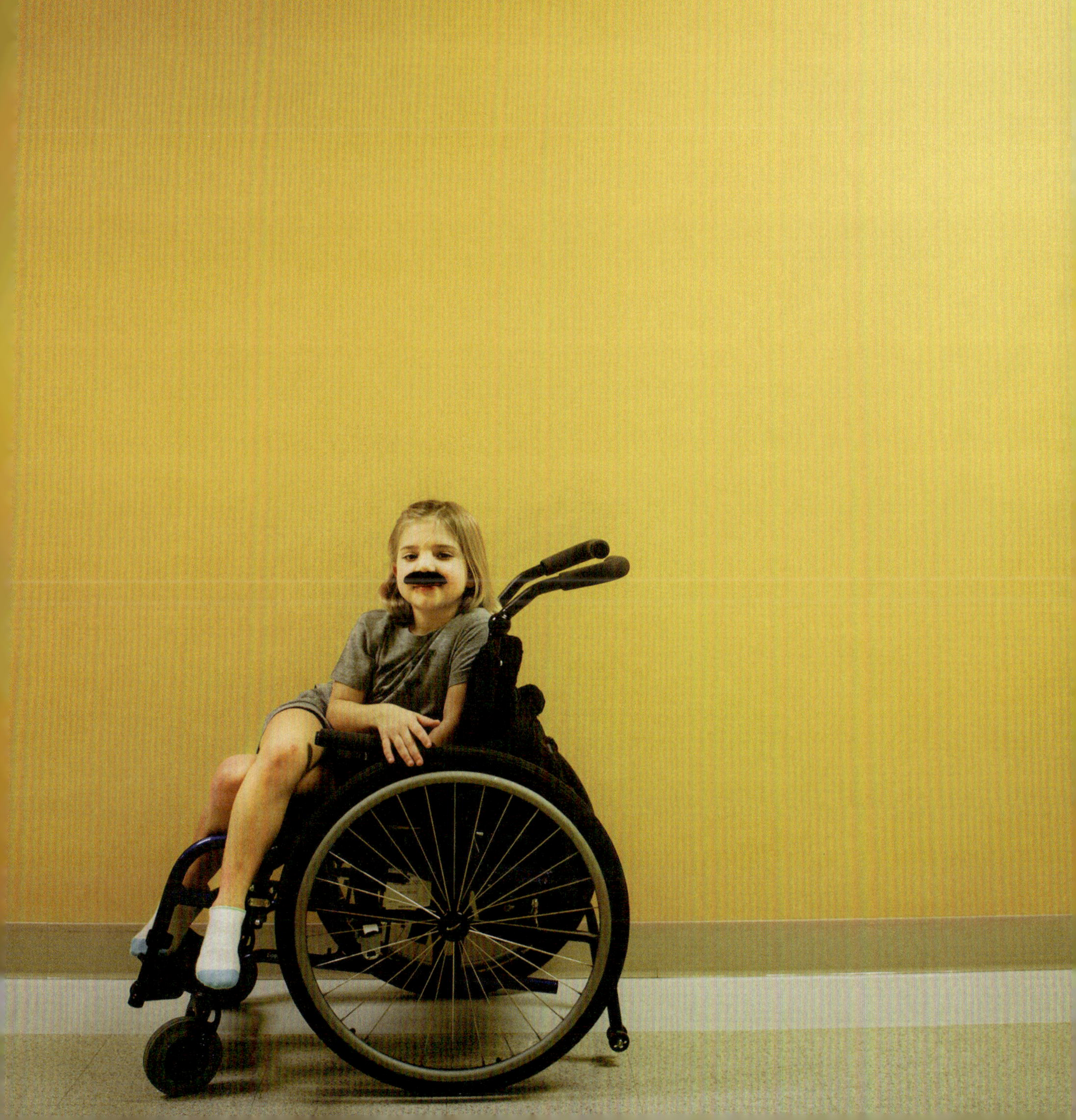

Zufriedenheit stellt sich ein, wenn man sich anstrengt, sich durchbeißt, mit Leidenschaft und Entschlossenheit an etwas arbeitet.

RAINAH, 12 JAHRE

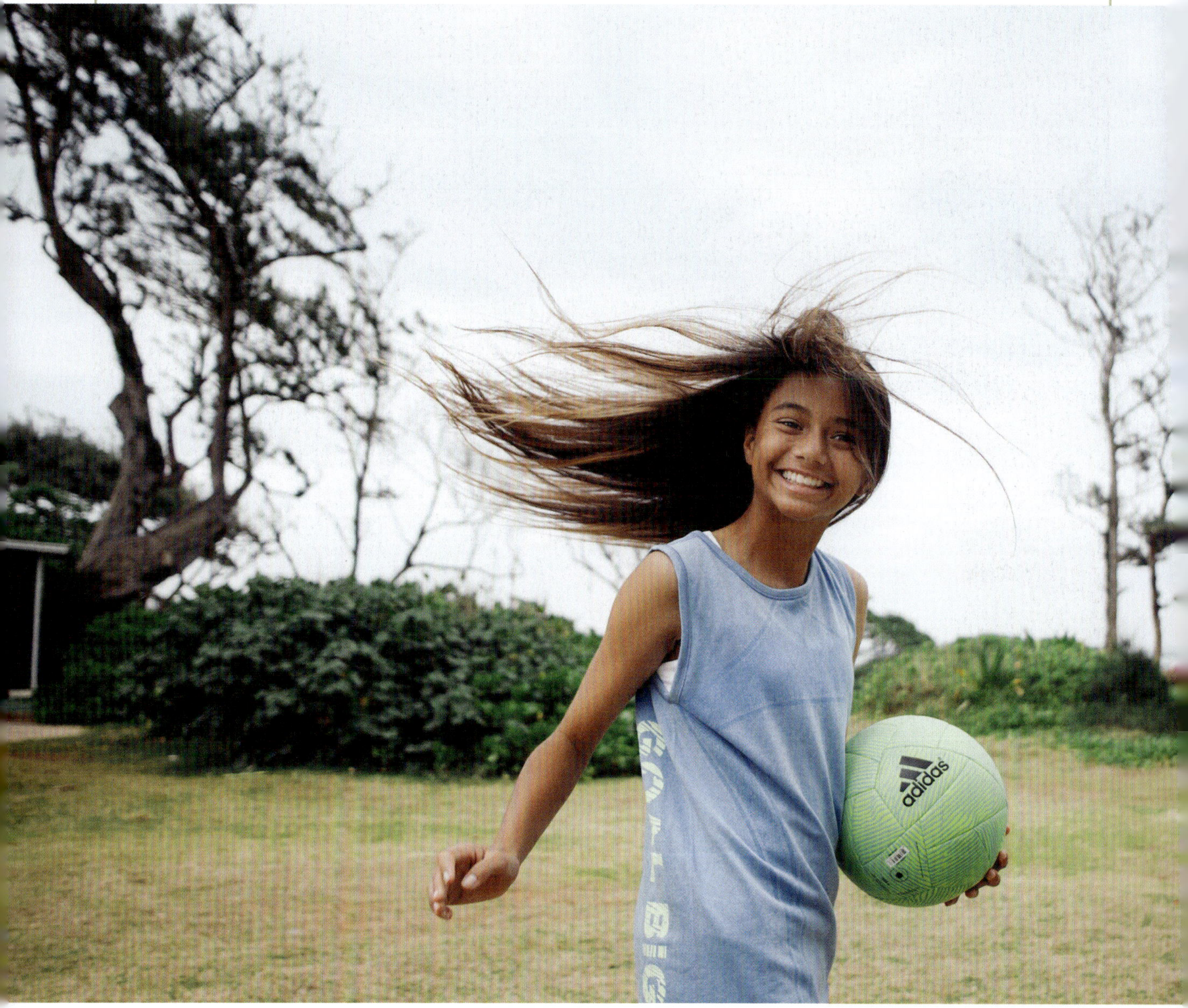

Nachdem bei mir die Autoimmunerkrankung ITP festgestellt wurde, konnte ich viele meiner Lieblingssportarten nicht mehr ausüben. Deshalb musste ich neue Dinge ausprobieren, zum Beispiel Fotografie, Kunst und Golf.

KATIE, 10 JAHRE

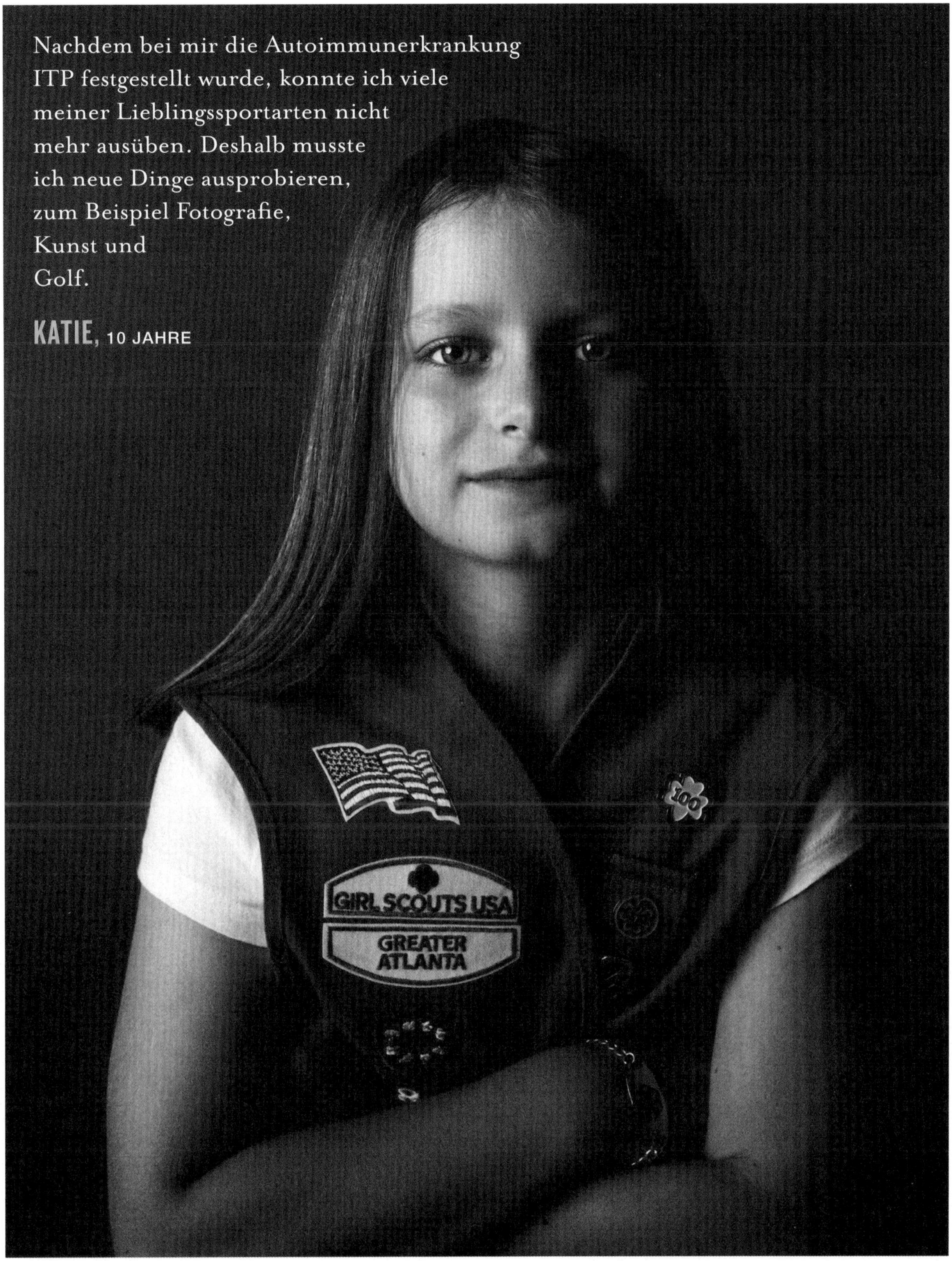

Ich kann mich auf einem Tier halten, das fünf Mal so viel wiegt wie ich. Ich vertraue ihm mein Leben an. Stärke wird nicht durch Muskelkraft bestimmt, denn egal, wie „stark" du bist, dein Pferd ist immer stärker. Wahre Stärke kommt von ruhiger Entschlossenheit.

CARA, 16 JAHRE

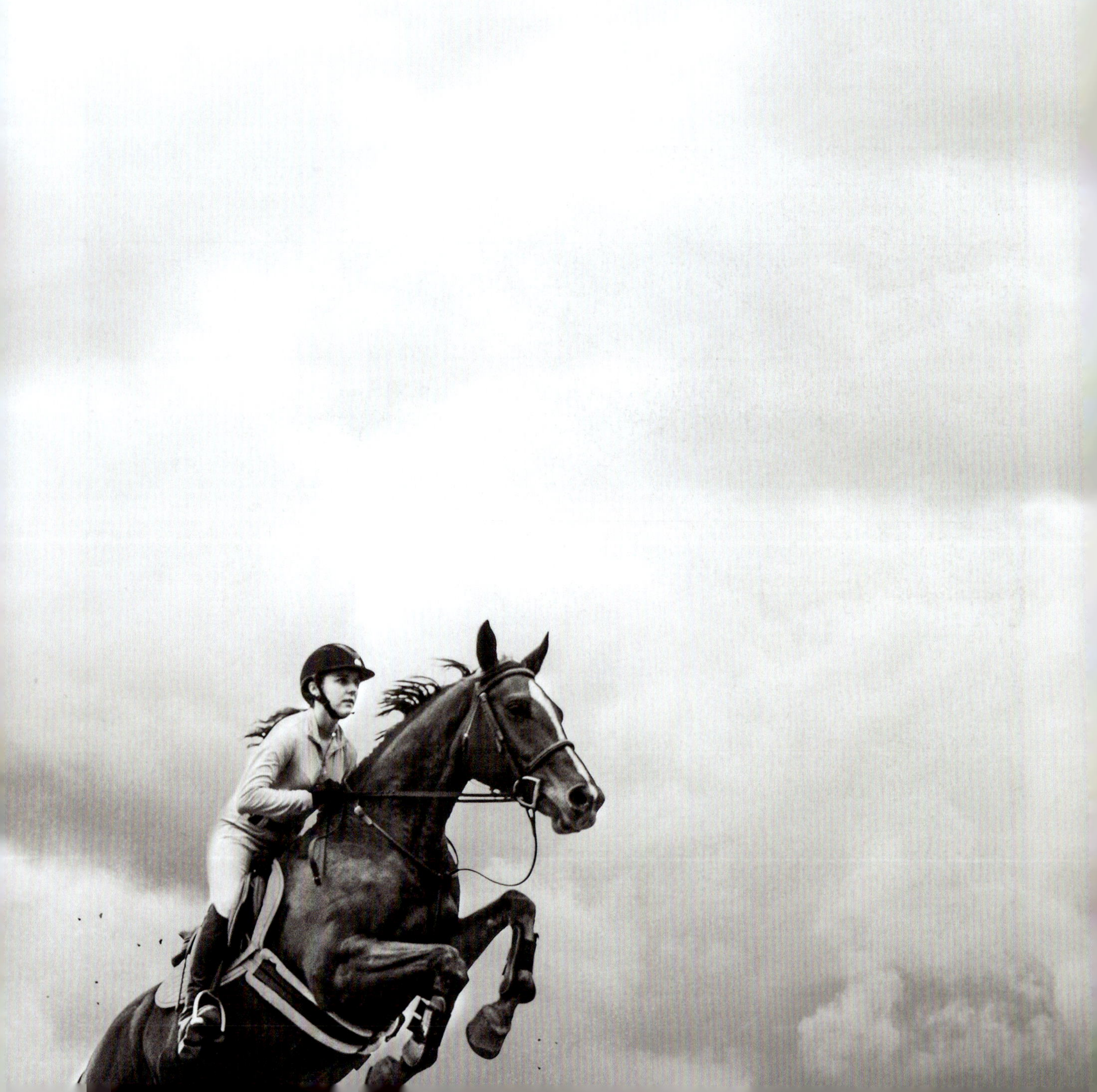

Ich kann sein, was ich will.
Sogar ein Einhorn.

ALICE, 6 JAHRE

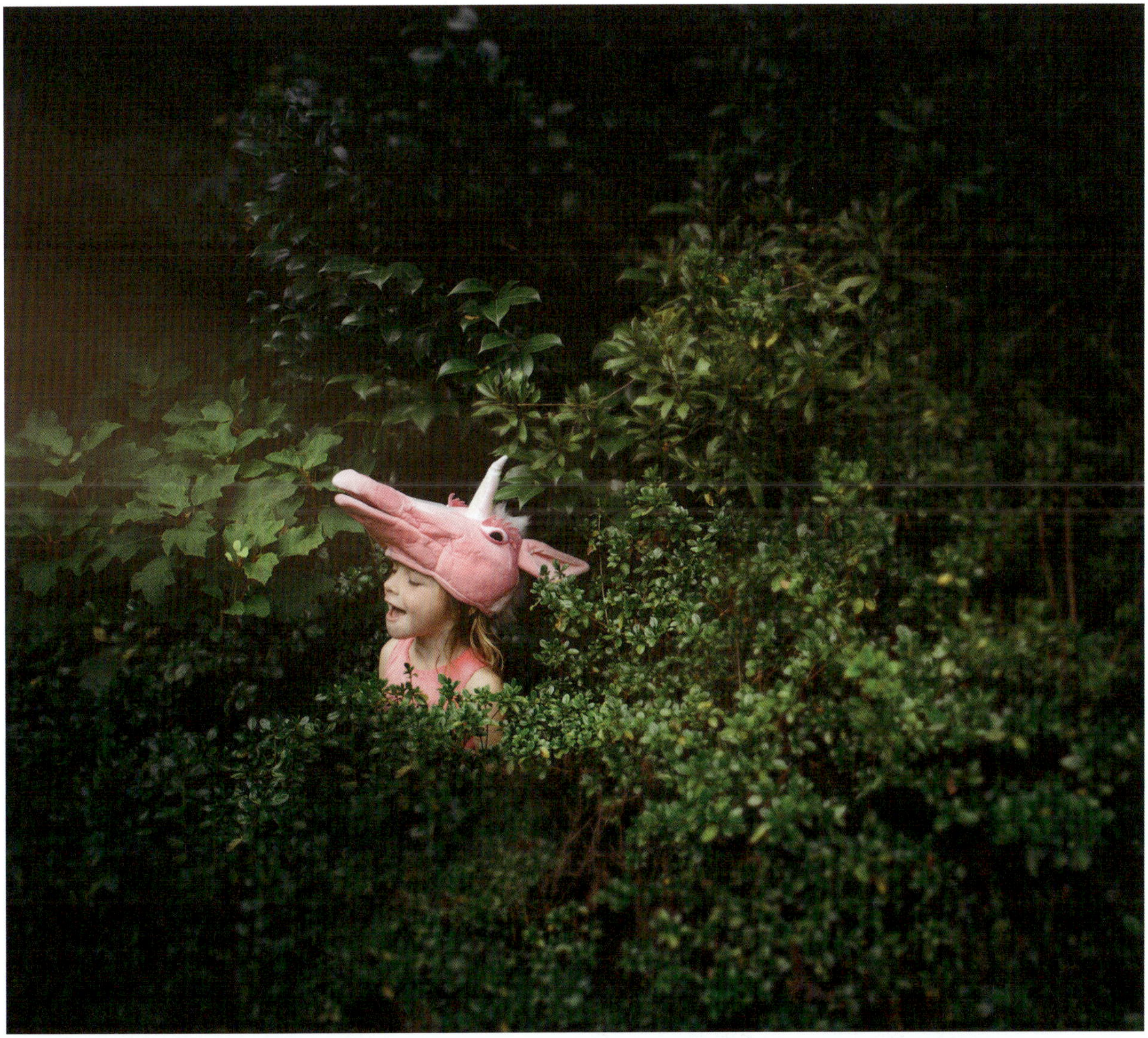

Stärke habe ich am meisten gespürt, wenn ich mir meine persönlichen Freiheiten genommen habe.

FIONA, 18 JAHRE

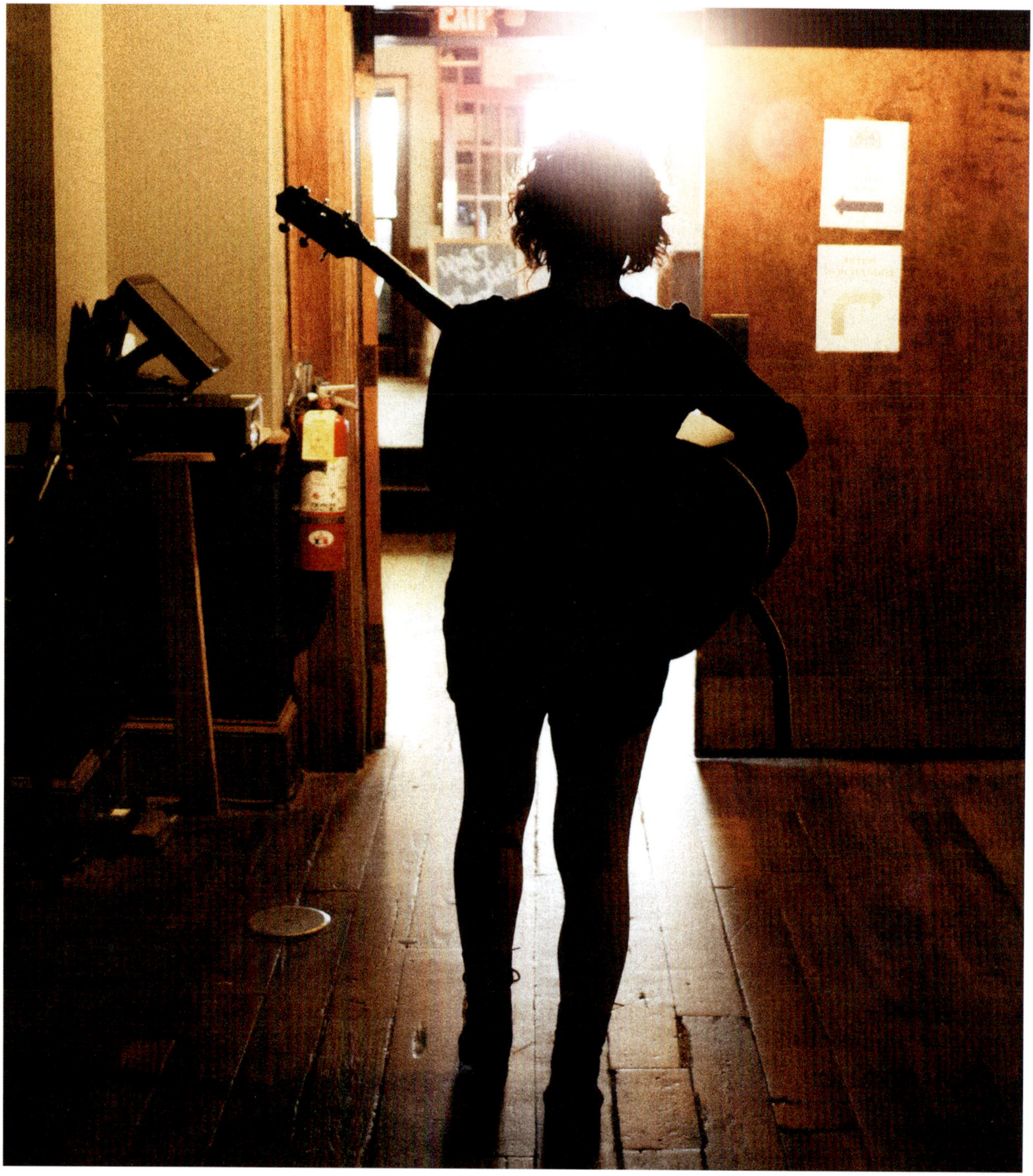

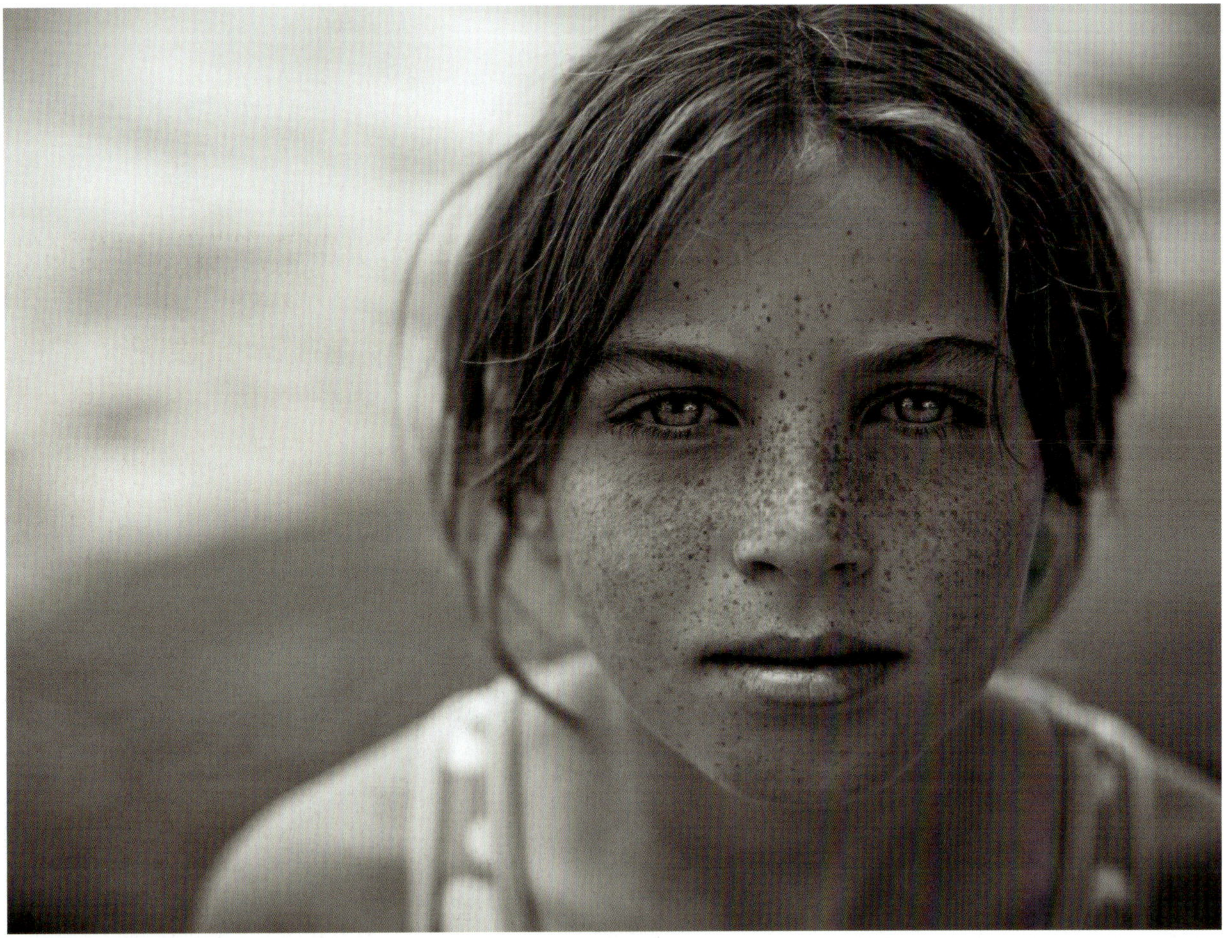

Ich bin ich, dazu stehe ich.
Meine Mutter hat mir
beigebracht, immer
zu sagen, was ich denke.

HALEY H., 10 JAHRE

Ich hänge oft Tagträumen nach. Meine Eltern nennen das „Ella-Welt“. Ich denke mir dann richtig coole Dinge aus.

ELLA, 9 JAHRE

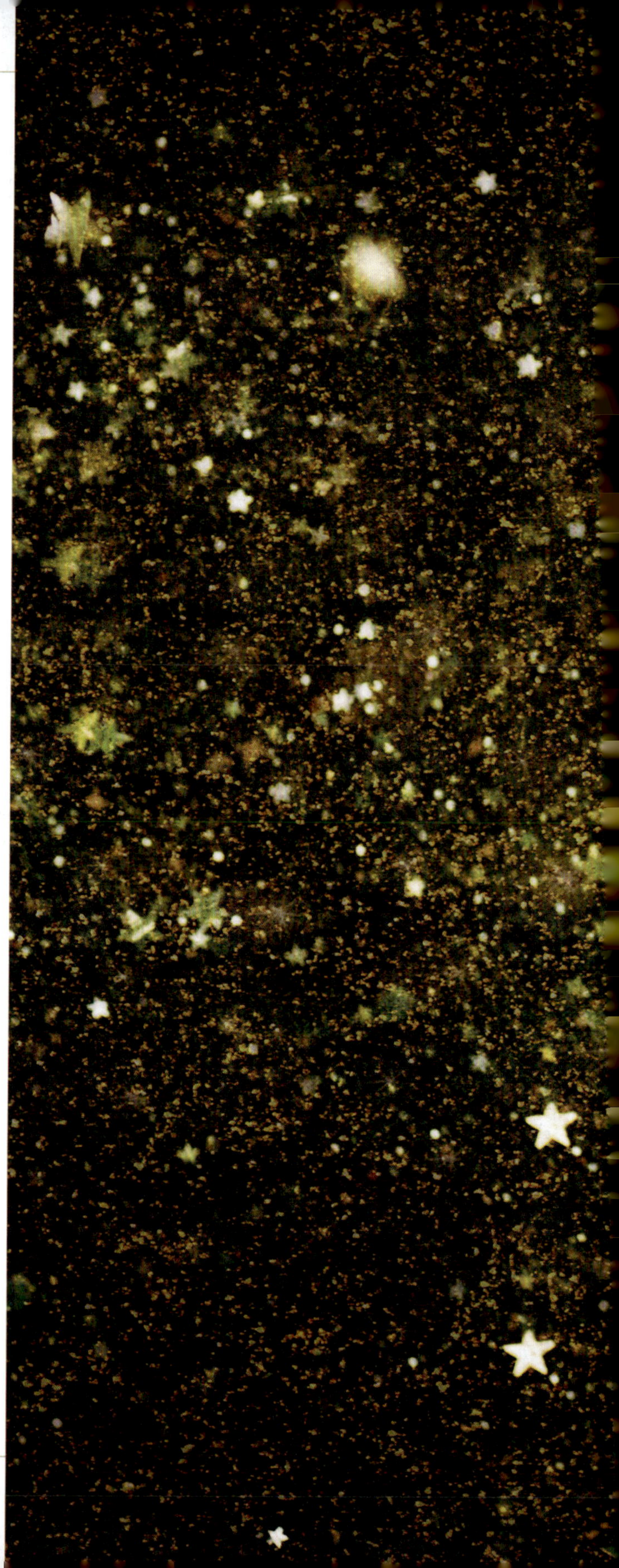

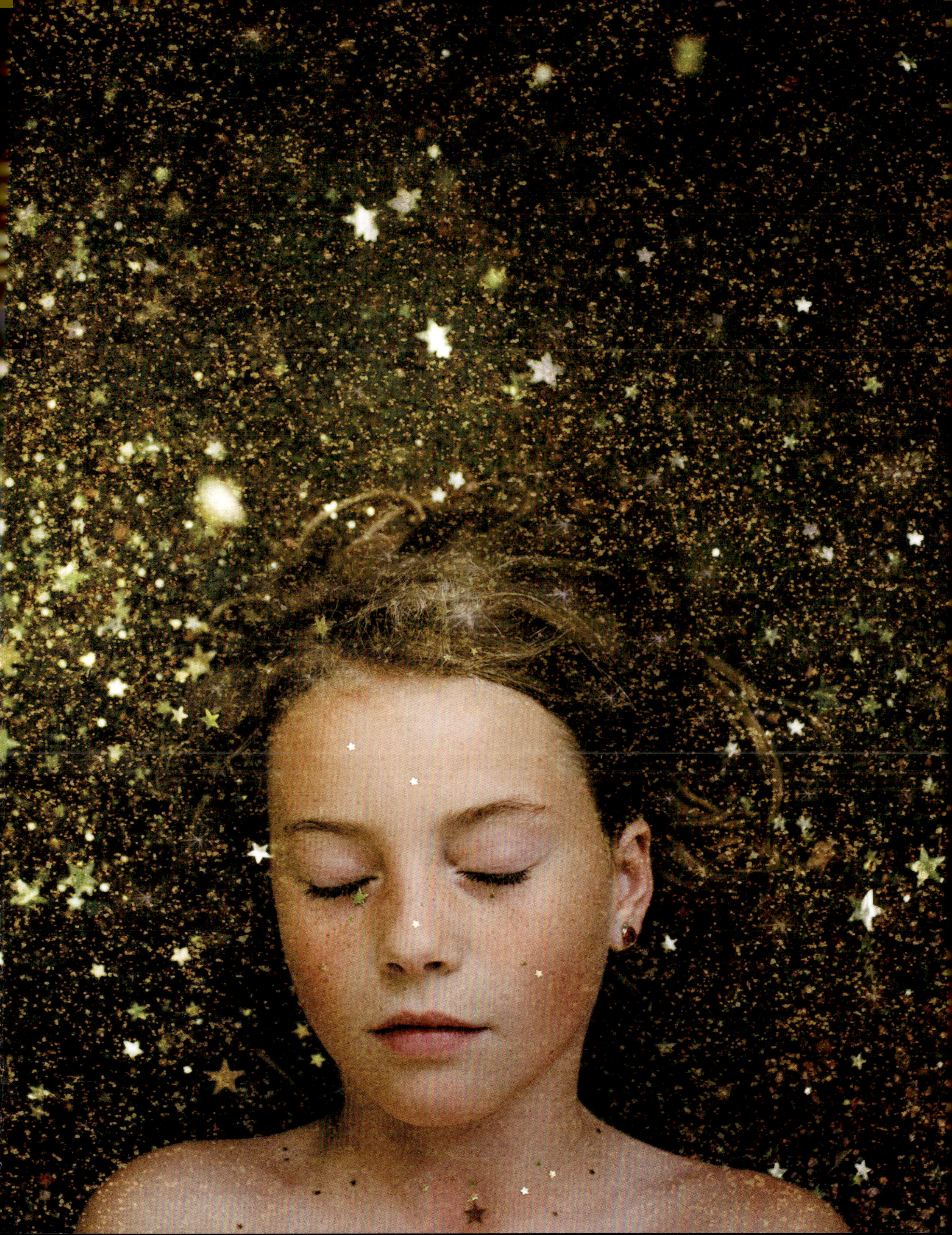

DANKSAGUNG

Ich möchte einer ganzen Reihe wunderbarer Menschen dafür danken, dass dieses Buch Gestalt angenommen hat und jetzt in Ihrer Hand liegt, anstatt nur in meinem Kopf herumzuspuken. Ich kann es immer noch nicht fassen.

Mike, du hast als Erster an mich geglaubt, mich auf dem gesamten Weg unterstützt, mich zum Lachen gebracht und so davor bewahrt, den Verstand zu verlieren. Ich liebe dich. Dank auch meinen Eltern, die mir erlaubt haben, so zu sein, wie ich bin, und zu jedem Spiel, jedem Ereignis, einfach immer kamen. Ihr seid die Besten. Meg (und deine Stones), du bist für immer mein Kumpel, meine Schwester, meine Freundin. Dave, Steve und die Anthonys, ich werde immer eure kleine Schwester sein, ihr seid ein großer Teil von mir. Danke, dass ihr mich immer mitmachen ließt! Amanda, meine „Schwester im Geiste" und die Riepes – was würde ich ohne euch tun? Dank auch den Parkers für ihre ständige Hilfe und ihren Humor.

Danke an Mary Alice Stephenson für die Frage: „Was bedeuten diese Bilder?" So ist das Konzept für dieses Buch entstanden. Megan Nicolai, dein Wissen, deine Sorgfalt und deine Vision haben den Entstehungsprozess dieses Buchs zu einer tollen Erfahrung gemacht. Ich möchte auch Anne, Selina, Chloe, Jessica, Rachael, Beth, Lisa, Julie und allen anderen bei Workman danken. William Callahan, ohne deinen Witz, dein Wissen und deine ruhige Hand wäre ich nie so weit gekommen. Liz Dilworth, dein Organisationstalent, deine Hartnäckigkeit und deine Planung waren unschätzbar wertvoll – danke für alles, was du zum Entstehen dieses Buchs beigetragen hast! Dank euch allen bei Greenhouse Reps, dass ihr an mich geglaubt habt. Colleen und die ganze Familie Curry: Ihr seid wunderbar! Dank auch der Familie Myers für ihre südafrikanische Gastfreundschaft. Herzliche Grüße auch an meine Demon Deacon und die Gladiator-Familie.